Début d'une série de documents en couleur

LES ROUGON-MACQUART

HISTOIRE NATURELLE ET SOCIALE D'UNE FAMILLE SOUS LE SECOND EMPIRE

LE
DOCTEUR PASCAL

PAR

ÉMILE ZOLA

TROISIÈME MILLE

PARIS
BIBLIOTHÈQUE-CHARPENTIER
G. CHARPENTIER et E. FASQUELLE, Éditeurs
11, RUE DE GRENELLE, 11
—
1893

G. CHARPENTIER et E. FASQUELLE, Éditeurs
11, rue de Grenelle, Paris
Extrait du Catalogue de la BIBLIOTHÈQUE-CHARPENTIER
à 3 fr. 50 le volume

ŒUVRES D'ÉMILE ZOLA

LES ROUGON-MACQUART

HISTOIRE NATURELLE ET SOCIALE D'UNE FAMILLE SOUS LE SECOND EMPIRE

La Fortune des Rougon.	1 vol.
La Curée.	1 vol.
Le Ventre de Paris.	1 vol.
La Conquête de Plassans.	1 vol.
La Faute de l'abbé Mouret.	1 vol.
Son Excellence Eugène Rougon.	1 vol.
L'Assommoir.	1 vol.
Une Page d'Amour.	1 vol.
Nana.	1 vol.
Pot-Bouille.	1 vol.
Au Bonheur des Dames.	1 vol.
La Joie de vivre.	1 vol.
Germinal.	1 vol.
L'Œuvre.	1 vol.
La Terre.	1 vol.
Le Rêve.	1 vol.
La Bête humaine.	1 vol.
L'Argent.	1 vol.
La Débâcle.	1 vol.

ROMANS ET NOUVELLES

Thérèse Raquin.	1 vol.	Contes à Ninon.	1 vol.
Madeleine Férat.	1 vol.	Nouveaux Contes à Ninon	1 vol.
La Confession de Claude.	1 vol.	Le Capitaine Burle.	1 vol.
Naïs Micoulin.	1 vol.	Les Mystères de Marseille	1 vol.

Le Vœu d'une morte. . . 1 vol.

ŒUVRES CRITIQUES

Mes Haines.	1 vol.	Le Naturalisme au théâtre.	1 vol.
Le Roman expérimental.	1 vol.	Nos Auteurs dramatiques.	1 vol.
Les Romanciers naturalistes	1 vol.	Documents littéraires.	1 vol.

Une Campagne 1880-1881. . . . 1 vol.

THÉÂTRE

Thérèse Raquin. — Les Héritiers Rabourdin. — Le Bouton de Rose

UN VOLUME

En collaboration avec Guy de Maupassant, Huysmans, Céard,
Hennique, Alexis.
Les Soirées de Médan. . . . . 1 vol.

13003. — Imprimeries réunies, rue Mignon, 2, Paris.

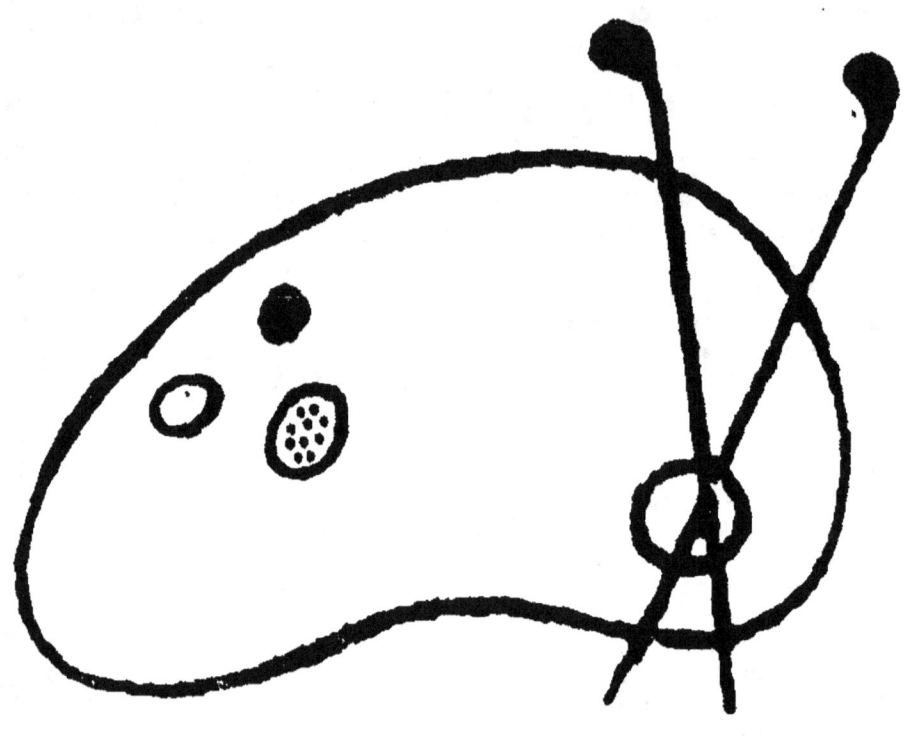

Fin d'une série de documents en couleur

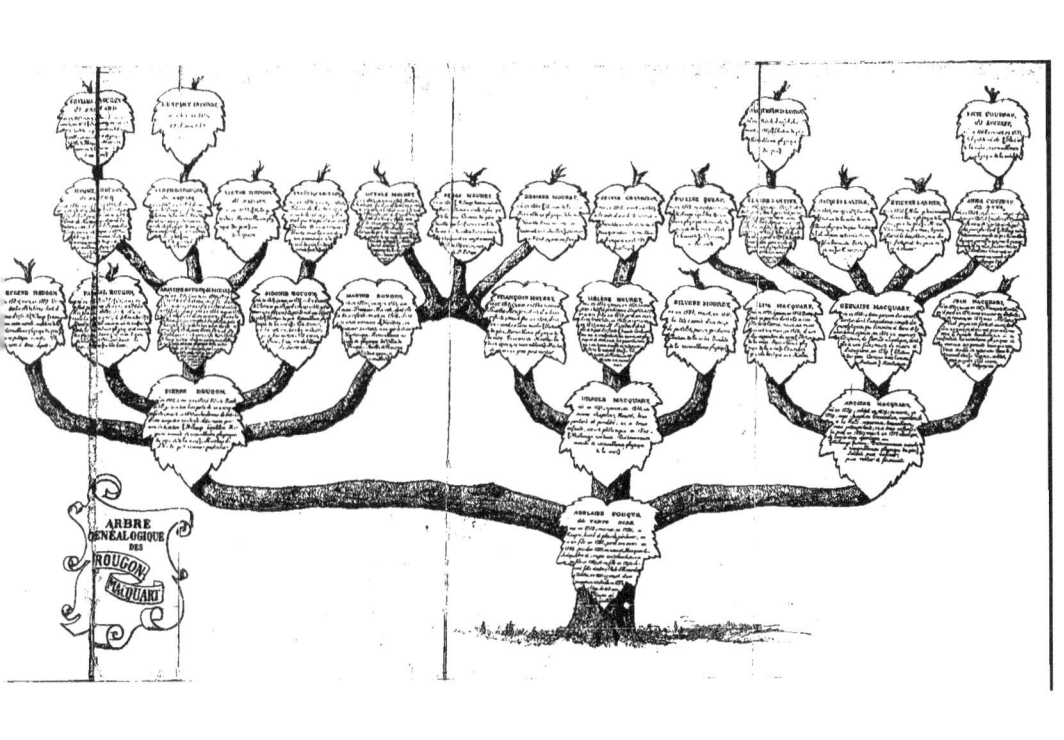

LE
DOCTEUR PASCAL

G. CHARPENTIER et E. FASQUELLE, Éditeurs
11, RUE DE GRENELLE, 11

OUVRAGES DU MÊME AUTEUR
DANS LA BIBLIOTHÈQUE-CHARPENTIER
à 3 fr. 50 chaque volume.

LES ROUGON-MACQUART
HISTOIRE NATURELLE ET SOCIALE D'UNE FAMILLE SOUS LE SECOND EMPIRE

LA FORTUNE DES ROUGON...............	96ᵉ mille.	1 vol.
LA CURÉE...........................	88ᵉ mille.	1 vol.
LE VENTRE DE PARIS.................	83ᵉ mille.	1 vol.
LA CONQUÊTE DE PLASSANS............	95ᵉ mille.	1 vol.
LA FAUTE DE L'ABBÉ MOURET..........	44ᵉ mille.	1 vol.
SON EXCELLENCE EUGÈNE ROUGON.......	26ᵉ mille.	1 vol.
L'ASSOMMOIR........................	127ᵉ mille.	1 vol.
UNE PAGE D'AMOUR...................	80ᵉ mille.	1 vol.
NANA...............................	106ᵉ mille.	1 vol.
POT-BOUILLE........................	83ᵉ mille.	1 vol.
AU BONHEUR DES DAMES...............	67ᵉ mille.	1 vol.
LA JOIE DE VIVRE...................	48ᵉ mille.	1 vol.
GERMINAL...........................	88ᵉ mille.	1 vol.
L'ŒUVRE............................	55ᵉ mille.	1 vol.
LA TERRE...........................	100ᵉ mille.	1 vol.
LE RÊVE............................	88ᵉ mille.	1 vol.
LA BÊTE HUMAINE....................	88ᵉ mille.	1 vol.
L'ARGENT...........................	89ᵉ mille.	1 vol.
LA DÉBACLE.........................	176ᵉ mille.	1 vol.

ROMANS ET NOUVELLES

CONTES A NINON. Nouvelle édition....................	1 vol.
NOUVEAUX CONTES A NINON. Nouvelle édition...........	1 vol.
LA CONFESSION DE CLAUDE. Nouvelle édition...........	1 vol.
THÉRÈSE RAQUIN. Nouvelle édition....................	1 vol.
MADELEINE FÉRAT. Nouvelle édition...................	1 vol.
LE VŒU D'UNE MORTE. Nouvelle édition................	1 vol.
LES MYSTÈRES DE MARSEILLE. Nouvelle édition.........	1 vol.
LE CAPITAINE BURLE. Nouvelle édition................	1 vol.
NAÏS MICOULIN. Nouvelle édition.....................	1 vol.

ŒUVRES CRITIQUES

MES HAINES...	1 vol.
LE ROMAN EXPÉRIMENTAL..............................	1 vol.
LE NATURALISME AU THÉÂTRE..........................	1 vol.
NOS AUTEURS DRAMATIQUES............................	1 vol.
LES ROMANCIERS NATURALISTES........................	1 vol.
DOCUMENTS LITTÉRAIRES..............................	1 vol.
UNE CAMPAGNE, 1880-1881............................	1 vol.

THÉÂTRE

THÉRÈSE RAQUIN. — LES HÉRITIERS RABOURDIN. — LE BOUTON DE ROSE...............................	1 vol.

14734. — Imprimeries réunies, rue Mignon, 2, Paris.

LES ROUGON-MACQUART

HISTOIRE NATURELLE ET SOCIALE D'UNE FAMILLE SOUS LE SECOND EMPIRE

LE DOCTEUR PASCAL

PAR

ÉMILE ZOLA

TROISIÈME MILLE

PARIS
BIBLIOTHÈQUE-CHARPENTIER
G. CHARPENTIER et E. FASQUELLE, éditeurs
11, RUE DE GRENELLE, 11

1893

Tous droits réservés.

A la Mémoire
de
MA MÈRE
et à
MA CHÈRE FEMME

*Je dédie ce roman
qui est le résumé et la conclusion
de toute mon œuvre*

LE DOCTEUR PASCAL

I

Dans la chaleur de l'ardente après-midi de juillet, la salle, aux volets soigneusement clos, était pleine d'un grand calme. Il ne venait, des trois fenêtres, que de minces flèches de lumière, par les fentes des vieilles boiseries; et c'était, au milieu de l'ombre, une clarté très douce, baignant les objets d'une lueur diffuse et tendre. Il faisait là relativement frais, dans l'écrasement torride qu'on sentait au dehors, sous le coup de soleil qui incendiait la façade.

Debout devant l'armoire, en face des fenêtres, le docteur Pascal cherchait une note, qu'il y était venu prendre. Grande ouverte, cette immense armoire de chêne sculpté, aux fortes et belles ferrures, datant du dernier siècle, montrait sur ses planches, dans la profondeur de ses flancs, un amas extraordinaire de papiers, de dossiers, de manuscrits, s'entassant, débordant, pêle-mêle. Il y avait plus de trente ans que le docteur y jetait toutes les pages qu'il écrivait, depuis les notes brèves jusqu'aux textes complets de ses grands travaux sur l'hérédité. Aussi les recherches n'y étaient-elles pas toujours faciles. Plein de patience, il fouillait, et il eut un sourire, quand il trouva enfin.

Un instant encore, il demeura près de l'armoire, lisant la note, sous un rayon doré qui tombait de la fenêtre du milieu. Lui-même, dans cette clarté d'aube, apparaissait, avec sa barbe et ses cheveux de neige, d'une solidité vigoureuse bien qu'il approchât de la soixantaine, la face si fraîche, les traits si fins, les yeux restés limpides, d'une telle enfance, qu'on l'aurait pris, serré dans son veston de velours marron, pour un jeune homme aux boucles poudrées.

— Tiens ! Clotilde, finit-il par dire, tu recopieras cette note. Jamais Ramond ne déchiffrerait ma satanée écriture.

Et il vint poser le papier près de la jeune fille, qui travaillait debout devant un haut pupitre, dans l'embrasure de la fenêtre de droite.

— Bien, maître ! répondit-elle.

Elle ne s'était pas même retournée, tout entière au pastel qu'elle sabrait en ce moment de larges coups de crayon. Près d'elle, dans un vase, fleurissait une tige de roses trémières, d'un violet singulier, zébré de jaune. Mais on voyait nettement le profil de sa petite tête ronde, aux cheveux blonds et coupés court, un exquis et sérieux profil, le front droit, plissé par l'attention, l'œil bleu ciel, le nez fin, le menton ferme. Sa nuque penchée avait surtout une adorable jeunesse, d'une fraîcheur de lait, sous l'or des frisures folles. Dans sa longue blouse noire, elle était très grande, la taille mince, la gorge menue, le corps souple, de cette souplesse allongée des divines figures de la Renaissance. Malgré ses vingt-cinq ans, elle restait enfantine et en paraissait à peine dix-huit.

— Et, reprit le docteur, tu remettras un peu d'ordre dans l'armoire. On ne s'y retrouve plus.

— Bien, maître ! répéta-t-elle sans lever la tête. Tout à l'heure !

Pascal était revenu s'asseoir à son bureau, à l'autre bout de la salle, devant la fenêtre de gauche. C'était une simple table de bois noir, encombrée, elle aussi, de papiers, de brochures de toutes sortes. Et le silence retomba, cette grande paix à demi obscure, dans l'écrasante chaleur du dehors. La vaste pièce, longue d'une dizaine de mètres, large de six, n'avait d'autres meubles, avec l'armoire, que deux corps de bibliothèque, bondés de livres. Des chaises et des fauteuils antiques traînaient à la débandade; tandis que, pour tout ornement, le long des murs, tapissés d'un ancien papier de salon empire, à rosaces, se trouvaient cloués des pastels de fleurs, aux colorations étranges, qu'on distinguait mal. Les boiseries des trois portes, à double battant, celle de l'entrée, sur le palier, et les deux autres, celle de la chambre du docteur et celle de la chambre de la jeune fille, aux deux extrémités de la pièce, dataient de Louis XV, ainsi que la corniche du plafond enfumé.

Une heure se passa, sans un bruit, sans un souffle. Puis, comme Pascal, par distraction à son travail, venait de rompre la bande d'un journal oublié sur sa table, le Temps, il eut une légère exclamation.

— Tiens! ton père qui est nommé directeur de l'Époque, le journal républicain à grand succès, où l'on publie les papiers des Tuileries!

Cette nouvelle devait être pour lui inattendue, car il riait d'un bon rire, à la fois satisfait et attristé; et, à demi voix, il continuait:

— Ma parole! on inventerait les choses, qu'elles seraient moins belles... La vie est extraordinaire... Il y a là un article très intéressant.

Clotilde n'avait pas répondu, comme à cent lieues de ce que disait son oncle. Et il ne parla plus, il prit des ciseaux, après avoir lu l'article, le découpa, le colla sur une feuille de papier, où il l'annota de sa grosse écriture irrégulière. Puis, il revint vers l'armoire, pour y classer cette note nouvelle. Mais il dut prendre une chaise, la planche du haut étant si haute qu'il ne pouvait l'atteindre, malgré sa grande taille.

Sur cette planche élevée, toute une série d'énormes dossiers s'alignaient en bon ordre, classés méthodiquement. C'étaient des documents divers, feuilles manuscrites, pièces sur papier timbré, articles de journaux découpés, réunis dans des chemises de fort papier bleu, qui chacune portait un nom écrit en gros caractères. On sentait ces documents tenus à jour avec tendresse, repris sans cesse et remis soigneusement en place ; car, de toute l'armoire, ce coin-là seul était en ordre.

Lorsque Pascal, monté sur la chaise, eut trouvé le dossier qu'il cherchait, une des chemises les plus bourrées, où était inscrit le nom de « Saccard », il y ajouta la note nouvelle, puis replaça le tout à sa lettre alphabétique. Un instant encore, il s'oublia, redressa complaisamment une pile qui s'effondrait. Et, comme il sautait enfin de la chaise :

— Tu entends ? Clotilde, quand tu rangeras, ne touche pas aux dossiers, là-haut.

— Bien, maître ! répondit-elle pour la troisième fois, docilement.

Il s'était remis à rire, de son air de gaieté naturelle.

— C'est défendu.

— Je le sais, maître !

Et il referma l'armoire d'un vigoureux tour de clef, puis il jeta la clef au fond d'un tiroir de sa table de travail. La jeune fille était assez au courant de ses recherches pour mettre un peu d'ordre dans ses manuscrits ; et il l'employait volontiers aussi à titre de secrétaire, il lui faisait recopier ses notes, lorsqu'un confrère et un ami, comme le docteur Ramond, lui demandait la communication d'un document. Mais elle n'était point une savante, il lui défendait simplement de lire ce qu'il jugeait inutile qu'elle connût.

Cependant, l'attention profonde où il la sentait absorbée, finissait par le surprendre.

— Qu'as-tu donc à ne plus desserrer les lèvres ? La copie de ces fleurs te passionne à ce point !

C'était encore là un des travaux qu'il lui confiait souvent, des dessins, des aquarelles, des pastels, qu'il joignait ensuite comme planches à ses ouvrages. Ainsi, depuis cinq ans, il faisait des expériences très curieuses sur une collection de roses trémières, toute une série de nouvelles colorations, obtenues par des fécondations artificielles. Elle apportait, dans ces sortes de copies, une minutie, une exactitude de dessin et de couleur extraordinaire; à ce point qu'il s'émerveillait toujours d'une telle honnêteté, en lui disant qu'elle avait « une bonne petite caboche ronde, nette et solide ».

Mais, cette fois, comme il s'approchait pour regarder par-dessus son épaule, il eut un cri de comique fureur.

— Ah ! va te faire fiche ! te voilà partie pour l'inconnu !... Veux-tu bien me déchirer ça tout de suite !

Elle s'était redressée, le sang aux joues, les yeux flambants de la passion de son œuvre, ses doigts minces tachés de pastel, du rouge et du bleu qu'elle avait écrasés.

— Oh ! maître !

Et dans ce « maître », si tendre, d'une soumission si caressante, ce terme de complet abandon dont elle l'appelait pour ne pas employer les mots d'oncle ou de parrain, qu'elle trouvait bêtes, passait pour la première fois une flamme de révolte, la revendication d'un être qui se reprend et qui s'affirme.

Depuis près de deux heures, elle avait repoussé la copie

exacte et sage des roses trémières, et elle venait de jeter, sur une autre feuille, toute une grappe de fleurs imaginaires, des fleurs de rêve, extravagantes et superbes. C'était ainsi parfois, chez elle, des sautes brusques, un besoin de s'échapper en fantaisies folles, au milieu de la plus précise des reproductions. Tout de suite elle se satisfaisait, retombait toujours dans cette floraison extraordinaire, d'une fougue, d'une fantaisie telles que jamais elle ne se répétait, créant des roses au cœur saignant, pleurant des larmes de soufre, des lis pareils à des urnes de cristal, des fleurs même sans forme connue, élargissant des rayons d'astre, laissant flotter des corolles ainsi que des nuées. Ce jour-là, sur la feuille sabrée à grands coups de crayon noir, c'était une pluie d'étoiles pâles, tout un ruissellement de pétales infiniment doux ; tandis que, dans un coin, un épanouissement innomé, un bouton aux chastes voiles, s'ouvrait.

— Encore un que tu vas me clouer là ! reprit le docteur en montrant le mur, où s'alignaient déjà des pastels aussi étranges. Mais qu'est-ce que ça peut bien représenter, je te le demande ?

Elle resta très grave, se recula pour mieux voir son œuvre.

— Je n'en sais rien, c'est beau.

A ce moment, Martine entra, l'unique servante, devenue la vraie maîtresse de la maison, depuis près de trente ans qu'elle était au service du docteur. Bien qu'elle eût dépassé la soixantaine, elle gardait un air jeune, elle aussi, active et silencieuse, dans son éternelle robe noire et sa coiffe blanche, qui la faisait ressembler à une religieuse, avec sa petite figure blême et reposée, où semblaient s'être éteints ses yeux couleur de cendre.

Elle ne parla pas, alla s'asseoir à terre devant un fauteuil, dont la vieille tapisserie laissait passer le crin par une déchirure; et, tirant de sa poche une aiguille et un écheveau de laine, elle se mit à la raccommoder. Depuis trois jours, elle attendait d'avoir une heure, pour faire cette réparation qui la hantait.

— Pendant que vous y êtes, Martine, s'écria Pascal plaisamment, en prenant dans ses deux mains la tête révoltée de Clotilde, recousez-moi donc aussi cette caboche-là, qui a des fuites.

Martine leva ses yeux pâles, regarda son maître de son air habituel d'adoration.

— Pourquoi monsieur me dit-il cela?

— Parce que, ma brave fille, je crois bien que c'est vous qui avez fourré là dedans, dans cette bonne petite caboche ronde, nette et solide, des idées de l'autre monde, avec toute votre dévotion.

Les deux femmes échangèrent un regard d'intelligence.

— Oh! monsieur, la religion n'a jamais fait de mal à personne... Et, quand on n'a pas les mêmes idées, il vaut mieux n'en pas causer, bien sûr.

Il se fit un silence gêné. C'était la seule divergence qui, parfois, amenait des brouilles, entre ces trois êtres si unis, vivant d'une vie si étroite. Martine n'avait que vingt-neuf ans, un an de plus que le docteur, quand elle était entrée chez lui, à l'époque où il débutait à Plassans comme médecin, dans une petite maison claire de la ville neuve. Et, treize années plus tard, lorsque Saccard, un frère de Pascal, lui envoya de Paris sa fille Clotilde, âgée de sept ans, à la mort de sa femme et au moment de se remarier, ce fut elle qui éleva l'enfant, la menant à l'église, lui communiquant un peu de la flamme dévote dont elle avait toujours brûlé; tandis que le docteur, d'esprit large, les laissait aller à leur joie de croire, car il ne se sentait pas le droit d'interdire à personne le bonheur de la foi. Il se contenta ensuite de veiller sur l'instruction de la jeune fille, de lui donner en toutes choses des idées précises et saines. Depuis près de dix-huit ans qu'ils vivaient ainsi tous les trois, retirés à la Souleiade, une propriété située dans un faubourg de la ville, à un quart d'heure de Saint-Saturnin, la cathédrale, la vie avait coulé heureuse, occupée à de grands travaux cachés, un peu troublée pourtant par un malaise qui grandissait, le heurt de plus en plus violent de leurs croyances.

Pascal se promena un instant, assombri. Puis, en homme qui ne mâchait pas ses mots :

— Vois-tu, chérie, toute cette fantasmagorie du mystère a gâté ta jolie cervelle... Ton bon Dieu n'avait pas besoin de toi, j'aurais dû te garder pour moi tout seul, et tu ne t'en porterais que mieux.

Mais Clotilde, frémissante, ses clairs regards hardiment fixés sur les siens, lui tenait tête.

— C'est toi, maître, qui te porterais mieux, si tu ne t'enfermais pas dans tes yeux de chair... Il y a autre chose, pourquoi ne veux-tu pas voir ?

Et Martine vint à son aide, en son langage.

— C'est bien vrai, monsieur, que vous qui êtes un saint, comme je le dis partout, vous devriez nous accompagner à l'église... Sûrement, Dieu vous sauvera. Mais, à l'idée que vous pourriez ne pas aller droit en paradis, j'en ai tout le corps qui tremble.

Il s'était arrêté, il les avait devant lui toutes deux, en pleine rébellion, elles si dociles, à ses pieds d'habitude, d'une tendresse de femmes conquises par sa gaieté et sa bonté. Déjà, il ouvrait la bouche, il allait répondre rudement, lorsque l'inutilité de la discussion lui apparut.

— Tenez ! fichez-moi la paix. Je ferai mieux d'aller travailler... Et, surtout, qu'on ne me dérange pas !

D'un pas leste, il gagna sa chambre, où il avait installé

une sorte de laboratoire, et il s'y enferma. La défense d'y entrer était formelle. C'était là qu'il se livrait à des préparations spéciales, dont il ne parlait à personne. Presque tout de suite, on entendit le bruit régulier et lent d'un pilon dans un mortier.

— Allons, dit Clotilde en souriant, le voilà à sa cuisine du diable, comme dit grand'mère.

Et elle se remit posément à copier la tige de roses trémières. Elle en serrait le dessin avec une précision mathématique, elle trouvait le ton juste des pétales violets, zébrés de jaune, jusque dans la décoloration la plus délicate des nuances.

— Ah! murmura au bout d'un moment Martine, de nouveau par terre, en train de raccommoder le fauteuil, quel malheur qu'un saint homme pareil perde son âme à plaisir!... Car, il n'y a pas à dire, voici trente ans que je le connais, et jamais il n'a fait seulement de la peine à personne. Un vrai cœur d'or, qui s'ôterait les morceaux de la bouche... Et gentil avec ça, et toujours bien portant, et toujours gai, une vraie bénédiction!... C'est un meurtre qu'il ne veuille pas faire sa paix avec le bon Dieu. N'est-ce pas? mademoiselle, il faudra le forcer.

Clotilde, surprise de lui en entendre dire si long à la fois, donna sa parole, l'air grave.

— Certainement, Martine, c'est juré. Nous le forcerons.

Le silence recommençait, lorsqu'on entendit le tintement de la sonnette fixée, en bas, à la porte d'entrée. On l'avait mise là, afin d'être averti, dans cette maison trop vaste pour les trois personnes qui l'habitaient. La servante sembla étonnée et grommela des paroles sourdes: qui pouvait venir par une chaleur pareille? Elle s'était levée, elle ouvrit la porte, se pencha au-dessus de la rampe, puis reparut en disant:

— C'est madame Félicité.

Vivement, la vieille madame Rougon entra. Malgré ses quatre-vingts ans, elle venait de monter l'escalier avec une légèreté de jeune fille; et elle restait la cigale brune, maigre et stridente d'autrefois. Très élégante maintenant, vêtue de soie noire, elle pouvait encore être prise, par derrière, grâce à la finesse de sa taille, pour quelque amoureuse, quelque ambitieuse courant à sa passion. De face, dans son visage séché, ses yeux gardaient leur flamme, et elle souriait d'un joli sourire, quand elle le voulait bien.

— Comment, c'est toi, grand'mère ! s'écria Clotilde, en marchant à sa rencontre. Mais il y a de quoi être cuit, par ce terrible soleil !

Félicité, qui la baisait au front, se mit à rire.

— Oh ! le soleil, c'est mon ami !

Puis, trottant à petits pas rapides, elle alla tourner l'espagnolette d'un des volets.

— Ouvrez donc un peu : c'est trop triste, de vivre ainsi dans le noir... Chez moi, je laisse le soleil entrer.

Par l'entre-bâillement, un jet d'ardente lumière, un flot de braises dansantes pénétra. Et l'on aperçut, sous le ciel d'un bleu violâtre d'incendie, la vaste campagne brûlée, comme endormie et morte dans cet anéantissement de fournaise; tandis que, sur la droite, au-dessus des toitures roses, se dressait le clocher de Saint-Saturnin, une tour dorée, aux arêtes d'os blanchis, dans l'aveuglante clarté.

— Oui, continuait Félicité, j'irai sans doute tout à l'heure aux Tulettes, et je voulais savoir si vous aviez Charles, afin de l'y mener avec moi... Il n'est pas ici, je vois ça. Ce sera pour un autre jour.

Mais, tandis qu'elle donnait ce prétexte à sa visite, ses

yeux fureteurs faisaient le tour de la pièce. D'ailleurs, elle n'insista pas, parla tout de suite de son fils Pascal, on entendait le bruit rythmique du pilon qui n'avait pas cessé dans la chambre voisine.

— Ah! il est encore à sa cuisine du diable!... Ne le dérangez pas, je n'ai rien à lui dire.

Martine, qui s'était remise à son fauteuil, hocha la tête, pour déclarer qu'elle n'avait nulle envie de déranger son maître; et il y eut un nouveau silence, tandis que Clotilde essuyait à un linge ses doigts tachés de pastel, et que Félicité reprenait sa marche à petits pas, d'un air d'enquête.

Depuis bientôt deux ans, la vieille madame Rougon était veuve. Son mari, devenu si gros, qu'il ne se remuait plus, avait succombé, étouffé par une indigestion, le 3 septembre 1870, dans la nuit du jour où il avait appris la catastrophe de Sedan. L'écroulement du régime, dont il se flattait d'être un des fondateurs, semblait l'avoir foudroyé. Aussi Félicité affectait-elle de ne plus s'occuper de politique, vivant désormais comme une reine retirée du trône. Personne n'ignorait que les Rougon, en 1851, avaient sauvé Plassans de l'anarchie, en y faisant triompher le coup d'État du 2 décembre, et que, quelques années plus tard, ils l'avaient conquis de nouveau, sur les candidats légitimistes et républicains, pour le donner à un député bonapartiste. Jusqu'à la guerre, l'empire y était resté tout-puissant, si acclamé, qu'il y avait obtenu, au plébiscite, une majorité écrasante. Mais, depuis les désastres, la ville devenait républicaine, le quartier Saint-Marc était retombé dans ses sourdes intrigues royalistes, tandis que le vieux quartier et la ville neuve avaient envoyé à la Chambre un représentant libéral, vaguement teinté d'orléanisme, tout prêt à se ranger du côté de la République, si elle triomphait. Et c'était pourquoi Félicité, en femme très intelligente, se désintéressait et consentait à n'être plus que la reine détrônée d'un régime déchu.

Mais il y avait encore là une haute position, environnée de toute une poésie mélancolique. Pendant dix-huit années, elle avait régné. La légende de ses deux salons, le salon jaune où avait mûri le coup d'État, le salon vert, plus tard, le terrain neutre où la conquête de Plassans s'était achevée, s'embellissait du recul des époques disparues. Elle était, d'ailleurs, très riche. Puis, on la trouvait très digne dans la chute, sans un regret ni une plainte, promenant, avec ses quatre-vingts ans, une si longue suite de furieux appétits, d'abominables manœuvres et d'assouvissements démesurés, qu'elle en devenait auguste. La seule de ses joies, maintenant, était de jouir en paix de sa grande fortune et de sa royauté passée, et elle n'avait plus qu'une passion, celle de défendre son histoire, en écartant tout ce qui, dans la suite des âges, pourrait la salir. Son orgueil, qui vivait du double exploit dont les habitants parlaient encore, veillait avec un soin jaloux, résolu à ne laisser debout que les beaux documents, cette légende qui la faisait saluer comme une majesté tombée, quand elle traversait la ville.

Elle était allée jusqu'à la porte de la chambre, elle écouta le bruit du pilon. Puis, le front soucieux, elle revint vers Clotilde.

— Que fabrique-t-il donc, mon Dieu ! Tu sais qu'il se fait le plus grand tort, avec sa drogue nouvelle. On m'a raconté que, l'autre jour, il avait encore failli tuer un de ses malades.

— Oh ! grand'mère ! s'écria la jeune fille.

Mais elle était lancée.

— Oui, parfaitement ! les bonnes femmes en disent bien d'autres... Va les questionner, au fond du faubourg.

Elles te diront qu'il pile des os de mort dans du sang
de nouveau-né.

Cette fois, pendant que Martine protestait elle-même,
Clotilde se fâcha, blessée dans sa tendresse.

— Oh! grand'mère, ne répète pas ces abominations!...
Maître qui a un si grand cœur, qui ne songe qu'au bonheur
de tous!

Alors, quand elle les vit l'une et l'autre s'indigner, Félicité, comprenant qu'elle brusquait trop les choses, redevint très câline.

— Mais, mon petit chat, ce n'est pas moi qui dis ces
choses affreuses. Je te répète les bêtises qu'on fait courir,
pour que tu comprennes que Pascal a tort de ne pas tenir
compte de l'opinion publique... Il croit avoir trouvé un
nouveau remède, rien de mieux! et je veux même
admettre qu'il va guérir tout le monde, comme il l'espère.
Seulement, pourquoi affecter ces allures mystérieuses,
pourquoi n'en pas parler tout haut, pourquoi surtout ne
l'essayer que sur cette racaille du vieux quartier et de la
campagne, au lieu de tenter, parmi les gens comme il
faut de la ville, des cures éclatantes qui lui feraient honneur?... Non, vois-tu, mon petit chat, ton oncle n'a jamais
rien pu faire comme les autres.

Elle avait pris un ton peiné, baissant la voix pour étaler
cette plaie secrète de son cœur.

— Dieu merci! ce ne sont pas les hommes de valeur
qui manquent dans notre famille, mes autres fils m'ont
donné assez de satisfaction! N'est-ce pas? ton oncle
Eugène est monté assez haut, ministre pendant douze ans,
presque empereur! et ton père lui-même a remué assez
de millions, a été mêlé à d'assez grands travaux qui ont
refait Paris! Je ne parle pas de ton frère Maxime, si riche,
si distingué, ni de tes cousins, Octave Mouret, un des
conquérants du nouveau commerce, et notre cher abbé

Mouret, un saint celui-là!... Eh bien! pourquoi Pascal, qui aurait pu marcher sur leurs traces à tous, vit-il obstinément dans son trou, en vieil original à demi fêlé?

Et, la jeune fille s'étant révoltée encore, elle lui ferma la bouche d'un geste caressant de la main.

— Non, non! laisse-moi finir... Je sais bien que Pascal n'est pas une bête, qu'il a fait des travaux remarquables, que ses envois à l'Académie de médecine lui ont même acquis une réputation parmi les savants... Mais cela peut-il compter, à côté de ce que j'avais rêvé pour lui? oui! toute la belle clientèle de la ville, une grosse fortune, la décoration, enfin des honneurs, une position digne de la famille... Ah! vois-tu, mon petit chat, c'est de cela que je me plains : il n'en est pas, il n'a pas voulu en être, de la famille. Ma parole! je le lui disais, quand il était enfant : « Mais d'où sors-tu? Tu n'es pas à nous! » Moi, j'ai tout sacrifié à la famille, je me ferais hacher pour que la famille fût à jamais grande et glorieuse!

Elle redressait sa petite taille, elle devenait très haute, dans l'unique passion de jouissance et d'orgueil qui avait empli sa vie. Mais elle recommençait sa promenade, lorsqu'elle eut un saisissement, en apercevant soudain, par terre, le numéro du *Temps*, que le docteur avait jeté, après y avoir découpé l'article, pour le joindre au dossier de Saccard; et la vue de la fenêtre, ouverte au milieu de de la feuille, la renseigna sans doute, car, du coup, elle ne marcha plus, elle se laissa tomber sur une chaise, comme si elle savait enfin ce qu'elle était venue apprendre.

— Ton père a été nommé directeur de *l'Époque*, reprit-elle brusquement.

— Oui, dit Clotilde avec tranquillité, maître me l'a dit, c'était dans le journal.

D'un air attentif et inquiet, Félicité la regardait, car

cette nomination de Saccard, ce ralliement à la République, était une chose énorme. Après la chute de l'empire, il avait osé rentrer en France, malgré sa condamnation comme directeur de la Banque Universelle, dont l'effondrement colossal avait précédé celui du régime. Des influences nouvelles, toute une intrigue extraordinaire devait l'avoir remis sur pied. Non seulement il avait eu sa grâce, mais encore il était une fois de plus en train de brasser des affaires considérables, lancé dans le grand journalisme, retrouvant sa part dans tous les pots-de-vin. Et le souvenir s'évoquait des brouilles de jadis, entre lui et son frère Eugène Rougon, qu'il avait compromis si souvent, et que, par un retour ironique des choses, il allait peut-être protéger, maintenant que l'ancien ministre de l'empire n'était plus qu'un simple député, résigné au seul rôle de défendre son maître déchu, avec l'entêtement que sa mère mettait à défendre sa famille. Elle obéissait encore docilement aux ordres de son fils aîné, l'aigle, même foudroyé; mais Saccard, quoi qu'il fît, lui tenait aussi au cœur, par son indomptable besoin du succès; et elle était en outre fière de Maxime, le frère de Clotilde, qui s'était réinstallé, après la guerre, dans son hôtel de l'avenue du Bois-de-Boulogne, où il mangeait la fortune que lui avait laissée sa femme, devenu prudent, d'une sagesse d'homme atteint dans ses moelles, rusant avec la paralysie menaçante.

— Directeur de l'*Époque*, répéta-t-elle, c'est une vraie situation de ministre que ton père a conquise... Et j'oubliais de te dire, j'ai encore écrit à ton frère, pour le déterminer à venir nous voir. Cela le distrairait, lui ferait du bien. Puis, il y a cet enfant, ce pauvre Charles...

Elle n'insista pas, c'était là une autre des plaies dont saignait son orgueil : un fils que Maxime avait eu, à dix-sept ans, d'une servante, et qui, maintenant, âgé d'une quinzaine d'années, de tête faible, vivait à Plassans, passant de l'un chez l'autre, à la charge de tous.

Un instant encore, elle attendit, espérant une réflexion de Clotilde, une transition qui lui permettrait d'arriver où elle voulait en venir. Lorsqu'elle vit que la jeune fille se désintéressait, occupée à ranger des papiers sur son pupitre, elle se décida, après avoir jeté un coup d'œil sur Martine, qui continuait à raccommoder le fauteuil, comme muette et sourde.

— Alors, ton oncle a découpé l'article du *Temps?*

Très calme, Clotilde souriait.

— Oui, maître l'a mis dans les dossiers. Ah! ce qu'il enterre de notes, là dedans! Les naissances, les morts, les moindres incidents de la vie, tout y passe. Et il y a aussi l'Arbre généalogique, tu sais bien, notre fameux Arbre généalogique, qu'il tient au courant!

Les yeux de la vieille madame Rougon avaient flambé. Elle regardait fixement la jeune fille.

— Tu les connais, ces dossiers?

— Oh! non, grand'mère! Jamais maître ne m'en parle, et il me défend de les toucher.

Mais elle ne la croyait pas.

— Voyons! tu les as sous la main, tu as dû les lire.

Très simple, avec sa tranquille droiture, Clotilde répondit, en souriant de nouveau.

— Non! quand maître me défend une chose, c'est qu'il a ses raisons, et je ne la fais pas.

— Eh bien! mon enfant, s'écria violemment Félicité, cédant à sa passion, toi que Pascal aime bien, et qu'il écouterait peut-être, tu devrais le supplier de brûler tout ça, car, s'il venait à mourir et qu'on trouvât les affreuses choses qu'il y a là dedans, nous serions tous déshonorés!

Ah! ces dossiers abominables, elle les voyait, la nuit, dans ses cauchemars, étaler en lettres de feu les histoires vraies, les tares physiologiques de la famille, tout cet envers de sa gloire qu'elle aurait voulu à jamais enfouir, avec les ancêtres déjà morts! Elle savait comment le docteur avait eu l'idée de réunir ces documents, dès le début de ses grandes études sur l'hérédité, comment il s'était trouvé conduit à prendre sa propre famille en exemple, frappé des cas typiques qu'il y constatait et qui venaient à l'appui des lois découvertes par lui. N'était-ce pas un champ tout naturel d'observation, à portée de sa main, qu'il connaissait à fond? Et, avec une belle carrure insoucieuse de savant, il accumulait sur les siens, depuis trente années, les renseignements les plus intimes, recueillant et classant tout, dressant cet Arbre généalogique des Rougon-Macquart, dont les volumineux dossiers n'étaient que le commentaire, bourré de preuves.

— Ah! oui, continuait la vieille madame Rougon ardemment, au feu, au feu, toutes ces paperasses qui nous saliraient!

A ce moment, comme la servante se relevait pour sortir, en voyant le tour que prenait l'entretien, elle l'arrêta d'un geste prompt.

— Non, non! Martine, restez! vous n'êtes pas de trop, puisque vous êtes de la famille maintenant.

Puis, d'une voix sifflante :

— Un ramas de faussetés, de commérages, tous les mensonges que nos ennemis ont lancés autrefois contre nous, enragés par notre triomphe!... Songe un peu à cela, mon enfant. Sur nous tous, sur ton père, sur ta mère, sur ton frère, sur moi, tant d'horreurs!

— Des horreurs, grand'mère, mais comment le sais-tu?

Elle se troubla un instant.

— Oh! je m'en doute, va!... Quelle est la famille qui n'a pas eu des malheurs, qu'on peut mal interpréter? Ainsi, notre mère à tous, cette chère et vénérable Tante

Dide, ton arrière-grand'mère, n'est-elle pas depuis vingt et un ans à l'Asile des Aliénés, aux Tulettes ? Si Dieu lui a fait la grâce de la laisser vivre jusqu'à l'âge de cent quatre ans, il l'a cruellement frappée en lui ôtant la raison. Certes, il n'y a pas de honte à cela; seulement, ce qui m'exaspère, ce qu'il ne faut pas, c'est qu'on dise ensuite que nous sommes tous fous... Et, tiens! sur ton grand-oncle Macquart, lui aussi, en a-t-on fait courir des bruits déplorables! Macquart a eu autrefois des torts, je ne le défends pas. Mais, aujourd'hui, ne vit-il pas bien sagement, dans sa petite propriété des Tulettes, à deux pas de notre malheureuse mère, sur laquelle il veille en bon fils?... Enfin, écoute! un dernier exemple. Ton frère Maxime a commis une grosse faute, lorsqu'il a eu, d'une servante, ce pauvre petit Charles, et il est d'autre part certain que le triste enfant n'a pas la tête solide. N'importe! cela te fera-t-il plaisir, si l'on te raconte que ton neveu est un dégénéré, qu'il reproduit, à trois générations de distance, sa trisaïeule, la chère femme près de laquelle nous le menons parfois, et avec qui il se plaît tant?... Non! il n'y a plus de famille possible, si l'on se met à tout éplucher, les nerfs de celui-ci, les muscles de cet autre. C'est à dégoûter de vivre!

Clotilde l'avait écoutée attentivement, debout dans sa longue blouse noire. Elle était redevenue grave, les bras tombés, les yeux à terre. Un silence régna, puis elle dit avec lenteur :

— C'est la science, grand'mère.

— La science ! s'exclama Félicité, en piétinant de nouveau, elle est jolie, leur science, qui va contre tout ce qu'il y a de sacré au monde! Quand ils auront tout démoli, ils seront bien avancés!... Ils tuent le respect, ils tuent la famille, ils tuent le bon Dieu...

— Oh! ne dites pas ça, madame! interrompit douloureusement Martine, dont la dévotion étroite saignait. Ne dites pas que monsieur tue le bon Dieu !

— Si, ma pauvre fille, il le tue... Et, voyez-vous, c'est un crime, au point de vue de la religion, que de le laisser se damner ainsi. Vous ne l'aimez pas, ma parole d'honneur ! non, vous ne l'aimez pas, vous deux qui avez le bonheur de croire, puisque vous ne faites rien pour qu'il rentre dans la vraie route... Ah ! moi, à votre place, je fendrais plutôt cette armoire à coups de hache, je ferais un fameux feu de joie avec toutes les insultes au bon Dieu qu'elle contient !

Elle s'était plantée devant l'immense armoire, elle la mesurait de son regard de feu, comme pour la prendre d'assaut, la saccager, l'anéantir, malgré la maigreur desséchée de ses quatre-vingts ans. Puis, avec un geste d'ironique dédain :

— Encore, avec sa science, s'il pouvait tout savoir !

Clotilde était restée absorbée, les yeux perdus. Elle reprit à demi-voix, oubliant les deux autres, se parlant à elle-même :

— C'est vrai, il ne peut tout savoir... Toujours, il y a autre chose, là-bas... C'est ce qui me fâche, c'est ce qui nous fait nous quereller parfois ; car je ne puis pas, comme lui, mettre le mystère à part : je m'en inquiète, jusqu'à en être torturée... Là-bas, tout ce qui veut et agit dans le frisson de l'ombre, toutes les forces inconnues...

Sa voix s'était ralentie peu à peu, tombée à un murmure indistinct.

Alors, Martine, l'air sombre depuis un moment, intervint à son tour.

— Si c'était vrai pourtant, mademoiselle, que monsieur se damnât avec tous ces vilains papiers ! Dites, est-ce que nous le laisserions faire ?... Moi, voyez-vous, il me dirait de me jeter en bas de la terrasse, je fermerais les yeux et je me jetterais, parce que je sais qu'il a toujours raison. Mais, à son salut, oh! si je le pouvais, j'y travaillerais malgré lui. Par tous les moyens, oui! je le forcerais, ça m'est trop cruel de penser qu'il ne sera pas dans le ciel avec nous.

— Voilà qui est très bien, ma fille, approuva Félicité. Vous aimez au moins votre maître d'une façon intelligente.

Entre elles deux, Clotilde semblait encore irrésolue. Chez elle, la croyance ne se pliait pas à la règle stricte du dogme, le sentiment religieux ne se matérialisait pas dans l'espoir d'un paradis, d'un lieu de délices, où l'on devait retrouver les siens. C'était simplement, en elle, un besoin d'au delà, une certitude que le vaste monde ne s'arrête point à la sensation, qu'il y a tout un autre monde inconnu, dont il faut tenir compte. Mais sa grand'mère si vieille, cette servante si dévouée, l'ébranlaient, dans sa tendresse inquiète pour son oncle. Ne l'aimaient-elles pas davantage, d'une façon plus éclairée et plus droite, elles qui le voulaient sans tache, dégagé de ses manies de savant, assez pur pour être parmi les élus? Des phrases de livres dévots lui revenaient, la continuelle bataille livrée à l'esprit du mal, la gloire des conversions emportées de haute lutte. Si elle se mettait à cette besogne sainte, si pourtant, malgré lui, elle le sauvait! Et une exaltation, peu à peu, gagnait son esprit, tourné volontiers aux entreprises aventureuses.

— Certainement, finit-elle par dire, je serais très heureuse qu'il ne se cassât pas la tête, à entasser ces bouts de papier, et qu'il vînt avec nous à l'église.

En la voyant près de céder, madame Rougon s'écria qu'il fallait agir, et Martine elle-même pesa de toute sa réelle autorité. Elles s'étaient rapprochées, elles endoctrinaient la jeune fille, baissant la voix, comme pour un complot, d'où sortirait un miraculeux bienfait, une joie divine dont la maison entière serait parfumée. Quel triomphe, si l'on réconciliait le docteur avec Dieu! et quelle douceur ensuite, à vivre ensemble, dans la communion céleste d'une même foi!

— Enfin, que dois-je faire? demanda Clotilde, vaincue, conquise.

Mais, à ce moment, dans le silence, le pilon du docteur reprit plus haut, de son rythme régulier. Et Félicité victorieuse, qui allait parler, tourna la tête avec inquiétude, regarda un instant la porte de la chambre voisine. Puis, à demi-voix :

— Tu sais où est la clef de l'armoire?

Clotilde ne répondit pas, eut un simple geste, pour dire toute sa répugnance à trahir ainsi son maître.

— Que tu es enfant! Je te jure de ne rien prendre, je ne dérangerai même rien... Seulement, n'est-ce pas? puisque nous sommes seules, et que jamais Pascal ne reparaît avant le dîner, nous pourrions nous assurer de ce qu'il y a là dedans... Oh! rien qu'un coup d'œil, ma parole d'honneur!

La jeune fille, immobile, ne consentait toujours pas.

— Et puis, peut-être que je me trompe, il n'y a sans doute là aucune des mauvaises choses que je t'ai dites.

Ce fut décisif, elle courut prendre dans le tiroir la clef, elle ouvrit elle-même l'armoire toute grande.

— Tiens! grand'mère, les dossiers sont là-haut.

Martine, sans une parole, était allée se planter à la porte de la chambre, l'oreille au guet, écoutant le pilon, tandis que Félicité, clouée sur place par l'émotion, regardait les dossiers. Enfin, c'étaient eux, ces dossiers terribles, dont le cauchemar empoisonnait sa vie! elle les voyait, elle allait les toucher, les emporter! Et elle se dressait, dans un allongement passionné de ses courtes jambes.

— C'est trop haut, mon petit chat, dit-elle. Aide-moi, donne-les-moi !

— Oh ! ça, non, grand'mère !... Prends une chaise.

Félicité prit une chaise, monta lestement dessus. Mais elle était encore trop petite. D'un effort extraordinaire, elle se haussait, arrivait à se grandir, jusqu'à toucher du bout de ses ongles les chemises de fort papier bleu ; et ses doigts se promenaient, se crispaient, avec des égratignements de griffes. Brusquement, il y eut un fracas : c'était un échantillon géologique, un fragment de marbre, qui se trouvait sur une planche inférieure, et qu'elle venait de faire tomber.

Aussitôt, le pilon s'arrêta, et Martine dit d'une voix étouffée :

— Méfiez-vous, le voici !

Mais Félicité, désespérée, n'entendait pas, ne lâchait pas, lorsque Pascal entra vivement. Il avait cru à un malheur, à une chute, et il demeura stupéfié devant ce qu'il voyait : sa mère sur la chaise, le bras encore en l'air, tandis que Martine s'était écartée, et que Clotilde debout, très pâle, attendait, sans détourner les yeux. Quand il eut compris, lui-même devint d'une blancheur de linge. Une colère terrible montait en lui.

La vieille madame Rougon, d'ailleurs, ne se troubla aucunement. Dès qu'elle vit l'occasion perdue, elle sauta de la chaise, ne fit aucune allusion à la vilaine besogne dans laquelle il la surprenait.

— Tiens, c'est toi ! Je ne voulais pas te déranger... J'étais venue embrasser Clotilde. Mais voici près de deux heures que je bavarde, et je file bien vite. On m'attend chez moi, on ne doit plus savoir ce que je suis devenue... Au revoir, à dimanche !

Elle s'en alla, très à l'aise, après avoir souri à son fils, qui était resté muet devant elle, respectueux. C'était une attitude prise par lui, depuis longtemps, pour éviter une explication qu'il sentait devoir être cruelle et dont il avait toujours eu peur. Il la connaissait, il voulait tout lui pardonner, dans sa large tolérance de savant qui faisait la part de l'hérédité, du milieu et des circonstances. Puis, n'était-elle pas sa mère? et cela aurait suffi; car, au milieu des effroyables coups que ses recherches portaient à la famille, il gardait une grande tendresse de cœur pour les siens.

Lorsque sa mère ne fut plus là, sa colère éclata, s'abattit sur Clotilde. Il avait détourné les yeux de Martine, il les tenait fixés sur la jeune fille, dont les regards ne se baissaient toujours pas, dans une bravoure qui acceptait la responsabilité de son acte.

— Toi! toi! dit-il enfin.

Il lui avait saisi le bras, il le serrait, à la faire crier. Mais elle continuait à le regarder en face, sans plier devant lui, avec la volonté indomptable de sa personnalité, de sa pensée, à elle. Elle était belle et irritante, si mince, si élancée, vêtue de sa blouse noire; et son exquise jeunesse blonde, son front droit, son nez fin, son menton ferme, prenait un charme guerrier, dans sa révolte.

— Toi que j'ai faite, toi qui es mon élève, mon amie mon autre pensée, à qui j'ai donné un peu de mon cœur et de mon cerveau! Ah! oui, j'aurais dû te garder tout entière pour moi, ne pas me laisser prendre le meilleur de toi-même par ton bête de bon Dieu!

— Oh! monsieur, vous blasphémez! cria Martine, qui s'était rapprochée, pour détourner sur elle une partie de sa colère.

Mais il ne la voyait même pas. Clotilde seule existait. Et il était comme transfiguré, soulevé d'une telle passion, que, sous ses cheveux blancs, dans sa barbe blanche, son beau visage flambait de jeunesse, d'une immense tendresse blessée et exaspérée. Un instant encore, ils se contemplèrent de la sorte, sans se céder, les yeux sur les yeux.

— Toi! toi! répétait-il, de sa voix frémissante.

— Oui, moi!... Pourquoi donc, maître, ne t'aimerais-je pas autant que tu m'aimes? et pourquoi, si je te crois en péril, ne tâcherais-je pas de te sauver? Tu t'inquiètes bien de ce que je pense, tu veux bien me forcer à penser comme toi!

Jamais elle ne lui avait ainsi tenu tête.

— Mais tu es une petite fille, tu ne sais rien!

— Non, je suis une âme, et tu n'en sais pas plus que moi!

Il lui lâcha le bras, il eut un grand geste vague vers le ciel, et un extraordinaire silence tomba, plein des choses graves, de l'inutile discussion qu'il ne voulait pas engager. D'une rude poussée, il était allé ouvrir le volet de la fenêtre du milieu; car le soleil baissait, la salle s'emplissait d'ombre. Puis, il revint.

Mais elle, dans un besoin d'air et de libre espace, était allée à cette fenêtre ouverte. L'ardente pluie de braise avait cessé, il n'y avait plus, tombant de haut, que le dernier frisson du ciel surchauffé et pâlissant; et, de la terre brûlante encore, montaient des odeurs chaudes, avec la respiration soulagée du soir. Au bas de la terrasse, c'était d'abord la voie du chemin de fer, les premières dépendances de la gare, dont on apercevait les bâtiments; puis, traversant la vaste plaine aride, une ligne d'arbres indiquait le cours de la Viorne, au delà duquel montaient les coteaux de Sainte-Marthe, des gradins de terres rougeâtres plantées d'oliviers, soutenues par des murs de pierres sèches, et que couronnaient des bois

sombres de pins : large amphithéâtre désolé, mangé de
soleil, d'un ton de vieille brique cuite, déroulant en haut,
sur le ciel, cette frange de verdure noire. A gauche,
s'ouvraient les gorges de la Seille, des amas de pierres
jaunes, écroulées au milieu de terres couleur de sang,
dominées par une immense barre de rochers, pareille à
un mur de forteresse géante; tandis que, vers la droite,
à l'entrée même de la vallée où coulait la Viorne, la
ville de Plassans étageait ses toitures de tuiles décolorées et roses, son fouillis ramassé de vieille cité, que
perçaient des cimes d'ormes antiques, et sur laquelle
régnait la haute tour de Saint-Saturnin, solitaire et
sereine, à cette heure, dans l'or limpide du couchant.

— Ah! mon Dieu! dit lentement Clotilde, faut-il être
orgueilleux, pour croire qu'on va tout prendre dans sa
main et tout connaître!

Pascal venait de monter sur la chaise, afin de s'assurer
que pas un des dossiers ne manquait. Ensuite, il ramassa le fragment de marbre, le replaça sur la planche;
et, quand il eut refermé l'armoire, d'une main énergique,
il mit la clef au fond de sa poche.

— Oui, reprit-il, tâcher de tout connaître, et surtout
ne pas perdre la tête avec ce qu'on ne connaît pas, ce
qu'on ne connaîtra sans doute jamais!

Martine, de nouveau, s'était rapprochée de Clotilde,
pour la soutenir, pour montrer que toutes deux faisaient
cause commune. Et, maintenant, le docteur l'apercevait,
elle aussi, les sentait l'une et l'autre unies dans la même
volonté de conquête. Après des années de sourdes tentatives, c'était enfin la guerre ouverte, le savant qui voit
les siens se tourner contre sa pensée et la menacer de
destruction. Il n'est point de pire tourment, avoir la trahison chez soi, autour de soi, être traqué, dépossédé,
anéanti, par ceux que vous aimez et qui vous aiment!

Brusquement, cette idée affreuse lui apparut.

— Mais vous m'aimez toutes les deux pourtant!

Il vit leurs yeux s'obscurcir de larmes, il fut pris d'une infinie tristesse, dans cette fin si calme d'un beau jour. Toute sa gaieté, toute sa bonté, qui venaient de sa passion de la vie, en étaient bouleversées.

— Ah! ma chérie, et toi, ma pauvre fille, vous faites ça pour mon bonheur, n'est-ce pas? Mais, hélas! que nous allons être malheureux!

II

Le lendemain matin, Clotilde, dès six heures, se réveilla. Elle s'était mise au lit fâchée avec Pascal, ils se boudaient. Et son premier sentiment fut un malaise, un chagrin sourd, le besoin immédiat de se réconcilier, pour ne pas garder sur son cœur le gros poids qu'elle y retrouvait.

Vivement, sautant du lit, elle était allée entr'ouvrir les volets des deux fenêtres. Déjà haut, le soleil entra, coupa la chambre de deux barres d'or. Dans cette pièce ensommeillée, toute moite d'une bonne odeur de jeunesse, la claire matinée apportait de petits souffles d'une gaieté fraîche ; tandis que, revenue s'asseoir au bord du matelas, la jeune fille demeurait un instant songeuse, simplement vêtue de son étroite chemise, qui semblait encore l'amincir, avec ses jambes longues et fuselées, son torse élancé et fort, à la gorge ronde, au cou rond, aux bras ronds et souples ; et sa nuque, ses épaules adorables étaient un lait pur, une soie blanche, polie, d'une infinie douceur. Longtemps, à l'âge ingrat, de douze à dix-huit ans, elle avait paru trop grande, dégingandée, montant aux arbres comme un garçon. Puis, du galopin sans sexe, s'était dégagée cette fine créature de charme et d'amour.

Les yeux perdus, elle continuait à regarder les murs de la chambre. Bien que la Souleiade datât du siècle dernier, on avait dû la remeubler sous le premier empire, car il y avait là, pour tenture, une ancienne indienne imprimée, représentant des bustes de sphinx, dans des enroulements de couronnes de chêne. Autrefois d'un rouge vif, cette indienne était devenue rose, d'un vague rose qui tournait à l'orange. Les rideaux des deux fenêtres et du lit existaient; mais il avait fallu les faire nettoyer, ce qui les avait pâlis encore. Et c'était vraiment exquis, cette pourpre effacée, ce ton d'aurore, si délicatement doux. Quant au lit, tendu de la même étoffe, il tombait d'une vétusté telle, qu'on l'avait remplacé par un autre lit, pris dans une pièce voisine, un autre lit empire, bas et très large, en acajou massif, garni de cuivres, dont les quatre colonnes d'angle portaient aussi des bustes de sphinx, pareils à ceux de la tenture. D'ailleurs, le reste du mobilier était appareillé, une armoire à portes pleines et à colonnes, une commode à marbre blanc cerclé d'une galerie, une haute psyché monumentale, une chaise longue aux pieds raidis, des sièges aux dossiers droits, en forme de lyre. Mais un couvrepied, fait d'une ancienne jupe de soie Louis XV, égayait le lit majestueux, tenant le milieu du panneau, en face des fenêtres; tout un amas de coussins rendait moelleuse la dure chaise longue; et il y avait deux étagères et une table garnies également de vieilles soies brochées de fleurs, découvertes au fond d'un placard.

Clotilde enfin mit ses bas, enfila un peignoir de piqué blanc; et, ramassant du bout des pieds ses mules de toile grise, elle courut dans son cabinet de toilette, une pièce de derrière, qui donnait sur l'autre façade. Elle l'avait fait simplement tendre de coutil écru, à rayures bleues; et il ne s'y trouvait que des meubles de sapin verni, la toilette, deux armoires, des chaises. On l'y sentait pourtant d'une coquetterie naturelle et fine, très femme. Cela avait poussé chez elle, en même temps que la beauté. A côté de la têtue, de la garçonnière qu'elle restait parfois, elle était devenue une soumise, une tendre, aimant à être aimée. La vérité était qu'elle avait grandi librement, n'ayant jamais appris qu'à lire et à écrire, s'étant fait ensuite d'elle-même une instruction assez vaste, en aidant son oncle. Mais il n'y avait eu aucun plan arrêté entre eux, elle s'était seulement passionnée pour l'histoire naturelle, ce qui lui avait tout révélé de l'homme et de la femme. Et elle gardait sa pudeur de vierge, comme un fruit que nulle main n'a touché, sans doute grâce à son attente ignorée et religieuse de l'amour, ce sentiment profond de femme qui lui faisait réserver le don de tout son être, son anéantissement dans l'homme qu'elle aimerait.

Elle releva ses cheveux, se lava à grande eau; puis, cédant à son impatience, elle revint ouvrir doucement la porte de sa chambre, et se risqua à traverser sur la pointe des pieds, sans bruit, la vaste salle de travail. Les volets étaient fermés encore, mais elle voyait assez clair, pour ne pas se heurter aux meubles. Lorsqu'elle fut à l'autre bout, devant la porte de la chambre du docteur, elle se pencha, retenant son haleine. Était-il levé déjà? que pouvait-il faire? Elle l'entendit nettement qui marchait à petits pas, s'habillant sans doute. Jamais elle n'entrait dans cette chambre, où il aimait à cacher certains travaux, et qui restait close, ainsi qu'un tabernacle. Une anxiété l'avait prise, celle d'être trouvée là par lui, s'il poussait la porte; et c'était un grand trouble, une révolte de son orgueil et un désir de montrer sa soumission. Un instant, son besoin de se réconcilier devint si fort, qu'elle fut sur le point de frapper. Puis, comme le bruit des pas se rapprochait, elle se sauva follement.

Jusqu'à huit heures, Clotilde s'agita dans une impatience croissante. A chaque minute, elle regardait la pendule, sur la cheminée de sa chambre, une pendule empire de bronze doré, une borne contre laquelle l'Amour souriant contemplait le Temps endormi. C'était d'habitude à huit heures qu'elle descendait faire le premier déjeuner, en commun avec le docteur, dans la salle à manger. Et, en attendant, elle se livra à des soins de toilette minutieux, se coiffa, se chaussa, passa une robe, de toile blanche à pois rouges. Puis, ayant encore un quart d'heure à tuer, elle contenta un ancien désir, elle s'assit pour coudre une petite dentelle, une imitation de chantilly, à sa blouse de travail, cette blouse noire qu'elle finissait par trouver trop garçonnière, pas assez femme. Mais, comme huit heures sonnaient, elle lâcha son travail, descendit vivement.

— Vous allez déjeuner toute seule, dit tranquillement Martine, dans la salle à manger.

— Comment ça?

— Oui, monsieur m'a appelée, et je lui ai passé son œuf, par l'entre-bâillement de la porte. Le voilà encore dans son mortier et dans son filtre. Nous ne le verrons pas avant midi.

Clotilde était restée saisie, les joues pâles. Elle but son lait debout, emporta son petit pain et suivit la servante, au fond de la cuisine. Il n'existait, au rez-de-chaussée, avec la salle à manger et cette cuisine, qu'un salon abandonné, où l'on mettait la provision de pommes de terre. Autrefois, lorsque le docteur recevait des clients chez lui, il donnait ses consultations là; mais, depuis des années, on avait monté, dans sa chambre, le bureau et le fauteuil. Et il n'y avait plus, ouvrant sur la cuisine, qu'une autre petite pièce, la chambre de la vieille servante, très propre, avec une commode de noyer et un lit monacal, garni de rideaux blancs.

— Tu crois qu'il s'est remis à fabriquer sa liqueur? demanda Clotilde.

— Dame! ça ne peut être que ça. Vous savez bien qu'il en perd le manger et le boire, quand ça le prend.

Alors, toute la contrariété de la jeune fille s'exhala en une plainte basse.

— Ah! mon Dieu! mon Dieu!

Et, tandis que Martine montait faire sa chambre, elle prit une ombrelle au portemanteau du vestibule, elle sortit manger son petit pain dehors, désespérée, ne sachant plus à quoi occuper son temps, jusqu'à midi.

Il y avait déjà près de dix-sept ans que le docteur Pascal, résolu à quitter sa maison de la ville neuve, avait acheté la Souleiade, une vingtaine de mille francs. Son désir était de se mettre à l'écart, et aussi de donner plus d'espace et plus de joie à la fillette que son frère venait de lui envoyer de Paris. Cette Souleiade, aux portes de la ville, sur un plateau qui dominait la plaine, était une ancienne propriété considérable, dont les vastes terres se trouvaient réduites à moins de deux hectares, par suite de ventes successives, sans compter que la construction du chemin de fer avait emporté les derniers champs labourables. La maison elle-même avait été à moitié détruite par un incendie, il ne restait qu'un seul des deux corps de bâtiment, une aile carrée, à quatre pans comme on dit en Provence, de cinq fenêtres de façade, couverte en grosses tuiles roses. Et le docteur qui l'avait achetée toute meublée, s'était contenté de faire réparer et compléter les murs de l'enclos, pour être tranquille chez lui.

D'ordinaire, Clotilde aimait passionnément cette solitude, ce royaume étroit qu'elle pouvait visiter en dix minutes et qui gardait pourtant des coins de sa grandeur passée. Mais, ce matin-là, elle y apportait une colère sourde. Un moment, elle s'avança sur la terrasse, aux deux bouts de laquelle étaient plantés des cyprès centenaires, deux énormes cierges sombres, qu'on voyait de trois lieues. La pente ensuite dévalait jusqu'au chemin de fer, des murs de pierres sèches soutenaient les terres rouges, où les dernières vignes étaient mortes ; et, sur ces sortes de marches géantes, il ne poussait plus que des files chétives d'oliviers et d'amandiers, au feuillage grêle. La chaleur était déjà accablante, elle regarda de petits lézards qui fuyaient sur les dalles disjointes, entre des touffes chevelues de câpriers.

Puis, comme irritée du vaste horizon, elle traversa le verger et le potager, que Martine s'entêtait à soigner, malgré son âge, ne faisant venir un homme que deux fois par semaine, pour les gros travaux ; et elle monta, vers la droite, dans une pinède, un petit bois de pins, tout ce qu'il restait des pins superbes qui avaient jadis couvert le plateau. Mais, une fois encore, elle s'y trouva mal à l'aise : les aiguilles sèches craquaient sous ses pieds, un étouffement résineux tombait des branches. Et elle fila le long du mur de clôture, passa devant la porte d'entrée, qui ouvrait sur le chemin des Fenouillères, à cinq minutes des premières maisons de Plassans, déboucha enfin sur l'aire, une aire immense de vingt mètres de rayon, qui aurait suffi à prouver l'ancienne importance du domaine. Ah ! cette aire antique, pavée de cailloux ronds, comme au temps des Romains, cette sorte de vaste esplanade qu'une herbe courte et sèche, pareille à de l'or, semblait recouvrir d'un tapis de haute laine ! quelles bonnes parties elle y avait faites autrefois, à courir, à se rouler, à rester des heures étendue sur le dos, lorsque naissaient les étoiles, au fond du ciel sans bornes !

Elle avait rouvert son ombrelle, elle traversa l'aire d'un pas ralenti. Maintenant, elle se trouvait à la gauche de la terrasse, elle avait achevé le tour de la propriété.

Aussi revint-elle derrière la maison, sous le bouquet d'énormes platanes qui jetaient, de ce côté, une ombre épaisse. Là, s'ouvraient les deux fenêtres de la chambre du docteur. Et elle leva les yeux, car elle ne s'était rapprochée que dans l'espoir brusque de le voir enfin. Mais les fenêtres restaient closes, elle en fut blessée comme d'une dureté à son égard. Alors seulement, elle s'aperçut qu'elle tenait toujours son petit pain, oubliant de le manger; et elle s'enfonça sous les arbres, elle le mordit impatiemment, de ses belles dents de jeunesse.

C'était une retraite délicieuse, cet ancien quinconce de platanes, un reste encore de la splendeur passée de la Souleiade. Sous ces géants, aux troncs monstrueux, il faisait à peine clair, un jour verdâtre, d'une fraîcheur exquise, par les jours brûlants de l'été. Autrefois, un jardin français était dessiné là, dont il ne restait que les bordures de buis, des buis qui s'accommodaient de l'ombre sans doute, car ils avaient vigoureusement poussé, grands comme des arbustes. Et le charme de ce coin si ombreux était une fontaine, un simple tuyau de plomb scellé dans un fût de colonne, d'où coulait perpétuellement, même pendant les plus grandes sécheresses, un filet d'eau de la grosseur du petit doigt, qui allait, plus loin, alimenter un large bassin moussu, dont on ne nettoyait les pierres verdies que tous les trois ou quatre ans. Quand tous les puits du voisinage se tarissaient, la Souleiade gardait sa source, de qui les grands platanes étaient sûrement les fils centenaires. Nuit et jour, depuis des siècles, ce mince filet d'eau, égal et continu, chantait sa même chanson pure, d'une vibration de cristal.

Clotilde, après avoir erré parmi les buis qui lui arrivaient à l'épaule, rentra chercher une broderie, et revint s'asseoir devant une table de pierre, à côté de la fontaine. On avait mis là quelques chaises de jardin, on y prenait le café. Et elle affecta dès lors de ne plus lever la tête, comme absorbée dans son travail. Pourtant, de temps à autre, elle semblait jeter un coup d'œil, entre les troncs des arbres, vers les lointains ardents, l'aire aveuglante ainsi qu'un brasier, où le soleil brûlait. Mais, en réalité, son regard se coulait derrière ses longs cils, remontait jusqu'aux fenêtres du docteur. Rien n'y apparaissait, pas une ombre. Et une tristesse, une rancune grandissaient en elle, cet abandon où il la laissait, ce dédain où il semblait la tenir, après leur querelle de la veille. Elle qui s'était levée avec un si gros désir de faire tout de suite la paix! Lui, n'avait donc pas de hâte, ne l'aimait donc pas, puisqu'il pouvait vivre fâché? Et peu à peu elle s'assombrissait, elle retournait à des pensées de lutte, résolue de nouveau à ne céder sur rien.

Vers onze heures, avant de mettre son déjeuner au feu, Martine vint la rejoindre, avec l'éternel bas qu'elle tricotait même en marchant, quand la maison ne l'occupait pas.

— Vous savez qu'il est toujours enfermé là-haut, comme un loup, à fabriquer sa drôle de cuisine?

Clotilde haussa les épaules, sans quitter des yeux sa broderie.

— Et, mademoiselle, si je vous répétais ce qu'on raconte! Madame Félicité avait raison, hier, de dire qu'il y a vraiment de quoi rougir... On m'a jeté à la figure, à moi qui vous parle, qu'il avait tué le vieux Boutin, vous vous souvenez, ce pauvre vieux qui tombait du haut mal et qui est mort sur une route.

Il y eut un silence. Puis, voyant la jeune fille s'assombrir encore, la servante reprit, tout en activant le mouvement rapide de ses doigts :

— Moi, je n'y entends rien, mais ça me met en rage, ce qu'il fabrique... Et vous, mademoiselle, est-ce que vous approuvez cette cuisine-là?

Brusquement, Clotilde leva la tête, cédant au flot de passion qui l'emportait.

— Écoute, je ne veux pas m'y entendre plus que toi, mais je crois qu'il court à de très grands soucis... Il ne nous aime pas...

— Oh! si, mademoiselle, il nous aime!

— Non, non, pas comme nous l'aimons!... S'il nous aimait, il serait là, avec nous, au lieu de perdre là-haut son âme, son bonheur et le nôtre, à vouloir sauver tout le monde!

Et les deux femmes se regardèrent un moment, les yeux brûlants de tendresse, dans leur colère jalouse. Elles se remirent au travail, elles ne parlèrent plus, baignées d'ombre.

En haut, dans sa chambre, le docteur Pascal travaillait avec une sérénité de joie parfaite. Il n'avait guère exercé la médecine que pendant une douzaine d'années, depuis son retour de Paris, jusqu'au jour où il était venu se retirer à la Souleiade. Satisfait des cent et quelques mille francs qu'il avait gagnés et placés sagement, il ne s'était plus guère consacré qu'à ses études favorites, gardant simplement une clientèle d'amis, ne refusant pas d'aller au chevet d'un malade, sans jamais envoyer sa note. Quand on le payait, il jetait l'argent au fond d'un tiroir de son secrétaire, il regardait cela comme de l'argent de poche, pour ses expériences et ses caprices, en dehors de ses rentes dont le chiffre lui suffisait. Et il se moquait de la mauvaise réputation d'étrangeté que ses allures lui avaient faite, il n'était heureux qu'au milieu de ses recherches, sur les sujets qui le passionnaient. C'était pour beaucoup une surprise, de voir que ce savant, avec ses parties de génie gâtées par une imagination trop vive, fût resté à Plassans, cette ville perdue, qui semblait ne devoir lui offrir aucun des outils nécessaires. Mais il expliquait très bien les commodités qu'il y avait découvertes, d'abord une retraite de grand calme, ensuite un terrain insoupçonné d'enquête continue, au point de vue des faits de l'hérédité, son étude préférée, dans ce coin de province où il connaissait chaque famille, où il pouvait suivre les phénomènes tenus secrets, pendant deux et trois générations. D'autre part, il était voisin de la mer, il y était allé, presque à chaque belle saison, étudier la vie, le pullulement infini où elle naît et se propage, au fond des vastes eaux. Et il y avait enfin, à l'hôpital de Plassans, une salle de dissection, qu'il était presque le seul à fréquenter, une grande salle claire et tranquille, dans laquelle, depuis plus de vingt ans, tous les corps non réclamés étaient passés sous son scalpel. Très modeste d'ailleurs, d'une timidité longtemps ombrageuse, il lui avait suffi de rester en correspondance avec ses anciens professeurs et quelques amis nouveaux, au sujet des très remarquables mémoires qu'il envoyait parfois à l'Académie de médecine. Toute ambition militante lui manquait.

Ce qui avait amené le docteur Pascal à s'occuper spécialement des lois de l'hérédité, c'était, au début, des travaux sur la gestation. Comme toujours, le hasard avait eu sa part, en lui fournissant toute une série de cadavres de femmes enceintes, mortes pendant une épidémie cholérique. Plus tard, il avait surveillé les décès, complétant la série, comblant les lacunes, pour arriver à connaître la formation de l'embryon, puis le développement du fœtus, à chaque jour de sa vie intra-utérine; et il avait ainsi dressé le catalogue des observations les plus nettes, les plus définitives. A partir de ce moment, le problème de la conception, au principe de tout, s'était posé à lui, dans son irritant mystère. Pourquoi et comment un être nouveau? Quelles étaient les lois de la vie, ce torrent d'êtres qui faisaient le monde? Il ne s'en tenait pas aux cadavres, il élargissait ses dissections sur l'humanité vivante, frappé de certains faits constants parmi sa clientèle, mettant surtout en observation sa propre famille, qui était devenue son principal champ d'expérience, tellement les cas s'y présentaient précis et complets. Dès lors, à mesure que les faits s'accumulaient et se classaient dans ses notes, il avait tenté une théorie générale de l'hérédité, qui pût suffire à les expliquer tous.

Problème ardu, et dont il remaniait la solution depuis des années. Il était parti du principe d'invention et du principe d'imitation, l'hérédité ou reproduction des êtres sous l'empire du semblable, l'innéité ou reproduction des êtres sous l'empire du divers. Pour l'hérédité, il n'avait admis que quatre cas : l'hérédité directe, représentation du père et de la mère dans la nature physique et morale de l'enfant; l'hérédité indirecte, représentation des collatéraux, oncles et tantes, cousins et cousines; l'hérédité en retour, représentation des ascendants, à une ou plusieurs générations de distance; enfin, l'hérédité d'influence, représentation des conjoints antérieurs, par exemple du premier mâle qui a comme imprégné la femelle pour sa conception future, même lorsqu'il n'en est plus l'auteur. Quant à l'innéité, elle était l'être nouveau, ou qui paraît tel, et chez qui se confondent les caractères physiques et moraux des parents, sans que rien d'eux semble s'y retrouver. Et, dès lors, reprenant les deux termes, l'hérédité, l'innéité, il les avait subdivisés à leur tour, partageant l'hérédité en deux cas, l'élection du père ou de la mère chez l'enfant, le choix, la prédominance individuelle, ou bien le mélange de l'un et de l'autre, et un mélange qui pouvait affecter trois formes, soit par soudure, soit par dissémination, soit par fusion, en allant de l'état le moins bon au plus parfait; tandis que, pour l'innéité, il n'y avait qu'un cas possible, la combinaison, cette combinaison chimique qui fait que deux corps mis en présence peuvent constituer un nouveau corps, totalement différent de ceux dont il est le produit. C'était là le résumé d'un amas considérable d'observations, non seulement en anthropologie, mais encore en zoologie, en pomologie et en horticulture. Puis, la difficulté commençait, lorsqu'il s'agissait, en présence de ces faits multiples, apportés par l'analyse, d'en faire la synthèse, de formuler la théorie qui les expliquât tous. Là, il se sentait sur ce terrain mouvant de l'hypothèse, que chaque nouvelle découverte transforme ; et, s'il ne pouvait s'empêcher de donner une solution, par le besoin que l'esprit humain a de conclure, il avait cependant l'esprit assez large pour laisser le problème ouvert. Il était donc allé des gemmules de Darwin, de sa pangenèse, à la périgenèse de Haeckel, en passant par les stirpes de Galton. Puis, il avait eu l'intuition de la théorie que Weismann devait faire triompher plus tard, il s'était arrêté à l'idée d'une substance extrêmement fine et complexe, le plasma germinatif, dont une partie reste toujours en réserve dans chaque nouvel être, pour qu'elle soit ainsi transmise, invariable, immuable, de génération en génération. Cela paraissait tout expliquer ; mais quel infini de mystère encore, ce monde de ressemblances que transmettent le spermatozoïde et l'ovule, où l'œil humain ne distingue absolument rien, sous le grossissement le plus fort du microscope ! Et il s'attendait bien à ce que sa théorie fût caduque un jour, il ne s'en contentait que comme d'une explication transitoire, satisfaisante pour l'état actuel de la question, dans cette perpétuelle enquête sur la vie, dont la source même, le jaillissement semble devoir à jamais nous échapper.

Ah ! cette hérédité, quel sujet pour lui de méditations

sans fin ! L'inattendu, le prodigieux n'était-ce point que la ressemblance ne fût pas complète, mathématique, des parents aux enfants ? Il avait, pour sa famille, d'abord dressé un arbre logiquement déduit, où les parts d'influence, de génération en génération, se distribuaient moitié par moitié, la part du père et la part de la mère. Mais la réalité vivante, presque à chaque coup, démentait la théorie. L'hérédité, au lieu d'être la ressemblance, n'était que l'effort vers la ressemblance, contrarié par les circonstances et le milieu. Et il avait abouti à ce qu'il nommait l'hypothèse de l'avortement des cellules. La vie n'est qu'un mouvement, et l'hérédité étant le mouvement communiqué, les cellules, dans leur multiplication les unes des autres, se poussaient, se foulaient, se casaient, en déployant chacune l'effort héréditaire ; de sorte que si, pendant cette lutte, des cellules plus faibles succombaient, on voyait se produire, au résultat final, des troubles considérables, des organes totalement différents. L'innéité, l'invention constante de la nature à laquelle il répugnait, ne venait-elle pas de là ? n'était-il pas, lui, si différent de ses parents, que par suite d'accidents pareils, ou encore par l'effet de l'hérédité larvée, à laquelle il avait cru un moment ? car tout arbre généalogique a des racines qui plongent dans l'humanité jusqu'au premier homme, on ne saurait partir d'un ancêtre unique, on peut toujours ressembler à un ancêtre plus ancien, inconnu. Pourtant, il doutait de l'atavisme, son opinion était, malgré un exemple singulier pris dans sa propre famille, que la ressemblance, au bout de deux ou trois générations, doit sombrer, en raison des accidents, des interventions, des mille combinaisons possibles. Il y avait donc là un perpétuel devenir, une transformation constante dans cet effort communiqué, cette puissance transmise, cet ébranlement qui souffle la vie à la matière et qui est toute la vie. Et des questions multiples se posaient. Existait-il un progrès physique et intellectuel à travers les âges? Le cerveau, au contact des sciences grandissantes, s'amplifiait-il? Pouvait-on espérer, à la longue, une plus grande somme de raison et de bonheur? Puis, c'étaient des problèmes spéciaux, un entre autres, dont le mystère l'avait longtemps irrité : comment un garçon, comment une fille, dans la conception? n'arriverait-on jamais à prévoir scientifiquement le sexe, ou tout au moins à l'expliquer? Il avait écrit, sur cette matière, un très curieux mémoire, bourré de faits, mais concluant en somme à l'ignorance absolue où l'avaient laissé les plus tenaces recherches. Sans doute, l'hérédité ne le passionnait-elle ainsi que parce qu'elle restait obscure, vaste et insondable, comme toutes les sciences balbutiantes encore, où l'imagination est maîtresse. Enfin, une longue étude qu'il avait faite sur l'hérédité de la phtisie, venait de réveiller en lui la foi chancelante du médecin guérisseur, en le lançant dans l'espoir noble et fou de régénérer l'humanité.

En somme, le docteur Pascal n'avait qu'une croyance, la croyance à la vie. La vie était l'unique manifestation divine. La vie, c'était Dieu, le grand moteur, l'âme de l'univers. Et la vie n'avait d'autre instrument que l'hérédité, l'hérédité faisait le monde; de sorte que, si l'on avait pu la connaître, la capter pour disposer d'elle, on aurait fait le monde à son gré. Chez lui, qui avait vu de près la maladie, la souffrance et la mort, une pitié militante de médecin s'éveillait. Ah! ne plus être malade, ne plus souffrir, mourir le moins possible! Son rêve aboutissait à cette pensée qu'on pourrait hâter le bonheur universel, la cité future de perfection et de félicité, en intervenant, en assurant de la santé à tous. Lorsque tous seraient sains, forts, intelligents, il n'y aurait plus qu'un peuple supérieur, infiniment sage et heureux. Dans l'Inde, est-ce qu'en sept générations, on ne faisait pas d'un soudra un brahmane, haussant ainsi expérimentalement le dernier des misérables au type humain le plus achevé? Et, comme, dans son étude sur la phtisie, il avait conclu qu'elle n'était pas héréditaire, mais que tout enfant de phtisique apportait un terrain dégénéré où la phtisie se développait avec une facilité rare, il ne songeait plus qu'à enrichir ce terrain appauvri par l'hérédité, pour lui donner la force de résister aux parasites, ou plutôt aux ferments destructeurs qu'il soupçonnait dans l'organisme, longtemps avant la théorie des microbes. Donner de la force, tout le problème était là ; et donner de la force, c'était aussi donner de la volonté, élargir le cerveau en consolidant les autres organes.

Vers ce temps, le docteur, lisant un vieux livre de médecine du quinzième siècle, fut très frappé par une médication, dite « médecine des signatures ». Pour guérir un organe malade, il suffisait de prendre à un mouton ou à un bœuf le même organe sain, de le faire bouillir, puis d'en faire avaler le bouillon. La théorie était de réparer par le semblable, et dans les maladies de foie surtout, disait le vieil ouvrage, les guérisons ne se comptaient plus. Là-dessus, l'imagination du docteur travailla. Pourquoi ne pas essayer? Puisqu'il voulait régénérer les héréditaires affaiblis, à qui la substance nerveuse manquait, il n'avait qu'à leur fournir de la substance nerveuse, normale et saine. Seulement, la méthode du bouillon lui parut enfantine, il inventa de piler dans un mortier de la cervelle et du cervelet de mouton, en mouillant avec de l'eau distillée, puis de décanter et de filtrer la liqueur ainsi obtenue. Il expérimenta ensuite sur ses malades cette liqueur mêlée à du vin de Malaga, sans en tirer aucun résultat appréciable. Brusquement, comme il se décourageait, il eut une inspiration, un jour qu'il faisait à une dame atteinte de coliques hépatiques une injection de morphine, avec la petite seringue de Pravaz. S'il essayait, avec sa liqueur, des injections hypodermiques? Et tout de suite, dès qu'il fut rentré, il expérimenta sur lui-même, il se fit une piqûre aux reins, qu'il renouvela matin et soir. Les premières doses, d'un gramme seulement, furent sans effet. Mais, ayant doublé et triplé la dose, il fut ravi, un matin, au lever, de retrouver ses jambes de vingt ans. Il alla de la sorte jusqu'à cinq grammes, et il respirait plus largement, il travaillait avec une lucidité, une aisance, qu'il avait perdue depuis des années. Tout un bien-être, toute une joie de vivre l'inondait. Dès lors, quand il eut fait fabriquer à Paris une seringue pouvant contenir cinq grammes, il fut surpris des résultats heureux obtenus sur ses malades, qu'il remettait debout en quelques jours, comme dans un nouveau flot de vie, vibrante, agissante. Sa méthode était bien encore empirique et barbare, il y devinait toutes sortes de dangers, surtout il avait peur de déterminer des embolies, si la liqueur n'était pas d'une pureté parfaite. Puis, il soupçonnait que l'énergie de ses convalescents venait en partie de la fièvre qu'il leur donnait. Mais il n'était qu'un pionnier, la méthode se perfectionnerait plus tard. N'y avait-il pas déjà là un prodige, à faire marcher les ataxiques, à ressusciter les phtisiques, à rendre même des heures de lucidité aux fous? Et, devant cette trouvaille de l'alchimie du vingtième siècle, un immense espoir s'ouvrait, il croyait avoir découvert la panacée universelle, la liqueur de vie destinée à combattre la débilité humaine, seule cause réelle de tous les maux, une véritable et scientifique fontaine de Jouvence, qui, en donnant de la force, de la santé et de la volonté, referait une humanité toute neuve et supérieure.

Ce matin-là, dans sa chambre, une pièce au nord, un peu assombrie par le voisinage des platanes, meublée simplement de son lit de fer, d'un secrétaire en acajou et d'un grand bureau, où se trouvaient un mortier et un microscope, il achevait, avec des soins infinis, la fabrication d'une fiole de sa liqueur. Après avoir pilé de la substance nerveuse de mouton, dans de l'eau distillée, il avait dû décanter et filtrer. Et il venait enfin d'obtenir une petite bouteille d'un liquide trouble, opalin, irisé de reflets bleuâtres, qu'il regarda longtemps à la lumière, comme s'il avait tenu le sang régénérateur et sauveur du monde.

Mais des coups légers contre la porte et une voix pressante le tirèrent de son rêve.

— Eh bien! quoi donc? monsieur, il est midi un quart, vous ne voulez pas déjeuner?

En bas, en effet, le déjeuner attendait, dans la grande salle à manger fraîche. On avait laissé les volets fermés, un seul venait d'être entr'ouvert. C'était une pièce gaie, aux panneaux de boiserie gris perle, relevé de filets bleus. La table, le buffet, les chaises, avaient dû compléter autrefois le mobilier empire qui garnissait les chambres; et, sur le fond clair, le vieil acajou s'enlevait en vigueur, d'un rouge intense. Une suspension de cuivre poli, toujours reluisante, brillait comme un soleil; tandis que, sur les quatre murs, fleurissaient quatre grands bouquets au pastel, des giroflées, des œillets, des jacinthes, des roses.

Rayonnant, le docteur Pascal entra.

— Ah! fichtre! je me suis oublié, je voulais finir... En voilà, de la toute neuve et de la très pure, cette fois, de quoi faire des miracles!

Et il montrait la fiole, qu'il avait descendue, dans son enthousiasme. Mais il aperçut Clotilde droite et muette, l'air sérieux. Le sourd dépit de l'attente venait de la rendre à toute son hostilité, et elle qui avait brûlé de se jeter à son cou, le matin, restait immobile, comme refroidie et écartée de lui.

— Bon! reprit-il, sans rien perdre de son allégresse, nous boudons encore. C'est ça qui est vilain!... Alors, tu ne l'admires pas, ma liqueur de sorcier, qui réveille les morts?

Il s'était mis à table, et la jeune fille, en s'asseyant en face de lui, dut enfin répondre.

— Tu sais bien, maître, que j'admire tout de toi... Seulement, mon désir est que les autres aussi t'admirent. Et il y a cette mort du pauvre vieux Boutin...

— Oh! s'écria-t-il sans la laisser achever, un épileptique qui a succombé dans une crise congestive!... Tiens! puisque tu es de méchante humeur, ne causons plus de cela : tu me ferais de la peine, et ça gâterait ma journée.

Il y avait des œufs à la coque, des côtelettes, une crème. Et un silence se prolongea, pendant lequel, malgré sa bouderie, elle mangea à belles dents, étant d'un appétit solide, qu'elle n'avait pas la coquetterie de cacher. Aussi finit-il par reprendre en riant :

— Ce qui me rassure, c'est que ton estomac est bon... Martine, donnez donc du pain à mademoiselle.

Comme d'habitude, celle-ci les servait, les regardait manger avec sa familiarité tranquille. Souvent même, elle causait avec eux.

— Monsieur, dit-elle, quand elle eut coupé du pain, le boucher a apporté sa note, faut-il la payer?

Il leva la tête, la contempla avec surprise.

— Pourquoi me demandez-vous ça? D'ordinaire, ne payez-vous pas sans me consulter?

C'était en effet Martine qui tenait la bourse. Les sommes déposées chez M. Grandguillot, notaire à Plassans, produisaient une somme ronde de six mille francs de rente. Chaque trimestre, les quinze cents francs restaient entre les mains de la servante, et elle en disposait au mieux des intérêts de la maison, achetait et payait tout, avec la plus stricte économie, car elle était avare, ce dont on la plaisantait même continuellement. Clotilde, très peu dépensière, n'avait pas de bourse à elle. Quant au docteur, il prenait, pour ses expériences et pour son argent de poche, sur les trois ou quatre mille francs qu'il gagnait encore par an et qu'il jetait au fond d'un tiroir du secrétaire; de sorte qu'il y avait là un petit trésor, de l'or et des billets de banque, dont il ne connaissait jamais le chiffre exact.

— Sans doute, monsieur, je paye, reprit la servante, mais lorsque c'est moi qui ai pris la marchandise; et, cette fois, la note est si grosse, à cause de toutes ces cervelles que le boucher vous a fournies...

Le docteur l'interrompit brusquement.

— Ah çà! dites donc, est-ce que vous allez vous mettre contre moi, vous aussi? Non, non! ce serait trop!... Hier, vous m'avez fait beaucoup de chagrin, toutes les deux, et j'étais en colère. Mais il faut que cela cesse, je ne veux pas que la maison devienne un enfer... Deux femmes contre moi, et les seules qui m'aiment un peu! Vous savez, je préférerais tout de suite prendre la porte!

Il ne se fâchait pas, il riait, bien qu'on sentît, au tremblement de sa voix, l'inquiétude de son cœur. Et il ajouta, de son air gai de bonhomie :

— Si vous avez peur pour votre fin de mois, ma fille, dites au boucher de m'envoyer ma note à part... Et n'ayez pas de crainte, on ne vous demande pas d'y mettre du vôtre, vos sous peuvent dormir.

C'était une allusion à la petite fortune personnelle de Martine. En trente ans, à quatre cents francs de gages, elle avait gagné douze mille francs, sur lesquels elle n'avait prélevé que le strict nécessaire de son entretien; et, engraissée, presque triplée par les intérêts, la somme de ses économies était aujourd'hui d'une trentaine de mille francs, qu'elle n'avait pas voulu placer chez M. Grandguillot, par un caprice, une volonté de mettre son argent à l'écart. Il était ailleurs, en rentes solides.

— Les sous qui dorment sont des sous honnêtes, dit-elle gravement. Mais monsieur a raison, je dirai au boucher d'envoyer une note à part, puisque toutes ces cervelles sont pour la cuisine à monsieur, et non pour la mienne.

Cette explication avait fait sourire Clotilde, que les plaisanteries sur l'avarice de Martine amusaient d'ordinaire; et le déjeuner s'acheva plus gaiement. Le docteur voulut aller prendre le café sous les platanes, en disant qu'il avait besoin d'air, après s'être enfermé toute la matinée. Le café fut donc servi sur la table de pierre, près de la fontaine. Et qu'il faisait bon là, dans l'ombre, dans la fraîcheur chantante de l'eau, tandis que, à l'entour, la pinède, l'aire, la propriété entière brûlait, au soleil de deux heures!

Pascal avait complaisamment apporté la fiole de substance nerveuse, qu'il regardait, posée sur la table.

— Ainsi, mademoiselle, reprit-il d'un air de plaisanterie bourrue, vous ne croyez pas à mon élixir de résurrection, et vous croyez aux miracles!

— Maître, répondit Clotilde, je crois que nous ne savons pas tout.

Il eut un geste d'impatience.

— Mais il faudra tout savoir... Comprends donc, petite têtue, que jamais on n'a constaté scientifiquement une seule dérogation aux lois invariables qui régissent l'univers. Seule, jusqu'à ce jour, l'intelligence humaine est intervenue, je te défie bien de trouver une volonté réelle, une intention quelconque, en dehors de la vie... Et tout est là, il n'y a, dans le monde, pas d'autre volonté que cette force qui pousse tout à la vie, à une vie de plus en plus développée et supérieure.

Il s'était levé, le geste large, et une telle foi le soulevait, que la jeune fille le regardait, surprise de le trouver si jeune, sous ses cheveux blancs.

— Veux-tu que je te dise mon *Credo*, à moi, puisque tu m'accuses de ne pas vouloir du tien... Je crois que l'avenir de l'humanité est dans le progrès de la raison par la science. Je crois que la poursuite de la vérité par la science est l'idéal divin que l'homme doit se proposer. Je crois que tout est illusion et vanité, en dehors du trésor des vérités lentement acquises et qui ne se perdront jamais plus. Je crois que la somme de ces vérités, augmentées toujours, finira par donner à l'homme un pouvoir incalculable, et la sérénité, sinon le bonheur... Oui, je crois au triomphe final de la vie.

Et son geste, élargi encore, faisait le tour du vaste horizon, comme pour prendre à témoin cette campagne en flammes, où bouillaient les sèves de toutes les existences.

— Mais le continuel miracle, mon enfant, c'est la vie... Ouvre donc les yeux, regarde !

Elle hocha la tête.

— Je les ouvre, et je ne vois pas tout... C'est toi, maître, qui es un entêté, quand tu ne veux pas admettre qu'il y a, là-bas, un inconnu où tu n'entreras jamais. Oh ! je sais, tu es trop intelligent pour ignorer cela. Seulement, tu ne veux pas en tenir compte, tu mets l'inconnu à part, parce qu'il te gênerait dans tes recherches... Tu as beau me dire d'écarter le mystère, de partir du connu à al conquête de l'inconnu, je ne puis pas, moi ! le mystère tout de suite me réclame et m'inquiète.

Il l'écoutait en souriant, heureux de la voir s'animer, et il caressa de la main les boucles de ses cheveux blonds.

— Oui, oui, je sais, tu es comme les autres, tu ne peux vivre sans illusion et sans mensonge... Enfin, va, nous nous entendrons quand même. Porte-toi bien, c'est la moitié de la sagesse et du bonheur.

Puis, changeant de conversation :

— Voyons, tu vas pourtant m'accompagner et m'aider dans ma tournée de miracles... C'est jeudi, mon jour de visites. Quand la chaleur sera un peu tombée, nous sortirons ensemble.

Elle refusa d'abord, pour paraître ne pas céder; et elle finit par consentir, en voyant la peine qu'elle lui faisait. D'habitude, elle l'accompagnait. Ils restèrent longtemps sous les platanes, jusqu'au moment où le docteur monta s'habiller. Lorsqu'il redescendit, correctement serré dans une redingote, coiffé d'un chapeau de soie à larges bords, il parla d'atteler Bonhomme, le cheval qui, pendant un quart de siècle, l'avait mené à ses visites. Mais la pauvre vieille bête devenait aveugle, et par reconnaissance pour ses services, par tendresse pour sa personne, on ne le dérangeait plus guère. Ce soir-là, il était tout endormi, l'œil vague, les jambes percluses de rhumatismes. Aussi le docteur et la jeune fille, étant allés le voir dans l'écurie, lui mirent-ils un gros baiser à gauche et à droite des naseaux, en lui disant de se reposer sur une botte de bonne paille, que la servante apporta. Et ils décidèrent qu'ils iraient à pied.

Clotilde, gardant sa robe de toile blanche, à pois rouges, avait simplement noué sur ses cheveux un large chapeau de paille, couvert d'une touffe de lilas; et elle était charmante, avec ses grands yeux, son visage de lait et de rose, dans l'ombre des vastes bords. Quand elle sortait ainsi, au bras de Pascal, elle mince, élancée et si jeune, lui rayonnant, le visage éclairé par la blancheur de la barbe, d'une vigueur encore qui la lui faisait soulever pour franchir les ruisseaux, on souriait sur leur passage, on se retournait en les suivant du regard, tant ils étaient beaux et joyeux. Ce jour-là, comme ils débouchaient du chemin des Fenouillères, à la porte de Plassans, un groupe de commères s'arrêta net de causer. On aurait dit un de ces anciens rois qu'on voit dans les tableaux, un de ces rois puissants et doux qui ne vieillissent plus, la main posée sur l'épaule d'une enfant belle comme le jour, dont la jeunesse éclatante et soumise les soutient.

Ils tournaient sur le cours Sauvaire, pour gagner la rue de la Banne, lorsqu'un grand garçon brun, d'une trentaine d'années, les arrêta.

— Ah! maître, vous m'avez oublié. J'attends toujours votre note, sur la phtisie.

C'était le docteur Ramond, installé depuis deux années à Plassans, et qui s'y faisait une belle clientèle. De tête superbe, dans tout l'éclat d'une virilité souriante, il était adoré des femmes, et il avait heureusement beaucoup d'intelligence et beaucoup de sagesse.

— Tiens! Ramond, bonjour!... Mais pas du tout, cher ami, je ne vous oublie pas. C'est cette petite fille à qui j'ai donné hier la note à copier et qui n'en a encore rien fait.

Les deux jeunes gens s'étaient serré la main, d'un air d'intimité cordiale.

— Bonjour, mademoiselle Clotilde.
— Bonjour, monsieur Ramond.

Pendant une fièvre muqueuse, heureusement bénigne, que la jeune fille avait eue l'année précédente, le docteur Pascal s'était affolé, au point de douter de lui; et il avait exigé que son jeune confrère l'aidât, le rassurât. C'était ainsi qu'une familiarité, une sorte de camaraderie s'était nouée entre les trois.

— Vous aurez votre note demain matin, je vous le promets, reprit-elle en riant.

Mais Ramond les accompagna quelques minutes, jusqu'au bout de la rue de la Banne, à l'entrée du vieux quartier, où ils allaient. Et il y avait, dans la façon dont il se penchait, en souriant à Clotilde, tout un amour discret, lentement grandi, attendant avec patience l'heure fixée pour le plus raisonnable des dénouements. D'ailleurs, il écoutait avec déférence le docteur Pascal, dont il admirait beaucoup les travaux.

— Tenez! justement, cher ami, je vais chez Guiraude, vous savez cette femme dont le mari, un tanneur, est mort phtisique, il y a cinq ans. Deux enfants lui sont restés : Sophie, une fille de seize ans bientôt, que j'ai pu heureusement, quatre ans avant la mort du père, faire envoyer à la campagne, près d'ici, chez une de ses tantes; et un fils, Valentin, qui vient d'avoir vingt et un ans, et que la mère a voulu garder près d'elle, par un entêtement de tendresse, malgré les affreux résultats dont je l'avais menacée. Eh bien! voyez si j'ai raison de prétendre que la phtisie n'est pas héréditaire, mais que les parents phtisiques lèguent seulement un terrain dégénéré, dans lequel la maladie se développe, à la moindre contagion. Aujourd'hui, Valentin, qui a vécu dans le contact quotidien du père, est phtisique, tandis que Sophie, poussée en plein soleil, a une santé superbe.

Il triomphait, il ajouta en riant :

— Ça n'empêche pas que je vais peut-être sauver Valentin, car il renaît à vue d'œil, il engraisse, depuis que je le pique... Ah! Ramond, vous y viendrez, vous y viendrez, à mes piqûres!

Le jeune médecin leur serra la main à tous deux.

— Mais je ne dis pas non. Vous savez bien que je suis toujours avec vous.

Quand ils furent seuls, ils hâtèrent le pas, ils tombèrent tout de suite dans la rue Canquoin, une des plus étroites et des plus noires du vieux quartier. Par cet ardent soleil, il y régnait un jour livide, une fraîcheur de cave. C'était là, au rez-de-chaussée, que Guiraude demeurait, en compagnie de son fils Valentin. Elle vint ouvrir, mince, épuisée, frappée elle-même d'une lente décomposition du sang. Du matin au soir, elle cassait des amandes avec la tête d'un os de mouton, sur un gros pavé, serré entre ses genoux; et cet unique travail les faisait vivre, le fils ayant dû cesser toute besogne. Guiraude sourit pourtant, ce jour-là, en apercevant le docteur, car Valentin venait de manger une côtelette, de grand appétit, véritable débauche qu'il ne se permettait pas depuis des mois. Lui, chétif, les cheveux et la barbe rares, les pommettes saillantes et rosées dans un teint de cire, s'était également levé avec promptitude, pour montrer qu'il était gaillard. Aussi Clotilde fut-elle émue de l'accueil fait à Pascal, comme au sauveur, au messie attendu. Ces pauvres gens lui serraient les mains, lui auraient baisé les pieds, le regardaient avec des yeux luisants de gratitude. Il pouvait donc tout, il était donc le bon Dieu, qu'il ressuscitait les morts! Lui-même eut un rire encourageant, devant cette cure qui s'annonçait si bien. Sans doute le malade n'était pas guéri, peut-être n'y avait-il là qu'un coup de fouet, car il le sentait surtout excité et fiévreux. Mais n'était-ce donc rien que de gagner des jours? Il le piqua de nouveau, pendant que Clotilde, debout devant la fenêtre, tournait le dos; et, lorsqu'ils partirent, elle le vit qui laissait vingt francs sur la table. Souvent, cela lui arrivait, de payer ses malades, au lieu d'en être payé.

Ils firent trois autres visites dans le vieux quartier, puis allèrent chez une dame de la ville neuve; et, comme ils se retrouvaient dans la rue :

— Tu ne sais pas, dit-il, si tu étais une fille courageuse, avant de passer chez Lafouasse, nous irions jusqu'à la Séguiranne, voir Sophie chez sa tante. Ça me ferait plaisir.

Il n'y avait guère que trois kilomètres, ce serait une promenade charmante, par cet admirable temps. Et elle accepta gaiement, ne boudant plus, se serrant contre lui, heureuse d'être à son bras. Il était cinq heures, le soleil oblique emplissait la campagne d'une grande nappe d'or. Mais, dès qu'ils furent sortis de Plassans, ils durent traverser un coin de la vaste plaine, desséchée et nue, à droite de la Viorne. Le canal récent, dont les eaux d'irrigation devaient transformer le pays mourant de soif, n'arrosait point encore ce quartier; et les terres rougeâtres, les terres jaunâtres s'étalaient à l'infini, dans le morne écrasement du soleil, plantées seulement d'amandiers grêles, d'oliviers nains, continuellement taillés et rabattus, dont les branches se contournent, se déjettent, en des attitudes de souffrance et de révolte. Au loin, sur les coteaux pelés, on ne voyait que les taches pâles des bastides, que barrait la ligne noire du cyprès réglementaire. Cependant, l'immense étendue sans arbres, aux larges plis de terrains désolés, de colorations dures et nettes, gardait de belles courbes classiques, d'une sévère grandeur. Et il y avait, sur la route, vingt centimètres de poussière, une poussière de neige que le moindre souffle enlevait en larges fumées volantes, et qui poudrait à blanc, aux deux bords, les figuiers et les ronces.

Clotilde, qui s'amusait comme une enfant à entendre toute cette poussière craquer sous ses petits pieds, voulait abriter Pascal de son ombrelle.

— Tu as le soleil dans les yeux. Tiens-toi donc à gauche.

Mais il finit par s'emparer de l'ombrelle, pour la porter lui-même.

— C'est toi qui ne la tiens pas bien, et puis ça te fatigue... D'ailleurs, nous arrivons.

Dans la plaine brûlée, on apercevait déjà un îlot de feuillages, tout un énorme bouquet d'arbres. C'était la Séguiranne, la propriété où avait grandi Sophie, chez sa tante Dieudonné, la femme du méger. A la moindre source, au moindre ruisseau, cette terre de flammes éclatait en puissantes végétations, et d'épais ombrages s'élargissaient alors, des allées d'une profondeur, d'une fraîcheur délicieuse. Les platanes, les marronniers, les ormeaux poussaient vigoureusement. Ils s'engagèrent dans une avenue d'admirables chênes verts.

Comme ils approchaient de la ferme, une faneuse, dans un pré, lâcha sa fourche, accourut. C'était Sophie, qui avait reconnu le docteur et la demoiselle, ainsi qu'elle nommait Clotilde. Elle les adorait, elle resta ensuite toute confuse, à les regarder, sans pouvoir dire les bonnes choses dont son cœur débordait. Elle ressemblait à son frère Valentin, elle avait sa petite taille, ses pommettes saillantes, ses cheveux pâles ; mais, à la campagne, loin de la contagion du milieu paternel, il semblait qu'elle eût pris de la chair, d'aplomb sur ses fortes jambes, les joues remplies, les cheveux abondants. Et elle avait de très beaux yeux, qui luisaient de santé et de gratitude. La tante Dieudonné, qui fanait elle aussi, s'était avancée à son tour, criant de loin, plaisantant avec quelque rudesse provençale.

— Ah ! monsieur Pascal, nous n'avons pas besoin de vous, ici ! Il n'y a personne de malade !

Le docteur, qui était simplement venu chercher ce beau spectacle de santé, répondit sur le même ton :

— Je l'espère bien. N'empêche que voilà une fillette qui nous doit un fameux cierge, à vous et à moi !

— Ça, c'est la vérité pure! Et elle le sait, monsieur Pascal, elle dit tous les jours que, sans vous, elle serait à cette heure comme son pauvre frère Valentin.

— Bah! nous le sauverons également. Il va mieux, Valentin. Je viens de le voir.

Sophie saisit les mains du docteur, de grosses larmes parurent dans ses yeux. Elle ne put que balbutier :

— Oh! monsieur Pascal!

Comme on l'aimait! et Clotilde sentait sa tendresse pour lui s'augmenter de toutes ces affections éparses. Ils restèrent là un instant, à causer, dans l'ombre saine des chênes verts. Puis, ils revinrent vers Plassans, ayant encore à faire une visite.

C'était, à l'angle de deux routes, dans un cabaret borgne, blanc des poussières envolées. On venait d'installer, en face, un moulin à vapeur, en utilisant les anciens bâtiments du Paradou, une propriété datant du dernier siècle. Et Lafouasse, le cabaretier, faisait tout de même de petites affaires, grâce aux ouvriers du moulin et aux paysans qui apportaient leur blé. Il avait encore pour clients, le dimanche, les quelques habitants des Artaud, un hameau voisin. Mais la malechance le frappait, il se traînait depuis trois ans, en se plaignant de douleurs, dans lesquelles le docteur avait fini par reconnaître un commencement d'ataxie; et il s'entêtait pourtant à ne pas prendre de servante, il se tenait aux meubles, servait quand même ses pratiques. Aussi, remis debout après une dizaine de piqûres, criait-il déjà sa guérison partout.

Il était justement sur sa porte, grand et fort, le visage enflammé, sous le flamboiement de ses cheveux rouges.

— Je vous attendais, monsieur Pascal. Vous savez que j'ai pu hier mettre deux pièces de vin en bouteilles, et sans fatigue!

Clotilde resta dehors, sur un banc de pierre, tandis que

Pascal entrait dans la salle, afin de piquer Lafouasse. On entendait leurs voix; et ce dernier, très douillet malgré ses gros muscles, se plaignait que la piqûre fût douloureuse; mais, enfin, on pouvait bien souffrir un peu, pour acheter de la bonne santé. Ensuite, il se fâcha, força le docteur à accepter un verre de quelque chose. La demoiselle ne lui ferait pas l'affront de refuser du sirop. Il porta une table dehors, il fallut absolument trinquer avec lui.

— A votre santé, monsieur Pascal, et à la santé de tous les pauvres bougres, à qui vous rendez le goût du pain!

Souriante, Clotilde songeait aux commérages dont lui avait parlé Martine, à ce père Boutin qu'on accusait le docteur d'avoir tué. Il ne tuait donc pas tous ses malades, sa médication faisait donc de vrais miracles? Et elle retrouvait sa foi en son maître, dans cette chaleur d'amour qui lui remontait au cœur. Quand ils partirent, elle était revenue à lui tout entière, il pouvait la prendre, l'emporter, disposer d'elle, à son gré.

Mais, quelques minutes auparavant, sur le banc de pierre, elle avait rêvé à une confuse histoire, en regardant le moulin à vapeur. N'était-ce point là, dans ces bâtiments noirs de charbon et blancs de farine aujourd'hui, que s'était passé autrefois un drame de passion? Et l'histoire lui revenait, des détails donnés par Martine, des allusions faites par le docteur lui-même, toute une aventure amoureuse et tragique de son cousin, l'abbé Serge Mouret, alors curé des Artaud, avec une adorable fille, sauvage et passionnée, qui habitait le Paradou.

Ils suivaient de nouveau la route, et Clotilde s'arrêta, montrant de la main la vaste étendue morne, des chaumes, des cultures plates, des terrains encore en friche.

— Maître, est-ce qu'il n'y avait pas là un grand jardin? ne m'as-tu pas conté cette histoire?

Pascal, dans la joie de cette bonne journée, eut un tressaillement, un sourire d'une tendresse infiniment triste.

— Oui, oui, le Paradou, un jardin immense, des bois, des prairies, des vergers, des parterres, et des fontaines, et des ruisseaux qui se jetaient dans la Viorne... Un jardin abandonné depuis un siècle, le jardin de la Belle au Bois dormant, où la nature était redevenue souveraine... Et, tu le vois, ils l'ont déboisé, défriché, nivelé, pour le diviser en lots et le vendre aux enchères. Les sources elles-mêmes se sont taries, il n'y a plus, là-bas, que ce marais empoisonné... Ah! quand je passe par ici, c'est un grand crève-cœur!

Elle osa demander encore :

— N'est-ce point dans le Paradou que mon cousin Serge et ta grande amie Albine se sont aimés?

Mais il ne la savait plus là, il continua, les yeux au loin, perdus dans le passé.

— Albine, mon Dieu! je la revois, dans le coup de soleil du jardin, comme un grand bouquet d'une odeur vivante, la tête renversée, la gorge toute gonflée de gaieté, heureuse de ses fleurs, des fleurs sauvages tressées parmi ses cheveux blonds, nouées à son cou, à son corsage, à ses bras minces, nus et dorés... Et, quand elle se fut asphyxiée, au milieu de ses fleurs, je la revois morte, très blanche, les mains jointes, dormant avec un sourire, sur sa couche de jacinthes et de tubéreuses... Une morte d'amour, et comme Albine et Serge s'étaient aimés dans le grand jardin tentateur, au sein de la nature complice! et quel flot de vie emportant tous les faux liens, et quel triomphe de la vie!

Clotilde, troublée, à cet ardent murmure de paroles, le regardait fixement. Jamais elle ne s'était permis de lui parler d'une autre histoire qui courait, l'unique et discret amour qu'il aurait eu pour une dame, morte elle aussi à cette heure. On racontait qu'il l'avait soignée, sans même oser lui baiser le bout des doigts. Jusqu'ici, jusqu'à près de soixante ans, l'étude et la timidité l'avaient détourné des femmes. Mais on le sentait réservé à la passion, le cœur tout neuf et débordant, sous sa chevelure blanche.

— Et celle qui est morte, celle qu'on pleure...

Elle se reprit, la voix tremblante, les joues empourprées, sans savoir pourquoi.

— Serge ne l'aimait donc pas, qu'il l'a laissée mourir?

Pascal sembla se réveiller, frémissant de la retrouver près de lui, si jeune, avec de si beaux yeux, brûlants et clairs, dans l'ombre du grand chapeau. Quelque chose avait passé, un même souffle venait de les traverser tous deux. Ils ne se reprirent pas le bras, ils marchèrent côte à côte.

— Ah! chérie, ce serait trop beau, si les hommes ne gâtaient pas tout! Albine est morte, et Serge est maintenant curé à Saint-Eutrope, où il vit avec sa sœur Désirée, une brave créature, celle-ci, qui a la chance d'être à moitié idiote. Lui est un saint homme, je n'ai jamais dit le contraire... On peut être un assassin et servir Dieu.

Et il continua, disant les choses crues de l'existence, l'humanité exécrable et noire, sans quitter son gai sourire. Il aimait la vie, il en montrait l'effort incessant avec une tranquille vaillance, malgré tout le mal, tout l'écœurement qu'elle pouvait contenir. La vie avait beau paraître affreuse, elle devait être grande et bonne, puisqu'on mettait à la vivre une volonté si tenace, dans le but, sans doute, de cette volonté même et du grand travail ignoré qu'elle accomplissait. Certes, il était un savant, un clairvoyant, il ne croyait pas à une humanité d'idylle vivant dans une nature de lait, il voyait au contraire les maux et les tares, les étalait, les fouillait, les cataloguait depuis trente ans; et sa passion de la vie, son admiration des forces de la vie suffisaient à le jeter dans une perpétuelle joie, d'où semblait couler naturellement son amour des autres, un attendrissement fraternel, une sympathie, qu'on sentait sous sa rudesse d'anatomiste et sous l'impersonnalité affectée de ses études.

— Bah! conclut-il, en se retournant une dernière fois vers les vastes champs mornes, le Paradou n'est plus, ils l'ont saccagé, sali, détruit; mais, qu'importe! des vignes seront plantées, du blé grandira, toute une poussée de récoltes nouvelles; et l'on s'aimera encore, aux jours lointains de vendange et de moisson... La vie est éternelle, elle ne fait jamais que recommencer et s'accroître.

Il lui avait repris le bras, ils rentrèrent ainsi, serrés l'un contre l'autre, bons amis, par le lent crépuscule qui se mourait au ciel, en un lac tranquille de violettes et de roses. Et, à les revoir passer tous deux, l'ancien roi puissant et doux, appuyé à l'épaule d'une enfant charmante et soumise, dont la jeunesse le soutenait, les femmes du faubourg, assises sur leurs portes, les suivaient d'un sourire attendri.

A la Souleiade, Martine les guettait. De loin, elle leur fit un grand geste. Eh bien! quoi donc, on ne dînait pas ce jour-là? Puis, quand ils se furent approchés:

— Ah! vous attendrez un petit quart d'heure. Je n'ai pas osé mettre mon gigot.

Ils restèrent dehors, charmés, dans le jour finissant. La pinède, qui se noyait d'ombre, exhalait une odeur balsamique de résine; et de l'aire, brûlante encore, où se mourait un dernier reflet rose, montait un frisson. C'était comme un soulagement, un soupir d'aise, un repos de la propriété entière, des amandiers amaigris, des oliviers tordus, sous le grand ciel pâlissant, d'une sérénité pure;

tandis que, derrière la maison, le bouquet des platanes n'était plus qu'une masse de ténèbres, noire et impénétrable, où l'on entendait la fontaine, à l'éternel chant de cristal.

— Tiens! dit le docteur, monsieur Bellombre a déjà dîné, et il prend le frais.

Il montrait, de la main, sur un banc de la propriété voisine, un grand et maigre vieillard de soixante-dix ans, à la figure longue, tailladée de rides, aux gros yeux fixes, très correctement serré dans sa cravate et dans sa redingote.

— C'est un sage, murmura Clotilde. Il est heureux.

Pascal se récria.

— Lui! j'espère bien que non!

Il ne haïssait personne, et seul, M. Bellombre, cet ancien professeur de septième, aujourd'hui retraité, vivant dans sa petite maison sans autre compagnie que celle d'un jardinier, muet et sourd, plus âgé que lui, avait le don de l'exaspérer.

— Un gaillard qui a eu peur de la vie, entends-tu? peur de la vie!... Oui! égoïste, dur et avare! S'il a chassé la femme de son existence, ça n'a été que dans la terreur d'avoir à lui payer des bottines. Et il n'a connu que les enfants des autres, qui l'ont fait souffrir : de là, sa haine de l'enfant, cette chair à punitions... La peur de la vie, la peur des charges et des devoirs, des ennuis et des catastrophes! la peur de la vie qui fait, dans l'épouvante où l'on est de ses douleurs, que l'on refuse ses joies! Ah! vois-tu, cette lâcheté me soulève, je ne puis la pardonner... Il faut vivre, vivre tout entier, vivre toute la vie, et plutôt la souffrance, la souffrance seule, que ce renoncement, cette mort à ce qu'on a de vivant et d'humain en soi!

M. Bellombre s'était levé, et il suivait une allée de

son jardin, à petits pas paisibles. Alors, Clotilde, qui le regardait toujours, silencieuse, dit enfin :

— Il y a pourtant la joie du renoncement. Renoncer, ne pas vivre, se garder pour le mystère, cela n'a-t-il pas été tout le grand bonheur des saints?

— S'ils n'ont pas vécu, cria Pascal, ils ne peuvent pas être des saints.

Mais il la sentit qui se révoltait, qui allait de nouveau lui échapper. Dans l'inquiétude de l'au delà, tout au fond, il y a la peur et la haine de la vie. Aussi retrouva-t-il son bon rire, si tendre et si conciliant.

— Non, non! en voilà assez pour aujourd'hui, ne nous disputons plus, aimons-nous bien fort... Et, tiens! Martine nous appelle, allons dîner.

III

Pendant un mois, le malaise empira, et Clotilde souffrait surtout de voir que Pascal fermait les tiroirs à clef, maintenant. Il n'avait plus en elle la tranquille confiance de jadis, elle en était blessée, à un tel point, que, si elle avait trouvé l'armoire ouverte, elle aurait jeté les dossiers au feu, comme sa grand'mère Félicité la poussait à le faire. Et les fâcheries recommençaient, souvent on ne se parlait pas de deux jours.

Un matin, à la suite d'une de ces bouderies qui durait depuis l'avant-veille, Martine dit, en servant le déjeuner :

— Tout à l'heure, comme je traversais la place de la Sous-Préfecture, j'ai vu entrer chez madame Félicité un étranger que j'ai bien cru reconnaître... Oui, ce serait votre frère, mademoiselle, que je n'en serais pas surprise.

Du coup, Pascal et Clotilde se parlèrent.

— Ton frère ! est-ce que grand'mère l'attendait ?

— Non, je ne crois pas... Voici plus de six mois qu'elle l'attend. Je sais qu'elle lui a de nouveau écrit, il y a huit jours.

Et ils questionnèrent Martine.

— Dame ! monsieur, je ne peux pas dire, car, depuis quatre ans que j'ai vu monsieur Maxime, lorsqu'il est resté deux heures chez nous, en se rendant en Italie, il a peut-être bien changé... J'ai cru tout de même reconnaître son dos.

La conversation continua, Clotilde paraissait heureuse de cet événement qui rompait enfin le lourd silence, et Pascal conclut :

— Bon ! si c'est lui, il viendra nous voir.

C'était Maxime, en effet. Il cédait, après des mois de refus, aux sollicitations pressantes de la vieille madame Rougon, qui avait, de ce côté encore, toute une plaie vive de la famille à fermer. L'histoire était ancienne, et elle s'aggravait chaque jour.

A l'âge de dix-sept ans, il y avait quinze ans déjà, Maxime avait eu, d'une servante séduite, un enfant, sotte aventure de gamin précoce, dont Saccard, son père, et sa belle-mère Renée, celle-ci simplement vexée du choix indigne, s'étaient contentés de rire. La servante, Justine Mégot, était justement d'un village des environs, une fillette blonde de dix-sept ans aussi, docile et douce ; et on l'avait renvoyée à Plassans, avec une rente de douze cents francs, pour élever le petit Charles. Trois ans plus tard, elle y avait épousé un bourrelier du faubourg, Anselme Thomas, bon travailleur, garçon raisonnable que la rente tentait. Du reste, elle était devenue d'une conduite exemplaire, engraissée, comme guérie d'une toux qui avait fait craindre une hérédité fâcheuse, due à toute une ascendance alcoolique. Et deux nouveaux enfants, nés de son mariage, un garçon âgé de dix ans, et une petite fille de sept, gras et roses, se portaient admirablement bien ; de sorte qu'elle aurait été la plus respectée, la plus heureuse des femmes, sans les ennuis que Charles lui causait dans son ménage. Thomas, malgré la rente, exécrait ce fils d'un autre, le bousculait, ce dont souffrait secrètement la mère, en épouse soumise et silencieuse. Aussi, bien qu'elle l'adorât, l'aurait-elle volontiers rendu à la famille du père.

Charles, à quinze ans, en paraissait à peine douze, et

il en était resté à l'intelligence balbutiante d'un enfant de cinq ans. D'une extraordinaire ressemblance avec sa trisaïeule, Tante Dide, la folle des Tulettes, il avait une grâce élancée et fine, pareil à un de ces petits rois exsangues qui finissent une race, couronnés de longs cheveux pâles, légers comme de la soie. Ses grands yeux clairs étaient vides, sa beauté inquiétante avait une ombre de mort. Et ni cerveau ni cœur, rien qu'un petit chien vicieux, qui se frottait aux gens, pour se caresser. Son arrière-grand'mère Félicité, gagnée par cette beauté où elle affectait de reconnaître son sang, l'avait d'abord mis au collège, le prenant à sa charge; mais il s'en était fait chasser au bout de six mois, sous l'accusation de vices inavouables. Trois fois, elle s'était entêtée, l'avait changé de pensionnat, pour aboutir toujours au même renvoi honteux. Alors, comme il ne voulait, comme il ne pouvait absolument rien apprendre, et comme il pourrissait tout, il avait fallu le garder, on se l'était passé des uns aux autres, dans la famille. Le docteur Pascal, attendri, songeant à une guérison, n'avait abandonné cette cure impossible qu'après l'avoir eu chez lui pendant près d'un an, inquiet du contact pour Clotilde. Et, maintenant, lorsque Charles n'était pas chez sa mère, où il ne vivait presque plus, on le trouvait chez Félicité ou chez quelque autre parent, coquettement mis, comblé de joujoux, vivant en petit dauphin efféminé d'une antique race déchue.

Cependant, la vieille madame Rougon souffrait de ce bâtard, à la royale chevelure blonde, et son plan était de le soustraire aux commérages de Plassans, en décidant Maxime à le prendre, pour le garder à Paris. Ce serait encore une vilaine histoire de la famille effacée. Mais longtemps Maxime avait fait la sourde oreille, hanté par la continuelle terreur de gâter son existence. Après la guerre, riche depuis la mort de sa femme, il était revenu manger sagement sa fortune dans son hôtel de l'avenue du Bois-de-Boulogne, ayant gagné à sa débauche précoce la crainte salutaire du plaisir, surtout résolu à fuir les émotions et les responsabilités, afin de durer le plus possible. Des douleurs vives dans les pieds, des rhumatismes, croyait-il, le tourmentaient depuis quelque temps; il se voyait déjà infirme, cloué sur un fauteuil; et le brusque retour en France de son père, l'activité nouvelle que Saccard déployait, avaient achevé de le terrifier. Il connaissait bien ce dévoreur de millions, il tremblait en le retrouvant empressé autour de lui, bonhomme, avec son ricanement amical. N'allait-il pas être mangé, s'il restait un jour à sa merci, lié par ces douleurs qui lui envahissaient les jambes. Et une telle peur de la solitude l'avait pris, qu'il venait de céder enfin à l'idée de revoir son fils. Si le petit lui semblait doux, intelligent, bien portant, pourquoi ne l'emmènerait-il pas? Cela donnerait un compagnon, un héritier qui le protégerait contre les entreprises de son père. Peu à peu, son égoïsme s'était vu aimé, choyé, défendu; et pourtant, peut-être ne se serait-il pas risqué encore à un tel voyage, si son médecin n l'avait envoyé aux eaux de Saint-Gervais. Dès lors, il n'y avait plus à faire qu'un crochet de quelques lieues, il était tombé le matin chez la vieille madame Rougon, à l'improviste, bien résolu à reprendre un train, le soir même, après l'avoir interrogée et vu l'enfant.

Vers deux heures, Pascal et Clotilde étaient encore près de la fontaine, sous les platanes, où Martine leur avait servi le café, lorsque Félicité arriva, avec Maxime.

— Ma chérie, quelle surprise! je t'amène ton frère.

Saisie, la jeune fille s'était levée, devant cet étranger maigri et jauni, qu'elle reconnaissait à peine. Depuis leur séparation, en 1854, elle ne l'avait revu que deux fois, la première à Paris, la seconde à Plassans. Mais elle gardait de lui une image nette, élégante et vive. La face s'était creusée, les cheveux s'éclaircissaient, semés de fils blancs. Pourtant, elle finit par le retrouver, avec sa tête jolie et fine, d'une grâce inquiétante de fille, jusque dans sa décrépitude précoce.

— Comme tu te portes bien, toi! dit-il simplement, en embrassant sa sœur.

— Mais, répondit-elle, il faut vivre au soleil... Ah! que je suis heureuse de te voir!

Pascal, de son coup d'œil de médecin, avait fouillé à fond son neveu. Il l'embrassa à son tour.

— Bonjour, mon garçon... Et elle a raison, vois-tu, on ne se porte bien qu'au soleil, comme les arbres!

Vivement, Félicité était allée jusqu'à la maison. Elle revint en criant :

— Charles n'est donc pas ici ?

— Non, dit Clotilde. Nous l'avons eu hier. L'oncle Macquart l'a emmené, et il doit passer quelques jours aux Tulettes.

Félicité se désespéra. Elle n'était accourue que dans la certitude de trouver l'enfant chez Pascal. Comment faire, maintenant? Le docteur, de son air paisible, proposa d'écrire à l'oncle, qui le ramènerait, dès le lendemain matin. Puis, quand il sut que Maxime voulait absolument repartir par le train de neuf heures, sans coucher, il eut une autre idée. Il allait envoyer chercher un landau, chez le loueur, et l'on irait tous les quatre voir Charles, chez l'oncle Macquart. Ce serait même une charmante promenade. Il n'y avait pas trois lieues de Plassans aux Tulettes : une heure pour aller, une heure pour revenir, on aurait encore près de deux heures à rester là-bas, si l'on voulait être de retour à sept heures. Martine ferait à dîner, Maxime aurait tout le temps de manger et de prendre son train.

Mais Félicité s'agitait, visiblement inquiète de cette visite à Macquart.

— Ah bien, non! si vous croyez que je vais aller là-bas, par ce temps d'orage... Il est bien plus simple d'envoyer quelqu'un qui nous ramènera Charles.

Pascal hocha la tête. On ne ramenait pas toujours Charles comme on voulait. C'était un enfant sans raison, qui, parfois, galopait au moindre caprice, ainsi qu'un animal indompté. Et la vieille madame Rougon, combattue, furieuse de n'avoir rien pu préparer, dut finir par céder, dans la nécessité où elle était de s'en remettre au hasard.

— Après tout, comme vous voudrez! Mon Dieu, que les choses s'arrangent mal!

Martine courut chercher le landau, et trois heures n'étaient pas sonnées, lorsque les deux chevaux enfilèrent la route de Nice, dévalant la pente qui descendait jusqu'au pont de la Viorne. On tournait ensuite à gauche, pour longer pendant près de deux kilomètres les bords boisés de la rivière. Puis, la route s'engageait dans les gorges de la Seille, un défilé étroit entre deux murs géants de roches cuites et dorées par les violents soleils. Des pins avaient poussé dans les fentes; des panaches d'arbres, à peine gros d'en bas comme des touffes d'herbe, frangeaient les crêtes, pendaient sur le gouffre. Et c'était un chaos, un paysage foudroyé, un couloir de l'enfer, avec ses détours tumultueux, ses coulures de terre sanglante glissées de chaque entaille, sa solitude désolée que troublait seul le vol des aigles.

Félicité ne desserra pas les lèvres, la tête en travail, l'air accablé sous ses réflexions. Il faisait en effet très lourd, le soleil brûlait, derrière un voile de grands nuages livides. Presque seul, Pascal causa, dans sa tendresse passionnée pour cette nature ardente, tendresse qu'il s'efforçait de faire partager à son neveu. Mais il avait beau s'exclamer, lui montrer l'entêtement des oliviers, des figuiers et des ronces, à pousser dans les roches, la vie de ces roches elles-mêmes, de cette carcasse colossale et puissante de la terre, d'où l'on entendait monter un souffle : Maxime restait froid, pris d'une sourde angoisse, devant ces blocs d'une majesté sauvage, dont la masse l'anéantissait. Et il préférait reporter les yeux sur sa sœur, assise en face de lui. Elle le charmait peu à peu, tellement il la voyait saine et heureuse, avec sa jolie tête ronde, au front droit, si bien équilibré. Par moments, leurs regards se rencontraient, et elle avait un sourire tendre, dont il était réconforté.

Mais la sauvagerie de la gorge s'adoucit, les deux murs de rochers s'abaissèrent, on fila entre des coteaux apaisés, aux pentes molles, semées de thyms et de lavandes. C'était le désert encore, des espace nus, verdâtres et violâtres, où la moindre brise roulait un âpre parfum. Puis, tout d'un coup, après un dernier détour, on descendit dans le vallon des Tulettes, que des sources rafraîchissaient. Au fond s'étendaient des prairies, coupées de grands arbres. Le village était à mi-côte, parmi des oliviers, et la bastide de Macquart, un peu écartée, se trouvait sur la gauche, en plein midi. Il fallut que le landau prît le chemin qui conduisait à l'Asile des Aliénés, dont on apercevait, en face, les murs blancs.

Le silence de Félicité s'était assombri, car elle n'aimait pas montrer l'oncle Macquart. Encore un dont la famille serait bien débarrassée, le jour où il s'en irait ! Pour la gloire d'eux tous, il aurait dû dormir sous la terre depuis longtemps. Mais il s'entêtait, il portait ses quatre-vingt-trois ans en vieil ivrogne, saturé de boisson, que l'alcool semblait conserver. A Plassans, il avait une légende terrible de fainéant et de bandit, et les vieillards chuchotaient l'exécrable histoire des cadavres qu'il y avait entre lui et les Rougon, une trahison aux jours troublés de décembre 1851, un guet-apens dans lequel il avait laissé des camarades, le ventre ouvert, sur le pavé sanglant. Plus tard, quand il était rentré en France, il avait préféré, à la bonne place qu'il s'était fait promettre, ce petit domaine des Tulettes, que Félicité lui avait acheté. Et il y vivait grassement depuis lors, il n'avait plus eu que l'ambition de l'arrondir, guettant de nouveau les bons coups, ayant encore trouvé le moyen de se faire donner un champs longtemps convoité, en se rendant utile à sa belle-sœur, lorsque celle-ci avait dû reconquérir Plassans sur les légitimistes : une autre effroyable histoire qu'on se disait aussi à l'oreille, un fou lâché sournoisement de l'Asile, battant la nuit, courant à sa vengeance, incendiant sa propre maison, où flambaient quatre personnes. Mais c'étaient heureusement là des choses anciennes, et Macquart, rangé aujourd'hui, n'était plus le bandit inquiétant dont avait tremblé toute la famille. Il se montrait fort correct, d'une diplomatie finaude, n'ayant gardé que son rire goguenard qui avait l'air de se ficher du monde.

— L'oncle est chez lui, dit Pascal, comme on approchait.

La bastide était une de ces constructions provençales, d'un seul étage, aux tuiles décolorées, les quatre murs violemment badigeonnés en jaune. Devant la façade s'étendait une étroite terrasse, que d'antiques mûriers, rabattus en forme de treille, allongeant et tordant leurs grosses branches, ombrageaient. C'était là que l'oncle fumait sa pipe, l'été. Et, en entendant la voiture, il était venu se planter au bord de la terrasse, redressant sa haute taille, vêtu proprement de drap bleu, coiffé de l'éternelle casquette de fourrure qu'il portait d'un bout de l'année à l'autre.

Quand il eut reconnu les visiteurs, il ricana, il cria :

— En voilà de la belle société!... Vous êtes bien gentils, vous allez vous rafraîchir.

Mais la présence de Maxime l'intriguait. Qui était-il? pour qui venait-il, celui-là? On le lui nomma, et tout de suite il arrêta les explications qu'on ajoutait, en voulant l'aider à se retrouver, au milieu de l'écheveau compliqué de la parenté.

— Le père de Charles, je sais, je sais!... Le fils de mon neveu Saccard, pardi! celui qui a fait un beau mariage et dont la femme est morte...

Il dévisageait Maxime, l'air tout heureux de le voir ridé déjà à trente-deux ans, les cheveux et la barbe semés de neige.

— Ah! dame! ajouta-t-il, nous vieillissons tous... Moi, encore, je n'ai pas trop à me plaindre, je suis solide.

Et il triomphait, d'aplomb sur les reins, la face comme bouillie et flambante, d'un rouge ardent de brasier. Depuis longtemps, l'eau-de-vie ordinaire lui semblait de l'eau pure ; seul, le trois-six chatouillait encore son gosier durci ; il en buvait de tels coups, qu'il en restait plein, la chair baignée, imbibée ainsi qu'une éponge. L'alcool suintait de sa peau. Au moindre souffle, quand il parlait, une vapeur d'alcool s'exhalait de sa bouche.

— Certes, oui! vous êtes solide, l'oncle! dit Pascal émerveillé. Et vous n'avez rien fait pour ça, vous avez bien raison de vous moquer de nous... Voyez-vous, je ne crains qu'une chose, c'est qu'un jour, en allumant votre pipe, vous ne vous allumiez vous-même, ainsi qu'un bol de punch.

Macquart, flatté, s'égaya bruyamment.

— Plaisante, plaisante, mon petit! Un verre de cognac, ça vaut mieux que tes sales drogues... Et vous allez tous trinquer, hein? pour qu'il soit bien dit que votre oncle vous fait honneur à tous. Moi, je me fiche des mauvaises langues. J'ai du blé, j'ai des oliviers, j'ai des amandiers, et des vignes, et de la terre, autant qu'un bourgeois. L'été, je fume ma pipe à l'ombre de mes mûriers; l'hiver, je vais la fumer là, contre mon mur, au soleil. Hein? d'un oncle comme ça, on n'a pas à en rougir!... Clotilde, j'ai du sirop, si tu en veux. Et vous, Félicité, ma chère, je sais que vous préférez l'anisette. Il y a de tout, je vous dis qu'il y a de tout, chez moi!

Son geste s'était élargi, comme pour embrasser la possession de son bien-être de vieux gredin devenu ermite; pendant que Félicité, qu'il effrayait depuis un moment, avec l'énumération de ses richesses, ne le quittait pas des yeux, prête à l'interrompre.

— Merci, Macquart, nous ne prendrons rien, nous sommes pressés... Où donc est Charles?

— Charles, bon, bon! tout à l'heure! J'ai compris, le papa vient pour voir l'enfant... Mais ça ne va pas nous empêcher de boire un coup.

Et, lorsqu'on eut refusé absolument, il se blessa, il dit avec son rire mauvais:

— Charles, il n'est pas là, il est à l'Asile, avec la vieille.

Puis, emmenant Maxime au bout de la terrasse, il lui montra les grands bâtiments blancs, dont les jardins intérieurs ressemblaient à des préaux de prison.

— Tenez! mon neveu, vous voyez trois arbres devant nous. Eh bien! au-dessus de celui de gauche, il y a une fontaine, dans une cour. Suivez le rez-de-chaussée, la cinquième fenêtre à droite est celle de Tante Dide. Et c'est là qu'est le petit... Oui, je l'y ai mené tout à l'heure.

C'était une tolérance de l'administration. Depuis vingt et

un ans qu'elle était à l'Asile, la vieille femme n'avait pas donné un souci à sa gardienne. Bien calme, bien douce, immobile dans son fauteuil, elle passait les journées à regarder devant elle ; et, comme l'enfant se plaisait là, comme elle-même semblait s'intéresser à lui, on fermait les yeux sur cette infraction aux règlements, on l'y laissait parfois deux et trois heures, très occupé à découper des images.

Mais ce nouveau contretemps avait mis le comble à la mauvaise humeur de Félicité. Elle se fâcha, lorsque Macquart proposa d'aller tous les cinq, en bande, chercher le petit.

— Quelle idée ! allez-y tout seul et revenez vite... Nous n'avons pas de temps à perdre.

Le frémissement de colère qu'elle contenait, parut amuser l'oncle ; et, dès lors, sentant combien il lui était désagréable, il insista, avec son ricanement.

— Dame ! mes enfants, nous verrions par la même occasion la vieille mère, notre mère à tous. Il n'y a pas à dire, vous savez, nous sommes tous sortis d'elle, et ce ne serait guère poli de ne pas aller lui souhaiter le bonjour, puisque mon petit-neveu, qui arrive de si loin, ne l'a peut-être bien jamais revue... Moi, je ne la renie pas, ah ! fichtre non ! Sûrement, elle est folle ; mais ça ne se voit pas souvent, des vieilles mères qui ont dépassé la centaine, et ça vaut la peine qu'on se montre un peu gentil pour elle.

Il y eut un silence. Un petit frisson glacé avait couru. Ce fut Clotilde, muette jusque-là, qui déclara la première, d'une voix émue :

— Vous avez raison, mon oncle, nous irons tous.

Félicité elle-même dut consentir. On remonta dans le landau, Macquart s'assit près du cocher. Un malaise avait blêmi le visage fatigué de Maxime ; et, durant le court trajet, il questionna Pascal sur Charles, d'un air d'intérêt paternel, qui cachait une inquiétude croissante. Le docteur, gêné par les regards impérieux de sa mère, adoucit la vérité. Mon Dieu! l'enfant n'était pas d'une santé bien forte, c'était même pour cela qu'on le laissait volontiers des semaines chez l'oncle, à la campagne; cependant, il ne souffrait d'aucune maladie caractérisée. Pascal n'ajouta pas qu'il avait, un instant, fait le rêve de lui donner de la cervelle et des muscles, en le traitant par les injections de substance nerveuse; mais il s'était heurté à un continuel accident, les moindres piqûres déterminaient chez le petit des hémorragies, qu'il fallait chaque fois arrêter par des pansements compressifs : c'était un relâchement des tissus dû à la dégénérescence, une rosée de sang qui perlait à la peau, c'étaient surtout des saignements de nez, si brusques, si abondants, qu'on n'osait pas le laisser seul, dans la crainte que tout le sang de ses veines ne coulât. Et le docteur finit en disant que, si l'intelligence était paresseuse chez lui, il espérait qu'elle se développerait, dans un milieu d'activité cérébrale plus vive.

On était arrivé devant l'Asile. Macquart, qui écoutait, descendit du siège, en disant :

— C'est un gamin bien doux, bien doux. Et puis, il est si beau, un ange!

Maxime, pâli encore, et grelottant, malgré la chaleur étouffante, ne posa plus de questions. Il regardait les vastes bâtiments de l'Asile, les ailes des différents quartiers, séparés par des jardins, celui des hommes et celui des femmes, ceux des fous tranquilles et des fous furieux. Une grande propreté régnait, une morne solitude, que traversaient des pas et des bruits de clefs. Le vieux Macquart connaissait tous les gardiens. D'ailleurs, les portes s'ouvrirent devant le docteur Pascal, qu'on avait autorisé à soigner certains des internés. On suivit une galerie, on tourna dans une cour : c'était là, une des chambres du rez-de-chaussée, une pièce tapissée d'un papier clair, meublée simplement d'un lit, d'une armoire, d'une table, d'un fauteuil et de deux chaises. La gardienne, qui ne devait jamais quitter sa pensionnaire, venait justement de s'absenter. Et il n'y avait, aux deux bords de la table, que la folle, rigide dans son fauteuil, et que l'enfant, sur une chaise, absorbé, en train de découper des images.

— Entrez, entrez! répétait Macquart. Oh! il n'y a pas de danger, elle est bien gentille!

L'ancêtre, Adélaïde Fouque, que ses petits-enfants, toute la race qui avait pullulé, nommaient du surnom caressant de Tante Dide, ne tourna pas même la tête au bruit. Dès la jeunesse, des troubles hystériques l'avaient déséquilibrée. Ardente, passionnée d'amour, secouée de crises, elle était ainsi arrivée au grand âge de quatre-vingt-trois ans, lorsqu'une affreuse douleur, un choc moral terrible l'avait jetée à la démence. Depuis lors, depuis vingt et un ans, c'était chez elle un arrêt de l'intelligence, un affaiblissement brusque, rendant toute réparation impossible. Aujourd'hui, à cent quatre ans, elle vivait toujours, ainsi qu'une oubliée, une démente calme, au cerveau ossifié, chez qui la folie pouvait rester indéfiniment stationnaire, sans amener la mort. Cependant, la sénilité était venue, lui avait peu à peu atrophié les muscles. Sa chair était comme mangée par l'âge, la peau seule demeurait sur les os, à ce point qu'il fallait la porter de son lit à son fauteuil. Et, squelette jauni, desséchée là, telle qu'un arbre séculaire dont il ne reste que l'écorce, elle se tenait pourtant droite contre le dossier du fauteuil, n'ayant plus que les yeux de vivants, dans son mince et long visage. Elle regardait Charles fixement.

Clotilde, un peu tremblante, s'était approchée.

— Tante Dide, c'est nous qui avons voulu vous voir... Vous ne me reconnaissez donc pas? Votre petite-fille qui vient parfois vous embrasser.

Mais la folle ne parut pas entendre. Ses regards ne quittaient point l'enfant, dont les ciseaux achevaient de découper une image, un roi de pourpre au manteau d'or.

— Voyons, maman, dit à son tour Macquart, ne fais pas la bête. Tu peux bien nous regarder. Voilà un monsieur, un petit-fils à toi, qui arrive de Paris exprès.

A cette voix, Tante Dide finit par tourner la tête. Elle promena lentement ses yeux vides et clairs sur eux tous, puis elle les ramena sur Charles et retomba dans sa contemplation. Personne ne parlait plus.

— Depuis le terrible choc qu'elle a reçu, expliqua enfin Pascal à voix basse, elle est ainsi : toute intelligence, tout souvenir paraît aboli en elle. Le plus souvent, elle se tait; parfois, elle a un flot bégayé de paroles indistinctes. Elle rit, elle pleure sans motif, elle est une chose que rien n'affecte... Et, pourtant, je n'oserais dire que la nuit soit absolue, que des souvenirs ne restent pas emmagasinés au fond... Ah! la pauvre vieille mère, comme je la plains, si elle n'en est pas encore à l'anéantissement final! A quoi peut-elle penser, depuis vingt et un ans, si elle se souvient?

D'un geste, il écarta ce passé affreux, qu'il connaissait. Il la revoyait jeune, grande créature mince et pâle, aux yeux effarés, veuve tout de suite de Rougon, du lourd jardinier qu'elle avait voulu pour mari, se jetant avant la fin de son deuil aux bras du contrebandier Macquart, qu'elle aimait d'un amour de louve et qu'elle n'épousait même pas. Elle avait ainsi vécu quinze ans, avec un enfant légitime et deux bâtards, au milieu du vacarme et du caprice, disparaissant pendant des semaines, revenant meurtrie, les bras noirs. Puis, Macquart était mort d'un coup de feu, abattu comme un chien par un gendarme; et, sous ce premier choc, elle s'était figée, ne gardant déjà de vivants que ses yeux d'eau de source, dans sa face blême, se retirant du monde au fond de la masure que son amant lui avait laissée, y menant pendant quarante années l'existence d'une nonne, que traversaient d'épouvantables crises nerveuses. Mais l'autre choc devait l'achever, la jeter à la démence, et Pascal se la rappelait, la scène atroce, car il y avait assisté : un pauvre enfant que la grand'mère avait pris chez elle, son petit-fils Silvère, victime des haines et des luttes sanglantes de la famille, et dont un gendarme encore avait cassé la tête d'un coup de pistolet, pendant la répression du mouvement insurrectionnel de 1851. Du sang, toujours, l'éclaboussait.

Félicité, pourtant, s'était approchée de Charles, si absorbé dans ses images, que tout ce monde ne le dérangeait pas.

— Mon petit chéri, c'est ton père, ce monsieur... Embrasse-le.

Et tous, dès lors, s'occupèrent de Charles. Il était très joliment mis, en veste et en culotte de velours noir, soutachées de ganse d'or. D'une pâleur de lis, il ressemblait vraiment à un fils de ces rois qu'il découpait, avec ses larges yeux pâles et le ruissellement de ses cheveux blonds. Mais ce qui frappait surtout, en ce moment, c'était sa ressemblance avec Tante Dide, cette ressemblance qui avait franchi trois générations, qui sautait de ce visage desséché de centenaire, de ces traits usés, à cette délicate figure d'enfant, comme effacée déjà elle aussi, très vieille et finie par l'usure de la race. En face l'un de l'autre, l'enfant imbécile, d'une beauté de mort, était comme la fin de l'ancêtre, l'oubliée.

Maxime se pencha pour mettre un baiser sur le front

du petit; et il avait le cœur froid, cette beauté elle-même l'effrayait, son malaise grandissait dans cette chambre de démence, où soufflait toute une misère humaine, venue de loin.

— Comme tu es beau, mon mignon !... Est-ce que tu m'aimes un peu ?

Charles le regarda, ne comprit pas, se remit à ses images.

Mais tous restèrent saisis. Sans que l'expression fermée de son visage eût changé, Tante Dide pleurait, un flot de larmes roulait de ses yeux vivants sur ses joues mortes. Elle ne quittait toujours pas l'enfant du regard, et elle pleurait lentement, à l'infini.

Alors, ce fut, pour Pascal, une émotion extraordinaire. Il avait pris le bras de Clotilde, il le serrait violemment, sans qu'elle pût comprendre. C'était que, devant ses yeux, s'évoquait toute la lignée, la branche légitime et la branche bâtarde, qui avaient poussé de ce tronc, lésé déjà par la névrose. Les cinq générations étaient là en présence, les Rougon et les Macquart, Adélaïde Fouque à la racine, puis le vieux bandit d'oncle, puis lui-même, puis Clotilde et Maxime, et enfin Charles. Félicité comblait la place de son mari mort. Il n'y avait pas de lacune, la chaîne se déroulait, dans son hérédité logique et implacable. Et quel siècle évoqué, au fond du cabanon tragique, où soufflait cette misère venue de loin, dans un tel effroi, que tous, malgré l'accablante chaleur, frissonnèrent !

— Quoi donc, maître ? demanda tout bas Clotilde tremblante.

— Non, non, rien ! murmura le docteur. Je te dirai plus tard.

Macquart, qui continuait seul à ricaner, gronda la vieille mère. En voilà une idée, de recevoir les gens avec des larmes, quand ils se dérangeaient pour vous faire une visite ! Ce n'était guère poli. Puis, il revint à Maxime et à Charles.

— Enfin, mon neveu, vous le voyez, votre gamin. N'est-ce pas qu'il est joli et qu'il vous fait honneur tout de même ?

Félicité se hâta d'intervenir, très mécontente de la façon dont tournaient les choses, n'ayant plus que la hâte de s'en aller.

— C'est sûrement un bel enfant, et qui est moins en retard qu'on ne croit. Regarde donc comme il est adroit de ses mains... Et tu verras, lorsque tu l'auras dégourdi, à Paris, n'est-ce pas ? autrement que nous n'avons pu le faire à Plassans.

— Sans doute, sans doute, murmura Maxime. Je ne dis pas non, je vais y réfléchir.

Il restait embarrassé, il ajouta :

— Vous comprenez, je ne suis venu que pour le voir... Je ne peux le prendre maintenant, puisque je dois passer un mois à Saint-Gervais. Mais, dès mon retour à Paris, je réfléchirai, je vous écrirai.

Et, tirant sa montre :

— Diable ! cinq heures et demie... Vous savez que, pour rien au monde, je ne veux manquer le train de neuf heures.

— Oui, oui, partons, dit Félicité. Nous n'avons plus rien à faire ici.

Macquart, vainement, s'efforça de les attarder, avec toutes sortes d'histoires. Il contait les jours où Tante Dide bavardait, il affirmait qu'un matin il l'avait trouvée en train de chanter une romance de sa jeunesse. D'ailleurs, lui n'avait pas besoin de la voiture, il ramènerait l'enfant à pied, puisqu'on le lui laissait.

— Embrasse ton papa, mon petit, parce qu'on sait bien

quand on se voit, mais on ne sait jamais si l'on se reverra !

Du même mouvement surpris et indifférent, Charles avait levé la tête, et Maxime troublé lui posa un second baiser sur le front.

— Sois bien sage et bien beau, mon mignon... Et aime-moi un peu.

— Allons, allons, nous n'avons pas de temps à perdre, répéta Félicité.

Mais la gardienne rentrait. C'était une grosse fille vigoureuse, attachée spécialement au service de la folle. Elle la levait, la couchait, la faisait manger, la nettoyait, comme une enfant. Et tout de suite elle se mit à causer avec le docteur Pascal, qui la questionnait. Un des rêves les plus caressés du docteur était de traiter et de guérir les fous par sa méthode, en les piquant. Puisque, chez eux, c'était le cerveau qui périclitait, pourquoi des injections de substance nerveuse ne leur donneraient-elles pas de la résistance, de la volonté, en réparant les brèches faites à l'organe? Aussi, un instant, avait-il songé à expérimenter la médication sur la vieille mère; puis, des scrupules lui étaient venus, une sorte de terreur sacrée, sans compter que la démence, à cet âge, était la ruine totale, irréparable. Il avait choisi un autre sujet, un ouvrier chapelier, Sarteur, qui se trouvait depuis un an à l'Asile, où il était venu lui-même supplier qu'on l'entermât, pour lui éviter un crime. Dans ses crises, un tel besoin de tuer le poussait, qu'il se serait jeté sur les passants. Petit, très brun, le front fuyant, la face en bec d'oiseau, avec un grand nez et un menton très court, il avait la joue gauche sensiblement plus grosse que la droite. Et le docteur obtenait des résultats miraculeux sur cet impulsif, qui, depuis un mois, n'avait pas eu d'accès. Justement, la gardienne, questionnée, répondit que Sarteur, calmé, allait de mieux en mieux.

— Tu entends, Clotilde! s'écria Pascal ravi. Je n'ai pas le temps de le voir ce soir, nous reviendrons demain. C'est mon jour de visite... Ah! si j'osais, si elle était jeune encore...

Ses regards se reportaient sur Tante Dide. Mais Clotilde, qui souriait de son enthousiasme, dit doucement :

— Non, non, maître, tu ne peux refaire de la vie... Allons, viens. Nous sommes les derniers.

C'était vrai, les autres étaient sortis déjà. Macquart, sur le seuil, regardait s'éloigner Félicité et Maxime, de son air de se ficher du monde. Et Tante Dide, l'oubliée, d'une maigreur effrayante, restait immobile, les yeux de nouveau fixés sur Charles, au blanc visage épuisé, sous sa royale chevelure.

Le retour fut plein de gêne. Dans la chaleur qui s'exhalait de la terre, le landau roulait pesamment. Au ciel orageux, le crépuscule s'épandait en une cendre cuivrée. Quelques mots vagues furent échangés d'abord; puis, dès qu'on fut entré dans les gorges de la Seille, toute conversation tomba, sous l'inquiétude et la menace des roches géantes, dont les murs semblaient se resserrer. N'était-ce point le bout du monde? n'allait-on pas rouler à l'inconnu de quelque gouffre? Un aigle passa, jeta un grand cri.

Des saules reparurent, et l'on filait au bord de la Viorne, lorsque Félicité reprit, sans transition, comme si elle eût continué un entretien commencé :

— Tu n'as aucun refus à craindre de la mère. Elle aime bien Charles, mais c'est une femme très raisonnable, et elle comprend parfaitement que l'intérêt de l'enfant est que tu le reprennes. Il faut t'avouer, en outre, que le pauvre petit n'est pas très heureux chez elle, parce que, naturellement, le mari préfère son fils et sa fille... Enfin, tu dois tout savoir.

Et elle continua, voulant sans doute engager Maxime

et tirer de lui une promesse formelle. Jusqu'à Plassans, elle parla. Puis, tout d'un coup, comme le landau était secoué sur le pavé du faubourg :

— Mais, tiens ! la voilà, la mère... Cette grosse blonde, sur cette porte.

C'était au seuil d'une boutique de bourrelier, où pendaient des harnais et des licous. Justine prenait le frais, sur une chaise, en tricotant un bas, tandis que la petite fille et le petit garçon jouaient par terre, à ses pieds ; et, derrière eux, on apercevait, dans l'ombre de la boutique, Thomas, un gros homme brun, en train de recoudre une selle.

Maxime avait allongé la tête, sans émotion, simplement curieux. Il resta très surpris devant cette forte femme de trente-deux ans, à l'air si sage et si bourgeois, chez qui rien ne restait de la folle gamine avec laquelle il s'était dénichée, lorsque tous deux, du même âge, entraient à peine dans leur dix-septième année. Peut-être eut-il seulement un serrement de cœur, lui malade et déjà très vieux, à la retrouver embellie et calme, très grasse.

— Jamais je ne l'aurais reconnue, dit-il.

Et le landau, qui roulait toujours, tourna dans la rue de Rome. Justine disparut, cette vision du passé, si différente, sombra dans le vague du crépuscule, avec Thomas, les enfants, la boutique.

A la Souleiade, la table était mise. Martine avait une anguille de la Viorne, un lapin sauté et un rôti de bœuf. Sept heures sonnaient, on avait tout le temps de dîner tranquillement.

— Ne te tourmente pas, répétait le docteur Pascal à son neveu. Nous t'accompagnerons au chemin de fer, ce n'est pas à dix minutes... Du moment que tu as laissé ta malle, tu n'auras qu'à prendre ton billet et à sauter dans le train.

Puis, comme il retrouvait Clotilde dans le vestibule, où elle accrochait son chapeau et son ombrelle, il lui dit à demi-voix :

— Tu sais que ton frère m'inquiète.

— Comment ça ?

— Je l'ai bien regardé, je n'aime pas la façon dont il marche. Ça ne m'a jamais trompé... Enfin, c'est un garçon que l'ataxie menace.

Elle devint toute pâle, elle répéta :

— L'ataxie.

Une cruelle image s'était levée, celle d'un voisin, un homme jeune encore, que, pendant dix ans, elle avait vu traîné par un domestique, dans une petite voiture. N'était-ce pas le pire des maux, l'infirmité, le coup de hache qui sépare un vivant de la vie ?

— Mais, murmura-t-elle, il ne se plaint que de rhumatismes.

Pascal haussa les épaules ; et, mettant un doigt sur ses lèvres, il passa dans la salle à manger, où déjà Félicité et Maxime étaient assis.

Le dîner fut très amical. La brusque inquiétude, née au cœur de Clotilde, la rendit tendre pour son frère, qui se trouvait placé près d'elle. Gaiement, elle le soignait, le forçait à prendre les meilleurs morceaux. Deux fois, elle rappela Martine, qui passait les plats trop vite. Et Maxime, de plus en plus, était séduit par cette sœur si bonne, si bien portante, si raisonnable, dont le charme l'enveloppait comme d'une caresse. Elle le conquérait à un tel point, que, peu à peu, un projet, vague d'abord, se précisait en lui. Puisque son fils, le petit Charles, l'avait tant effrayé avec sa beauté de mort, son air royal d'imbécillité maladive, pourquoi n'emmènerait-il pas sa sœur Clotilde ? L'idée d'une femme dans sa maison le terrifiait bien, car il les redoutait toutes, ayant joui d'elles trop jeune; mais celle-ci lui paraissait vraiment maternelle. D'autre part, une femme honnête, chez lui, cela le changerait et serait très bon. Son père, au moins, n'oserait plus lui envoyer des filles, comme il le soupçonnait de le faire, pour l'achever et avoir tout de suite son argent. La terreur et la haine de son père le décidèrent.

— Tu ne te maries donc pas? demanda-t-il, voulant sonder le terrain.

La jeune fille se mit à rire.

— Oh! rien ne presse.

Puis, d'un air de boutade, regardant Pascal qui avait levé la tête :

— Est-ce qu'on sait?... Je ne me marierai jamais.

Mais Félicité se récria. Quand elle la voyait si attachée au docteur, elle souhaitait souvent un mariage qui l'en détacherait, qui laisserait son fils isolé, dans un intérieur détruit, où elle-même deviendrait toute-puissante, maîtresse des choses. Aussi l'appela-t-elle en témoignage : n'était-ce pas vrai qu'une femme devait se marier, que cela était contre nature, de rester vieille fille? Et, gravement, il l'approuvait, sans quitter Clotilde des yeux.

— Oui, oui, il faut se marier... Elle est trop raisonnable, elle se mariera...

— Bah! interrompit Maxime, aura-t-elle vraiment raison?... Pour être malheureuse peut-être, il y a tant de mauvais ménages!

Et, se décidant :

— Tu ne sais pas ce que tu devrais faire?... Eh bien! tu devrais venir à Paris vivre avec moi... J'ai réfléchi, cela m'effraye un peu de prendre la charge d'un enfant, dans mon état de santé. Ne suis-je pas un enfant moi-même, un malade qui a besoin de soins?... Tu me soignerais, tu serais là, si je venais à perdre décidément les jambes.

Sa voix s'était brisée, dans un attendrissement sur lui-même. Il se voyait infirme, il la voyait à son chevet, en sœur de charité; et, si elle consentait à rester fille, il lui laisserait volontiers sa fortune, pour que son père ne l'eût pas. La terreur qu'il avait de la solitude, le besoin où il serait peut-être bientôt de prendre une garde-malade, le rendaient très touchant.

— Ce serait bien gentil de ta part, et tu n'aurais pas à t'en repentir.

Mais Martine, qui servait le rôti, s'était arrêtée de saisissement; et la proposition, autour de la table, causait la même surprise. Félicité, la première, approuva, en sentant que ce départ aiderait ses projets. Elle regardait Clotilde, muette encore et comme étourdie; tandis que le docteur Pascal, très pâle, attendait.

— Oh! mon frère, mon frère, balbutia la jeune fille, sans trouver d'abord autre chose.

Alors, la grand'mère intervint.

— C'est tout ce que tu dis? Mais c'est très bien, ce que ton frère te propose. S'il craint de prendre Charles maintenant, tu peux toujours y aller, toi; et, plus tard, tu feras venir le petit... Voyons, voyons, ça s'arrange parfaitement. Ton frère s'adresse à ton cœur... Pascal, n'est-ce pas qu'elle lui doit une bonne réponse?

Le docteur, d'un effort, était redevenu maître de lui. On sentait pourtant le grand froid qui l'avait glacé. Il parla avec lenteur.

— Je vous répète que Clotilde est très raisonnable et que, si elle doit accepter, elle acceptera.

Dans son bouleversement, la jeune fille eut une révolte.

— Maître, veux-tu donc me renvoyer?... Certainement, je remercie Maxime. Mais tout quitter, mon Dieu! quitter tout ce qui m'aime, tout ce que j'ai aimé jusqu'ici!

Elle avait eu un geste éperdu, désignant les êtres et les choses, embrassant la Souleiade entière.

— Et, reprit Pascal en la regardant, si cependant Maxime avait besoin de toi?

Ses yeux se mouillèrent, elle demeura un instant frémissante, car elle seule avait compris. La vision cruelle, de nouveau, s'était évoquée : Maxime, infirme, traîné dans une petite voiture par un domestique, comme le voisin qu'elle rencontrait. Mais sa passion protestait contre son attendrissement. Est-ce qu'elle avait un devoir, à l'égard d'un frère qui, pendant quinze ans, lui était resté étranger? est-ce que son devoir n'était pas où était son cœur?

— Écoute, Maxime, finit-elle par dire, laisse-moi réfléchir, moi aussi. Je verrai... Sois certain que je te suis très reconnaissante. Et, si un jour tu avais réellement besoin de moi, eh bien! je me déciderais sans doute.

On ne put la faire s'engager davantage. Félicité, avec sa continuelle fièvre, s'y épuisa; tandis que le docteur affectait maintenant de dire qu'elle avait donné sa parole. Martine apporta une crème, sans songer à cacher sa joie: prendre mademoiselle! en voilà une idée, pour que monsieur mourût de tristesse, en restant tout seul! Et la fin du dîner fut ralentie ainsi par cet incident. On était encore au dessert, lorsque huit heures et demie sonnèrent. Dès lors, Maxime s'inquiéta, piétina, voulut partir.

A la gare, où tous l'accompagnèrent, il embrassa une dernière fois sa sœur.

— Souviens-toi.

— N'aie pas peur, déclara Félicité, nous sommes là pour lui rappeler sa promesse.

Le docteur souriait, et tous trois, dès que le train se fut mis en branle, agitèrent leurs mouchoirs.

Ce jour-là, quand ils eurent accompagné la grand'mère jusqu'à sa porte, le docteur Pascal et Clotilde rentrèrent doucement à la Souleiade et y passèrent une soirée délicieuse. Le malaise des semaines précédentes, l'antagonisme sourd qui les divisait, semblait s'en être allé. Jamais ils n'avaient éprouvé une pareille douceur, à se sentir si unis, inséparables. En eux, il y avait comme un réveil de santé après une maladie, un espoir et une joie de vivre. Ils restèrent longtemps dans la nuit chaude, sous les platanes, à écouter le fin cristal de la fontaine. Et ils ne parlaient même pas, ils goûtaient profondément le bonheur d'être ensemble.

IV

Huit jours plus tard, la maison était retombée au malaise. Pascal et Clotilde, de nouveau, restaient des après-midi entières à se bouder ; et il y avait des sautes continuelles d'humeurs. Martine elle-même vivait irritée. Le ménage à trois devenait un enfer.

Puis, brusquement, tout s'aggrava encore. Un capucin de grande sainteté, comme il en passe souvent dans les villes du Midi, était venu à Plassans faire une retraite. La chaire de Saint-Saturnin retentissait des éclats de sa voix. C'était une sorte d'apôtre, une éloquence populaire et enflammée, une parole fleurie, abondante en images. Et il prêchait sur le néant de la science moderne, dans une envolée mystique extraordinaire, niant la réalité de ce monde, ouvrant l'inconnu, le mystère de l'au delà. Toutes les dévotes de la ville en étaient bouleversées.

Dès le premier soir, comme Clotilde, accompagnée de Martine, avait assisté au sermon, Pascal s'aperçut de la fièvre qu'elle rapportait. Les jours suivants, elle se passionna, revint plus tard, après être restée une heure en prière, dans le coin noir d'une chapelle. Elle ne sortait plus de l'église, rentrait brisée, avec des yeux luisants de voyante ; et les paroles ardentes du capucin la hantaient. De la colère et du mépris semblaient lui être venus pour les gens et les choses.

Pascal, inquiet, voulut avoir une explication avec Martine. Il descendit, un matin, de bonne heure, comme elle balayait la salle à manger.

— Vous savez que je vous laisse libres, Clotilde et vous, d'aller à l'église, si cela vous plaît. Je n'entends peser sur la conscience de personne... Mais je ne veux pas que vous me la rendiez malade.

La servante, sans arrêter son balai, répondit sourdement :

— Les gens malades sont peut-être bien ceux qui ne croient pas l'être.

Elle avait dit cela d'un tel air de conviction, qu'il se mit à sourire.

— Oui, c'est moi qui suis l'esprit infirme, dont vous implorez la conversion, tandis que vous autres possédez la bonne santé et l'entière sagesse... Martine, si vous continuez à me torturer et à vous torturer vous-mêmes, je me fâcherai.

Il avait parlé d'une voix si désespérée et si rude, que la servante s'arrêta du coup, le regarda en face. Une tendresse infinie, une désolation immense passèrent sur son visage usé de vieille fille, cloîtrée dans son service. Et des larmes emplirent ses yeux, elle se sauva en bégayant :

— Ah! monsieur, vous ne nous aimez pas!

Alors, Pascal resta désarmé, envahi d'une tristesse croissante. Son remords augmentait de s'être montré tolérant, de n'avoir pas dirigé en maître absolu l'éducation et l'instruction de Clotilde. Dans sa croyance que les arbres poussaient droit, quand on ne les gênait point, il lui avait permis de grandir à sa guise, après lui avoir appris simplement à lire et à écrire. C'était sans plan conçu à l'avance, uniquement par le train coutumier de leur vie, qu'elle avait à peu près tout lu et qu'elle s'était passionnée pour les sciences naturelles, en l'aidant à faire des recherches, à corriger ses épreuves, à recopier et à classer ses manuscrits. Comme il regrettait aujourd'hui son désintéressement! Quelle forte direction il aurait donnée à ce clair esprit, si avide de savoir, au lieu de le laisser s'écarter et se perdre, dans ce besoin de l'au delà, que favorisaient la grand'mère Félicité et la bonne Martine! Tandis que lui s'en tenait au fait, s'efforçait de ne jamais aller plus loin que le phénomène, et qu'il y réussissait par sa discipline de savant, sans cesse il l'avait vue se préoccuper de l'inconnu, du mystère. C'était, chez elle, une obsession, une curiosité d'instinct qui arrivait à la torture, lorsqu'elle n'était pas satisfaite. Il y avait là un besoin que rien ne rassasiait, un appel irrésistible vers l'inaccessible, l'inconnaissable. Déjà, quand elle était petite, et plus tard surtout, jeune fille, elle allait tout de suite au pourquoi et au comment, elle exigeait les raisons dernières. S'il lui montrait une fleur, elle lui demandait pourquoi cette fleur ferait une graine, pourquoi cette graine germerait. Puis, c'était le mystère de la conception, des sexes, de la naissance et de la mort, et les forces ignorées, et Dieu, et tout. En quatre questions, elle l'acculait chaque fois à son ignorance fatale; et, quand il ne savait plus que répondre, qu'il se débarrassait d'elle, avec un geste de fureur comique, elle avait un beau rire de triomphe, elle retournait éperdue dans ses rêves, dans la vision illimitée de tout ce qu'on ne connaît pas et de tout ce qu'on peut croire. Souvent, elle le stupéfiait par ses explications. Son esprit, nourri de science, partait des vérités prouvées, mais d'un tel bond, qu'elle sautait du coup en plein ciel des légendes. Des médiateurs passaient, des anges, des saints, des souffles surnaturels, modifiant la matière, lui donnant la vie; ou bien encore ce n'était qu'une même force, l'âme du monde, travaillant à fondre les choses et les êtres en un final baiser d'amour, dans cinquante siècles. Elle en avait fait le compte, disait-elle.

Jamais, du reste, Pascal ne l'avait vue si troublée. Depuis une semaine qu'elle suivait la retraite du capucin, à la cathédrale, elle vivait impatiemment les jours dans l'attente du sermon du soir; et elle s'y rendait avec le recueillement exalté d'une fille qui va à son premier rendez-vous d'amour. Puis, le lendemain, tout en elle disait son détachement de la vie extérieure, de son existence accoutumée, comme si le monde visible, les actes nécessaires de chaque minute ne fussent que leurre et que sottise. Aussi avait-elle à peu près abandonné ses occupations, cédant à une sorte de paresse invincible, restant des heures les mains tombées sur les genoux, les yeux vides et perdus, au lointain de quelque rêve. Maintenant, elle si active, si matinière, se levait tard, ne paraissait guère que pour le second déjeuner; et ce ne devait pas être à sa toilette qu'elle passait ces longues heures, car elle perdait de sa coquetterie de femme, à peine peignée, vêtue à la diable d'une robe boutonnée de travers, mais adorable quand même, grâce à sa triomphante jeunesse. Ces promenades du matin qu'elle aimait tant, au travers de la Souleiade, ces courses du haut en bas des terrasses, plantées d'oliviers et d'amandiers, ces visites à la pinède, embaumée d'une odeur de résine, ces longues stations sur l'aire ardente, où elle prenait des bains de soleil, elle ne les faisait plus, elle préférait rester, les volets clos, enfermée dans sa chambre, au fond de laquelle on ne l'entendait pas remuer. Puis, l'après-midi, dans la salle, c'était une oisiveté languissante, un désœuvrement traîné de chaise en chaise, une fatigue, une irritation contre tout ce qui l'avait intéressée jusque-là.

Pascal dut renoncer à se faire aider par elle. Une note, qu'il lui avait donnée à mettre au net, resta trois jours sur son pupitre. Elle ne classait plus rien, ne se serait pas baissée pour ramasser un manuscrit par terre. Surtout, elle avait abandonné les pastels, les dessins de fleurs très exacts qui devaient servir de planches à un ouvrage sur les fécondations artificielles. De grandes mauves rouges, d'une coloration nouvelle et singulière, s'étaient fanées dans leur vase, sans qu'elle eût fini de les copier. Et, pendant une après-midi entière, elle se passionna encore sur un dessin fou, des fleurs de rêve, une extraordinaire floraison épanouie au soleil du miracle, tout un jaillissement de rayons d'or en forme d'épis, au milieu de larges corolles de pourpre, pareilles à des cœurs ouverts, d'où montaient, en guise de pistils, des fusées d'astres, des milliards de mondes coulant au ciel ainsi qu'une voie lactée.

— Ah! ma pauvre fille, lui dit ce jour-là le docteur, peut-on perdre son temps à de telles imaginations! Moi qui attends la copie de ces mauves que tu as laissées mourir!... Et tu te rendras malade. Il n'y a ni santé, ni même beauté possible, en dehors de la réalité.

Souvent, elle ne répondait plus, enfermée dans une conviction farouche, ne voulant point discuter. Mais il venait de la toucher au vif de ses croyances.

— Il n'y a pas de réalité, déclara-t-elle nettement.

Lui, amusé par cette carrure philosophique chez cette grande enfant, se mit à rire.

— Oui, je sais... Nos sens sont faillibles, nous ne connaissons le monde que par nos sens, donc il se peut que le monde n'existe pas... Alors, ouvrons la porte à la folie, acceptons comme possibles les chimères les plus saugrenues, partons pour le cauchemar, en dehors des lois et des faits... Mais ne vois-tu donc pas qu'il n'est plus de règle, si tu supprimes la nature, et que le seul intérêt à vivre est de croire à la vie, de l'aimer et de mettre toutes les forces de son intelligence à la mieux connaître.

Elle eut un geste d'insouciance et de bravade à la fois ; et la conversation tomba. Maintenant, elle sabrait le pastel à larges coups de crayon bleu, elle en détachait le flamboiement sur une limpide nuit d'été.

Mais, deux jours plus tard, à la suite d'une nouvelle discussion, les choses se gâtèrent encore. Le soir, au sortir de table, Pascal était remonté travailler dans la salle, pendant qu'elle restait dehors, assise sur la terrasse. Des heures s'écoulèrent, il fut tout surpris et inquiet, lorsque sonna minuit, de ne pas l'avoir entendue rentrer dans sa chambre. Elle devait passer par la salle, il était bien certain qu'elle ne l'avait point traversée, derrière son dos. En bas, quand il fut descendu, il constata que Martine dormait. La porte du vestibule n'était pas fermée à clef, Clotilde s'était sûrement oubliée dehors. Cela lui arrivait parfois, pendant les nuits chaudes ; mais jamais elle ne s'attardait à ce point.

L'inquiétude du docteur augmenta, lorsque, sur la terrasse, il aperçut, vide, la chaise où la jeune fille avait dû rester assise longtemps. Il espérait l'y trouver endormie. Puisqu'elle n'y était plus, pourquoi n'était-elle pas rentrée ? où pouvait-elle s'en être allée, à une pareille heure ? La nuit était admirable, une nuit de septembre, brûlante encore, avec un ciel immense, criblé d'étoiles, dans son infini de velours sombre ; et, au fond de ce ciel sans lune, les étoiles luisaient si vives et si larges, qu'elles éclairaient la terre. D'abord, il se pencha sur la balustrade de la terrasse, examina les pentes, les gradins de pierres sèches, qui descendaient jusqu'à la voie du chemin de fer ; mais rien ne remuait, il ne voyait que les têtes rondes et immobiles des petits oliviers. L'idée alors lui vint qu'elle était sans doute sous les platanes, près de la fontaine, dans le perpétuel frisson de cette eau murmurante. Il y courut, il s'enfonça en pleine obscurité, une nappe si épaisse, que lui-même, qui connaissait chaque tronc d'arbre, devait marcher les mains en avant, pour ne point se heurter. Puis, ce fut au travers de la pinède qu'il battit ainsi l'ombre, tâtonnant, sans rencontrer personne. Et il finit par appeler, d'une voix qu'il assourdissait.

— Clotilde! Clotilde!

La nuit restait profonde et muette. Il haussa peu à peu la voix.

— Clotilde! Clotilde!

Pas une âme, pas un souffle. Les échos semblaient ensommeillés, son cri s'étouffait dans le lac infiniment doux des ténèbres bleues. Et il cria de toute sa force, il revint sous les platanes, il retourna dans la pinède, s'affolant, visitant la propriété entière. Brusquement, il se trouva sur l'aire.

A cette heure, l'aire immense, la vaste rotonde pavée, dormait elle aussi. Depuis les longues années qu'on n'y vannait plus de grain, une herbe y poussait, tout de suite brûlée par le soleil, dorée et comme rasée, pareille à la haute laine d'un tapis. Et, entre les touffes de cette molle végétation, les cailloux ronds ne refroidissaient jamais, fumant dès le crépuscule, exhalant dans la nuit la chaleur amassée de tant de midis accablants.

L'aire s'arrondissait, nue, déserte, au milieu de ce frisson, sous le calme du ciel, et Pascal la traversait pour courir au verger, lorsqu'il manqua culbuter contre un corps, longuement étendu, qu'il n'avait pu voir. Il eut une exclamation effarée:

— Comment, tu es là?

Clotilde ne daigna même pas répondre. Elle était couchée sur le dos, les mains ramenées et serrées sous la nuque, la face vers le ciel; et, dans son pâle visage, on ne voyait que ses grands yeux luire.

— Moi qui m'inquiète et qui t'appelle depuis un quart d'heure!... Tu m'entendais bien crier?

Elle finit par desserrer les lèvres.

— Oui.

— Alors, c'est stupide! Pourquoi ne répondais-tu pas?

Mais elle était retombée dans son silence, elle refusait de s'expliquer, le front têtu, les regards envolés là-haut.

— Allons, viens te coucher, méchante enfant! Tu me diras cela demain.

Elle ne bougeait toujours point, il la supplia de rentrer à dix reprises, sans qu'elle fît un mouvement. Lui-même avait fini par s'asseoir près d'elle, dans l'herbe rase, et il sentait sous lui la tiédeur du pavé.

— Enfin, tu ne peux coucher dehors... Réponds-moi au moins. Qu'est-ce que tu fais là?

— Je regarde.

Et, de ses grands yeux immobiles, élargis et fixes, ses regards semblaient monter plus haut, parmi les étoiles. Elle était toute dans l'infini pur de ce ciel d'été, au milieu des astres.

— Ah! maître, reprit-elle, d'une voix lente et égale, ininterrompue, comme cela est étroit et borné, tout ce que tu sais, à côté de ce qu'il y a sûrement là-haut... Oui, si je ne t'ai pas répondu, c'était que je pensais à toi et que j'avais une grosse peine... Il ne faut pas me croire méchante.

Un tel frisson de tendresse avait passé dans sa voix, qu'il en fut profondément ému. Il s'allongea à son côté, également sur le dos. Leurs coudes se touchaient. Ils causèrent.

— Je crains bien, chérie, que tes chagrins ne soient

pas raisonnables... Tu penses à moi et tu as de la peine. Pourquoi donc?

— Oh! pour des choses que j'aurais de la peine à t'expliquer. Je ne suis pas une savante. Cependant, tu m'as appris beaucoup, et j'ai moi-même appris davantage, en vivant avec toi. D'ailleurs, ce sont des choses que je sens... Peut-être que j'essayerai de te le dire, puisque nous sommes là, si seuls, et qu'il fait si beau!

Son cœur plein débordait, après des heures de réflexion, dans la paix confidentielle de l'admirable nuit. Lui, ne parla pas, ayant peur de l'inquiéter.

— Quand j'étais petite et que je t'entendais parler de la science, il me semblait que tu parlais du bon Dieu, tellement tu brûlais d'espérance et de foi. Rien ne te paraissait plus impossible. Avec la science, on allait pénétrer le secret du monde et réaliser le parfait bonheur de l'humanité... Selon toi, c'était à pas de géant qu'on marchait. Chaque jour amenait sa découverte, sa certitude. Encore dix ans, encore cinquante ans, encore cent ans peut-être, et le ciel serait ouvert, nous verrions face à face la vérité... Eh bien! les années marchent, et rien ne s'ouvre, et la vérité recule.

— Tu es une impatiente, répondit-il simplement. Si dix siècles sont nécessaires, il faudra bien les attendre.

— C'est vrai, je ne puis pas attendre. J'ai besoin de savoir, j'ai besoin d'être heureuse tout de suite. Et tout savoir d'un coup, et être heureuse absolument, définitivement!... Oh! vois-tu, c'est de cela que je souffre, ne pas monter d'un bond à la connaissance complète, ne pouvoir me reposer dans la félicité entière, dégagée de scrupules et de doutes. Est-ce que c'est vivre que d'avancer dans les ténèbres à pas si ralentis, que de ne pouvoir goûter une heure de calme, sans trembler à l'idée de l'angoisse prochaine? Non, non! toute la connaissance et tout le bonheur en un jour!... La science nous les a promis, et, si elle ne nous les donne pas, elle fait faillite.

Alors, il commença lui-même à se passionner.

— Mais c'est fou, petite fille, ce que tu dis là! La science n'est pas la révélation. Elle marche de son train humain, sa gloire est dans son effort même... Et puis, ce n'est pas vrai, la science n'a pas promis le bonheur.

Vivement, elle l'interrompit.

— Comment, pas vrai! Ouvre donc tes livres, là-haut. Tu sais bien que je les ai lus. Ils en débordent, de promesses? A les lire, il semble qu'on marche à la conquête de la terre et du ciel. Ils démolissent tout et ils font le serment de tout remplacer; et cela par la raison pure, avec solidité et sagesse... Sans doute, je suis comme les enfants. Quand on m'a promis quelque chose, je veux qu'on me le donne. Mon imagination travaille, il faut que l'objet soit très beau, pour me contenter... Mais c'était si simple, de ne rien me promettre! Et surtout, à cette heure, devant mon désir exaspéré et douloureux, il serait mal de me dire qu'on ne m'a rien promis.

Il eut un nouveau geste de protestation, dans la grande nuit sereine.

— En tout cas, continua-t-elle, la science a fait table rase, la terre est nue, le ciel est vide, et qu'est-ce que tu veux que je devienne, même si tu innocentes la science des espoirs que j'ai conçus?... Je ne puis pourtant pas vivre sans certitude et sans bonheur. Sur quel terrain solide vais-je bâtir ma maison, du moment qu'on a démoli le vieux monde et qu'on se presse si peu de construire le nouveau? Toute la cité antique a craqué, dans cette catastrophe de l'examen et de l'analyse; et il n'en reste rien qu'une population affolée battant les ruines, ne sachant sur quelle pierre poser sa tête, campant sous l'orage, exigeant le refuge solide et définitif, où elle pourra recommencer la vie... Il ne faut donc pas s'étonner de notre découragement ni de notre impatience. Nous ne pouvons plus attendre. Puisque la science, trop lente, fait faillite, nous préférons nous rejeter en arrière, oui! dans les croyances d'autrefois, qui, pendant des siècles, ont suffi au bonheur du monde.

— Ah! c'est bien cela, cria-t-il, nous en sommes bien à ce tournant de la fin du siècle, dans la fatigue, dans l'énervement de l'effroyable masse de connaissances qu'il a remuées... Et c'est l'éternel besoin de mensonge, l'éternel besoin d'illusion qui travaille l'humanité et la ramène en arrière, au charme berceur de l'inconnu... Puisqu'on ne saura jamais tout, à quoi bon savoir davantage? Du moment que la vérité conquise ne donne pas le bonheur immédiat et certain, pourquoi ne pas se contenter de l'ignorance, cette couche obscure où l'humanité a dormi pesamment son premier âge?... Oui! c'est le retour offensif du mystère, c'est la réaction à cent ans d'enquête expérimentale. Et cela devait être, il faut s'attendre à des désertions, quand on ne peut contenter tous les besoins à la fois. Mais il n'y a là qu'une halte, la marche en avant continuera, hors de notre vue, dans l'infini de l'espace.

Un instant, ils se turent, sans un mouvement, les regards perdus parmi les milliards de mondes, qui luisaient au ciel sombre. Une étoile filante traversa d'un trait de flamme la constellation de Cassiopée. Et l'univers illuminé, là-haut, tournait lentement sur son axe, dans une splendeur sacrée, tandis que, de la terre ténébreuse, autour d'eux, ne s'élevait qu'un petit souffle, une haleine douce et chaude de femme endormie.

— Dis-moi, demanda-t-il de son ton bonhomme, c'est ton capucin qui t'a mis ce soir la tête à l'envers?

Elle répondit franchement :

— Oui, il dit en chaire des choses qui me bouleversent, il parle contre tout ce que tu m'as appris, et c'est comme si cette science que je te dois, changée en poison, me détruisait... Mon Dieu! que vais-je devenir?

— Ma pauvre enfant!... Mais c'est terrible de te dévorer ainsi! Et, pourtant, je suis encore assez tranquille sur ton compte, car tu es une équilibrée, toi, tu as une bonne petite caboche ronde, nette et solide, comme je te l'ai répété souvent. Tu te calmeras... Mais quel ravage dans les cervelles, si toi, bien portante, tu es troublée! N'as-tu donc pas la foi?

Elle se taisait, elle soupira, tandis qu'il ajoutait :

— Certes, au simple point de vue du bonheur, la foi est un solide bâton de voyage, et la marche devient aisée et paisible, quand on a la chance de la posséder.

— Eh! je ne sais plus! dit-elle. Il est des jours où je crois, il en est d'autres où je suis avec toi et avec tes livres. C'est toi qui m'as bouleversée, c'est par toi que je souffre. Et toute ma souffrance est là peut-être, dans ma révolte contre toi que j'aime... Non, non! ne me dis rien, ne me dis pas que je me calmerai. Cela m'irriterait davantage en ce moment... Tu nies le surnaturel. Le mystère, n'est-ce pas? ce n'est que l'inexpliqué. Même, tu concèdes qu'on ne saura jamais tout; et, dès lors, l'unique intérêt à vivre est la conquête sans fin sur l'inconnu, l'éternel effort pour savoir davantage... Ah! j'en sais trop déjà pour croire, tu m'as déjà trop conquise, et il y a des heures où il me semble que je vais en mourir.

Il lui avait pris la main, parmi l'herbe tiède, il la serrait violemment.

— Mais c'est la vie qui te fait peur, petite fille!... Et comme tu as raison de dire que l'unique bonheur est l'effort continu! car, désormais, le repos dans l'ignorance est impossible. Aucune halte n'est à espérer, aucune tranquillité dans l'aveuglement volontaire. Il faut marcher, marcher quand même, avec la vie qui marche toujours. Tout ce qu'on propose, les retours en arrière, les religions mortes, les religions replâtrées, aménagées selon les besoins nouveaux, sont un leurre... Connais donc la vie, aime-la, vis-la telle qu'elle doit être vécue : il n'y a pas d'autre sagesse.

D'une secousse irritée, elle avait dégagé sa main. Et sa voix exprima un dégoût frémissant.

— La vie est abominable, comment veux-tu que je la vive paisible et heureuse ?... C'est une clarté terrible que ta science jette sur le monde, ton analyse descend dans toutes nos plaies humaines, pour en étaler l'horreur. Tu dis tout, tu parles crûment, tu ne nous laisses que la nausée des êtres et des choses, sans aucune consolation possible.

Il l'interrompit d'un cri de conviction ardente.

— Tout dire, ah! oui, pour tout connaître et tout guérir!

La colère la soulevait, elle se mit sur son séant.

— Si encore l'égalité et la justice existaient dans ta nature. Mais tu le reconnais toi-même, la vie est au plus fort, le faible périt fatalement, parce qu'il est faible. Il n'y a pas deux êtres égaux, ni en santé, ni en beauté, ni en intelligence : c'est au petit bonheur de la rencontre, au hasard du choix... Et tout croule, dès que la grande et sainte justice n'est plus!

— C'est vrai, dit-il à demi-voix, comme à lui-même, l'égalité n'existe pas. Une société qu'on baserait sur elle, ne pourrait vivre. Pendant des siècles, on a cru remédier au mal par la charité. Mais le monde a craqué; et, aujourd'hui, on propose la justice... La nature est-elle juste? Je la crois plutôt logique. La logique est peut-être une justice naturelle et supérieure, allant droit à la somme du travail commun, au grand labeur final.

— Alors, n'est-ce pas? cria-t-elle, la justice qui écrase l'individu pour le bonheur de la race, qui détruit l'espèce affaiblie pour l'engraissement de l'espèce triomphante... Non, non! c'est le crime! Il n'y a qu'ordure et que meurtre. Ce soir, à l'église, il avait raison : la terre est gâtée, la science n'en étale que la pourriture, c'est en haut qu'il faut nous réfugier tous... Oh! maître, je t'en supplie, laisse-moi me sauver, laisse-moi te sauver toi-même!

Elle venait d'éclater en larmes, et le bruit de ses sanglots montait éperdu, dans la pureté de la nuit. Vainement, il essaya de l'apaiser, elle dominait sa voix.

— Écoute, maître, tu sais si je t'aime, car tu es tout pour moi... Et c'est de toi que vient mon tourment, j'ai de la peine à en étouffer, lorsque je songe que nous ne sommes pas d'accord, que nous serions séparés à jamais, si nous mourions tous les deux demain... Pourquoi ne veux-tu pas croire?

Il tâcha encore de la raisonner.

— Voyons, tu es folle, ma chérie...

Mais elle s'était mise à genoux, elle lui avait saisi les mains, elle s'attachait à lui, d'une étreinte enfiévrée. Et elle le suppliait plus haut, dans une clameur de désespoir telle, que la campagne noire, au loin, en sanglotait.

— Écoute, il l'a dit à l'église... Il faut changer sa vie et faire pénitence, il faut tout brûler de ses erreurs passées, oui! tes livres, tes dossiers, tes manuscrits... Fais ce sacrifice, maître, je t'en conjure à genoux. Et tu verras la délicieuse existence que nous mènerons ensemble.

A la fin, il se révoltait.

— Non! c'est trop, tais-toi!

— Si, tu m'entendras, maître, tu feras ce que je veux... Je t'assure que je suis horriblement malheureuse, même en t'aimant comme je t'aime. Il manque quelque chose, dans notre tendresse. Jusqu'ici, elle a été vide et inutile, et j'ai l'irrésistible besoin de l'emplir, oh! de tout ce qu'il y a de divin et d'éternel... Que peut-il nous manquer, si ce n'est Dieu? Agenouille-toi, prie avec moi!

Il se dégagea, irrité à son tour.

— Tais-toi, tu déraisonnes. Je t'ai laissée libre, laisse-moi libre.

— Maître, maître! c'est notre bonheur que je veux!... Je t'emporterai loin, très loin. Nous irons dans une solitude vivre en Dieu !

— Tais-toi!... Non, jamais!

Alors, ils restèrent un instant face à face, muets et menaçants. La Souleiade, autour d'eux, élargissait son silence nocturne, les ombres légères de ses oliviers, les ténèbres de ses pins et de ses platanes, où chantait la voix attristée de la source; et, sur leur tête, il semblait que le vaste ciel criblé d'étoiles eût pâli d'un frisson, malgré l'aube encore lointaine.

Clotilde leva le bras, comme pour montrer l'infini de ce ciel frissonnant. Mais, d'un geste prompt, Pascal lui avait repris la main, la maintenait dans la sienne, vers la terre. Et il n'y eut d'ailleurs plus un mot prononcé, ils étaient hors d'eux, violents et ennemis. C'était la brouille farouche.

Brusquement, elle retira sa main, elle sauta de côté, comme un animal indomptable et fier qui se cabre; puis, elle galopa, au travers de la nuit, vers la maison. On entendit, sur les cailloux de l'aire, le claquement de ses petites bottines, qui s'assourdit ensuite dans le sable d'une allée. Lui, déjà désolé, la rappela d'une voix pressante. Mais elle n'écoutait pas, ne répondait pas, courait toujours. Saisi de crainte, le cœur serré, il s'élança derrière elle, tourna le coin du bouquet des platanes, juste assez tôt pour la voir rentrer en tempête dans le vestibule. Il s'y engouffra derrière elle, franchit l'escalier, se heurta contre la porte de sa chambre, dont elle poussait violemment les verrous. Et là, il se calma, s'arrêta d'un rude effort, résistant à l'envie de crier, de l'appeler encore, d'enfoncer cette porte pour la ravoir, la convaincre, la garder toute à lui. Un moment, il resta immobile, devant le silence de la chambre, d'où pas un souffle ne sortait. Sans doute, jetée en travers du lit, elle étouffait dans l'oreiller ses cris et ses sanglots. Il se décida enfin à redescendre fermer la porte du vestibule, remonta doucement écouter s'il ne l'entendait pas se plaindre; et le jour naissait, lorsqu'il se coucha, désespéré, étranglé de larmes.

Dès lors, ce fut la guerre sans merci. Pascal se sentit épié, traqué, menacé. Il n'était plus chez lui, il n'avait plus de maison: l'ennemie était là sans cesse, qui le forçait à tout craindre, à tout enfermer. Coup sur coup, deux fioles de la substance nerveuse qu'il fabriquait, furent ramassées en morceaux; et il dut se barricader dans sa chambre, on l'y entendait assourdir le bruit de son pilon, sans qu'il se montrât même aux heures des repas. Il n'emmenait plus Clotilde, les jours de visite, parce qu'elle décourageait les malades, par son attitude d'incrédulité agressive. Seulement, dès qu'il sortait, il n'avait qu'une hâte, celle de rentrer vite, car il tremblait de trouver ses serrures forcées, ses tiroirs saccagés, au retour. Il n'utilisait plus la jeune fille à classer, à recopier ses notes, depuis que plusieurs s'en étaient allées, comme emportées par le vent. Il n'osait même plus l'employer à corriger ses épreuves, ayant constaté qu'elle avait coupé tout un passage dans un article, dont l'idée blessait sa foi catholique. Et elle restait ainsi oisive, rôdant par les pièces, ayant le loisir de vivre à l'affût d'une occasion qui lui livrerait la clef de la grande armoire. Ce devait être son rêve, le plan qu'elle roulait, pendant ses longs silences, les yeux luisants, les mains fiévreuses : avoir la clef, ouvrir, tout prendre, tout détruire, dans un autodafé qui serait agréable à Dieu. Les quelques pages d'un manuscrit, oubliées par lui sur un coin de table, le temps d'aller se laver les mains et passer sa redingote, avaient disparu, ne laissant, au fond de la cheminée, qu'une pincée de cendre. Un soir qu'il s'était attardé près d'un malade, comme il revenait au crépuscule, une terreur folle l'avait pris, dès le faubourg, à la vue d'une grosse fumée noire qui montait en tourbillons, salissant le ciel pâle. N'était-ce pas la Souleiade entière qui flambait, allumée par le feu de joie de ses papiers? Il rentra au pas de course, il ne se rassura qu'en apercevant, dans un champ voisin, un feu de racines qui fumait avec lenteur.

Et quelle affreuse souffrance, ce tourment du savant qui se sent menacé de la sorte dans son intelligence, dans ses travaux! Les découvertes qu'il a faites, les manuscrits qu'il compte laisser, c'est son orgueil, ce sont des êtres, du sang à lui, des enfants, et en les détruisant, en les brûlant, on brûlerait de sa chair. Surtout, dans ce perpétuel guet-apens contre sa pensée, il était torturé par l'idée que, cette ennemie qui était chez lui, installée jusqu'au cœur, il ne pouvait l'en chasser, et qu'il l'aimait quand même. Il demeurait désarmé, sans défense possible, ne voulant point agir, n'ayant d'autre ressource que de veiller avec vigilance. De toute part, l'enveloppement se resserrait, il croyait sentir les petites mains voleuses qui se glissaient au fond de ses poches, il n'avait plus de tranquillité, même les portes closes, craignant qu'on ne le dévalisât par les fentes.

— Mais, malheureuse enfant, cria-t-il un jour, je n'aime que toi au monde, et c'est toi qui me tues!... Tu m'aimes aussi pourtant, tu fais tout cela parce que tu m'aimes, et c'est abominable, et il vaudrait mieux en finir tout de suite, en nous jetant à l'eau avec une pierre au cou !

Elle ne répondait pas, ses yeux braves disaient seuls, ardemment, qu'elle voulait bien mourir sur l'heure, si c'était avec lui.

— Alors, je mourrais cette nuit, subitement, que se passerait-il donc demain ?... Tu viderais l'armoire, tu viderais les tiroirs, tu ferais un gros tas de toutes mes œuvres, et tu les brûlerais ? Oui, n'est-ce pas ?... Sais-tu que ce serait un véritable meurtre, comme si tu assassinais quelqu'un ? Et quelle lâcheté abominable, tuer la pensée !

— Non ! dit-elle d'une voix sourde, tuer le mal, l'empêcher de se répandre et de renaître !

Toutes leurs explications les rejetaient à la colère. Il y en eut de terribles. Et, un soir que la vieille madame Rougon était tombée dans une de ces querelles, elle resta seule avec Pascal, après que Clotilde se fut enfuie au fond de sa chambre. Un silence régna. Malgré l'air de navrement qu'elle avait pris, une joie luisait au fond de ses yeux étincelants.

— Mais votre pauvre maison est un enfer ! cria-t-elle enfin.

Le docteur, d'un geste, évita de répondre. Toujours, il avait senti sa mère derrière la jeune fille, exaspérant en elle les croyances religieuses, utilisant ce ferment de révolte pour jeter le trouble chez lui. Il était sans illusion, il savait parfaitement que, dans la journée, les deux femmes s'étaient vues, et qu'il devait à cette rencontre, à tout un empoisonnement savant, l'affreuse scène dont il tremblait encore. Sans doute sa mère était venue constater les dégâts et voir si l'on ne touchait pas bientôt au dénouement.

— Ça ne peut continuer ainsi, reprit-elle. Pourquoi ne vous séparez-vous pas, puisque vous ne vous entendez plus?... Tu devrais l'envoyer à son frère Maxime, qui m'a écrit, ces jours derniers, pour la demander encore.

Il s'était redressé, pâle et énergique.

— Nous quitter fâchés, ah! non, non, ce serait l'éternel remords, la plaie inguérissable. Si elle doit partir un jour, je veux que nous puissions nous aimer de loin... Mais pourquoi partir? Nous ne nous plaignons ni l'un ni l'autre.

Félicité sentit qu'elle s'était trop hâtée.

— Sans doute, si cela vous plaît de vous battre, personne n'a rien à y voir... Seulement, mon pauvre ami, permets-moi, dans ce cas, de te dire que je donne un peu raison à Clotilde. Tu me forces à t'avouer que je l'ai vue tout à l'heure : oui! ça vaut mieux que tu le saches, malgré ma promesse de silence. Eh bien! elle n'est pas heureuse, elle se plaint beaucoup, et tu t'imagines que je l'ai grondée, que je lui ai prêché une entière soumission... Ça ne m'empêche pas de ne guère te comprendre et de juger que tu fais tout pour ne pas être heureux.

Elle s'était assise, l'avait obligé à s'asseoir dans un coin de la salle, où elle semblait ravie de le tenir seul, à sa merci. Déjà plusieurs fois, elle avait de la sorte voulu le forcer à une explication, qu'il évitait. Bien qu'elle le torturât depuis des années, et qu'il n'ignorât rien d'elle, il restait un fils déférent, il s'était juré de ne jamais sortir de cette attitude obstinée de respect. Aussi, dès qu'elle abordait certains sujets, se réfugiait-il dans un absolu silence.

— Voyons, continua-t-elle, je comprends que tu ne veuilles pas céder à Clotilde; mais à moi?... Si je te suppliais de me faire le sacrifice de ces abominables dossiers, qui sont là, dans l'armoire! Admets un instant que tu meures subitement et que ces papiers tombent entre des mains étrangères : nous sommes tous déshonorés... Ce n'est pas cela que tu désires, n'est-ce pas? Alors, quel est ton but, pourquoi t'obstines-tu à un jeu si dangereux?... Promets-moi de les brûler.

Il se taisait, il dut finir par répondre :

— Ma mère, je vous en ai déjà priée, ne causons jamais de cela... Je ne puis vous satisfaire.

— Mais enfin, cria-t-elle, donne-moi une raison. On dirait que notre famille t'est aussi indifférente que le troupeau de bœufs qui passe là-bas. Tu en es pourtant... Oh! je sais, tu fais tout pour ne pas en être. Moi-même, parfois, je m'étonne, je me demande d'où tu peux bien sortir. Et je trouve quand même très vilain de ta part, de t'exposer ainsi à nous salir, sans être arrêté par la pensée du chagrin que tu me causes, à moi ta mère... C'est simplement une mauvaise action.

Il se révolta, il céda un moment au besoin de se défendre, malgré sa volonté de silence.

— Vous êtes dure, vous avez tort... J'ai toujours cru à la nécessité, à l'efficacité absolue de la vérité. C'est vrai, je dis tout sur les autres et sur moi ; et c'est parce que je crois fermement qu'en disant tout, je fais l'unique bien possible... D'abord, ces dossiers ne sont pas destinés au public, ils ne constituent que des notes personnelles, dont il me serait douloureux de me séparer. Ensuite, j'entends bien que ce ne sont pas eux seulement que vous brûleriez : tous mes autres travaux seraient aussi jetés au feu, n'est-ce pas? et c'est ce que je ne veux pas, entendez-vous!... Jamais, moi vivant, on ne détruira ici une ligne d'écriture.

Mais, déjà, il regrettait d'avoir tant parlé, car il la voyait se rapprocher de lui, le presser, l'amener à la cruelle explication.

— Alors, va jusqu'au bout, dis-moi ce que tu nous reproches... Oui, à moi par exemple, que me reproches-tu ? Ce n'est pas de vous avoir élevés avec tant de peine. Ah ! la fortune a été longue à conquérir ! Si nous jouissons d'un peu de bonheur aujourd'hui, nous l'avons rudement gagné. Puisque tu as tout vu et que tu mets tout dans tes paperasses, tu pourras témoigner que la famille a rendu aux autres plus de services qu'elle n'en a reçu. A deux reprises, sans nous, Plassans était dans de beaux draps. Et c'est bien naturel, si nous n'avons récolté que des ingrats et des envieux, à ce point qu'aujourd'hui encore la ville entière serait ravie d'un scandale qui nous éclabousserait... Tu ne peux pas vouloir cela, et je suis sûre que tu rends justice à la dignité de mon attitude, depuis la chute de l'Empire et les malheurs dont la France ne se relèvera sans doute jamais.

— Laissez-donc la France tranquille, ma mère ! dit-il de nouveau, tellement elle le touchait aux endroits qu'elle savait sensibles. La France a la vie dure, et je trouve qu'elle est en train d'étonner le monde par la rapidité de sa convalescence... Certes, il y a bien des éléments pourris. Je ne les ai pas cachés, je les ai trop étalés peut-être. Mais vous ne m'entendez guère, si vous vous imaginez que je crois à l'effondrement final, parce que je montre les plaies et les lézardes. Je crois à la vie qui élimine sans cesse les corps nuisibles, qui refait de la chair pour boucher les blessures, qui marche quand même à la santé, au renouvellement continu, parmi les impuretés et la mort.

Il s'exaltait, il en eut conscience, fit un geste de colère, et ne parla plus. Sa mère avait pris le parti de pleurer, des petites larmes courtes, difficiles, qui séchaient tout de suite. Et elle revenait sur les craintes dont s'attristait sa vieillesse, elle le suppliait, elle aussi, de faire sa paix avec Dieu, au moins par égard pour la famille. Ne donnait-elle pas l'exemple du courage? Plassans entier, le quartier Saint-Marc, le vieux quartier et la ville neuve ne rendaient-ils pas hommage à sa fière résignation? Elle réclamait seulement d'être aidée, elle exigeait de tous ses enfants un effort pareil au sien. Ainsi, elle citait l'exemple d'Eugène, le grand homme, tombé de si haut, et qui voulait bien n'être plus qu'un simple député, défendant, jusqu'à son dernier souffle, le régime disparu, dont il avait tenu sa gloire. Elle était également pleine d'éloges pour Aristide, qui ne désespérait jamais, qui reconquerait, sous le régime nouveau, toute une belle position, malgré l'injuste catastrophe qui l'avait un moment enseveli, parmi les décombres de l'Union universelle. Et lui, Pascal, resterait seul à l'écart, ne ferait rien pour qu'elle mourût en paix, dans la joie du triomphe final des Rougon? lui qui était si intelligent, si tendre, si bon! Voyons, c'était impossible! il irait à la messe le prochain dimanche et il brûlerait ces vilains papiers, dont la seule pensée la rendait malade. Elle suppliait, commandait, menaçait. Mais lui ne répondait plus, calmé, invincible dans son attitude de grande déférence. Il ne voulait pas de discussion, il la connaissait trop pour espérer la convaincre et pour oser discuter le passé avec elle.

— Tiens! cria-t-elle, quand elle le sentit inébranlable, tu n'es pas à nous, je l'ai toujours dit. Tu nous déshonores.

Il s'inclina.

— Ma mère, vous réfléchirez, vous me pardonnerez.

Ce jour-là, Félicité s'en alla hors d'elle; et, comme elle rencontra Martine à la porte de la maison, devant les platanes, elle se soulagea, sans savoir que Pascal, qui venait de passer dans sa chambre, dont les fenêtres étaient ouvertes, entendait tout. Elle exhalait son ressentiment, jurait d'arriver quand même à s'emparer des papiers et à les détruire, puisqu'il ne voulait pas en faire volontairement le sacrifice. Mais ce qui glaça le docteur, ce fut la façon dont Martine l'apaisait, d'une voix contenue. Elle était évidemment complice, elle répétait qu'il fallait attendre, ne rien brusquer, que mademoiselle et elle avaient fait le serment de venir à bout de monsieur, en ne lui laissant pas une heure de paix. C'était juré, on le réconcilierait avec le bon Dieu, parce qu'il n'était pas possible qu'un saint homme comme monsieur restât sans religion. Et les voix des deux femmes baissèrent, ne furent bientôt plus qu'un chuchotement, un murmure étouffé de commérage et de complot, où il ne saisissait que des mots épars, des ordres donnés, des mesures prises, un envahissement de sa libre personnalité. Lorsque sa mère partit enfin, il la vit, avec son pas léger et sa taille mince de jeune fille, qui s'éloignait très satisfaite.

Pascal eut une heure de défaillance, de désespérance absolue. Il se demandait à quoi bon lutter, puisque toutes ses affections s'alliaient contre lui. Cette Martine qui se serait jetée dans le feu, sur un simple mot de sa part, et qui le trahissait ainsi, pour son bien! Et Clotilde, liguée avec cette servante, complotant dans les coins, se faisant aider par elle à lui tendre des pièges! Maintenant, il était bien seul, il n'avait autour de lui que des traîtresses, on empoisonnait jusqu'à l'air qu'il respirait. Ces deux-là encore, elles l'aimaient, il serait peut-être venu à bout de les attendrir; mais, depuis qu'il savait sa mère derrière elles, il s'expliquait leur acharnement, il n'espérait plus les reprendre. Dans sa timidité d'homme qui avait vécu pour l'étude, à l'écart des femmes, malgré sa passion, l'idée qu'elles étaient trois à le vouloir, à le plier sous leur volonté, l'accablait. Il en sentait toujours une derrière lui; quand il s'enfermait dans sa chambre, il les devinait de l'autre côté du mur; et elles le hantaient, lui donnaient la continuelle crainte d'être volé de sa pensée, s'il la laissait voir au fond de son crâne, avant même qu'il la formulât.

Ce fut certainement l'époque de sa vie où Pascal se trouva le plus malheureux. Le perpétuel état de défense où il devait vivre, le brisait; et il lui semblait, parfois, que le sol de sa maison se dérobait sous ses pieds. Il eut alors, très net, le regret de ne s'être pas marié et de n'avoir pas d'enfant. Est-ce que lui-même avait eu peur de la vie? Est-ce qu'il n'était point puni de son égoïsme? Ce regret de l'enfant l'angoissait parfois, il avait maintenant les yeux mouillés de larmes, quand il rencontrait sur les routes des fillettes, aux regards clairs, qui lui souriaient. Sans doute, Clotilde était là, mais c'était une autre tendresse, traversée à présent d'orages, et non une tendresse calme, infiniment douce, la tendresse de l'enfant, où il aurait voulu endormir son cœur endolori. Puis, ce qu'il voulait, sentant venir la fin de son être, c'était surtout la continuation, l'enfant qui l'aurait perpétué. Plus il souffrait, plus il aurait trouvé une consolation à léguer cette souffrance, dans sa foi en la vie. Il se croyait indemne des tares physiologiques de la famille; mais la pensée même que l'hérédité sautait parfois une génération, et que, chez un fils né de lui, les désordres des aïeux pouvaient reparaître, ne l'arrêtait pas; et ce fils inconnu, malgré l'antique souche pourrie, malgré la longue suite de parents exécrables, il le souhaitait encore, certains jours, comme on souhaite le gain inespéré, le bonheur rare, le coup de fortune qui console et enrichit à jamais. Dans l'ébranlement de ses autres affections, son cœur saignait, parce qu'il était trop tard.

Par une nuit lourde de la fin de septembre, Pascal ne put dormir. Il ouvrit l'une des fenêtres de sa chambre, le ciel était noir, quelque orage devait passer au loin, car l'on entendait un continuel roulement de foudre. Il distinguait mal la sombre masse des platanes, que des reflets d'éclair, par moments, détachaient, d'un vert morne, dans les ténèbres. Et il avait l'âme pleine d'une détresse affreuse, il revivait les dernières mauvaises journées, des querelles encore, des tortures de trahisons et de soupçons qui allaient grandissantes, lorsque, tout d'un coup, un ressouvenir aigu le fit tressaillir. Dans sa peur d'être pillé, il avait fini par porter toujours sur lui la clef de la grande armoire. Mais, cette après-midi-là, souffrant de la chaleur, il s'était débarrassé de son veston, et il se rappelait avoir vu Clotilde le pendre à un clou de la salle. Ce fut une brusque terreur qui le traversa : si elle avait senti la clef au fond de la poche, elle l'avait volée. Il se précipita, fouilla le veston qu'il venait de jeter sur une chaise. La clef n'y était plus. En ce moment même, on le dévalisait, il en eut la nette sensation. Deux heures du matin sonnèrent ; et il ne se rhabilla pas, resta en simple pantalon, les pieds nus dans des pantoufles, la poitrine nue sous sa chemise de nuit défaite ; et, violemment, il poussa la porte, sauta dans la salle, son bougeoir à la main.

— Ah ! je le savais, cria-t-il. Voleuse ! assassine !

Et c'était vrai, Clotilde était là, dévêtue comme lui, les pieds nus dans ses mules de toile, les jambes nues, les bras nus, les épaules nues, à peine couverte d'un court jupon et de sa chemise. Par prudence, elle n'avait pas apporté de bougie, elle s'était contentée de rabattre les volets d'une fenêtre ; et l'orage qui passait en face, au midi, dans le ciel ténébreux, les continuels éclairs lui suffisaient, baignant les objets d'une phosphorescence livide. La vieille armoire, aux larges flancs, était grande ouverte. Déjà, elle en avait vidé la planche du haut, descendant les dossiers à pleins bras, les jetant sur la longue table du milieu, où ils s'entassaient pêle-mêle. Et, fiévreusement, par crainte de n'avoir pas le temps de les brûler, elle était en train d'en faire des paquets, avec l'idée de les cacher, de les envoyer ensuite à sa grand'mère, lorsque la soudaine clarté de la bougie, en l'éclairant toute, venait de l'immobiliser, dans une attitude de surprise et de lutte.

— Tu me voles et tu m'assassines! répéta furieusement Pascal.

Entre ses bras nus, elle tenait encore un des dossiers. Il voulut le reprendre. Mais elle le serrait de toutes ses forces, obstinée dans son œuvre de destruction, sans confusion ni repentir, en combattante qui a le bon droit pour elle. Alors, lui, aveuglé, affolé, se rua; et ils se battirent. Il l'avait empoignée, dans sa nudité, il la maltraitait.

— Tue-moi donc! bégaya-t-elle. Tue-moi, ou je déchire tout!

Mais il la gardait, liée à lui, d'une étreinte si rude, qu'elle ne respirait plus.

— Quand une enfant vole, on la châtie!

Quelques gouttes de sang avaient paru, près de l'aisselle, le long de son épaule ronde, dont une meurtrissure entamait la délicate peau de soie. Et, un instant, il la sentit si haletante, si divine dans l'allongement fin de son corps de vierge, avec ses jambes fuselées, ses bras souples, son torse mince à la gorge menue et dure, qu'il la lâcha. D'un dernier effort, il lui avait arraché le dossier.

— Et tu vas m'aider à les remettre là-haut, tonnerre de Dieu! Viens ici, commence par les ranger sur la table... Obéis-moi, tu entends!

— Oui, maître!

Elle s'approcha, elle l'aida, domptée, brisée par cette étreinte d'homme qui était comme entrée en sa chair. La bougie, qui brûlait avec une flamme haute dans la nuit lourde, les éclairait; et le lointain roulement de la foudre ne cessait pas, la fenêtre ouverte sur l'orage semblait en feu.

V

Un instant, Pascal regarda les dossiers, dont l'amas semblait énorme, ainsi jeté au hasard sur la longue table, qui occupait le milieu de la salle de travail. Dans le pêle-mêle, plusieurs des chemises de fort papier bleu s'étaient ouvertes, et les documents en débordaient, des lettres, des coupures de journaux, des pièces sur papier timbré, des notes manuscrites.

Déjà, pour reclasser les paquets, il cherchait les noms, écrits sur les chemises en gros caractères, lorsqu'il sortit, avec un geste résolu, de la sombre réflexion où il était tombé. Et, se tournant vers Clotilde, qui attendait toute droite, muette et blanche :

— Écoute, je t'ai toujours défendu de lire ces papiers, et je sais que tu m'as obéi... Oui, j'avais des scrupules. Ce n'est pas que tu sois, comme d'autres, une fille ignorante, car je t'ai laissé tout apprendre de l'homme et de la femme, et cela n'est certainement mauvais que pour les natures mauvaises... Seulement, à quoi bon te plonger trop tôt dans cette terrible vérité humaine? Je t'ai donc épargné l'histoire de notre famille, qui est l'histoire de toutes, de l'humanité entière : beaucoup de mal et beaucoup de bien...

Il s'arrêta, parut s'affermir dans sa décision, calmé maintenant et d'une énergie souveraine.

— Tu as vingt-cinq ans, tu dois savoir... Et puis, notre

existence n'est plus possible, tu vis et tu me fais vivre dans un cauchemar, avec l'envolée de ton rêve. J'aime mieux que la réalité, si exécrable qu'elle soit, s'étale devant nous. Peut-être le coup qu'elle va te porter, fera-t-elle de toi la femme que tu dois être... Nous allons reclasser ensemble ces dossiers, et les feuilleter, et les lire, une terrible leçon de vie!

Puis, comme elle ne bougeait toujours pas :

— Il faut voir clair, allume les deux autres bougies qui sont là.

Un besoin de grande clarté l'avait pris, il aurait voulu l'aveuglante lumière du soleil; et il jugea encore que les trois bougies n'éclairaient point, il passa dans sa chambre prendre les candélabres à deux branches qui s'y trouvaient. Les sept bougies flambèrent. Tous deux, en leur désordre, lui la poitrine découverte, elle l'épaule gauche tachée de sang, la gorge et les bras nus, ne se voyaient même pas. Deux heures venaient de sonner, et ni l'un ni l'autre n'avait conscience de l'heure : ils allaient passer la nuit dans cette passion de savoir, sans besoin de sommeil, en dehors du temps et des lieux. L'orage, qui continuait à l'horizon de la fenêtre ouverte, grondait plus haut.

Jamais Clotilde n'avait vu à Pascal ces yeux d'ardente fièvre. Il se surmenait depuis quelques semaines, ses angoisses morales le rendaient brusque parfois, malgré sa bonté si conciliante. Mais il semblait qu'une infinie tendresse, toute frémissante de pitié fraternelle, se faisait en lui, au moment de descendre dans les douloureuses vérités de l'existence; et c'était quelque chose de très indulgent et de très grand, émané de sa personne, qui allait innocenter, devant la jeune fille, l'effrayante débâcle des faits. Il en avait la volonté, il dirait tout, puisqu'il faut tout dire pour tout guérir. N'était-ce pas l'évolution fatale, l'argument suprême, que l'histoire de ces êtres qui tes touchaient de si près? La vie était telle, et il fallait la vivre. Sans doute, elle en sortirait trempée, pleine de tolérance et de courage.

— On te pousse contre moi, reprit-il, on te fait faire des abominations, et c'est ta conscience que je veux te rendre. Quand tu sauras, tu jugeras et tu agiras... Approche-toi, lis avec moi.

Elle obéit. Ces dossiers pourtant, dont sa grand'mère parlait avec tant de colère, l'effrayaient un peu; tandis qu'une curiosité s'éveillait, grandissait en elle. D'ailleurs, si domptée qu'elle fût par l'autorité virile qui venait de l'étreindre et de la briser, elle se réservait. Ne pouvait-elle donc l'écouter, lire avec lui? Ne gardait-elle pas le droit de se refuser ou de se donner ensuite? Elle attendait.

— Voyons, veux-tu?

— Oui, maître, je veux!

D'abord, ce fut l'Arbre généalogique des Rougon-Macquart qu'il lui montra. Il ne le serrait pas d'ordinaire dans l'armoire, il le gardait dans le secrétaire de sa chambre, où il l'avait pris, en allant chercher les candélabres. Depuis plus de vingt années, il le tenait au courant, inscrivant les naissances et les morts, les mariages, les faits de famille importants, distribuant en notes brèves les cas, d'après sa théorie de l'hérédité. C'était une grande feuille de papier jaunie, aux plis coupés par l'usure, sur laquelle s'élevait, dessiné d'un trait fort, un arbre symbolique, dont les branches étalées, subdivisées, alignaient cinq rangées de larges feuilles; et chaque feuille portait un nom, contenait, d'une écriture fine, une biographie, un cas héréditaire.

Une joie de savant s'était emparée du docteur, devant cette œuvre de vingt années, où se trouvaient appliquées, si nettement et si complètement, les lois de l'hérédité, fixées par lui.

— Regarde donc, fillette! Tu en sais assez long, tu as recopié assez de mes manuscrits, pour comprendre... N'est-ce pas beau, un pareil ensemble, un document si définitif et si total, où il n'y a pas un trou? On dirait une expérience de cabinet, un problème posé et résolu au tableau noir... Tu vois, en bas, voici le tronc, la souche commune, Tante Dide. Puis, les trois branches en sortent, la légitime, Pierre Rougon, et les deux bâtardes, Ursule Macquart et Antoine Macquart. Puis, de nouvelles branches montent, se ramifient: d'un côté, Maxime, Clotilde et Victor, les trois enfants de Saccard, et Angélique, la fille de Sidonie Rougon; de l'autre, Pauline, la fille de Lisa Macquart, et Claude, Jacques, Étienne, Anna, les quatre enfants de Gervaise, sa sœur. Là, Jean, leur frère, est au bout. Et tu remarques, ici, au milieu, ce que j'appelle le nœud, la poussée légitime et la poussée bâtarde s'unissant dans Marthe Rougon et son cousin François Mouret, pour donner naissance à trois nouveaux rameaux, Octave, Serge et Désirée Mouret; tandis qu'il y a encore, issus d'Ursule et du chapelier Mouret, Silvère dont tu connais la mort tragique, Hélène et sa fille Jeanne. Enfin, tout là-haut, ce sont les brindilles dernières, le fils de ton frère Maxime, notre pauvre Charles, et deux autres petits morts, Jacques-Louis, le fils de Claude Lantier, et Louiset, le fils d'Anna Coupeau... En tout cinq générations, un arbre humain qui, à cinq printemps déjà, à cinq renouveaux de l'humanité, a poussé des tiges, sous le flot de sève de l'éternelle vie!

Il s'animait, son doigt se mit à indiquer les cas, sur la vieille feuille de papier jaunie, comme sur une planche anatomique.

— Et je te répète que tout y est... Vois donc, dans l'hérédité directe, les élections : celle de la mère, Silvère, Lisa, Désirée, Jacques, Louiset, toi-même; celle du père,

Sidonie, François, Gervaise, Octave, Jacques-Louis. Puis, ce sont les trois cas de mélange : par soudure, Ursule, Aristide, Anna, Victor; par dissémination, Maxime, Serge, Étienne; par fusion, Antoine, Eugène, Claude. J'ai dû même spécifier un quatrième cas très remarquable, le mélange équilibre, Pierre et Pauline. Et les variétés s'établissent, l'élection de la mère par exemple va souvent avec la ressemblance physique du père, ou c'est le contraire qui a lieu; de même que, dans le mélange, la prédominance physique et morale appartient à un facteur ou à l'autre, selon les circonstances... Ensuite, voici l'hérédité indirecte, celle des collatéraux : je n'en ai qu'un exemple bien établi, la ressemblance physique frappante d'Octave Mouret avec son oncle Eugène Rougon. Je n'ai aussi qu'un exemple de l'hérédité par influence : Anna, la fille de Gervaise et de Coupeau, ressemblait étonnamment, surtout dans son enfance, à Lantier, le premier amant de sa mère, comme s'il avait imprégné celle-ci à jamais... Mais où je suis très riche, c'est pour l'hérédité en retour: les trois cas les plus beaux, Marthe, Jeanne et Charles, ressemblant à Tante Dide, la ressemblance sautant ainsi une, deux et trois générations. L'aventure est sûrement exceptionnelle, car je ne crois guère à l'atavisme; il me semble que les éléments nouveaux apportés par les conjoints, les accidents et la variété infinie des mélanges doivent très rapidement effacer les caractères particuliers, de façon à ramener l'individu au type général... Et il reste l'innéité, Hélène, Jean, Angélique. C'est la combinaison, le mélange chimique où se confondent les caractères physiques et moraux des parents, sans que rien d'eux semble se retrouver dans le nouvel être.

Il y eut un silence. Clotilde l'avait écouté avec une attention profonde, voulant comprendre. Et lui, maintenant, restait absorbé, les yeux toujours sur l'Arbre, dans le besoin de juger équitablement son œuvre. Il continua lentement, comme s'il se fût parlé à lui-même :

— Oui, cela est aussi scientifique que possible... Je n'ai mis là que les membres de la famille, et j'aurais dû donner une part égale aux conjoints, aux pères et aux mères, venus du dehors, dont le sang s'est mêlé au nôtre et l'a dès lors modifié. J'avais bien dressé un arbre mathématique, le père et la mère se léguant par moitié à l'enfant, de génération en génération ; de façon que, chez Charles par exemple, la part de Tante Dide n'était que d'un douzième : ce qui était absurde, puisque la ressemblance physique y est totale. J'ai donc cru suffisant d'indiquer les éléments venus d'ailleurs, en tenant compte des mariages et du facteur nouveau qu'ils introduisaient chaque fois... Ah ! ces sciences commençantes, ces sciences où l'hypothèse balbutie et où l'imagination reste maîtresse, elles sont le domaine des poètes autant que des savants ! Les poètes vont en pionniers, à l'avant-garde, et souvent ils découvrent les pays vierges, indiquent les solutions prochaines. Il y a là une marge qui leur appartient, entre la vérité conquise, définitive, et l'inconnu, d'où l'on arrachera la vérité de demain... Quelle fresque immense à peindre, quelle comédie et quelle tragédie humaines colossales à écrire, avec l'hérédité, qui est la Genèse même des familles, des sociétés et du monde !

Les yeux devenus vagues, il suivait sa pensée, il s'égarait. Mais, d'un mouvement brusque, il revint aux dossiers, jetant l'Arbre de côté, disant :

— Nous le reprendrons tout à l'heure ; car, pour que tu comprennes maintenant, il faut que les faits se déroulent et que tu les voies à l'action, tous ces acteurs, étiquetés là de simples notes qui les résument... Je vais appeler les dossiers, tu me les passeras un à un ; et je te montrerai, je te conterai ce que chacun contient, avant de le remettre là-haut, sur la planche... Je ne suivrai pas l'ordre alphabétique, mais l'ordre même des faits. Il y a longtemps que je veux établir ce classement... Allons, cherche les noms sur les chemises. Tante Dide, d'abord.

A ce moment, un coin de l'orage qui incendiait l'horizon, prit en écharpe la Souleiade, creva sur la maison en une pluie diluvienne. Mais ils ne fermèrent même pas la fenêtre. Ils n'entendaient ni les éclats de la foudre, ni le roulement continu de ce déluge battant la toiture. Elle lui avait passé le dossier qui portait le nom de Tante Dide, en grosses lettres; et il en tirait des papiers de toutes sortes, d'anciennes notes, prises par lui, qu'il se mit à lire.

— Donne-moi Pierre Rougon... Donne-moi Ursule Macquart... Donne-moi Antoine Macquart...

Muette, elle obéissait toujours, le cœur serré d'une angoisse, à tout ce qu'elle entendait. Et les dossiers défilaient, étalaient leurs documents, retournaient s'empiler dans l'armoire.

C'étaient d'abord les origines, Adélaïde Fouque, la grande fille détraquée, la lésion nerveuse première, donnant naissance à la branche légitime, Pierre Rougon, et aux deux branches bâtardes, Ursule et Antoine Macquart, toute cette tragédie bourgeoise et sanglante, dans le cadre du coup d'État de décembre 1851, les Rougon, Pierre et Félicité, sauvant l'ordre à Plassans, éclaboussant du sang de Silvère leur fortune commençante, tandis qu'Adélaïde vieillie, la misérable Tante Dide, était enfermée aux Tulettes, comme une figure spectrale de l'expiation et de l'attente. Ensuite, la meute des appétits se trouvait lâchée, l'appétit souverain du pouvoir chez Eugène Rougon, le grand homme, l'aigle de la famille, dédaigneux, dégagé des vulgaires intérêts, aimant la force pour la force, conquérant Paris en vieilles bottes, avec les aventuriers du prochain empire, passant de la présidence du Conseil d'État à un portefeuille de ministre, fait par sa bande, toute une clientèle affamée qui le portait et le rongeait, battu un instant par une femme, la belle Clorinde, dont il avait eu l'imbécile désir, mais si vraiment fort, brûlé d'un tel besoin d'être le maître, qu'il reconquérait le pouvoir grâce à un démenti de sa vie entière, en marche pour sa royauté triomphale de vice-empereur. Chez Aristide Saccard, l'appétit se ruait aux basses jouissances, à l'argent, à la femme, au luxe, une faim dévorante qui l'avait jeté sur le pavé, dès le début de la curée chaude, dans le coup de vent de la spéculation à outrance soufflant par la ville, la trouant de tous côtés et la reconstruisant, des fortunes insolentes bâties en six mois, mangées et rebâties, une soûlerie de l'or dont l'ivresse croissante l'emportait, lui faisait, le corps de sa femme Angèle à peine froid, vendre son nom pour avoir les premiers cent mille francs indispensables, en épousant Renée, puis l'amenait plus tard, au moment d'une crise pécuniaire, à tolérer l'inceste, à fermer les yeux sur les amours de son fils Maxime et de sa seconde femme, dans l'éclat flamboyant de Paris en fête. Et c'était Saccard encore, à quelques années de là, qui mettait en branle l'énorme pressoir à millions de la Banque Universelle, Saccard jamais vaincu, Saccard grandi, haussé jusqu'à l'intelligence et à la bravoure de grand financier, comprenant le rôle farouche et civilisateur de l'argent, livrant, gagnant et perdant des batailles en Bourse, comme Napoléon à Austerlitz et à Waterloo, engloutissant sous le désastre un monde de gens pitoyables, lâchant à l'inconnu du crime son fils naturel Victor, disparu, en fuite par les nuits noires, et lui-même, sous la protection impassible de l'injuste nature, aimé de l'adorable madame Caroline, sans doute en récompense de son exécrable vie.

Là, un grand lis immaculé poussait dans ce terreau, Sidonie Rougon, la complaisante de son frère Saccard, l'entremetteuse aux cent métiers louches, enfantait d'un inconnu la pure et divine Angélique, la petite brodeuse aux doigts de fée qui tissait à l'or des chasubles le rêve de son prince charmant, si envolée parmi ses compagnes les saintes, si peu faite pour la dure réalité, qu'elle obtenait la grâce de mourir d'amour, le jour de son mariage, sous le premier baiser de Félicien de Hautecœur, dans le branle des cloches sonnant la gloire de ses noces royales. Le nœud des deux branches se faisait alors, la légitime et la bâtarde, Marthe Rougon épousait son cousin François Mouret, un paisible ménage lentement désuni, aboutissant aux pires catastrophes, une douce et triste femme prise, utilisée, broyée, dans la vaste machine de guerre dressée pour la conquête d'une ville, et ses trois enfants lui étaient comme arrachés, et elle laissait jusqu'à son cœur sous la rude poigne de l'abbé Faujas, et les Rougon sauvaient une seconde fois Plassans, pendant qu'elle agonisait, à la lueur de l'incendie où son mari, fou de rage amassée et de vengeance, flambait avec le prêtre. Des trois enfants, Octave Mouret était le conquérant audacieux, l'esprit net, résolu à demander aux femmes la royauté de Paris, tombé en pleine bourgeoisie gâtée, faisant là une terrible éducation sentimentale, passant du refus fantasque de l'une au mol abandon de l'autre, goûtant jusqu'à la boue les désagréments de l'adultère, resté heureusement actif, travailleur et batailleur, peu à peu dégagé, grandi quand même, hors de la basse cuisine de ce monde pourri, dont on entendait le craquement. Et Octave Mouret victorieux révolutionnait le haut commerce, tuait les petites boutiques prudentes de l'ancien négoce, plantait au milieu de Paris enfiévré le colossal palais de la tentation, éclatant de lustres, débordant de velours, de soie et de dentelles, gagnait une fortune de roi à exploiter la femme, vivait dans le mépris souriant de la femme, jusqu'au jour où une petite fille vengeresse, la très simple et très sage Denise, le domptait, le tenait à ses pieds éperdu de souffrance, tant qu'elle ne lui avait pas fait la grâce, elle si pauvre, de l'épouser, au milieu de l'apothéose de son Louvre, sous la pluie d'or battante des recettes. Restaient les deux autres enfants, Serge Mouret, Désirée Mouret, celle-ci innocente et saine comme une jeune bête heureuse, celui-là affiné et mystique, glissé à la prêtrise par un accident nerveux de sa race, et il recommençait l'aventure adamique, dans le Paradou légendaire, il renaissait pour aimer Albine, la posséder et la perdre, au sein de la grande nature complice, repris ensuite par l'Église, l'éternelle guerre à la vie, luttant pour la mort de son sexe, jetant sur le corps d'Albine morte la poignée de terre de l'officiant, à l'heure même où Désirée, la fraternelle amie des animaux, exultait de joie, parmi la fécondité chaude de sa basse-cour. Plus loin, s'ouvrait une échappée de vie douce et tragique, Hélène Mouret vivait paisible avec sa fillette Jeanne, sur les hauteurs de Passy, dominant Paris, l'océan humain sans bornes et sans fond, en face duquel se déroulait cette histoire douloureuse, le coup de passion d'Hélène pour un passant, un médecin amené la nuit, par hasard, au chevet de sa fille, la jalousie maladive de Jeanne, une jalousie d'amoureuse instinctive disputant sa mère à l'amour, si ravagée déjà de passion souffrante, qu'elle mourait de la faute, prix terrible d'une heure de désir dans toute une vie sage, pauvre chère petite morte restée seule là-haut, sous les cyprès du muet cimetière, devant l'éternel Paris. Avec Lisa Macquart commençait la branche bâtarde, fraîche et solide en elle, étalant la prospérité du ventre, lorsque, sur le seuil de sa charcuterie, en clair tablier, elle souriait aux Halles centrales, où grondait la faim d'un peuple, la bataille séculaire des Gras et des Maigres, le maigre Florent, son beau-frère, exécré, traqué par les grasses poissonnières, les grasses boutiquières, et que la grasse charcutière elle-même, d'une absolue probité, mais sans pardon, faisait arrêter comme républicain en rupture de ban, convaincue qu'elle travaillait ainsi à l'heureuse digestion de tous les honnêtes gens. De cette mère naissait la plus saine, la plus humaine des filles, Pauline Quenu, la pondérée, la raisonnable, la vierge qui savait et qui acceptait la vie, d'une telle passion dans son amour des autres, que, malgré la révolte de sa puberté féconde, elle donnait à une amie son fiancé Lazare, puis sauvait l'enfant du ménage désuni, devenait sa mère véritable, toujours sacrifiée, ruinée, triomphante et gaie, dans son coin de monotone solitude, en face de la grande mer, parmi tout un petit monde de souffrants qui hurlaient leur douleur et ne voulaient pas mourir. Et Gervaise Macquart arrivait avec ses quatre enfants, Gervaise bancale, jolie et travailleuse, que son amant Lantier jetait sur le pavé des faubourgs, où elle faisait la rencontre du zingueur Coupeau, le bon ouvrier pas noceur qu'elle épousait, si heureuse d'abord, ayant trois ouvrières dans sa boutique de blanchisseuse, coulant ensuite avec son mari à l'inévitable déchéance du milieu, lui peu à peu conquis par l'alcool, possédé jusqu'à la folie furieuse et à la mort, elle-même pervertie, devenue fainéante, achevée par le retour de Lantier, au milieu de la tranquille ignominie d'un ménage à trois, dès lors victime pitoyable de la misère complice, qui finissait de la tuer un soir, le ventre vide. Son aîné, Claude, avait le douloureux génie d'un grand peintre déséquilibré, la folie impuissante du chef-d'œuvre qu'il sentait en lui, sans que ses doigts désobéissants pussent l'en faire sortir, lutteur géant foudroyé toujours, martyr crucifié de l'œuvre, adorant la femme, sacrifiant sa femme Christine, si aimante, si aimée un instant, à la femme irréée, qu'il voyait divine et que son pinceau ne pouvait dresser dans sa nudité souveraine, passion dévorante de l'enfantement, besoin insatiable de la création, d'une détresse si affreuse, quand on ne peut le satisfaire, qu'il avait fini par se pendre. Jacques, lui, apportait le crime, la tare héréditaire qui se tournait en un appétit instinctif de sang, du sang jeune et frais coulant de la poitrine ouverte d'une femme, la première venue, la passante du trottoir, abominable mal contre lequel il luttait, qui le reprenait au cours de ses amours avec Séverine, la soumise, la sensuelle, jetée elle-même dans le frisson continu d'une tragique histoire d'assassinat, et il la poignardait un soir de crise, furieux à la vue de sa gorge blanche, et toute cette sauvagerie de la bête galopait parmi les trains filant à grande vitesse, dans le grondement de la machine qu'il montait, la machine aimée qui le broyait un jour, débridée ensuite, sans conducteur, lancée aux désastres inconnus de l'horizon. Étienne, à son tour, chassé, perdu, arrivait au pays noir par une nuit glacée de mars, descendait dans le puits vorace, aimait la triste Catherine qu'un brutal lui volait, vivait avec les mineurs leur vie morne de misère et de basse promiscuité, jusqu'au jour où la faim, soufflant la révolte, promenait au travers de la plaine rase le peuple hurlant des misérables qui voulait du pain, dans les écroulements et les incendies, sous la menace de la troupe dont les fusils partaient tout seuls, terrible convulsion annonçant la fin d'un monde, sang vengeur des Maheu qui se lèverait plus tard, Alzire morte de faim, Maheu tué d'une balle, Zacharie tué d'un coup de grisou, Catherine restée sous la terre, la Maheude survivant seule, pleurant ses morts, redescendant au fond de la mine pour gagner ses trente sous, pendant qu'Etienne, le chef battu de la bande, hanté des revendications futures, s'en allait par un tiède matin d'avril, en écoutant la sourde poussée du monde nouveau, dont la germination allait bientôt faire éclater la terre. Nana, dès lors, devenait la revanche, la fille poussée sur l'ordure sociale des faubourgs, la mouche d'or envolée des pourritures d'en bas, qu'on tolère et qu'on cache, emportant dans la vibration de ses ailes le ferment de destruction, remontant et pourrissant l'aristocratie, empoisonnant les hommes rien qu'à se poser sur eux, au fond des palais où elle entrait par les fenêtres, toute une œuvre inconsciente de ruine et de mort, la flambée stoïque de Vandeuvres, la mélancolie de Foucarmont courant les mers de la Chine, le désastre de Steiner réduit à vivre en honnête homme, l'imbécillité satisfaite de La Faloise, et le tragique effondrement des Muffat, et le blanc cadavre de Georges, veillé par Philippe, sorti la veille de prison, une telle contagion dans l'air empesté de l'époque, qu'elle-même se décomposait et crevait de la petite vérole noire, prise au lit de mort de son fils Louiset, tandis que, sous ses fenêtres, Paris passait, ivre, frappé de la folie de la guerre, se ruant à l'écroulement de tout. Enfin, c'était Jean Macquart, l'ouvrier et le soldat redevenu paysan, aux prises avec la terre dure qui fait payer chaque grain de blé d'une goutte de sueur, en lutte surtout avec le peuple des campagnes, que l'âpre désir, la longue et rude conquête du sol brûle du besoin sans cesse irrité de la possession, les Fouan vieillis cédant leurs champs comme ils céderaient de leur chair, les Buteau exaspérés, allant jusqu'au parricide pour hâter l'héritage d'une pièce de luzerne, la Françoise têtue mourant d'un coup de faux, sans parler, sans vouloir qu'une motte sorte de la famille, tout ce drame des simples et des instinctifs à peine dégagés de la sauvagerie ancienne, toute cette salissure humaine sur la terre grande, qui seule demeure l'immortelle, la mère d'où l'on sort et où l'on retourne, elle qu'on aime jusqu'au crime, qui refait continuellement de la vie pour son but ignoré, même avec la misère et l'abomination des êtres. Et c'était Jean encore qui, devenu veuf et s'étant réengagé aux premiers bruits de guerre, apportait l'inépuisable réserve, le fonds d'éternel rajeunissement que la terre garde, Jean le plus humble, le plus ferme soldat de la suprême débâcle, roulé dans l'effroyable et fatale tempête qui, de la frontière à Sedan, en balayant l'empire, menaçait d'emporter la patrie, toujours sage, avisé, solide en son espoir, aimant d'une tendresse fraternelle son camarade Maurice, le fils détraqué de la bourgeoisie, l'holocauste destiné à l'expiation, pleurant des larmes de sang lorsque l'inexorable destin le choisissait lui-même pour abattre ce membre gâté, puis après la fin de tout, les continuelles défaites, l'affreuse guerre civile, les provinces perdues, les milliards à payer, se remettant en marche, retournant à la terre qui l'attendait, à la grande et rude besogne de toute une France à refaire.

Pascal s'arrêta, Clotilde lui avait passé tous les dossiers, un à un, et il les avait tous feuilletés, dépouillés, reclassés et remis sur la planche du haut, dans l'armoire. Il était hors d'haleine, épuisé d'un tel souffle démesuré, à travers cette humanité vivante; tandis que, sans voix, sans geste, la jeune fille, dans l'étourdissement de ce torrent de vie débordé, attendait toujours, incapable d'une réflexion et d'un jugement. L'orage continuait à battre la campagne noire du roulement sans fin de sa pluie diluvienne. Un coup de tonnerre venait de foudroyer quelque arbre du voisinage, avec un horrible craquement. Les bougies s'effarèrent, sous le vent de la fenêtre grande ouverte.

— Ah! reprit-il, en montrant encore d'un geste les dossiers, c'est un monde, une société et une civilisation, et la vie entière est là, avec ses manifestations bonnes et mauvaises, dans le feu et le travail de forge qui emporte tout... Oui, notre famille pourrait, aujourd'hui, suffire d'exemple à la science, dont l'espoir est de fixer un jour, mathématiquement, les lois des accidents nerveux et sanguins qui se déclarent dans une race, à la suite d'une première lésion organique, et qui déterminent, selon les milieux, chez chacun des individus de cette race, les sentiments, les désirs, les passions, toutes les manifestations humaines, naturelles et instinctives, dont les produits prennent les noms de vertus et de vices. Et elle est aussi un document d'histoire, elle raconte le second empire, du coup d'État à Sedan, car les nôtres sont partis du peuple, se sont répandus parmi toute la société contemporaine, ont envahi toutes les situations, emportés par le débordement des appétits, par cette impulsion essentiellement moderne, ce coup de fouet qui jette aux jouissances les basses classes, en marche à travers le corps social... Les origines, je te les ai dites : elles sont parties de Plassans ; et nous voici à Plassans encore, au point d'arrivée.

Il s'interrompit de nouveau, une rêverie ralentissait sa parole.

— Quelle masse effroyable remuée, que d'aventures douces ou terribles, que de joies, que de souffrances jetées à la pelle, dans cet amas colossal de faits!... Il y a de l'histoire pure, l'empire fondé dans le sang, d'abord jouisseur et durement autoritaire, conquérant les villes rebelles, puis glissant à une désorganisation lente, s'écroulant dans le sang, dans une telle mer de sang, que la nation entière a failli en être noyée... Il y a des études sociales, le petit et le grand commerce, la prostitution, le crime, la terre, l'argent, la bourgeoisie, le peuple, celui qui se pourrit dans le cloaque des faubourgs, celui qui se révolte dans les grands centres industriels, toute cette poussée croissante du socialisme souverain, gros de l'enfantement du nouveau siècle... Il y a de simples études humaines, des pages intimes, des histoires d'amour, la lutte des intelligences et des cœurs contre la nature injuste, l'écrasement de ceux qui crient sous leur tâche trop haute, le cri de la bonté qui s'immole, victorieuse de la douleur... Il y a de la fantaisie, l'envolée de l'imagination hors du réel, des jardins immenses, fleuris en toutes saisons, des cathédrales aux fines aiguilles précieusement ouvragées, des contes merveilleux tombés du paradis, des tendresses idéales remontées au ciel dans un baiser... Il y a de tout, de l'excellent et du pire, du vulgaire et du sublime, les fleurs, la boue, les sanglots, les rires, le torrent même de la vie charriant sans fin l'humanité !

Et il reprit l'Arbre généalogique resté sur la table, il l'étala, recommença à le parcourir du doigt, énumérant maintenant les membres de la famille qui vivaient encore. Eugène Rougon, majesté déchue, était à la Chambre le témoin, le défenseur impassible de l'ancien monde emporté dans la débâcle. Aristide Saccard, après avoir fait peau neuve, retombait sur ses pieds républicain, directeur d'un grand journal, en train de gagner de nouveaux millions ; tandis que son fils Maxime mangeait ses rentes, dans son petit hôtel de l'avenue du Bois-de-Boulogne, correct et prudent, menacé d'un mal terrible, et que son autre fils, Victor, n'avait point reparu, rôdant dans l'ombre du crime, puisqu'il n'était pas au bagne, lâché par le monde, à l'avenir, à l'inconnu de l'échafaud. Sidonie Rougon, disparue longtemps, lasse de métiers louches, venait de se retirer, désormais d'une austérité monacale, à l'ombre d'une sorte de maison religieuse, trésorière de l'Œuvre du Sacrement, pour aider au mariage des filles mères. Octave Mouret, propriétaire des grands magasins *Au Bonheur des Dames*, dont la fortune colossale grandissait toujours, avait eu, vers la fin de l'hiver, un deuxième enfant de sa femme Denise Baudu, qu'il adorait, bien qu'il recommençât à se déranger un peu. L'abbé Mouret, curé à Saint-Eutrope, au fond d'une gorge marécageuse, s'était cloîtré là avec sa sœur Désirée, dans une grande humilité, refusant tout avancement de son évêque, attendant la mort en saint homme qui repoussait les remèdes, bien qu'il souffrît d'une phtisie commençante. Hélène Mouret vivait très heureuse, très à l'écart, idolâtrée de son nouveau mari, M. Rambaud, dans la petite propriété qu'ils possédaient près de Marseille, au bord de la mer; et elle n'avait pas eu d'enfant de son second mariage. Pauline Quenu était toujours à Bonneville, à l'autre bout de la France, en face du vaste océan, seule désormais avec le petit Paul, depuis la mort de l'oncle Chanteau, résolue à ne pas se marier, à se donner toute au fils de son cousin Lazare, devenu veuf, parti en Amérique pour faire fortune. Étienne Lantier, de retour à Paris après la grève de Montsou, s'était compromis plus tard dans l'insurrection de la Commune, dont il avait défendu les idées avec emportement; on l'avait condamné à mort, puis gracié et déporté, de sorte qu'il se trouvait maintenant à Nouméa; on disait même qu'il s'y était tout de suite marié et qu'il avait un enfant, sans qu'on sût au juste le sexe. Enfin, Jean Macquart, licencié après la semaine sanglante, était revenu se fixer près de Plassans, à Valqueyras, où il avait eu la chance d'épouser une forte fille, Mélanie Vial, la fille unique d'un paysan aisé, dont il faisait valoir la terre; et sa femme, grosse dès la nuit des noces, accouchée d'un garçon en mai, était grosse encore de deux mois, dans un de ces cas de fécondité pullulante qui ne laissent pas aux mères le temps d'allaiter leurs petits.

—Certes, oui, reprit-il à demi-voix, les races dégénèrent. Il y a là un véritable épuisement, une rapide déchéance, comme si les nôtres, dans leur fureur de jouissance, dans la satisfaction gloutonne de leurs appétits, avaient brûlé trop vite. Louiset mort au berceau; Jacques-Louis, à demi imbécile, emporté par une maladie nerveuse; Victor retourné à l'état sauvage, galopant on ne sait au fond de quelles ténèbres; notre pauvre Charles, si beau et si frêle : ce sont là les rameaux derniers de l'Arbre, les dernières tiges pâles où la sève puissante des grosses branches ne semble pas pouvoir monter. Le ver était dans le tronc, il est à présent dans le fruit et le dévore... Mais il ne faut jamais désespérer, les familles sont l'éternel devenir. Elles plongent, au delà de l'ancêtre commun, à travers les couches insondables des races qui ont vécu, jusqu'au premier être; et elles pousseront sans fin, elles s'étaleront, se ramifieront à l'infini, au fond des âges futurs... Regarde notre Arbre : il ne compte que cinq générations, il n'a pas même l'importance d'un brin d'herbe, au milieu de la forêt humaine, colossale et noire, dont les peuples sont les grands chênes séculaires. Seulement, songe à ses racines immenses qui tiennent tout le sol, songe à l'épanouissement continu de ses feuilles hautes qui se mêlent aux autres feuilles, à la mer sans cesse roulante des cimes, sous l'éternel souffle fécondant de la vie... Eh bien! l'espoir est là, dans la reconstitution journalière de la race par le sang nouveau qui lui vient du dehors. Chaque mariage apporte d'autres éléments, bons ou mauvais, dont l'effet est quand même d'empêcher la dégénérescence mathématique et progressive. Les brèches sont réparées, les tares s'effacent, un équilibre fatal se rétablit au bout de quelques générations, et c'est l'homme moyen qui finit toujours par en sortir, l'humanité vague, obstinée à son labeur mystérieux, en marche vers son but ignoré.

Il s'arrêta, il eut un long soupir.

— Ah! notre famille, que va-t-elle devenir, à quel être aboutira-t-elle enfin?

Et il continua, ne comptant plus sur les survivants qu'il avait nommés, les ayant classés, ceux-là, sachant ce dont ils étaient capables, mais plein d'une curiosité vive, au sujet des enfants en bas âge encore. Il avait écrit à un confrère de Nouméa pour obtenir des renseignements précis sur la femme d'Étienne et sur l'enfant dont elle devait être accouchée; et il ne recevait rien, il craignait bien que, de ce côté, l'Arbre ne restât incomplet. Il était plus documenté, à l'égard des deux enfants d'Octave Mouret, avec lequel il restait en correspondance: la petite fille demeurait chétive, inquiétante, tandis que le petit garçon, qui tenait de sa mère, poussait magnifique. Son plus solide espoir, d'ailleurs, était dans les enfants de Jean, dont le premier-né, un gros garçon, semblait apporter le renouveau, la sève jeune des races qui vont se retremper dans la terre. Il se rendait parfois à Valqueyras, il revenait heureux de ce coin de fécondité, du père calme et raisonnable, toujours à sa charrue, de la mère gaie et simple, aux larges flancs, capables de porter un monde. Qui savait d'où naîtrait la branche saine? Peut-être le sage, le puissant attendu germerait-il là. Le pis était, pour la beauté de son Arbre, que ces gamins et ces gamines étaient si petits encore, qu'il ne pouvait les classer. Et sa voix s'attendrissait sur cet espoir de l'avenir, ces têtes blondes, dans le regret inavoué de son célibat.

Pascal regardait toujours l'Arbre étalé devant lui. Il s'écria:

— Et pourtant est-ce complet, est-ce décisif, regarde

donc!... Je te répète que tous les cas héréditaires s'y rencontrent. Je n'ai eu, pour fixer ma théorie, qu'à la baser sur l'ensemble de ces faits... Enfin, ce qui est merveilleux, c'est qu'on touche là du doigt comment des créatures, nées de la même souche, peuvent paraître radicalement différentes, tout en n'étant que les modifications logiques des ancêtres communs. Le tronc explique les branches qui expliquent les feuilles. Chez ton père, Saccard, comme chez ton oncle, Eugène Rougon, si opposés de tempérament et de vie, c'est la même poussée qui a fait les appétits désordonnés de l'un, l'ambition souveraine de l'autre. Angélique, ce lis pur, naît de la louche Sidonie, dans l'envolée qui fait les mystiques ou les amoureuses, selon le milieu. Les trois enfants des Mouret sont emportés par un souffle identique, qui fait d'Octave intelligent un vendeur de chiffons millionnaire, de Serge croyant un pauvre curé de campagne, de Désirée imbécile une belle fille heureuse. Mais l'exemple est plus frappant encore avec les enfants de Gervaise : la névrose passe, et Nana se vend, Étienne se révolte, Jacques tue, Claude a du génie; tandis que Pauline, leur cousine germaine, à côté, est l'honnêteté victorieuse, celle qui lutte et qui s'immole... C'est l'hérédité, la vie même qui pond des imbéciles, des fous, des criminels et des grands hommes. Des cellules avortent, d'autres prennent leur place, et l'on a un coquin ou un fou furieux, à la place d'un homme de génie ou d'un simple honnête homme. Et l'humanité roule, charriant tout!

Puis, dans un nouveau branle de sa pensée :

— Et l'animalité, la bête qui souffre et qui aime, qui est comme l'ébauche de l'homme, toute cette animalité fraternelle qui vit de notre vie !... Oui, j'aurais voulu la mettre dans l'arche, lui faire sa place parmi notre famille, la montrer sans cesse confondue avec nous, complétant notre existence. J'ai connu des chats dont la présence était le charme mystérieux de la maison, des chiens qu'on adorait, dont la mort était pleurée et qui laissait au cœur un deuil inconsolable. J'ai connu des chèvres, des vaches, des ânes, d'une importance extrême, dont la personnalité a joué un rôle tel, qu'on en devrait écrire l'histoire... Et, tiens! notre Bonhomme à nous, notre pauvre vieux cheval, qui nous a servi pendant un quart de siècle, est-ce que tu ne crois pas qu'il a mêlé de son sang au nôtre, et que désormais il est de la famille? Nous l'avons modifié comme lui-même a un peu agi sur nous, nous finissons par être faits sur la même image; et cela est si vrai, que, lorsque, maintenant, je le vois à demi aveugle, l'œil vague, les jambes perclues de rhumatismes, je l'embrasse sur les deux joues, ainsi qu'un vieux parent pauvre, tombé à ma charge... Ah! l'animalité, tout ce qui se traîne et tout ce qui se lamente au-dessous de l'homme, quelle place d'une sympathie immense il faudrait lui faire, dans une histoire de la vie!

Ce fut un dernier cri, où Pascal jeta l'exaltation de sa tendresse pour l'être. Il s'était peu à peu excité, il en arrivait à la confession de sa foi, au labeur continu et victorieux de la nature vivante. Et Clotilde, qui jusque-là n'avait point parlé, toute blanche dans la catastrophe de tant de faits qui tombaient sur elle, desserra enfin les lèvres, pour demander:

— Eh bien! maître, et moi là dedans?

Elle avait posé un de ses doigts minces sur la feuille de l'Arbre, où elle voyait son nom inscrit. Lui, toujours, avait passé cette feuille. Et elle insista.

— Oui, moi, que suis-je donc?... Pourquoi ne m'as-tu pas lu mon dossier?

Un instant, il resta muet, comme surpris de la question.

— Pourquoi ? mais pour rien... C'est vrai, je n'ai rien à te cacher... Tu vois ce qui est écrit là : « Clotilde, née en 1847. Élection de la mère. Hérédité en retour, avec prédominance morale et physique de son grand-père maternel... » Rien n'est plus net. Ta mère l'a emporté en toi, tu as son bel appétit, et tu as également beaucoup de sa coquetterie, de son indolence parfois, de sa soumission. Oui, tu es très femme comme elle, sans trop t'en douter, je veux dire que tu aimes à être aimée. En outre, ta mère était une grande liseuse de romans, une chimérique qui adorait rester couchée des journées entières, à rêvasser sur un livre ; elle raffolait des histoires de nourrice, se faisait faire les cartes, consultait les somnambules ; et j'ai toujours pensé que ta préoccupation du mystère, ton inquiétude de l'inconnu venaient de là... Mais ce qui achève de te façonner, en mettant chez toi une dualité, c'est l'influence de ton grand-père, le commandant Sicardot. Je l'ai connu, il n'était pas un aigle, il avait au moins beaucoup de droiture et d'énergie. Sans lui, très franchement, je crois que tu ne vaudrais pas grand'chose, car les autres influences ne sont guère bonnes. Il t'a donné le meilleur de ton être, le courage de la lutte, la fierté et la franchise.

Elle l'avait écouté avec attention, elle fit un léger signe de tête, pour dire que c'était bien ça, qu'elle n'était pas blessée, malgré le petit frémissement de souffrance, dont ces nouveaux détails sur les siens, sur sa mère, avaient agité ses lèvres.

— Eh bien ! reprit-elle, et toi, maître ?

Cette fois, il n'eut pas une hésitation, il cria :

— Oh ! moi, à quoi bon parler de moi ? je n'en suis pas, de la famille !... Tu vois bien ce qui est écrit là : « Pascal, né en 1813. Innéité. Combinaison, où se confondent les caractères physiques et moraux des parents, sans que rien d'eux semble se retrouver dans le nouvel être... » Ma mère me l'a répété assez souvent, que je n'en étais pas, qu'elle ne savait pas d'où je pouvais bien venir!

Et c'était chez lui un cri de soulagement, une sorte de joie involontaire.

— Va, le peuple ne s'y trompe pas. M'as-tu jamais entendu appeler Pascal Rougon, dans la ville? Non! le monde a toujours dit le docteur Pascal, tout court. C'est que je suis à part... Et ce n'est guère tendre peut-être, mais j'en suis ravi, car il y a vraiment des hérédités trop lourdes à porter. J'ai beau les aimer tous, mon cœur n'en bat pas moins d'allégresse, lorsque je me sens autre, différent, sans communauté aucune. N'en être pas, n'en être pas, mon Dieu! C'est une bouffée d'air pur, c'est ce qui me donne le courage de les avoir tous là, de les mettre à nu dans ces dossiers, et de trouver encore le courage de vivre!

Il se tut enfin, il y eut un silence. La pluie avait cessé, l'orage s'en allait, on n'entendait que des coups de foudre, de plus en plus lointains; tandis que, de la campagne, noire encore, rafraîchie, montait par la fenêtre ouverte une délicieuse odeur de terre mouillée. Dans l'air qui se calmait, les bougies achevaient de brûler, d'une haute flamme tranquille.

— Ah! dit simplement Clotilde, avec un grand geste accablé, que devenir?

Elle l'avait crié avec angoisse, une nuit, sur l'aire : la vie était abominable, comment pouvait-on la vivre paisible et heureuse? C'était une clarté terrible que la science jetait sur le monde, l'analyse descendait dans toutes les plaies humaines pour en étaler l'horreur. Et voilà qu'il venait encore de parler plus crûment, d'élargir la nausée qu'elle avait des êtres et des choses, en jetant sa famille elle-même, toute nue, sur la dalle de l'amphithéâtre. Le torrent fangeux avait roulé devant elle, pendant près de trois heures, et c'était la pire des révélations, la brusque et terrible vérité sur les siens, les êtres chers, ceux qu'elle devait aimer : son père grandi dans les crimes de l'argent, son frère incestueux, sa grand'mère sans scrupules, couverte du sang des justes, les autres presque tous tarés, des ivrognes, des vicieux, des meurtriers, la monstrueuse floraison de l'arbre humain. Le choc était si brutal, qu'elle ne se retrouvait pas, au milieu de la stupeur douloureuse de toute la vie apprise de la sorte, en un coup. Et, cependant, cette leçon était comme innocentée, dans sa violence même, par quelque chose de grand et de bon, un souffle d'humanité profonde, qui l'avait emportée d'un bout à l'autre. Rien de mauvais ne lui en était venu, elle s'était sentie fouettée par un âpre vent marin, le vent des tempêtes, dont on sort la poitrine élargie et saine. Il avait tout dit, parlant librement de sa mère elle-même, continuant à garder vis-à-vis d'elle son attitude déférente de savant qui ne juge point les faits. Tout dire pour tout connaître, pour tout guérir, n'était-ce pas le cri qu'il avait poussé, dans la belle nuit d'été? Et, sous l'excès même de ce qu'il lui apprenait, elle restait ébranlée, aveuglée de cette trop vive lumière, mais le comprenant enfin, s'avouant qu'il tentait là une œuvre immense. Malgré tout, c'était un cri de santé, d'espoir en l'avenir. Il parlait en bienfaiteur, qui, du moment où l'hérédité faisait le monde, voulait en fixer les lois pour disposer d'elle, et refaire un monde heureux.

Puis, n'y avait-il donc que de la boue, dans ce fleuve débordé, dont il lâchait les écluses? Que d'or passait, mêlé aux herbes et aux fleurs des berges! Des centaines de créatures galopaient encore devant elle, et elle demeurait hantée par des figures de charme et de bonté, de fins profils de jeunes filles, de sereines beautés de femmes. Toute la passion saignait là, tout le cœur s'ouvrait en envolées tendres. Elles étaient nombreuses, les Jeanne, les Angélique, les Pauline, les Marthe, les Gervaise, les Hélène. D'elles et des autres, même des moins bonnes, même des hommes terribles, les pires de la bande, montait une humanité fraternelle. Et c'était justement ce souffle qu'elle avait senti passer, ce courant de large sympathie qu'il venait de mettre, sous sa leçon précise de savant. Il ne semblait point s'attendrir, il gardait l'attitude impersonnelle du démonstrateur; mais, au fond de lui, quelle bonté navrée, quelle fièvre de dévouement, quel don de tout son être au bonheur des autres! Son œuvre entière, si mathématiquement construite, était baignée de cette fraternité douloureuse, jusque dans ses plus saignantes ironies. Ne lui avait-il pas parlé des bêtes, en frère aîné de tous les vivants misérables qui souffrent? La souffrance l'exaspérait, il n'avait que la colère de son rêve trop haut, il n'était devenu brutal que dans sa haine du factice et du passager, rêvant de travailler, non pour la société polie d'un moment, mais pour l'humanité entière, à toutes les heures graves de son histoire. Peut-être même était-ce cette révolte contre la banalité courante, qui l'avait fait se jeter au défi de l'audace, dans les théories et dans l'application. Et l'œuvre demeurait humaine, débordante du sanglot immense des êtres et des choses.

D'ailleurs, n'était-ce pas la vie? Il n'y a pas de mal absolu. Jamais un homme n'est mauvais pour tout le monde, il fait toujours le bonheur de quelqu'un; de sorte que, lorsqu'on ne se met pas à un point de vue unique, on finit par se rendre compte de l'utilité de chaque être. Ceux qui croient à un Dieu doivent se dire que, si leur

Dieu ne foudroie pas les méchants, c'est qu'il voit la marche totale de son œuvre, et qu'il ne peut descendre au particulier. Le labeur qui finit recommence, la somme des vivants reste quand même admirable de courage et de besogne; et l'amour de la vie emporte tout. Ce travail géant des hommes, cette obstination à vivre, est leur excuse, la rédemption. Alors, de très haut, le regard ne voyait plus que cette continuelle lutte, et beaucoup de bien malgré tout, s'il y avait beaucoup de mal. On entrait dans l'indulgence universelle, on pardonnait, on n'avait plus qu'une infinie pitié et une charité ardente. Le port était sûrement là, attendant ceux qui ont perdu la foi aux dogmes, qui voudraient comprendre pourquoi ils vivent, au milieu de l'iniquité apparente du monde. Il faut vivre pour l'effort de vivre, pour la pierre apportée à l'œuvre lointaine et mystérieuse, et la seule paix possible, sur cette terre, est dans la joie de cet effort accompli.

Une heure encore venait de passer, la nuit entière s'était écoulée à cette terrible leçon de vie, sans que ni Pascal ni Clotilde eussent conscience du lieu où ils étaient, ni du temps qui fuyait. Et lui, surmené depuis quelques semaines, ravagé déjà par son existence de soupçon et de chagrin, eut un frisson nerveux, comme dans un brusque réveil.

— Voyons, tu sais tout, te sens-tu le cœur fort, trempé par le vrai, plein de pardon et d'espoir?... Es-tu avec moi?

Mais, sous l'effrayant choc moral qu'elle avait reçu, elle-même frémissait, sans pouvoir se reprendre. C'était en elle une telle débâcle des croyances anciennes, une évolution telle vers un monde nouveau, qu'elle n'osait s'interroger et conclure. Elle se sentait désormais saisie, emportée dans la toute-puissance de la vérité. Elle la subissait et n'était pas convaincue.

— Maître, balbutia-t-elle, maître...

Et ils restèrent un instant face à face, à se regarder. Le jour naissait, une aube d'une pureté délicieuse, au fond du grand ciel clair, lavé par l'orage. Aucun nuage n'en tachait plus le pâle azur, teinté de rose. Tout le gai réveil de la campagne mouillée entrait par la fenêtre, tandis que les bougies, qui achevaient de se consumer, pâlissaient dans la clarté croissante.

— Réponds, veux-tu encore tout détruire, tout brûler, ici?... Es-tu avec moi, entièrement avec moi?

A ce moment, il crut qu'elle allait se jeter à son cou, en pleurant. Un élan soudain semblait la pousser. Mais ils se virent, dans leur demi-nudité. Elle, qui, jusque-là, ne s'était pas aperçue, eut conscience qu'elle était en simple jupon, les bras nus, les épaules nues, à peine couvertes par les mèches folles de ses cheveux dénoués; et là, près de l'aisselle gauche, quand elle abaissa les regards, elle retrouva les quelques gouttes de sang, la meurtrissure qu'il lui avait faite en luttant, pour la dompter, dans une étreinte brutale. Ce fut alors, en elle, une confusion extraordinaire, une certitude qu'elle allait être vaincue, comme si, par cette étreinte, il était devenu son maître, en tout et à jamais. La sensation s'en prolongeait, elle était envahie, entraînée au delà de son vouloir, prise de l'irrésistible besoin de se donner.

Brusquement, Clotilde se redressa, voulant réfléchir. Elle avait serré ses bras nus sur sa gorge nue. Tout le sang de ses veines était monté à sa peau, en un flot de pudeur empourpré. Et elle se mit à fuir, dans le divin élancement de sa taille mince.

— Maître, maître, laisse-moi... Je verrai...

D'une légèreté de vierge inquiète, elle s'était, comme autrefois déjà, réfugiée au fond de sa chambre. Il l'entendit fermer vivement la porte, à double tour. Il restait seul, il se demanda, pris tout à coup d'un découragement et d'une tristesse immenses, s'il avait eu raison de tout dire, si la vérité germerait dans cette chère créature adorée, et y grandirait un jour, en une moisson de bonheur.

VI

Des jours s'écoulèrent. Octobre fut d'abord splendide, un automne ardent, une chaude passion d'été dans une maturité large, sans un nuage au ciel; puis, le temps se gâta, des vents terribles soufflèrent, un dernier orage ravina les pentes. Et, dans la maison morne, à la Souleiade, l'approche de l'hiver semblait avoir mis une infinie tristesse.

C'était un enfer nouveau. Entre Pascal et Clotilde, il n'y avait plus de querelles vives. Les portes ne battaient plus, des éclats de voix ne forçaient plus Martine à monter toutes les heures. A peine se parlaient-ils, maintenant; et pas un mot n'avait été prononcé sur la scène de la nuit. Lui, par un scrupule inexpliqué, une pudeur singulière, dont il ne se rendait pas compte, ne voulait pas reprendre l'entretien, exiger la réponse attendue, une parole de foi en lui et de soumission. Elle, après le grand choc moral qui la transformait toute, réfléchissait encore, hésitait, luttait, écartant la solution pour ne pas se donner, dans son instinctive révolte. Et le malentendu s'aggravait, au milieu du grand silence désolé de la misérable maison, où il n'y avait plus de bonheur.

Ce fut, pour Pascal, une des époques où il souffrit affreusement, sans se plaindre. Cette paix apparente ne le rassurait pas, au contraire. Il était tombé à une lourde méfiance, s'imaginant que les guet-apens continuaient et que, si l'on avait l'air de le laisser tranquille, c'était afin de tramer dans l'ombre les plus noirs complots. Ses inquiétudes avaient même grandi, il s'attendait chaque jour à une catastrophe, ses papiers engloutis au fond d'un brusque abîme qui se creuserait, toute la Souleiade rasée, emportée, volant en miettes. La persécution contre sa pensée, contre sa vie morale et intellectuelle, en se dissimulant ainsi, devenait énervante, intolérable, à ce point qu'il se couchait, le soir, avec la fièvre. Souvent, il tressaillait, se retournait vivement, croyant qu'il allait surprendre l'ennemi derrière son dos, à l'œuvre pour quelque traîtrise; et il n'y avait personne, rien que son propre frisson, dans l'ombre. D'autres fois, pris d'un soupçon, il restait aux aguets pendant des heures, caché derrière ses persiennes, ou encore embusqué au fond d'un couloir; mais pas une âme ne bougeait, il n'entendait que les violents battements de ses tempes. Il en demeurait éperdu, ne se mettait plus au lit sans avoir visité chaque pièce, ne dormait plus, réveillé au moindre bruit, haletant, prêt à se défendre.

Et ce qui augmentait la souffrance de Pascal, c'était cette idée constante, grandissante, que la blessure lui était faite par la seule créature qu'il aimât au monde, cette Clotilde adorée, qu'il regardait croître en beauté et en charme depuis vingt ans, dont la vie jusque-là s'était épanouie comme une floraison, parfumant la sienne. Elle, mon Dieu! qui emplissait son cœur d'une tendresse totale, qu'il n'avait jamais analysée! elle qui était devenue sa joie, son courage, son espérance, toute une jeunesse nouvelle où il se sentait revivre! Quand elle passait, avec son cou délicat, si rond, si frais, il était rafraîchi, baigné de santé et d'allégresse, ainsi qu'à un retour du printemps. Son existence entière, d'ailleurs, expliquait cette possession, l'envahissement de son être par cette enfant qui était entrée dans son affection petite encore, puis qui, en grandissant, avait peu à peu pris toute la place. Depuis son installation définitive à Plassans, il menait une existence de bénédictin, cloîtré dans ses livres, loin des femmes. On ne lui avait connu que sa passion pour cette dame qui était morte, et dont il n'avait jamais baisé le bout des doigts. Sans doute, il faisait parfois des voyages à Marseille, découchait; mais c'étaient de brusques échappées, avec les premières venues, sans lendemain. Il n'avait point vécu, il gardait en lui toute une réserve de virilité, dont le flot grondait à cette heure, sous la menace de la vieillesse prochaine. Et il se serait passionné pour une bête, pour le chien ramassé dehors, qui lui aurait léché les mains; et c'était cette Clotilde qu'il avait aimée, cette petite fille, tout d'un coup femme désirable, qui le possédait maintenant et qui le torturait, à être ainsi son ennemie.

Pascal, si gai, si bon, devint alors d'une humeur noire et d'une dureté insupportables. Il se fâchait au moindre mot, bousculait Martine étonnée, qui levait sur lui des yeux soumis d'animal battu. Du matin au soir, il promenait sa détresse, par la maison navrée, la face si mauvaise, qu'on n'osait lui adresser la parole. Il n'emmenait jamais plus Clotilde, sortait seul pour ses visites. Et ce fut de la sorte qu'il revint, une après-midi, bouleversé par un accident, ayant sur sa conscience de médecin aventureux la mort d'un homme. Il était allé piquer Lafouasse, le cabaretier, dont l'ataxie avait fait brusquement de tels progrès, qu'il le jugeait perdu. Mais il s'entêtait à lutter quand même, il continuait la médication; et le malheur avait voulu, ce jour-là, que la petite seringue ramassât, au fond de la fiole, une parcelle impure échappée au filtre. Justement, un peu de sang avait paru, il venait, pour comble de malechance, de piquer dans une veine. Il s'était inquiété tout de suite, en voyant le cabaretier pâlir, suffoquer, suer à grosses gouttes froides. Puis, il avait compris, lorsque la mort s'était produite en coup de foudre, les lèvres bleues, le visage noir. C'était une embolie, il ne pouvait accuser que l'insuffisance de ses préparations, toute sa méthode encore barbare. Sans doute Lafouasse était perdu, il n'aurait peut-être pas vécu six mois, au milieu d'atroces souffrances ; mais la brutalité du fait n'en était pas moins là, cette mort affreuse ; et quel regret désespéré, quel ébranlement dans sa foi, quelle colère contre la science impuissante et assassine ! Il était rentré livide, il n'avait reparu que le lendemain, après être resté seize heures enfermé dans sa chambre, jeté tout vêtu en travers de son lit, sans un souffle.

Ce jour-là, l'après-midi, Clotilde, qui cousait près de lui, dans la salle, se hasarda à rompre le lourd silence. Elle avait levé les yeux, elle le regardait s'énerver à feuilleter un livre, cherchant un renseignement qu'il ne trouvait point.

— Maître, es-tu malade ?... Pourquoi ne le dis-tu pas ? Je te soignerais.

Il demeura la face contre le livre, murmurant d'une voix sourde :

— Malade, qu'est-ce que ça te fait ? Je n'ai besoin de personne.

Conciliante, elle reprit :

— Si tu as des chagrins, et que tu puisses me les dire, cela te soulagerait peut-être... Hier, tu es rentré si triste ! Il ne faut pas te laisser abattre ainsi. J'ai passé une nuit bien inquiète, je suis venue trois fois écouter à ta porte, tourmentée par l'idée que tu souffrais.

Si doucement qu'elle eût parlé, ce fut comme un coup de fouet qui le cingla. Dans son affaiblissement maladif, une secousse de brusque colère lui fit repousser le livre et se dresser, frémissant.

— Alors, tu m'espionnes, je ne peux pas même me retirer dans ma chambre, sans qu'on vienne coller l'oreille aux murs... Oui, on écoute jusqu'au battement de mon cœur, on guette ma mort, pour tout saccager, tout brûler ici...

Et sa voix montait, et toute sa souffrance injuste s'exhalait en plaintes et en menaces.

— Je te défends de t'occuper de moi... As-tu autre chose à me dire ? As-tu réfléchi, peux-tu mettre ta main dans la mienne, loyalement, en me disant que nous sommes d'accord ?

Mais elle ne répondait plus, elle continuait seulement à le regarder de ses grands yeux clairs, dans sa franchise à vouloir se garder encore ; tandis que lui, exaspéré davantage par cette attitude, perdait toute mesure.

Il bégaya, il la chassa du geste.

— Va-t'en ! va-t'en !... Je ne veux pas que tu restes près de moi ! je ne veux pas que des ennemis restent près de moi ! je ne veux pas qu'on reste près de moi, à me rendre fou !

Elle s'était levée, très pâle. Elle s'en alla toute droite, sans se retourner, en emportant son ouvrage.

Pendant le mois qui suivit, Pascal essaya de se réfugier dans un travail acharné de toutes les heures. Il s'entêtait maintenant les journées entières, seul dans la salle, et il passait même les nuits, à reprendre d'anciens documents, à refondre tous ses travaux sur l'hérédité. On aurait dit qu'une rage l'avait saisi de se convaincre de la légitimité de ses espoirs, de forcer la science à lui donner la certitude que l'humanité pouvait être refaite, saine enfin et supérieure. Il ne sortait plus, abandonnait ses malades, vivait dans ses papiers, sans air, sans exercice.

Et, au bout d'un mois de ce surmenage, qui le brisait sans apaiser ses tourments domestiques, il tomba à un tel épuisement nerveux, que la maladie, depuis quelque temps en germe, se déclara avec une violence inquiétante.

Pascal, à présent, lorsqu'il se levait, le matin, se sentait anéanti de fatigue, plus appesanti et plus las qu'il n'était la veille, en se couchant. C'était ainsi une continuelle détresse de tout son être, les jambes molles après cinq minutes de marche, le corps broyé au moindre effort, ne pouvant faire un mouvement, sans qu'il y eût au bout l'angoisse d'une souffrance. Parfois, le sol lui semblait avoir une brusque oscillation sous ses pieds. Des bourdonnements continus l'étourdissaient, des éblouissements lui faisaient fermer les paupières, comme sous la menace d'une grêle d'étincelles. Il était pris d'une horreur du vin, ne mangeait guère, digérait mal. Puis, dans l'apathie de cette paresse croissante, éclataient des emportements soudains, des folies d'inutile activité. L'équilibre se trouvait rompu, sa faiblesse irritable se jetait aux extrêmes, sans raison aucune. Pour la plus légère émotion, des larmes lui emplissaient les yeux. Il avait fini par s'enfermer, dans des crises de désespérance telles, qu'il pleurait à gros sanglots, pendant des heures, en dehors de tout chagrin immédiat, écrasé sous la seule et immense tristesse des choses.

Mais son mal redoubla, surtout, après un de ses voyages à Marseille, une de ces fugues de vieux garçon qu'il faisait parfois. Peut-être avait-il espéré une distraction violente, un soulagement, dans une débauche. Il ne resta que deux jours, il revint comme foudroyé, frappé de déchéance, avec la face hantée d'un homme qui a perdu sa virilité d'homme. C'était une honte inavouable, une peur que l'enragement des tentatives avait changée en certitude, et qui allait augmenter sa sauvagerie d'amant timide. Jamais il n'avait donné à cette chose une importance. Il en fut désormais possédé, bouleversé, éperdu de misère, jusqu'à songer au suicide. Il avait beau se dire que cela était passager sans doute, qu'une cause morbide devait être au fond : le sentiment de son impuissance ne l'en déprimait pas moins ; et il était, devant les femmes, comme les garçons trop jeunes que le désir fait bégayer.

Vers la première semaine de décembre, Pascal fut pris de névralgies intolérables. Des craquements dans les os du crâne lui faisaient croire, à chaque instant, que sa tête allait se fendre. Avertie, la vieille madame Rougon se décida, un jour, à venir prendre des nouvelles de son fils. Mais elle fila dans la cuisine, voulant causer avec Martine d'abord. Celle-ci, l'air effaré et désolé, lui conta que monsieur devenait fou, sûrement ; et elle dit ses allures singulières, les piétinements continus dans sa chambre, tous les tiroirs fermés à clef, les rondes qu'il faisait du haut en bas de la maison, jusqu'à des deux heures du matin. Elle en avait les larmes aux yeux, elle finit par hasarder l'opinion qu'un diable était entré peut-être dans le corps de monsieur, et qu'on ferait bien d'avertir le curé de Saint-Saturnin.

— Un homme si bon, répétait-elle, et pour lequel on se laisserait couper en quatre ! Est-ce malheureux qu'on ne puisse le mener à l'église, ce qui le guérirait tout de suite, certainement !

Mais Clotilde, qui avait entendu la voix de sa grand'mère Félicité, entra. Elle aussi errait par les pièces vides, vivait le plus souvent dans le salon abandonné du rez-de-chaussée. Du reste, elle ne parla pas, écouta simplement, de son air de réflexion et d'attente.

— Ah ! c'est toi, mignonne. Bonjour !... Martine me raconte que Pascal a un diable qui lui est entré dans le corps. C'est bien mon opinion aussi ; seulement, ce diable-là s'appelle l'orgueil. Il croit qu'il sait tout, il est à la fois le pape et l'empereur, et naturellement, lorsqu'on ne dit pas comme lui, ça l'exaspère.

Elle haussait les épaules, elle était pleine d'un infini dédain.

— Moi, ça me ferait rire, si ce n'était si triste... Un garçon qui ne sait justement rien de rien, qui n'a pas vécu, qui est resté sottement enfermé au fond de ses livres. Mettez-le dans un salon, il est innocent comme l'enfant qui vient de naître. Et les femmes, il ne les connaît seulement pas...

Oubliant devant qui elle parlait, cette jeune fille et cette servante, elle baissait la voix, d'un air de confidence.

— Dame ! ça se paye aussi, d'être trop sage. Ni femme, ni maîtresse, ni rien. C'est ça qui a fini par lui tourner sur le cerveau.

Clotilde ne bougea pas. Seules, ses paupières s'abaissèrent lentement sur ses grands yeux réfléchis ; puis, elle les releva, elle garda son attitude de créature murée, ne pouvant rien dire de ce qui se passait en elle.

— Il est en haut, n'est-ce pas ? reprit Félicité. Je suis venue pour le voir, car il faut que ça finisse, c'est trop bête !

Et elle monta, pendant que Martine se remettait à ses casseroles et que Clotilde errait de nouveau par la maison vide.

En haut, dans la salle, Pascal s'était comme stupéfié, la face sur un livre grand ouvert. Il ne pouvait plus lire, les mots fuyaient, s'effaçaient, n'avaient aucun sens. Mais il s'obstinait, il agonisait de perdre jusqu'à sa faculté de travail, si puissante jusque-là. Et sa mère, tout de suite, le gourmanda, lui arracha le livre, qu'elle jeta au loin, sur une table, en criant que, lorsqu'on était malade, on se soignait. Il s'était levé, avec un geste de colère, prêt à la chasser, ainsi qu'il avait chassé Clotilde. Puis, par un dernier effort de volonté, il redevint déférent.

— Ma mère, vous savez bien que je n'ai jamais voulu discuter avec vous... Laissez-moi, je vous en prie.

Elle ne céda pas, l'entreprit sur sa continuelle méfiance. C'était lui qui se donnait la fièvre, à toujours croire que des ennemis l'entouraient de pièges, le guettaient pour le dévaliser. Est-ce qu'un homme de bon sens allait s'imaginer qu'on le persécutait ainsi? Et, d'autre part, elle l'accusa de s'être trop monté la tête, avec sa découverte, sa fameuse liqueur qui guérissait toutes les maladies. Ça ne valait rien non plus de se croire le bon Dieu. D'autant plus que les déceptions étaient alors cruelles; et elle fit une allusion à Lafouasse, à cet homme qu'il avait tué : naturellement, elle comprenait que ça ne devait pas lui avoir été agréable, car il y avait de quoi en prendre le lit.

Pascal, qui se contenait toujours, les yeux à terre, se contenta de répéter :

— Ma mère, je vous en prie, laissez-moi.

— Eh! non, je ne veux pas te laisser, cria-t-elle avec son impétuosité ordinaire, malgré son grand âge. Je suis justement venue pour te bousculer un peu, pour te sortir de cette fièvre où tu te ronges... Non, ça ne peut pas durer ainsi, je n'entends pas que nous redevenions la fable de la ville entière, avec tes histoires... Je veux que tu te soignes.

Il haussa les épaules, il dit à voix basse, comme à lui-même, d'un air de constatation inquiète :

— Je ne suis pas malade.

Mais, du coup, Félicité sursauta, hors d'elle.

— Comment, pas malade! comment, pas malade!... Il n'y a vraiment qu'un médecin pour ne pas se voir... Eh!

mon pauvre garçon, tous ceux qui t'approchent en sont frappés : tu deviens fou d'orgueil et de peur !

Cette fois, Pascal releva vivement la tête, et il la regarda droit dans les yeux, tandis qu'elle continuait :

— Voilà ce que j'avais à te dire, puisque personne n'a voulu s'en charger. N'est-ce pas? tu es d'un âge à savoir ce que tu dois faire... On réagit, on pense à autre chose, on ne se laisse pas envahir par l'idée fixe, surtout quand on est d'une famille pareille à la nôtre... Tu la connais. Méfie-toi, soigne-toi.

Il avait pâli, il la regardait toujours fixement, comme s'il l'eût sondée, pour savoir ce qu'il y avait d'elle en lui. Et il se contenta de répondre :

— Vous avez raison, ma mère... Je vous remercie.

Puis, lorsqu'il fut seul, il retomba assis devant sa table, il voulut reprendre la lecture de son livre. Mais, pas plus qu'auparavant, il n'arriva à fixer assez son attention, pour comprendre les mots dont les lettres se brouillaient devant ses yeux. Et les paroles prononcées par sa mère bourdonnaient à ses oreilles, une angoisse qui montait en lui depuis quelque temps, grandissait, se fixait, le hantait maintenant d'un danger immédiat, nettement défini. Lui qui, deux mois plus tôt, se vantait si triomphalement de n'en être pas, de la famille, allait-il donc recevoir le plus affreux des démentis? Aurait-il la douleur de voir la tare renaître en ses moelles, roulerait-il à l'épouvante de se sentir aux griffes du monstre héréditaire? Sa mère l'avait dit : il devenait fou d'orgueil et de peur. L'idée souveraine, la certitude exaltée qu'il avait d'abolir la souffrance, de donner de la volonté aux hommes, de refaire une humanité bien portante et plus haute, ce n'était sûrement là que le début de la folie des grandeurs. Et, dans sa crainte d'un guet-apens, dans son besoin de guetter les ennemis qu'il sentait acharnés à sa perte, il reconnaissait aisément les symptômes du délire de la persécution. Tous les accidents de la race aboutissaient à ce cas terrible : la folie à brève échéance, puis la paralysie générale, et la mort.

Dès ce jour, Pascal fut possédé. L'état d'épuisement nerveux, où le surmenage et le chagrin l'avaient réduit, le livrait, sans résistance possible, à cette hantise de la folie et de la mort. Toutes les sensations morbides qu'il éprouvait, la fatigue immense à son lever, les bourdonnements, les éblouissements, jusqu'à ses mauvaises digestions et à ses crises de larmes, s'ajoutaient, une à une, comme des preuves certaines du détraquement prochain dont il se croyait menacé. Il avait complètement perdu, pour lui-même, son diagnostic si délicat de médecin observateur; et, s'il continuait à raisonner, c'était pour tout confondre et tout pervertir, sous la dépression morale et physique où il se traînait. Il ne s'appartenait plus, il était comme fou, à se convaincre, heure par heure, qu'il devait le devenir.

Les journées entières de ce pâle décembre furent employées par lui à s'enfoncer davantage dans son mal. Chaque matin, il voulait échapper à la hantise; mais il revenait quand même s'enfermer au fond de la salle, il y reprenait l'écheveau embrouillé de la veille. La longue étude qu'il avait faite de l'hérédité, ses recherches considérables, ses travaux, achevaient de l'empoisonner, lui fournissaient des causes sans cesse renaissantes d'inquiétude. A la continuelle question qu'il se posait sur son cas héréditaire, les dossiers étaient là qui répondaient par toutes les combinaisons possibles. Elles se présentaient si nombreuses, qu'il s'y perdait, maintenant. S'il s'était trompé, s'il ne pouvait se mettre à part, comme un cas remarquable d'innéité, devait-il se ranger dans l'hérédité en retour, sautant une, deux ou même trois générations ? Son cas était-il plus simplement une manifestation de l'hérédité larvée, ce qui apportait une preuve nouvelle à l'appui de sa théorie du plasma germinatif? ou bien ne fallait-il voir là que la singularité des ressemblances successives, la brusque apparition d'un ancêtre inconnu, au déclin de sa vie? Dès ce moment, il n'eut plus de repos, lancé à la trouvaille de son cas, fouillant ses notes, relisant ses livres. Et il s'analysait, épiait la moindre de ses sensations, pour en tirer des faits, sur lesquels il pût se juger. Les jours où son intelligence était plus paresseuse, où il croyait éprouver des phénomènes de vision particuliers, il inclinait à une prédominance de la lésion nerveuse originelle; tandis que, s'il pensait être pris par les jambes, les pieds lourds et douloureux, il s'imaginait subir l'influence indirecte de quelque ascendant venu du dehors. Tout s'emmêlait, il arrivait à ne plus se reconnaître, au milieu des troubles imaginaires qui secouaient son organisme éperdu. Et, chaque soir, la conclusion était la même, le même glas sonnait dans son crâne : l'hérédité, l'effrayante hérédité, la peur de devenir fou.

Dans les premiers jours de janvier, Clotilde assista, sans le vouloir, à une scène qui lui serra le cœur. Elle était devant une des fenêtres de la salle, à lire, cachée par le haut dossier de son fauteuil, lorsqu'elle vit entrer Pascal, disparu, cloîtré au fond de sa chambre, depuis la veille. Il tenait, des deux mains, grande ouverte sous ses yeux, une feuille de papier jauni, dans laquelle elle reconnut l'Arbre généalogique. Il était si absorbé, les regards si fixes, qu'elle aurait pu se montrer, sans qu'il la remarquât. Et il étala l'Arbre sur la table, il continua à le considérer longuement, de son air terrifié d'interrogation, peu à peu vaincu et suppliant, les joues mouillées de larmes. Pourquoi, mon Dieu ! l'Arbre ne voulait-il pas lui répondre, lui dire de quel ancêtre il tenait, pour qu'il inscrivît son cas, sur sa feuille à lui, à côté des autres? S'il devait devenir fou, pourquoi l'Arbre ne le lui disait-il pas nettement, ce qui l'aurait calmé, car il croyait ne souffrir que de l'incertitude? Mais ses larmes lui brouillaient la vue, et il regardait toujours, il s'anéantissait dans ce besoin de savoir, où sa raison finissait par chanceler. Brusquement, Clotilde dut se cacher, en le voyant se diriger vers l'armoire, qu'il ouvrit à double battant. Il empoigna les dossiers, les lança sur la table, les feuilleta avec fièvre. C'était la scène de la terrible nuit d'orage qui recommençait, le galop de cauchemar, le défilé de tous ces fantômes, évoqués, surgissant de l'amas des paperasses. Au passage, il jetait à chacun d'eux une question, une prière ardente, exigeant l'origine de son mal, espérant un mot, un murmure qui lui donnerait une certitude. D'abord, il n'avait eu qu'un balbutiement indistinct; puis, des paroles s'étaient formulées, des lambeaux de phrase.

— Est-ce toi?... Est-ce toi?... Est-ce toi?... O vieille mère, notre mère à tous, est-ce toi qui dois me donner ta folie?... Est-ce toi, l'oncle alcoolique, le vieux bandit d'oncle, dont je vais payer l'ivrognerie invétérée?... Est-ce toi, le neveu ataxique, ou toi, le neveu mystique, ou toi encore, la nièce idiote, qui m'apportez la vérité, en me montrant une des formes de la lésion dont je souffre?... Est-ce toi plutôt le petit-cousin qui s'est pendu, ou toi, le petit-cousin qui a tué, ou toi, la petite-cousine qui est morte de pourriture, dont les fins tragiques m'annoncent la mienne, la déchéance au fond d'un cabanon, l'abominable décomposition de l'être?

Et le galop continuait, ils se dressaient tous, ils passaient tous d'un train de tempête. Les dossiers s'animaient, s'incarnaient, se bousculaient, en un piétinement d'humanité souffrante.

— Ah ! qui me dira, qui me dira, qui me dira ?... Est-ce celui-ci qui est mort fou ? celle-ci qui a été emportée par la phtisie ? celui-ci que la paralysie a étouffé ? celle-ci que sa misère physiologique a tuée toute jeune ?... Chez lequel est le poison dont je vais mourir ? Quel est-il, hystérie, alcoolisme, tuberculose, scrofule ? Et que va-t-il faire de moi, un épileptique, un ataxique ou un fou ?... Un fou ! qui est-ce qui a dit un fou ? Ils le disent tous, un fou, un fou, un fou !

Des sanglots étranglèrent Pascal. Il laissa tomber sa tête défaillante au milieu des dossiers, il pleura sans fin, secoué de frissons. Et Clotilde, prise d'une sorte de terreur religieuse, en sentant passer la fatalité qui régit les races, s'en alla doucement, retenant son souffle ; car elle comprenait bien qu'il aurait eu une grande honte, s'il avait pu la soupçonner là.

De longs accablements suivirent. Janvier fut très froid. Mais le ciel restait d'une pureté admirable, un éternel soleil luisait dans le bleu limpide ; et, à la Souleiade, les fenêtres de la salle, tournées au midi, formaient serre, entretenaient là une douceur de température délicieuse. On ne faisait pas même de feu, le soleil ne quittait pas la pièce, une nappe d'or pâle, où des mouches, épargnées par l'hiver, volaient lentement. Il n'y avait aucun autre bruit que le frémissement de leurs ailes. C'était une tiédeur dormante et close, comme un coin de printemps conservé dans la vieille maison.

Ce fut là qu'un matin Pascal entendit, à son tour, la fin d'une conversation, qui aggrava sa souffrance. Il ne sortait plus guère de sa chambre avant le déjeuner, et Clotilde venait de recevoir le docteur Ramond dans la salle, où ils s'étaient mis à causer doucement, l'un près de l'autre, au milieu du clair soleil.

Pour la troisième fois, Ramond se présentait depuis

huit jours. Des circonstances personnelles, la nécessité surtout d'asseoir définitivement sa situation de médecin à Plassans, l'obligeaient à ne pas différer plus longtemps son mariage; et il voulait obtenir de Clotilde une réponse décisive. Deux fois déjà, des tiers, s'étant trouvés là, l'avaient empêché de parler. Comme il désirait ne la tenir que d'elle-même, il avait résolu de s'en expliquer directement, dans une conversation de franchise. Leur camaraderie, leurs têtes raisonnables et droites à tous deux, l'autorisaient à cette démarche. Et il termina, souriant, les yeux dans les siens.

— Je vous assure, Clotilde, que c'est le dénouement le plus sage... Vous le savez, voici longtemps que je vous aime. J'ai pour vous une tendresse et une estime profondes... Mais cela ne suffirait peut-être pas, il y a encore que nous nous entendrons parfaitement et que nous serons très heureux ensemble, j'en suis certain.

Elle n'avait pas baissé les regards, elle le regardait franchement, elle aussi, avec un amical sourire. Il était vraiment très beau, dans toute la force de la jeunesse.

— Pourquoi, demanda-t-elle, n'épousez-vous pas mamoiselle Lévêque, la fille de l'avoué? Elle est plus jolie, plus riche que moi, et je sais qu'elle serait si heureuse... Mon bon ami, j'ai peur que vous ne fassiez une sottise en me choisissant.

Il ne s'impatienta pas, l'air toujours convaincu de la sagesse de sa détermination.

— Mais je n'aime pas mademoiselle Lévêque et je vous aime... D'ailleurs, j'ai réfléchi à tout, je vous répète que je sais très bien ce que je fais. Dites oui, vous n'avez vous-même pas de meilleur parti à prendre.

Alors, elle devint grave, et une ombre passa sur son visage, l'ombre de ces réflexions, de ces luttes intérieures, presque inconscientes, qui la tenaient muette depuis de longs jours.

— Eh bien! mon ami, puisque c'est tout à fait sérieux, permettez-moi de ne pas vous répondre aujourd'hui, accordez-moi quelques semaines encore... Maître est vraiment très malade, je suis moi-même troublée; et vous ne voudriez pas me devoir à un coup de tête... Je vous assure, à mon tour, que j'ai pour vous beaucoup d'affection. Mais ce serait mal de se décider en ce moment, la maison est trop malheureuse... C'est entendu, n'est-ce pas? Je ne vous ferai pas attendre longtemps.

Et, pour changer la conversation, elle ajouta :

— Oui, maître m'inquiète. Je voulais vous voir, vous dire cela, à vous... L'autre jour, je l'ai surpris pleurant à chaudes larmes, et il est certain pour moi que la peur de devenir fou le hante... Avant-hier, quand vous avez causé avec lui, j'ai vu que vous l'examiniez. Très franchement, que pensez-vous de son état? Est-il en danger?

Le docteur Ramond se récria.

— Mais non! Il s'est surmené, il s'est détraqué, voilà tout!... Comment un homme de sa valeur, qui s'est tant occupé des maladies nerveuses, peut-il se tromper à ce point? En vérité, c'est désolant, si les cerveaux les plus clairs et les plus vigoureux ont de pareilles fuites!... Dans son cas, sa trouvaille des injections hypodermiques serait souveraine. Pourquoi ne se pique-t-il pas?

Et, comme la jeune fille disait d'un signe désespéré qu'il ne l'écoutait plus, qu'elle ne pouvait même plus lui adresser la parole, il ajouta :

— Eh bien! moi, je vais lui parler.

Ce fut à ce moment que Pascal sortit de sa chambre, attiré par le bruit des voix. Mais, en les apercevant tous deux, si près l'un de l'autre, si animés, si jeunes et si beaux, dans le soleil, comme vêtus de soleil, il s'arrêta sur le seuil. Et ses yeux s'élargirent, sa face pâle se décomposa.

Ramond avait pris la main de Clotilde, voulant la retenir un instant encore.

— C'est promis, n'est-ce pas? Je désire que le mariage ait lieu cet été... Vous savez combien je vous aime, et j'attends votre réponse.

— Parfaitement, répondit-elle. Avant un mois, tout sera réglé.

Un éblouissement fit chanceler Pascal. Voilà maintenant que ce garçon, un ami, un élève, s'introduisait dans sa maison pour lui voler son bien! Il aurait dû s'attendre à ce dénouement, et la brusque nouvelle d'un mariage possible le surprenait, l'accablait comme une catastrophe imprévue, où sa vie achevait de crouler. Cette créature qu'il avait faite, qu'il croyait à lui, elle s'en irait donc sans regret, elle le laisserait agoniser seul, dans son coin! La veille encore, elle l'avait tant fait souffrir, qu'il s'était demandé s'il n'allait pas se séparer d'elle, l'envoyer à son frère, qui la réclamait toujours. Un instant même, il venait de se résoudre à cette séparation, pour leur paix à tous deux. Et, brutalement, de la trouver là avec cet homme, de l'entendre promettre une réponse, de penser qu'elle se marierait, qu'elle le quitterait bientôt, cela lui donnait un coup de couteau dans le cœur.

Il marcha pesamment, les deux jeunes gens se tournèrent et furent un peu gênés.

— Tiens! maître, nous parlions de vous, finit par dire gaiement Ramond. Oui, nous complotions, puisqu'il faut l'avouer... Voyons, pourquoi ne vous soignez-vous pas? Vous n'avez rien de sérieux, vous vous remettriez sur pied en quinze jours.

Pascal, qui s'était laissé tomber sur une chaise, continuait à les regarder. Il eut la force de se vaincre, rien ne parut sur son visage de la blessure qu'il avait reçue. Il en mourrait sûrement, et personne au monde ne se douterait du mal qui l'emportait. Mais ce fut pour lui un soulagement que de pouvoir se fâcher, en refusant avec violence d'avaler seulement un verre de tisane.

— Me soigner ! à quoi bon ?... Est-ce que ce n'en est pas fini, de ma vieille carcasse ?

Ramond insista, avec son sourire d'homme calme.

— Vous êtes plus solide que nous tous. C'est un accident, et vous savez bien que vous avez le remède... Piquez-vous...

Il ne put continuer, et ce fut le comble. Pascal s'exaspérait, demandait si l'on voulait qu'il se tuât, comme il avait tué Lafouasse. Ses piqûres ! une jolie invention dont il avait lieu d'être fier ! Il niait la médecine, il jurait de ne plus toucher à un malade. Quand on n'était plus bon à rien, on crevait, et ça valait mieux pour tout le monde. C'était, d'ailleurs, ce qu'il allait s'empresser de faire, le plus vite possible.

— Bah ! bah ! conclut Ramond, en se décidant à prendre congé, par crainte de l'exciter davantage, je vous laisse Clotilde, et je suis bien tranquille... Clotilde arrangera ça.

Mais Pascal, ce matin-là, avait reçu le coup suprême. Il s'alita dès le soir, resta jusqu'au lendemain soir sans vouloir ouvrir la porte de sa chambre. Vainement, Clotilde finit par s'inquiéter, tapa violemment du poing : pas un souffle, rien ne répondit. Martine vint elle-même, supplia monsieur, à travers la serrure, de lui répondre au moins qu'il n'avait besoin de rien. Un silence de mort régnait, il semblait que la chambre fût vide. Puis, le matin du second jour, comme la jeune fille, par hasard, tournait le bouton, la porte céda ; peut-être, depuis des heures, n'était-elle plus fermée. Et elle put entrer librement dans cette pièce où elle n'avait jamais mis les pieds, une grande pièce que son exposition au nord rendait froide, où elle n'aperçut qu'un petit lit de fer sans rideaux, un appareil à douches dans un coin, une longue table de bois noir, des chaises, et sur la table, sur des planches, le long des murs, toute une alchimie, des mortiers, des fourneaux, des machines, des trousses. Pascal, levé, habillé, était assis au bord de son lit, qu'il s'était épuisé à refaire lui-même.

— Tu ne veux donc pas que je te soigne ? demanda-t-elle, émue et craintive, en n'osant trop s'avancer.

Il eut un geste d'abattement.

— Oh ! tu peux entrer, je ne te battrai pas, je n'en ai plus la force.

Et, dès ce jour, il la toléra autour de lui, il lui permit de le servir. Mais il avait pourtant des caprices, il ne voulait pas qu'elle entrât, lorsqu'il était couché, pris d'une sorte de pudeur maladive ; et il la forçait à lui envoyer Martine. D'ailleurs, il restait au lit rarement, se traînait de chaise en chaise, dans son impuissance à faire un travail quelconque. Le mal s'était encore aggravé, il en arrivait au désespoir de tout, ravagé de migraines et de vertiges d'estomac, sans force, comme il le disait, pour mettre un pied devant l'autre, convaincu chaque matin qu'il coucherait le soir aux Tulettes, fou à lier. Il maigrissait, il avait une face douloureuse, d'une beauté tragique, sous le flot de ses cheveux blancs, qu'il continuait à peigner par une dernière coquetterie. Et, s'il acceptait qu'on le soignât, il refusait rudement tout remède, dans le doute où il était tombé de la médecine.

Clotilde, alors, n'eut plus d'autre préoccupation que lui. Elle se détachait du reste, elle était allée d'abord aux messes basses, puis elle avait cessé complètement de se rendre à l'église. Dans son impatience d'une certitude et du bonheur, il semblait qu'elle commençât à se contenter par cet emploi de toutes ses minutes, autour d'un être cher, qu'elle aurait voulu revoir bon et joyeux. C'était un don de sa personne, un oubli d'elle-même, un besoin de faire son bonheur du bonheur d'un autre; et cela inconsciemment, sous la seule impulsion de son cœur de femme, au milieu de cette crise qu'elle traversait, qui la modifiait profondément, sans qu'elle en raisonnât. Elle se taisait toujours sur le désaccord qui les avait séparés, elle n'avait pas l'idée encore de se jeter à son cou, en lui criant qu'elle était à lui, qu'il pouvait revivre, puisqu'elle se donnait. Dans sa pensée, elle n'était qu'une fille tendre, le veillant, comme une autre parente l'aurait veillé. Et cela était très pur, très chaste, des soins délicats, de continuelles prévenances, un tel envahissement de sa vie, que les journées, maintenant, passaient rapides, exemptes du tourment de l'au delà, pleines de l'unique souhait de le guérir.

Mais où elle eut à soutenir une véritable lutte, ce fut pour le décider à se piquer. Il s'emportait, niait sa découverte, se traitait d'imbécile. Et elle aussi criait. C'était elle, à présent, qui avait foi en la science, qui s'indignait de le voir douter de son génie. Longtemps, il résista; puis, affaibli, cédant à l'empire qu'elle prenait, il voulut simplement s'éviter la tendre querelle qu'elle lui cherchait chaque matin. Dès les premières piqûres, il éprouva un grand soulagement, bien qu'il refusât d'en convenir. La tête se dégageait, les forces revenaient peu à peu. Aussi triompha-t-elle, prise pour lui d'un élan d'orgueil, exaltant sa méthode, se révoltant de ce qu'il ne s'admirât pas lui-même, comme un exemple des miracles qu'il pouvait faire. Il souriait, il commençait à voir clair dans son cas. Ramond avait dit vrai, il ne devait y avoir eu là que de l'épuisement nerveux. Peut-être, tout de même, finirait-il par s'en tirer.

— Eh! c'est toi qui me guéris, petite fille, disait-il, sans vouloir avouer son espoir. Les remèdes, vois-tu, ça dépend de la main qui les donne.

La convalescence traîna, dura tout le mois de février. Le temps restait clair et froid, pas un jour le soleil ne cessa de chauffer la salle, de son bain de pâles rayons. Et il y eut pourtant des rechutes de noires tristesses, des heures où le malade retombait à ses épouvantes; tandis que sa gardienne, désolée, devait aller s'asseoir à l'autre bout de la pièce, pour ne pas l'irriter davantage. De nouveau, il désespérait de la guérison. Il devenait amer, d'une ironie agressive.

Ce fut par un de ces mauvais jours que Pascal, s'étant approché d'une fenêtre, aperçut son voisin, M. Bellombre, le professeur retraité, en train de faire le tour de ses arbres, pour voir s'ils avaient beaucoup de boutons à fruit. La vue du vieillard si correct et si droit, d'un beau calme d'égoïsme, sur lequel la maladie ne semblait avoir jamais eu de prise, le jeta brusquement hors de lui.

— Ah! gronda-t-il, en voilà un qui ne se surmènera jamais, qui ne risquera jamais sa peau à se faire du chagrin!

Et il partit de là, entama un éloge ironique de l'égoïsme. Être tout seul au monde, n'avoir pas un ami, pas une femme, pas un enfant à soi, quelle félicité! Ce dur avare qui, pendant quarante ans, n'avait eu qu'à gifler les enfants des autres, qui s'était retiré à l'écart, sans un chien, avec un jardinier muet et sourd, plus âgé que lui, ne représentait-il pas la plus grande somme de bonheur possible sur la terre? Pas une charge, pas un devoir, pas une préoccupation autre que celle de sa chère santé! C'était un sage, il vivrait cent ans.

— Ah ! la peur de la vie ! décidément, il n'y a point de lâcheté meilleure... Dire que j'ai parfois le regret de n'avoir pas ici un enfant à moi ! Est-ce qu'on a le droit de mettre au monde des misérables ? Il faut tuer l'hérédité mauvaise, tuer la vie... Le seul honnête homme, tiens ! c'est ce vieux lâche !

M. Bellombre, paisiblement, au soleil de mars, continuait à faire le tour de ses poiriers. Il ne risquait pas un mouvement trop vif, il économisait sa verte vieillesse. Comme il venait de rencontrer un caillou dans l'allée, il l'écarta du bout de sa canne, puis passa sans hâte.

— Regarde-le donc !... Est-il bien conservé, est-il beau, a-t-il toutes les bénédictions du ciel dans sa personne ! Je ne connais personne de plus heureux.

Clotilde, qui se taisait, souffrait de cette ironie de Pascal, qu'elle devinait si douloureuse. Elle qui, d'habitude, défendait M. Bellombre, sentait en elle monter une protestation. Des larmes lui vinrent aux paupières, et elle répondit simplement, à voix basse :

— Oui, mais il n'est pas aimé.

Cela, du coup, fit cesser la pénible scène. Pascal, comme s'il avait reçu un choc, se retourna, la regarda. Un subit attendrissement lui mouillait aussi les yeux ; et il s'éloigna pour ne pas pleurer.

Des jours encore se passèrent, au milieu de ces alternatives de bonnes et de mauvaises heures. Les forces ne revenaient que très lentement, et ce qui le désespérait, c'était de ne pouvoir se remettre au travail, sans être pris de sueurs abondantes. S'il s'était obstiné, il se serait sûrement évanoui. Tant qu'il ne travaillerait pas, il sentait bien que la convalescence traînerait. Cependant, il s'intéressait de nouveau à ses recherches accoutumées, il relisait les dernières pages qu'il avait écrites ; et, avec ce réveil du savant en lui, reparaissaient ses inquiétudes d'autrefois. Un moment, il était tombé à une telle dépression, que la maison entière avait comme disparu : on aurait pu le piller, tout prendre, tout détruire, qu'il n'aurait pas même eu la conscience du désastre. Maintenant, il se remettait aux aguets, il tâtait sa poche, pour bien s'assurer que la clef de l'armoire s'y trouvait.

Mais, un matin, comme il s'était oublié au lit et qu'il sortait seulement de sa chambre vers onze heures, il aperçut Clotilde dans la salle, tranquillement occupée à faire un pastel très exact d'une branche d'amandier fleurie. Elle leva la tête, souriante ; et, prenant une clef, posée près d'elle, sur son pupitre, elle voulut la lui donner.

— Tiens ! maître.

Étonné, sans comprendre encore, il examinait l'objet qu'elle lui tendait.

— Quoi donc ?

— C'est la clef de l'armoire que tu as dû laisser tomber de ta poche hier, et que j'ai ramassée ici, ce matin.

Alors, Pascal la prit, avec une émotion extraordinaire. Il la regardait, il regardait Clotilde. C'était donc fini ? Elle ne le persécuterait plus, elle ne s'enragerait plus à tout voler, à tout brûler ? Et, la voyant très émue, elle aussi, il en eut une joie immense au cœur.

Il la saisit, il l'embrassa.

— Ah ! fillette, si nous pouvions n'être pas trop malheureux !

Puis, il alla ouvrir un tiroir de sa table, et il y jeta la clef, comme autrefois.

Dès lors, il retrouva des forces, la convalescence marcha plus rapide. Des rechutes étaient possibles encore, car il restait bien ébranlé. Mais il put écrire, les journées furent moins lourdes. Le soleil s'était également ragaillardi, la chaleur devenait déjà telle, dans la salle, qu'il fallait parfois clore à demi les volets. Il refusait de recevoir, tolérait à peine Martine, faisait répondre à sa mère qu'il dormait, quand elle venait prendre de ses nouvelles, de loin en loin. Et il n'était content que dans cette délicieuse solitude, soigné par la révoltée, l'ennemie d'hier, l'élève soumise d'aujourd'hui. De longs silences régnaient entre eux, sans qu'ils en fussent gênés. Ils réfléchissaient, ils rêvaient avec une infinie douceur.

Pourtant, un jour, Pascal parut très grave. Il avait la conviction à présent que son mal était purement accidentel et que la question d'hérédité n'y avait joué aucun rôle. Mais cela ne l'emplissait pas moins d'humilité.

— Mon Dieu ! murmura-t-il, que nous sommes peu de chose ! Moi qui me croyais si solide, qui étais si fier de ma saine raison ! Voilà qu'un peu de chagrin et un peu de fatigue ont failli me rendre fou !

Il se tut, réfléchit encore. Ses yeux s'éclairaient, il achevait de se vaincre. Puis, dans un moment de sagesse et de courage, il se décida.

— Si je vais mieux, c'est pour toi surtout que ça me fait plaisir.

Clotilde, ne comprenant pas, leva la tête.

— Comment ça ?

— Mais sans doute, à cause de ton mariage... Maintenant, on va pouvoir fixer une date.

Elle restait surprise.

— Ah ! c'est vrai, mon mariage !

— Veux-tu que nous choisissions, dès aujourd'hui, la seconde semaine de juin ?

— Oui, la seconde semaine de juin, ce sera très bien.

Ils ne parlèrent plus, elle avait ramené les yeux sur le travail de couture qu'elle faisait, tandis que lui, les regards au loin, restait immobile, le visage grave.

VII

Ce jour-là, en arrivant à la Souleiade, la vieille madame Rougon aperçut Martine dans le potager, en train de planter des poireaux ; et, profitant de la circonstance, elle se dirigea vers la servante, pour causer et tirer d'elle des renseignements, avant d'entrer dans la maison.

Le temps passait, elle était désolée de ce qu'elle appelait la désertion de Clotilde. Elle sentait bien que jamais plus elle n'aurait les dossiers par elle. Cette petite se perdait, se rapprochait de Pascal, depuis qu'elle l'avait soigné ; et elle se pervertissait, à ce point, qu'elle ne l'avait pas revue à l'église. Aussi en revenait-elle à son idée première, l'éloigner, puis conquérir son fils, quand il serait seul, affaibli par la solitude. Puisqu'elle n'avait pu la décider à suivre son frère, elle se passionnait pour le mariage, elle aurait voulu la jeter dès le lendemain au cou du docteur Ramond, mécontente des continuelles lenteurs. Et elle accourait, cette après-midi-là, avec le besoin fiévreux de hâter les choses.

— Bonjour, Martine... Comment va-t-on ici ?

La servante, agenouillée, les mains pleines de terre, leva sa face pâle, qu'elle protégeait contre le soleil, à l'aide d'un mouchoir noué sur sa coiffe.

— Mais comme toujours, madame, doucement.

Et elles causèrent. Félicité la traitait en confidente, en fille dévouée, aujourd'hui de la famille, à laquelle on pouvait tout dire. Elle commença par la questionner, voulut savoir si le docteur Ramond n'était pas venu le matin. Il était venu, mais on n'avait pour sûr parlé que de choses indifférentes. Alors, elle se désespéra, car elle-même avait vu le docteur, la veille, et il s'était confié à elle, chagrin de n'avoir pas de réponse définitive, pressé maintenant d'obtenir au moins la parole de Clotilde. Ça ne pouvait durer ainsi, il fallait forcer la jeune fille à s'engager.

— Il est trop délicat, s'écria-t-elle. Je le lui avais dit, je savais bien que, ce matin encore, il n'oserait pas la mettre au pied du mur... Mais je vais m'en mêler. Nous verrons si je n'oblige pas cette petite à prendre un parti.

Puis, se calmant :

— Voilà mon fils debout, il n'a pas besoin d'elle.

Martine qui s'était remise à planter ses poireaux, la taille cassée en deux, se redressa vivement.

— Ah! ça, pour sûr!

Et, sur son visage usé par trente ans de domesticité, une flamme se rallumait. C'était qu'une plaie saignait en elle, depuis que son maître ne la tolérait presque plus à son côté. Pendant toute sa maladie, il l'avait écartée, acceptant de moins en moins ses services, finissant par lui fermer la porte de sa chambre. Elle avait la sourde conscience de ce qui se passait, une instinctive jalousie la torturait, dans son adoration pour ce maître dont elle était restée la chose durant de si longues années.

— Pour sûr que nous n'avons pas besoin de mademoiselle!... Je suffis bien à monsieur.

Alors, elle si discrète, parla de ses travaux de jardinage, dit qu'elle trouvait le temps de faire les légumes, afin d'éviter quelques journées d'homme. Sans doute, la maison était grande; mais, quand la besogne ne vous faisait pas peur, on arrivait à en voir le bout. Puis, dès que mademoiselle les aurait quittés, ce serait tout de même une personne de moins à servir. Et ses yeux luisaient inconsciemment, à l'idée de la grande solitude, de la paix heureuse où l'on vivrait, après ce départ.

Elle baissa la voix.

— Ça me fera de la peine, parce que monsieur en aura certainement beaucoup. Jamais je n'aurais cru que je souhaiterais une pareille séparation... Seulement, madame, je pense comme vous qu'il le faut, car j'ai grand'peur que mademoiselle ne finisse par se gâter ici et que ce ne soit encore une âme perdue pour le bon Dieu... Ah! c'est triste, j'en ai le cœur si gros souvent, qu'il éclate!

— Ils sont là-haut tous les deux, n'est-ce pas? dit Félicité. Je monte les voir, et je me charge de les obliger à en finir.

Une heure plus tard, lorsqu'elle descendit, elle retrouva Martine qui se traînait encore à genoux, dans la terre molle, achevant ses plantations. En haut, dès les premiers mots, comme elle racontait qu'elle avait causé avec le docteur Ramond et qu'il se montrait impatient de connaître son sort, elle venait de voir Pascal l'approuver : il était grave, il hochait la tête, comme pour dire que cette impatience lui semblait naturelle. Clotilde elle-même, cessant de sourire, avait paru l'écouter avec déférence. Mais elle témoignait quelque surprise. Pourquoi la pressait-on? Maître avait fixé le mariage à la seconde semaine de juin, elle avait donc deux grands mois devant elle. Très prochainement, elle en parlerait avec Ramond. C'était si sérieux, le mariage, qu'on pouvait bien la laisser réfléchir et ne s'engager qu'à la dernière minute. D'ailleurs, elle disait ces choses de son air sage, en personne résolue à prendre un parti. Et Félicité avait dû se contenter de l'évident désir où ils étaient tous les deux que les choses eussent le dénouement le plus raisonnable.

— En vérité, je crois que c'est fait, conclut-elle. Lui, ne paraît y mettre aucun obstacle, et elle, n'a l'air que de vouloir agir sans hâte, en fille qui entend s'interroger à fond, avant de s'engager pour la vie... Je vais encore lui laisser huit jours de réflexion.

Martine, assise sur ses talons, regardait la terre fixement, la face envahie d'ombre.

— Oui, oui, murmura-t-elle à voix basse, mademoiselle réfléchit beaucoup depuis quelque temps... Je la trouve dans tous les coins. On lui parle, elle ne vous répond pas. C'est comme les gens qui couvent une maladie et qui ont les yeux à l'envers... Il se passe des choses, elle n'est plus la même, plus la même...

Et elle reprit le plantoir, elle enfonça un poireau, dans son entêtement au travail; tandis que la vieille madame Rougon, un peu tranquillisée, s'en allait, certaine du mariage, disait-elle.

Pascal, en effet, semblait accepter le mariage de Clotilde ainsi qu'une chose résolue, inévitable. Il n'en avait plus reparlé avec elle; les rares allusions qu'ils y faisaient entre eux, dans leurs conversations de toutes les heures, les laissaient calmes; et c'était simplement comme si les deux mois qu'ils avaient encore à vivre ensemble, devaient être sans fin, une éternité dont ils n'auraient pas vu le bout. Elle, surtout, le regardait en souriant, renvoyait à plus tard les ennuis, les partis à prendre, d'un joli geste vague, qui s'en remettait à la vie bienfaisante. Lui, guéri, retrouvant ses forces chaque jour, ne s'attristait qu'au moment de rentrer dans la solitude de sa chambre, le soir, quand elle était couchée. Il avait froid, un frisson le prenait, à songer qu'une époque allait venir où il serait toujours seul. Était-ce donc la vieillesse commençante qui le faisait grelotter ainsi? Cela, au loin, lui apparaissait comme une contrée de ténèbres, dans laquelle il sentait déjà toutes ses énergies se dissoudre. Et, alors, le regret de la femme, le regret de l'enfant l'emplissait de révolte, lui tordait le cœur d'une intolérable angoisse.

Ah! que n'avait-il vécu! Certaines nuits, il arrivait à maudire la science, qu'il accusait de lui avoir pris le meilleur de sa virilité. Il s'était laissé dévorer par le travail, qui lui avait mangé le cerveau, mangé le cœur, mangé les muscles. De toute cette passion solitaire, il n'était né que des livres, du papier noirci que le vent emporterait sans doute, dont les feuilles froides lui glaçaient les mains, lorsqu'il les ouvrait. Et pas de vivante poitrine de femme à serrer contre la sienne, pas de tièdes cheveux d'enfant à baiser! Il avait vécu seul dans sa couche glacée de savant égoïste, il y mourrait seul. Vraiment, allait-il donc mourir ainsi? ne goûterait-il pas au bonheur des simples portefaix, des charretiers dont les fouets claquaient sous ses fenêtres? Il s'enfiévrait à l'idée qu'il devait se hâter, car bientôt il ne serait plus temps. Toute sa jeunesse inemployée, tous ses désirs refoulés et amassés lui remontaient alors dans les veines, en un flot tumultueux. C'étaient des serments d'aimer encore, de revivre pour épuiser les passions qu'il n'avait point bues, de goûter à toutes, avant d'être un vieillard. Il frapperait aux portes, il arrêterait les passants, il battrait les champs et la ville. Puis, le lendemain, quand il s'était lavé à grande eau et qu'il quittait sa chambre, toute cette fièvre se calmait, les tableaux brûlants s'effaçaient, il retombait à sa timidité naturelle. Puis, la nuit suivante, la peur de la solitude le rejetait à la même insomnie, son sang se rallumait, et c'étaient les mêmes désespoirs, les mêmes rébellions, les mêmes besoins de ne pas mourir sans avoir connu la femme...

Pendant ces nuits ardentes, les yeux grands ouverts dans l'obscurité, il recommençait toujours le même rêve. Une fille des routes passait, une fille de vingt ans, admirablement belle ; et elle entrait s'agenouiller devant lui, d'un air d'adoration soumise, et il l'épousait. C'était une de ces pèlerines d'amour, comme on en trouve dans les anciennes histoires, qui avait suivi une étoile pour venir rendre la santé et la force à un vieux roi très puissant, couvert de gloire. Lui était le vieux roi, et elle l'adorait, elle faisait ce miracle, avec ses vingt ans, de lui donner de sa jeunesse. Il sortait triomphant de ses bras, il avait retrouvé la foi, le courage en la vie. Dans une Bible du quinzième siècle qu'il possédait, ornée de naïves gravures sur bois, une image surtout l'intéressait, le vieux roi David rentrant dans sa chambre, la main posée sur l'épaule nue d'Abisaïg, la jeune Sunamite. Et il lisait le texte, sur la page voisine : « Le roi David, étant vieux, ne pouvait se réchauffer, quoiqu'on le couvrît beaucoup. Ses serviteurs lui dirent donc : « Nous chercherons une « jeune fille vierge pour le roi notre seigneur, afin qu'elle « se tienne en présence du roi, qu'elle puisse l'amuser, « et que, dormant près de lui, elle réchauffe le roi notre « seigneur. » Ils cherchèrent donc dans toutes les terres d'Israël une fille qui fût jeune et belle ; ils trouvèrent Abisaïg, Sunamite, et l'amenèrent au roi ; c'était une jeune fille d'une grande beauté ; elle dormait auprès du roi, et elle le servait... » Ce frisson du vieux roi, n'était-ce pas celui qui le glaçait maintenant, dès qu'il se couchait seul, sous le plafond morne de sa chambre? Et la fille des routes, la pèlerine d'amour que son rêve lui amenait, n'était-elle pas l'Abisaïg dévotieuse et docile, la sujette passionnée se donnant toute à son maître, pour son unique bien? Il la voyait toujours là, en esclave heureuse de s'anéantir en lui, attentive à son moindre désir, d'une beauté si éclatante, qu'elle suffisait à sa continuelle joie, d'une douceur telle, qu'il se sentait près d'elle comme baigné d'une huile parfumée. Puis, à feuilleter parfois l'antique Bible, d'autres gravures défilaient, son imagination s'égarait au milieu de ce monde évanoui des patriarches et des rois. Quelle foi en la longévité de l'homme, en sa force créatrice, en sa toute-puissance sur la femme, ces extraordinaires histoires d'hommes de cent ans fécondant encore leurs épouses, recevant leurs servantes dans leur lit, accueillant les jeunes veuves et les vierges qui passent! C'était Abraham centenaire, père d'Ismaël et d'Isaac, époux de sa sœur Sara, maître obéi de sa servante Agar. C'était la délicieuse idylle de Ruth et de Booz, la jeune veuve arrivant au pays de Bethléem, pendant la moisson des orges, venant se coucher, par une nuit tiède, aux pieds du maître, qui comprend le droit qu'elle réclame, et l'épouse, comme son parent par alliance, selon la loi. C'était toute cette poussée libre d'un peuple fort et vivace, dont l'œuvre devait conquérir le monde, ces hommes à la virilité jamais éteinte, ces femmes toujours fécondes, cette continuité entêtée et pullulante de la race, au travers des crimes, des adultères, des incestes, des amours hors d'âge et hors de raison. Et son rêve, à lui, devant les vieilles gravures naïves, finissait par prendre une réalité. Abisaïg entrait dans sa triste chambre qu'elle éclairait et qu'elle embaumait, ouvrait ses bras nus, ses flancs nus, toute sa nudité divine, pour lui faire le don de sa royale jeunesse.

Ah! la jeunesse, il en avait une faim dévorante! Au déclin de sa vie, ce désir passionné de jeunesse était la révolte contre l'âge menaçant, une envie désespérée de revenir en arrière, de recommencer. Et, dans ce besoin de recommencer, il n'y avait pas seulement, pour lui, le regret des premiers bonheurs, l'inestimable prix des heures mortes, auxquelles le souvenir prête son charme ; il y avait aussi la volonté bien arrêtée de jouir, cette fois, de sa santé et de sa force, de ne rien perdre de la joie d'aimer. Ah! la jeunesse, comme il y aurait mordu à pleines dents, comme il l'aurait revécue avec l'appétit vorace de toute la manger et de toute la boire, avant de vieillir. Une émotion l'angoissait, lorsqu'il se revoyait à vingt ans, la taille mince, d'une vigueur bien portante de jeune chêne, les dents éclatantes, les cheveux drus et noirs. Avec quelle fougue il les aurait fêtés, ces dons dédaignés autrefois, si un prodige les lui avait rendus! Et la jeunesse chez la femme, une jeune fille qui passait, le troublait, le jetait à un attendrissement profond. C'était même souvent en dehors de la personne, l'image seule de la jeunesse, l'odeur pure et l'éclat qui sortait d'elle, des yeux clairs, des lèvres saines, des joues fraîches, un cou délicat surtout, satiné et rond, ombré de cheveux follets sur la nuque ; et la jeunesse lui apparaissait toujours fine et grande, divinement élancée en sa nudité tranquille. Ses regards suivaient l'apparition, son cœur se noyait d'un désir infini. Il n'y avait que la jeunesse de bonne et de désirable, elle était la fleur du monde, la seule beauté, la seule joie, le seul vrai bien, avec la santé, que la nature pouvait donner à l'être. Ah! recommencer, être jeune encore, avoir à soi, dans une étreinte, toute la femme jeune!

Pascal et Clotilde, maintenant, depuis que les belles journées d'avril fleurissaient les arbres fruitiers, avaient repris leurs promenades du matin, dans la Souleiade. Il faisait ses premières sorties de convalescent, elle le conduisait sur l'aire déjà brûlante, l'emmenait par les allées de la pinède, le ramenait au bord de la terrasse, que coupaient seules les barres d'ombre des deux cyprès centenaires. Le soleil y blanchissait les vieilles dalles, l'immense horizon se déroulait sous le ciel éclatant.

Et, un matin que Clotilde avait couru, elle rentra très animée, toute vibrante de rires, si gaiement étourdie, qu'elle monta dans la salle, sans avoir ôté son chapeau de jardin, ni la dentelle légère qu'elle avait nouée à son cou.

— Ah! dit-elle, j'ai chaud!... Et suis-je sotte de ne m'être pas débarrassée en bas! Je vais redescendre ça tout à l'heure.

Elle avait, en entrant, jeté la dentelle sur un fauteuil. Mais ses mains s'impatientaient, à vouloir défaire les brides du grand chapeau de paille.

— Allons, bon! voilà que j'ai serré le nœud. Je ne m'en sortirai pas, il faut que tu viennes à mon secours.

Pascal, excité lui aussi par la bonne promenade, s'égayait, en la voyant si belle et si heureuse. Il s'approcha, dut se mettre tout contre elle.

— Attends, lève le menton... Oh! tu remues toujours, comment veux-tu que je m'y reconnaisse?

Elle riait plus haut, il voyait le rire qui lui gonflait la gorge d'une onde sonore. Ses doigts s'emmêlaient sous le menton, à cette partie délicieuse du cou, dont il touchait involontairement le tiède satin. Elle avait une robe très échancrée, il la respirait toute par cette ouverture, d'où montait le bouquet vivant de la femme, l'odeur pure de sa jeunesse, chauffée au grand soleil. Tout d'un coup, il eut un éblouissement, il crut défaillir.

— Non, non! je ne puis pas, si tu ne restes pas tranquille!

Un flot de sang lui battait les tempes, ses doigts s'égaraient, tandis qu'elle se renversait davantage, offrant la tentation de sa virginité, sans le savoir. C'était l'apparition de royale jeunesse, les yeux clairs, les lèvres saines, les joues fraîches, le cou délicat surtout, satiné et rond, ombré de cheveux follets vers la nuque. Et il la sentait si fine, si élancée, la gorge menue, dans son divin épanouissement!

— Là, c'est fait! cria-t-elle.

Sans savoir comment, il avait dénoué les brides. Les murs tournaient, il la vit encore, nu-tête maintenant, avec son visage d'astre, qui secouait en riant les boucles de ses cheveux dorés. Alors, il eut peur de la reprendre dans ses bras, de la baiser follement, à toutes les places où elle montrait un peu de sa nudité. Et il se sauva, en emportant le chapeau qu'il avait gardé à la main, bégayant :

— Je vais l'accrocher dans le vestibule... Attends-moi, il faut que je parle à Martine.

En bas, il se réfugia au fond du salon abandonné, il s'y enferma à double tour, tremblant qu'elle ne s'inquiétât et qu'elle ne descendît l'y chercher. Il était éperdu et hagard, comme s'il venait de commettre un crime. Il parla tout haut, il frémit à ce premier cri, jailli de ses lèvres: « Je l'ai toujours aimée, désirée éperdument! » Oui, depuis qu'elle était femme, il l'adorait. Et il voyait clair, brusquement, il voyait la femme qu'elle était devenue, lorsque, du galopin sans sexe, s'était dégagée cette créature de charme et d'amour, avec ses jambes longues et fuselées, son torse élancé et fort, à la poitrine ronde, au cou rond, aux bras ronds et souples. Sa nuque, ses épaules étaient un lait pur, une soie blanche, polie, d'une infinie douceur. Et c'était monstrueux, mais c'était bien vrai, il avait faim de tout cela, une faim dévorante de cette jeunesse, de cette fleur de chair si pure, et qui sentait bon.

Alors, Pascal, tombé sur une chaise boiteuse, la face entre ses deux mains jointes, comme pour ne plus voir la lumière du jour, éclata en gros sanglots. Mon Dieu! qu'allait-il devenir? Une fillette que son frère lui avait confiée, qu'il avait élevée en bon père, et qui était, aujourd'hui, cette tentatrice de vingt-cinq ans, la femme dans sa toute-puissance souveraine! Il se sentait plus désarmé, plus débile qu'un enfant.

Et, au-dessus du désir physique, il l'aimait encore d'une immense tendresse, épris de sa personne morale et intellectuelle, de sa droiture de sentiment, de son joli esprit, si brave, si net. Il n'y avait pas jusqu'à leur désaccord, cette inquiétude du mystère dont elle était tourmentée, qui n'achevât de la lui rendre précieuse, comme un être différent de lui, où il retrouvait un peu de l'infini des choses. Elle lui plaisait dans ses rébellions, quand elle lui tenait tête. Elle était la compagne et l'élève, il la voyait telle qu'il l'avait faite, avec son grand cœur, sa franchise passionnée, sa raison victorieuse. Et elle restait toujours nécessaire et présente, il ne s'imaginait pas qu'il pourrait respirer un air où elle ne serait plus, il avait le besoin de son haleine, du vol de ses jupes autour de lui, de sa pensée et de son affection dont il se sentait enveloppé, de ses regards, de son sourire, de toute sa vie quotidienne de femme qu'elle lui avait donnée, qu'elle n'aurait pas la cruauté de lui reprendre. A l'idée qu'elle allait partir, c'était, sur sa tête, comme un écroulement du ciel, la fin de tout, les ténèbres dernières. Elle seule existait au monde, elle était la seule haute et bonne, la seule intelligente et sage, la seule belle, d'une beauté de miracle. Pourquoi donc, puisqu'il l'adorait et qu'il était son maître, ne montait-il pas la reprendre dans ses bras et la baiser comme une idole? Ils étaient bien libres tous les deux, elle n'ignorait rien, elle avait l'âge d'être femme. Ce serait le bonheur.

Pascal, qui ne pleurait plus, se leva, voulut marcher

vers la porte. Mais, tout d'un coup, il retomba sur la chaise, écrasé par de nouveaux sanglots. Non, non! c'était abominable, c'était impossible! Il venait de sentir, sur son crâne, ses cheveux blancs comme une glace; et il avait une horreur de son âge, de ses cinquante-neuf ans, à la pensée de ses vingt-cinq ans, à elle. Son frisson de terreur l'avait repris, la certitude qu'elle le possédait, qu'il allait être sans force contre la tentation journalière. Et il la voyait lui donnant à dénouer les brides de son chapeau, l'appelant, le forçant à se pencher derrière elle, pour quelque correction, dans son travail; et il se voyait aveugle, affolé, lui dévorant le cou, lui dévorant la nuque, à pleine bouche. Ou bien, c'était pis encore, le soir, quand ils tardaient tous deux à faire apporter la lampe, un alanguissement sous la tombée lente de la nuit complice, une chute involontaire, l'irréparable, au bras l'un de l'autre. Toute une colère le soulevait contre ce dénouement possible, certain même, s'il ne trouvait pas le courage de la séparation. Ce serait de sa part le pire des crimes, un abus de confiance, une séduction basse. Sa révolte fut telle, qu'il se leva courageusement, cette fois, et qu'il eut la force de remonter dans la salle, bien résolu à lutter.

En haut, Clotilde s'était tranquillement remise à un dessin. Elle ne tourna pas même la tête, elle se contenta de dire :

— Comme tu as été longtemps! Je finissais par croire que Martine avait une erreur de dix sous dans ses comptes.

Cette plaisanterie habituelle sur l'avarice de la servante le fit rire. Et il alla s'asseoir tranquillement, lui aussi, devant sa table. Ils ne parlèrent plus jusqu'au déjeuner. Une grande douceur le baignait, le calmait, depuis qu'il était près d'elle. Il osa la regarder, il fut attendri par son fin profil, son air sérieux de grande fille qui s'applique. Avait-il donc fait un cauchemar, en bas? Allait-il se vaincre si aisément?

— Ah! s'écria-t-il, quand Martine les appela, j'ai une faim! tu vas voir si je me refais des muscles!

Gaiement, elle était venue lui prendre le bras.

— C'est ça, maître! il faut être joyeux et fort!

Mais, la nuit, dans sa chambre, l'agonie recommença. A l'idée de la perdre, il avait dû enfoncer sa face au fond de l'oreiller, pour étouffer ses cris. Des images s'étaient précisées, il l'avait vue aux bras d'une autre, faisant à un autre le don de son corps vierge, et une jalousie atroce le torturait. Jamais il ne trouverait l'héroïsme de consentir à un pareil sacrifice. Toutes sortes de plans se heurtaient dans sa pauvre tête en feu : l'écarter du mariage, la garder près de lui, sans qu'elle soupçonnât jamais sa passion; s'en aller avec elle, voyager de ville en ville, occuper leurs deux cerveaux d'études sans fin, pour conserver leur camaraderie de maître à élève; ou même, s'il le fallait, l'envoyer à son frère dont elle serait la garde-malade, la perdre plutôt que de la livrer à un mari. Et, à chacune de ces solutions, il sentait son cœur se déchirer et crier d'angoisse, dans son impérieux besoin de la posséder tout entière. Il ne se contentait plus de sa présence, il la voulait à lui, pour lui, en lui, telle qu'elle se dressait rayonnante, sur l'obscurité de la chambre, avec sa nudité pure, vêtue du seul flot déroulé de ses cheveux. Ses bras étreignaient le vide, il sauta du lit, chancelant ainsi qu'un homme pris de boisson; et ce fut seulement dans le grand calme noir de la salle, les pieds nus sur le parquet, qu'il se réveilla de cette folie brusque. Où allait-il donc, grand Dieu? Frapper à la porte de cette enfant endormie? l'enfoncer peut-être d'un coup d'épaule? Le petit souffle pur qu'il crut entendre, au milieu du profond silence, le frappa au visage, le renversa, comme un vent sacré. Et il revint s'abattre sur son lit, dans une crise de honte et d'affreux désespoir.

Le lendemain, lorsqu'il se leva, Pascal, brisé par l'insomnie, était résolu. Il prit sa douche de chaque jour, il se sentit raffermi et plus sain. Le parti auquel il venait de s'arrêter, était de forcer Clotilde à engager sa parole. Quand elle aurait accepté formellement d'épouser Ramond, il lui semblait que cette solution irrévocable le soulagerait, lui interdirait toute folie d'espérance. Ce serait une barrière de plus, infranchissable, mise entre elle et lui. Il se trouverait, dès lors, armé contre son désir, et s'il souffrait toujours, ce ne serait que de la souffrance, sans cette crainte horrible de devenir un malhonnête homme, de se relever une nuit, pour l'avoir avant l'autre.

Ce matin-là, lorsqu'il expliqua à la jeune fille qu'elle ne pouvait tarder davantage, qu'elle devait une réponse décisive au brave garçon qui l'attendait depuis si longtemps, elle parut d'abord étonnée. Elle le regardait bien en face, dans les yeux; et il avait la force de ne pas se troubler, il insistait simplement d'un air un peu chagrin, comme s'il était attristé d'avoir à lui dire ces choses. Enfin, elle eut un faible sourire, elle détourna la tête.

— Alors, maître, tu veux que je te quitte?

Il ne répondit pas directement.

— Ma chérie, je t'assure que ça devient ridicule. Ramond aurait le droit de se fâcher.

Elle était allée ranger des papiers sur son pupitre. Puis, après un silence :

— C'est drôle, te voilà avec grand'mère et Martine à présent. Elles me persécutent pour que j'en finisse... Je croyais avoir encore quelques jours. Mais, vraiment, si vous me poussez tous les trois...

Et elle n'acheva point, lui-même ne la força pas à s'expliquer plus nettement.

— Alors, demanda-t-il, quand veux-tu que je dise à Ramond de venir?

— Mais il peut venir quand il voudra, jamais ses visites ne m'ont contrariée... Ne t'en inquiète pas, je le ferai avertir que nous l'attendons, une de ces après-midi.

Le surlendemain, la scène recommença. Clotilde n'avait rien fait, et Pascal, cette fois, se montra violent. Il souffrait trop, il avait des crises de détresse, dès qu'elle n'était plus là, pour le calmer par sa fraîcheur souriante. Et il exigea, avec des mots rudes, qu'elle se conduisît en fille sérieuse, qu'elle ne s'amusât pas davantage d'un homme honorable et qui l'aimait.

— Que diable! puisque la chose doit se faire, finissons-en! Je te préviens que je vais envoyer un mot à Ramond et qu'il sera ici demain, à trois heures.

Elle l'avait écouté, les yeux à terre, muette. Ni l'un ni l'autre ne semblaient vouloir aborder la question de savoir si le mariage était bien résolu; et ils partaient de cette idée qu'il y avait là une décision antérieure, absolument prise. Quand il lui vit relever la tête, il trembla, car il avait senti passer un souffle, il la crut sur le point de dire qu'elle s'était interrogée et qu'elle se refusait à ce mariage. Que serait-il devenu, qu'aurait-il fait, mon Dieu! Déjà, il était envahi d'une immense joie et d'une épouvante folle. Mais elle le regardait, avec ce sourire discret et attendri qui ne quittait plus ses lèvres, et elle répondit d'un air d'obéissance :

— Comme il te plaira, maître. Fais-lui dire d'être ici demain, à trois heures.

La nuit fut si abominable pour Pascal, qu'il se leva tard, en prétextant que ses migraines l'avaient repris. Il n'éprouvait de soulagement que sous l'eau glacée de la douche. Puis, vers dix heures, il sortit, il parla d'aller lui-même chez Ramond. Mais cette sortie avait un autre but : il connaissait, chez une revendeuse de Plassans, tout un corsage en vieux point d'Alençon, une merveille qui dormait là, dans l'attente d'une folie généreuse d'amant ; et l'idée lui était venue, au milieu de ses tortures de la nuit, d'en faire cadeau à Clotilde, qui en garnirait sa robe de noces. Cette idée amère de la parer lui-même, de la faire très belle et toute blanche pour le don de son corps, attendrissait son cœur, épuisé de sacrifice. Elle connaissait le corsage, elle l'avait admiré un jour avec lui, émerveillée, ne le souhaitant que pour le mettre, à Saint-Saturnin, sur les épaules de la Vierge, une antique Vierge de bois, adorée des fidèles. La revendeuse le lui livra dans un petit carton, qu'il put dissimuler et qu'il cacha, en rentrant, au fond de son secrétaire.

A trois heures, le docteur Ramond, s'étant présenté, trouva dans la salle Pascal et Clotilde, qui l'avaient attendu, fiévreux et trop gais, en évitant d'ailleurs de reparler entre eux de sa visite. Il y eut des rires, tout un accueil d'une cordialité exagérée.

— Mais vous voilà complètement remis, maître ! dit le jeune homme. Jamais vous n'avez eu l'air si solide.

Pascal hocha la tête.

— Oh ! oh ! solide, peut-être ! seulement, le cœur n'y est plus.

Cet aveu involontaire arracha un mouvement à Clotilde, qui les regarda, comme si, par la force même des circonstances, elle les eût comparés l'un à l'autre. Ramond avait sa tête souriante et superbe de beau médecin adoré des femmes, sa barbe et ses cheveux noirs, puissamment plantés, tout l'éclat de sa virile jeunesse. Et Pascal, lui, sous ses cheveux blancs, avec sa barbe blanche, cette toison de neige, si touffue encore, gardait la beauté tragique des six mois de tortures qu'il venait de traverser. Sa face douloureuse avait un peu vieilli, il ne conservait que ses grands yeux restés enfants, des yeux bruns, vifs et limpides. Mais, à ce moment, chacun de ses traits exprimait une telle douceur, une bonté si exaltée, que Clotilde finit par arrêter son regard sur lui, avec une profonde tendresse. Il y eut un silence, un petit frisson qui passa dans les cœurs.

— Eh bien! mes enfants, reprit héroïquement Pascal, je crois que vous avez à causer ensemble... Moi, j'ai quelque chose à faire en bas, je remonterai tout à l'heure.

Et il s'en alla, en leur souriant.

Dès qu'ils furent seuls, Clotilde, très franche, s'approcha de Ramond, les deux mains tendues. Elle lui prit les siennes, les garda, tout en parlant.

— Écoutez, mon ami, je vais vous faire un gros chagrin... Il ne faudra pas trop m'en vouloir, car je vous jure que j'ai pour vous une très profonde amitié.

Tout de suite, il avait compris, il était devenu pâle.

— Clotilde, je vous en prie, ne me donnez pas de réponse, prenez du temps, si vous voulez réfléchir encore.

— C'est inutile, mon ami, je suis décidée.

Elle le regardait de son beau regard loyal, elle n'avait pas lâché ses mains, pour qu'il sentît bien qu'elle était sans fièvre et affectueuse. Et ce fut lui qui reprit, d'une voix basse :

— Alors, vous dites non?

— Je dis non, et je vous assure que j'en suis très peinée. Ne me demandez rien, vous saurez plus tard.

Il s'était assis, brisé par l'émotion qu'il contenait, en homme solide et pondéré, dont les plus grosses souffrances ne devaient pas rompre l'équilibre. Jamais un chagrin ne l'avait bouleversé ainsi. Il restait sans voix, tandis que, debout, elle continuait :

— Et surtout, mon ami, ne croyez pas que j'aie fait la coquette avec vous... Si je vous ai laissé de l'espérance, si je vous ai fait attendre ma réponse, c'est que, réellement, je ne voyais pas clair en moi-même... Vous ne pouvez vous imaginer par quelle crise je viens de passer, une véritable tempête, en pleines ténèbres, où j'achève de me retrouver à peine.

Enfin, il parla.

— Puisque vous le désirez, je ne vous demande rien... Il suffit, d'ailleurs, que vous répondiez à une seule question. Vous ne m'aimez pas, Clotilde?

Elle n'hésita point, elle dit gravement, avec une sympathie émue qui adoucissait la franchise de sa réponse :

— C'est vrai, je ne vous aime pas, je n'ai pour vous qu'une très sincère affection.

Il s'était relevé, il arrêta d'un geste les bonnes paroles qu'elle cherchait encore.

— C'est fini, nous n'en parlerons plus jamais. Je vous désirais heureuse. Ne vous inquiétez pas de moi. En ce moment, je suis comme un homme qui vient de recevoir sa maison sur la tête. Mais il faudra bien que je m'en tire.

Un flot de sang envahissait sa face pâle, il étouffait, il alla vers la fenêtre, puis revint, les pieds lourds, en cherchant à reprendre son aplomb. Largement, il respira. Dans le silence pénible, on entendit alors Pascal, qui montait avec bruit l'escalier, pour annoncer son retour.

— Je vous en prie, murmura rapidement Clotilde, ne disons rien à maître. Il ne connaît pas ma décision, je veux la lui apprendre moi-même, avec ménagement, car il tenait à ce mariage.

Pascal s'arrêta sur le seuil. Il était chancelant, essoufflé, comme s'il avait monté trop vite. Il eut encore la force de leur sourire.

— Eh bien! les enfants, vous vous êtes mis d'accord?

— Mais, sans doute, répondit Ramond, tout aussi frissonnant que lui.

— Alors, voilà qui est entendu?

— Complètement, dit à son tour Clotilde, qu'une défaillance avait prise.

Et Pascal vint, en s'appuyant aux meubles, se laisser tomber sur son fauteuil, devant sa table de travail.

— Ah! ah! vous voyez, les jambes ne sont toujours pas fameuses. C'est cette vieille carcasse de corps... N'importe! je suis très heureux, très heureux, mes enfants, votre bonheur va me remettre.

Puis, après quelques minutes de conversation, lorsque Ramond s'en fut allé, il parut repris de trouble, en se retrouvant seul avec la jeune fille.

— C'est fini, bien fini, tu me le jures?

— Absolument fini.

Dès lors, il ne parla plus, il hocha la tête, ayant l'air de répéter qu'il était ravi, que c'était parfait, qu'on allait enfin vivre tous tranquillement. Ses yeux s'étaient fermés, il feignait de s'endormir. Mais sa poitrine battait à se rompre, ses paupières obstinément closes retenaient des larmes.

Ce soir-là, vers dix heures, Clotilde étant descendue donner un ordre à Martine, Pascal profita de l'occasion, pour aller poser, sur le lit de la jeune fille, le petit carton qui contenait le corsage de dentelle. Elle remonta, lui souhaita la bonne nuit accoutumée; et il y avait vingt minutes que lui-même était rentré dans sa chambre, déjà en bras de chemise, lorsque toute une gaieté sonore éclata à sa porte. Un petit poing tapait, une voix fraîche criait, avec des rires :

— Viens donc, viens donc voir!

Il ouvrit irrésistiblement à cet appel de jeunesse, gagné par cette joie.

— Oh! viens donc, viens donc voir ce qu'un bel oiseau bleu a posé sur mon lit!

Et elle l'emmena dans sa chambre, sans qu'il pût refuser. Elle y avait allumé les deux flambeaux : toute la vieille chambre souriante, avec ses tentures d'un rose fané si tendre, semblait transformée en chapelle ; et, sur le lit, tel qu'un linge sacré, offert à l'adoration des croyants, elle avait étalé le corsage en ancien point d'Alençon.

— Non, tu ne te doutes pas!... Imagine-toi que je n'ai pas vu le carton d'abord. J'ai fait mon petit ménage de tous les soirs, je me suis déshabillée, et c'est lorsque je suis venue pour me mettre au lit, que j'ai aperçu ton cadeau... Ah! quel coup, mon cœur en a chaviré! J'ai bien senti que jamais je ne pourrais attendre le lendemain, et j'ai remis un jupon, et j'ai couru te chercher...

Alors, seulement, il remarqua qu'elle était à demi nue, comme le soir d'orage où il l'avait surprise en train de voler les dossiers. Et elle apparaissait divine, dans l'allongement fin de son corps de vierge, avec ses jambes fuselées, ses bras souples, son torse mince, à la gorge menue et dure.

Elle lui avait pris les mains, elle les serrait dans ses mains, à elle, de petites mains de caresse, enveloppantes.

— Que tu es bon et que je te remercie! Une telle merveille, un si beau cadeau, à moi qui ne suis personne!... Et tu t'es souvenu : je l'avais admirée, cette vieille relique d'art, je t'avais dit que la Vierge de Saint-Saturnin seule était digne de l'avoir aux épaules... Je suis contente, oh! contente! Car, c'est vrai, je suis coquette, d'une coquetterie, vois-tu, qui voudrait parfois des choses folles, des robes tissées avec des rayons, des voiles impalpables, faits avec le bleu du ciel... Comme je vais être belle! comme je vais être belle!

Radieuse, dans sa reconnaissance exaltée, elle se serrait contre lui, en regardant toujours le corsage, en le forçant à s'émerveiller avec elle. Puis, une soudaine curiosité lui vint.

— Mais, dis? à propos de quoi m'as-tu fait ce royal cadeau?

Depuis qu'elle était accourue le chercher, d'un tel élan de gaieté sonore, Pascal marchait dans un rêve. Il se sentait touché aux larmes par cette gratitude si tendre, il restait là, sans la terreur qu'il y redoutait, apaisé au contraire, ravi, comme à l'approche d'un grand bonheur miraculeux. Cette chambre, où il n'entrait jamais, avait la douceur des lieux sacrés, qui contentent les soifs inassouvies de l'impossible.

Son visage, pourtant, exprima une surprise. Et il répondit :

— Ce cadeau, ma chérie, mais c'est pour ta robe de noces.

A son tour, elle demeura un instant étonnée, n'ayant pas l'air de comprendre. Puis, avec le sourire doux et singulier qu'elle avait depuis quelques jours, elle s'égaya de nouveau.

— Ah! c'est vrai, mon mariage!

Elle redevint sérieuse, elle demanda :

— Alors, tu te débarrasses de moi, c'était pour ne plus m'avoir ici que tu tenais tant à me marier... Me crois-tu donc toujours ton ennemie?

Il sentit la torture revenir, il ne la regarda plus, voulant être héroïque.

— Mon ennemie, sans doute, ne l'es-tu pas? Nous avons tant souffert l'un par l'autre, ces mois derniers!

Il vaut mieux que nous nous séparions... Et puis, j'ignore ce que tu penses, tu ne m'as jamais donné la réponse que j'attendais.

Vainement, elle cherchait son regard. Elle se mit à parler de cette nuit terrible, où ils avaient parcouru les dossiers ensemble. C'était vrai, dans l'ébranlement de tout son être, elle ne lui avait pas dit encore si elle était avec lui ou contre lui. Il avait raison d'exiger une réponse.

Elle lui reprit les mains, elle le força à la regarder.

— Et c'est parce que je suis ton ennemie que tu me renvoies?... Écoute donc! Je ne suis pas ton ennemie, je suis ta servante, ton œuvre et ton bien... Entends-tu? je suis avec toi et pour toi, pour toi seul!

Il rayonnait, une joie immense s'allumait au fond de ses yeux.

— Je les mettrai, ces dentelles, oui! Elles serviront à ma nuit de noces, car je désire être belle, très belle, pour toi... Mais tu n'as donc pas compris! Tu es mon maître, c'est toi que j'aime...

D'un geste éperdu, il essaya inutilement de lui fermer la bouche. Dans un cri, elle acheva.

— Et c'est toi que je veux!

— Non, non! tais-toi, tu me rends fou!... Tu es fiancée à un autre, tu as engagé ta parole, toute cette folie est heureusement impossible.

— L'autre! je l'ai comparé à toi, et je t'ai choisi... Je l'ai congédié, il est parti, il ne reviendra jamais plus... Il n'y a que nous deux, et c'est toi que j'aime, et tu m'aimes, je le sais bien, et je me donne...

Un frisson le secouait, il ne luttait déjà plus, emporté dans l'éternel désir, à étreindre, à respirer en elle toute la délicatesse et tout le parfum de la femme en fleur.

— Prends-moi donc, puisque je me donne!

Ce ne fut pas une chute, la vie glorieuse les soulevait, ils s'appartinrent au milieu d'une allégresse. La grande chambre complice, avec son antique mobilier, s'en trouva comme emplie de lumière. Et il n'y avait plus ni peur, ni souffrances, ni scrupules : ils étaient libres, elle se donnait en le sachant, en le voulant, et il acceptait le don souverain de son corps, ainsi qu'un bien inestimable que la force de son amour avait gagné. Le lieu, le temps, les âges avaient disparu. Il ne restait que l'immortelle nature, la passion qui possède et qui crée, le bonheur qui veut être. Elle, éblouie et délicieuse, n'eut que le doux cri de sa virginité perdue; et lui, dans un sanglot de ravissement, l'étreignait toute, la remerciait, sans qu'elle pût comprendre, d'avoir refait de lui un homme.

Pascal et Clotilde restèrent aux bras l'un de l'autre, noyés d'une extase, divinement joyeux et triomphants. L'air de la nuit était suave, le silence avait un calme attendri. Des heures, des heures coulèrent, dans cette félicité à goûter leur joie. Tout de suite, elle avait murmuré à son oreille, d'une voix de caresse, des paroles lentes, infinies :

— Maître, oh! maître, maître...

Et ce mot, qu'elle disait d'habitude, autrefois, prenait à cette heure une signification profonde, s'élargissait et se prolongeait, comme s'il eût exprimé tout le don de son être. Elle le répétait avec une ferveur reconnaissante, en femme qui comprenait et qui se soumettait. N'était-ce pas la mystique vaincue, la réalité consentie, la vie glorifiée, avec l'amour enfin connu et satisfait?

— Maître, maître, cela vient de loin, il faut que je te dise et me confesse... C'est vrai que j'allais à l'église pour être heureuse. Le malheur était que je ne pouvais pas croire : je voulais trop comprendre, leurs dogmes révoltaient ma raison, leur paradis me semblait une puérilité invraisemblable... Cependant, je croyais que le monde ne s'arrête pas à la sensation, qu'il y a tout un monde inconnu dont il faut tenir compte ; et cela, maître, je le crois encore, c'est l'idée de l'au delà, que le bonheur même, enfin trouvé à ton cou, n'effacera pas... Mais ce besoin du bonheur, ce besoin d'être heureuse tout de suite, d'avoir une certitude, comme j'en ai souffert! Si j'allais à l'église, c'était qu'il me manquait quelque chose et que je le cherchais. Mon angoisse était faite de cette irrésistible envie de combler mon désir... Tu te souviens de ce que tu appelais mon éternelle soif d'illusion et de mensonge. Une nuit, sur l'aire, par un grand ciel étoilé, tu te souviens? J'avais l'horreur de ta science, je m'irritais contre les ruines dont elle sème le sol, je détournais les yeux des plaies effroyables qu'elle découvre. Et je voulais, maître, t'emmener dans une solitude, tous les deux ignorés, loin du monde, pour vivre en Dieu....Ah! quel tourment, d'avoir soif, et de se débattre, et de n'être point contentée!

Doucement, sans une parole, il la baisa sur les deux yeux.

— Puis, maître, tu te souviens encore, continua-t-elle de sa voix légère comme un souffle, ce fut le grand choc moral, par la nuit d'orage, lorsque tu me donnas cette terrible leçon de vie, en vidant tes dossiers devant moi. Tu me l'avais dit déjà : « Connais la vie, aime-la, vis-la telle qu'elle doit être vécue ». Mais quel effroyable et vaste fleuve, roulant tout à une mer humaine, qu'il grossit sans cesse pour l'avenir inconnu!... Et, vois-tu, maître, le sourd travail, en moi, est parti de là. C'est de là qu'est née, en mon cœur et en ma chair, la force amère de la réalité. D'abord, je suis restée comme anéantie, tant le coup était rude. Je ne me retrouvais pas, je gardais le silence, parce que je n'avais rien de net à dire.

Ensuite, peu à peu, l'évolution s'est produite, j'ai eu des révoltes dernières, pour ne pas avouer ma défaite... Cependant, chaque jour davantage, la vérité se faisait en moi, je sentais bien que tu étais mon maître, qu'il n'y avait pas de bonheur en dehors de toi, de ta science et de ta bonté. Tu étais la vie elle-même, tolérante et large, disant tout, acceptant tout, dans l'unique amour de la santé et de l'effort, croyant à l'œuvre du monde, mettant le sens de la destinée dans ce labeur que nous accomplissons tous avec passion, en nous acharnant à vivre, à aimer, à refaire de la vie, et de la vie encore, malgré nos abominations et nos misères... Oh! vivre, vivre, c'est la grande besogne, c'est l'œuvre continuée, achevée sans doute un soir!

Silencieux, il souriait, il la baisa sur la bouche.

— Et, maître, si je t'ai toujours aimé, du plus loin de ma jeunesse, c'est, je crois bien, la nuit terrible, que tu m'as marquée et faite tienne... Tu te rappelles de quelle étreinte violente tu m'avais étouffée. Il m'en restait une meurtrissure, des gouttes de sang à l'épaule. J'étais à demi nue, ton corps était comme entré dans le mien. Nous nous sommes battus, tu as été le plus fort, j'en ai conservé le besoin d'un soutien. D'abord, je me suis crue humiliée; puis, j'ai vu que ce n'était qu'une soumission infiniment douce... Toujours je te sentais en moi. Ton geste, à distance, me faisait tressaillir, car il me semblait qu'il m'avait effleurée. J'aurais voulu que ton étreinte me reprît, m'écrasât jusqu'à me fondre en toi, à jamais. Et j'étais avertie, je devinais que ton désir était le même, que la violence qui m'avait faite tienne t'avait fait mien, que tu luttais pour ne pas me saisir, au passage, et me garder... Déjà, en te soignant, quand tu as été malade, je me suis contentée un peu. C'est à partir de ce moment que j'ai compris. Je ne suis plus allée à l'église, je commençais à être heureuse près de toi, tu devenais la certitude… Rappelle-toi, je t'avais crié, sur l'aire, qu'il manquait quelque chose, dans notre tendresse. Elle était vide, et j'avais le besoin de l'emplir. Que pouvait-il nous manquer, si ce n'était Dieu, la raison d'être du monde? Et c'était la divinité en effet, l'entière possession, l'acte d'amour et de vie.

Elle n'avait plus que des balbutiements, il riait de leur victoire; et ils se reprirent. La nuit entière fut une béatitude, dans la chambre heureuse, embaumée de jeunesse et de passion. Quand le petit jour parut, ils ouvrirent toutes grandes les fenêtres pour que le printemps entrât. Le soleil fécondant d'avril se levait dans un ciel immense, d'une pureté sans tache, et la terre, soulevée par le frisson des germes, chantait gaiement les noces.

VIII

Alors, ce fut la possession heureuse, l'idylle heureuse. Clotilde était le renouveau qui arrivait à Pascal sur le tard, au déclin de l'âge. Elle lui apportait du soleil et des fleurs, plein sa robe d'amante; et, cette jeunesse, elle la lui donnait après les trente années de son dur travail, lorsqu'il était las déjà, et pâlissant, d'être descendu dans l'épouvante des plaies humaines. Il renaissait sous ses grands yeux clairs, au souffle pur de son haleine. C'était encore la foi en la vie, en la santé, en la force, à l'éternel recommencement.

Ce premier matin, après la nuit des noces, Clotilde sortit la première de la chambre, seulement vers dix heures. Au milieu de la salle de travail, tout de suite elle aperçut Martine, plantée sur les jambes, d'un air effaré. La veille, le docteur, en suivant la jeune fille, avait laissé sa porte ouverte; et la servante, entrée librement, venait de constater que le lit n'était pas même défait. Puis, elle avait eu la surprise d'entendre un bruit de voix sortir de l'autre chambre. Sa stupeur était telle, qu'elle en devenait plaisante.

Et Clotilde, égayée, dans un rayonnement de bonheur, dans un élan d'allégresse extraordinaire, qui emportait tout, se jeta vers elle, lui cria :

— Martine, je ne pars pas !... Maître et moi, nous nous sommes mariés.

Sous le coup, la vieille servante chancela. Un déchirement, une douleur affreuse blêmit sa pauvre face usée, d'un renoncement de nonne, dans la blancheur de sa coiffe. Elle ne prononça pas un mot, elle tourna sur les talons, descendit, alla s'abattre au fond de sa cuisine, les coudes sur sa table à hacher, où elle sanglota entre ses mains jointes.

Clotilde, inquiète, désolée, l'avait suivie. Et elle tâchait de comprendre et de la consoler.

— Voyons, es-tu bête ! qu'est-ce qu'il te prend ?... Maître et moi, nous t'aimerons tout de même, nous te garderons toujours... Ce n'est pas parce que nous sommes mariés que tu seras malheureuse. Au contraire, la maison va être gaie maintenant, du matin au soir.

Mais Martine sanglotait plus fort, éperdument.

— Réponds-moi, au moins. Dis-moi pourquoi tu es fâchée et pourquoi tu pleures... Ça ne te fait donc pas plaisir de savoir que maître est si heureux, si heureux !... Je vais l'appeler, maître, et c'est lui qui te forcera bien à répondre.

A cette menace, la vieille servante, tout d'un coup, se leva, se jeta dans sa chambre, dont la porte s'ouvrait sur la cuisine ; et elle repoussa cette porte, avec un geste furieux, elle s'enferma, violemment. En vain, la jeune fille appela, tapa, s'épuisa.

Pascal finit par descendre, au bruit.

— Eh bien ! quoi donc ?

— Mais c'est cette obstinée de Martine ! Imagine-toi qu'elle s'est mise à sangloter, quand elle a su notre bonheur. Et elle s'est barricadée, elle ne bouge plus.

Elle ne bougeait plus, en effet. Pascal appela, frappa, à son tour. Il s'emporta, il s'attendrit. L'un après l'autre, ils recommencèrent. Rien ne répondait, il ne venait de la petite chambre qu'un silence de mort. Et ils se la figuraient, cette petite chambre, d'une propreté maniaque, avec sa commode de noyer et son lit monacal, garni de rideaux blancs. Sans doute, sur ce lit, où la servante avait dormi seule toute sa vie de femme, elle s'était jetée pour mordre son traversin et étouffer ses sanglots.

— Ah! tant pis! dit enfin Clotilde, dans l'égoïsme de sa joie, qu'elle boude!

Puis, saisissant Pascal entre ses mains fraîches, levant vers lui sa tête charmante, où brûlait encore toute une ardeur à se donner, à être sa chose :

— Tu ne sais pas, maître, c'est moi qui serai ta servante, aujourd'hui.

Il la baisa sur les yeux, ému de gratitude; et, tout de suite, elle commença par s'occuper du déjeuner, elle bouleversa la cuisine. Elle s'était drapée dans un immense tablier blanc, elle était délicieuse, les manches retroussées, montrant ses bras délicats, comme pour une besogne énorme. Justement, il y avait déjà là des côtelettes, qu'elle fit très bien cuire. Elle ajouta des œufs brouillés, elle réussit même des pommes de terre frites. Et ce fut un déjeuner exquis, vingt fois coupé par son zèle, par sa hâte à courir chercher du pain, de l'eau, une fourchette oubliée. S'il l'avait toléré, elle se serait mise à genoux, pour le servir. Ah! être seuls, n'être plus qu'eux deux, dans cette grande maison tendre, et se sentir loin du monde, et avoir la liberté de rire et de s'aimer en paix!

Toute l'après-midi, ils s'attardèrent au ménage, balayèrent, firent le lit. Lui-même avait voulu l'aider. C'était un jeu, ils s'amusaient comme des enfants rieurs. Et, de loin en loin, cependant, ils revenaient frapper à la porte de Martine. Voyons, c'était fou, elle n'allait pas se laisser mourir de faim! Avait-on jamais vu une mule pareille, quand personne ne lui avait rien fait ni rien dit! Mais les coups résonnaient toujours dans le vide morne de la chambre. La nuit tomba, ils durent s'occuper encore du dîner, qu'ils mangèrent, serrés l'un contre l'autre, dans la même assiette. Avant de se coucher, ils tentèrent un dernier effort, ils menacèrent d'enfoncer la porte, sans que leur oreille, collée contre le bois, perçût même un frisson. Et, le lendemain, au réveil, quand ils redescendirent, ils furent pris d'une sérieuse inquiétude, en constatant que rien n'avait bougé, que la porte restait hermétiquement close. Il y avait vingt-quatre heures que la servante n'avait donné signe de vie.

Puis, comme ils rentraient dans la cuisine, d'où ils s'étaient absentés un instant, Clotilde et Pascal furent stupéfaits, en apercevant Martine assise devant sa table, en train d'éplucher de l'oseille, pour le déjeuner. Elle avait repris sans bruit sa place de servante.

— Mais qu'est-ce que tu as eu? s'écria Clotilde. Vas-tu parler, à présent?

Elle leva sa triste face, ravagée de larmes. Un grand calme s'y était fait pourtant, et l'on n'y voyait plus que la morne vieillesse, dans sa résignation. D'un air d'infini reproche, elle regarda la jeune fille; puis, elle baissa de nouveau la tête, sans parler.

— Est-ce donc que tu nous en veux?

Et, devant son silence morne, Pascal intervint.

— Vous nous en voulez, ma bonne Martine?

Alors, la vieille servante le regarda, lui, avec son adoration d'autrefois, comme si elle l'aimait assez, pour supporter tout et rester quand même. Elle parla enfin.

— Non, je n'en veux à personne... Le maître est libre. Tout va bien, s'il est content.

La vie nouvelle, dès lors, s'établit. Les vingt-cinq ans de Clotilde, restée enfantine longtemps, s'épanouissaient en une fleur d'amour, exquise et pleine. Depuis que son cœur avait battu, le garçon intelligent qu'elle était, avec

sa tête ronde, aux courts cheveux bouclés, avait fait place
à une femme adorable, à toute la femme, qui aime à être
aimée. Son grand charme, malgré sa science, prise au
hasard de ses lectures, était sa naïveté de vierge, comme
si son attente ignorée de l'amour lui avait fait réserver le
don de son être, son anéantissement dans l'homme qu'elle
aimerait. Certainement, elle s'était donnée autant par
reconnaissance, par admiration, que par tendresse, heureuse de le rendre heureux, goûtant une joie à n'être
qu'une petite enfant entre ses bras, une chose à lui qu'il
adorait, un bien précieux, qu'il baisait à genoux, dans un
culte exalté. De la dévote de jadis, elle avait encore
l'abandon docile aux mains d'un maître âgé et tout-
puissant, tirant de lui sa consolation et sa force, gardant,
par delà la sensation, le frisson sacré de la croyante
qu'elle était restée. Mais, surtout, cette amoureuse, si
femme, si pâmée, offrait le cas délicieux d'être une bien
portante, une gaie, mangeant à belles dents, apportant
un peu de la vaillance de son grand-père le soldat, emplissant la maison du vol souple de ses membres, de la
fraîcheur de sa peau, de la grâce élancée de sa taille, de
son col, de tout son corps jeune, divinement frais.

Et Pascal, lui, était redevenu beau, dans l'amour, de
sa beauté sereine d'homme resté vigoureux, sous ses cheveux blancs. Il n'avait plus sa face douloureuse des mois
de chagrin et de souffrance qu'il venait de passer; il reprenait sa bonne figure, ses grands yeux vifs, encore
pleins d'enfance, ses traits fins, où riait la bonté; tandis
que ses cheveux blancs, sa barbe blanche, poussaient
plus drus, d'une abondance léonine, dont le flot de
neige le rajeunissait. Il s'était gardé si longtemps, dans
sa vie solitaire de travailleur acharné, sans vices, sans
débauches, qu'il retrouvait sa virilité, mise à l'écart,
renaissante, ayant la hâte de se contenter enfin. Un

réveil l'emportait, une fougue de jeune homme éclatant en gestes, en cris, en un besoin continuel de se dépenser et de vivre. Tout lui redevenait nouveau et ravissant, le moindre coin du vaste horizon l'émerveillait, une simple fleur le jetait dans une extase de parfum, un mot de tendresse quotidienne, affaibli par l'usage, le touchait aux larmes, comme une invention toute fraîche du cœur, que des millions de bouches n'avaient point fanée. Le « Je t'aime » de Clotilde était une infinie caresse dont personne au monde ne connaissait le goût surhumain. Et, avec la santé, avec la beauté, la gaieté aussi lui était revenue, cette gaieté tranquille qu'il devait autrefois à son amour de la vie, et qu'aujourd'hui ensoleillait sa passion, toutes les raisons qu'il avait de trouver la vie meilleure encore.

À eux deux, la jeunesse en fleur, la force mûre, si saines, si gaies, si heureuses, ils firent un couple rayonnant. Pendant un grand mois, ils s'enfermèrent, ils ne sortirent pas une seule fois de la Souleiade. La chambre même leur suffit d'abord, cette chambre tendue d'une vieille et attendrissante indienne, au ton d'aurore, avec ses meubles empire, sa vaste et raide chaise longue, sa haute psyché monumentale. Ils ne pouvaient regarder sans joie la pendule, une borne de bronze doré, contre laquelle l'Amour souriant contemplait le Temps endormi. N'était-ce point une allusion? ils en plaisantaient parfois. Toute une complicité affectueuse leur venait ainsi des moindres objets, de ces vieilleries si douces, où d'autres avaient aimé avant eux, où elle-même, à cette heure, remettait son printemps. Un soir, elle jura qu'elle avait vu, dans la psyché, une dame très jolie, qui se déshabillait, et qui n'était sûrement pas elle; puis, reprise par son besoin de chimère, elle fit tout haut le rêve qu'elle apparaîtrait de la sorte, cent ans plus tard, à une amoureuse de l'autre siècle, un soir de nuit heureuse. Lui, ravi, adorait cette chambre, où il la retrouvait toute, jusque dans l'air qu'il y respirait ; et il y vivait, il n'habitait plus sa propre chambre, noire, glacée, dont il se hâtait de sortir comme d'une cave, avec un frisson, les rares fois qu'il devait y entrer. Ensuite, la pièce où tous deux se plaisaient aussi, était la vaste salle de travail, pleine de leurs habitudes et de leur passé d'affection. Ils y demeuraient les journées entières, n'y travaillant guère pourtant. La grande armoire de chêne sculpté dormait, portes closes, ainsi que les bibliothèques. Sur les tables, les papiers et les livres s'entassaient, sans qu'on les dérangeât de place. Comme les jeunes époux, ils étaient à leur passion unique, hors de leurs occupations anciennes, hors de la vie. Les heures leur semblaient trop courtes, à goûter le charme d'être l'un contre l'autre, souvent assis dans le même ancien et large fauteuil, heureux de la douceur du haut plafond, de ce domaine bien à eux, sans luxe et sans ordre, encombré d'objets familiers, égayé, du matin au soir, par la bonne chaleur renaissante des soleils d'avril. Lorsque, lui, pris de remords, parlait de travailler, elle lui liait les bras de ses bras souples, elle le gardait pour elle, en riant, ne voulant pas que trop de travail le lui rendît malade encore. Et, en bas, ils aimaient également la salle à manger, si gaie, avec ses panneaux clairs, relevés de filets bleus, ses meubles de vieil acajou, ses grands pastels fleuris, sa suspension de cuivre, toujours reluisante. Ils y dévoraient à belles dents, ils ne s'en sauvaient, après chaque repas, que pour remonter dans leur chère solitude.

Puis, quand la maison leur sembla trop petite, ils eurent le jardin, la Souleiade entière. Le printemps montait avec le soleil, avril à son déclin commençait à fleurir les roses. Et quelle joie, cette propriété, si bien close de murs, où rien du dehors ne les pouvait inquiéter! Ce furent de longs oublis sur la terrasse, en face de l'immense horizon, déroulant le cours ombragé de la Viorne et les coteaux de Sainte-Marthe, depuis les barres rocheuses de la Seille jusqu'aux lointains poudreux de la vallée de Plassans. Ils n'avaient là d'autre ombre que celle des deux cyprès centenaires, plantés aux deux bouts, pareils à deux énormes cierges verdâtres, qu'on voyait de trois lieues. Parfois, ils descendirent la pente, pour le plaisir de remonter les gradins géants, escaladant les petits murs de pierres sèches qui soutenaient les terres, regardant si les olives chétives, si les amandes maigres poussaient. Plus souvent, ils firent des promenades délicieuses sous les fines aiguilles de la pinède, toutes trempées de soleil, exhalant un puissant parfum de résine, des tours sans cesse repris, le long du mur de clôture, derrière lequel on entendait seulement, de loin en loin, le gros bruit d'une charrette dans l'étroit chemin des Fenouillères, des stations enchantées sur l'aire antique, d'où l'on voyait tout le ciel, et où ils aimaient à s'étendre, avec le souvenir attendri de leurs larmes d'autrefois, lorsque leur amour, ignoré d'eux-mêmes, se querellait sous les étoiles. Mais la retraite préférée, celle où ils finissaient toujours par aller se perdre, ce fut le quinconce de platanes, l'épais ombrage, alors d'un vert tendre, pareil à une dentelle. Dessous, les buis énormes, les anciennes bordures du jardin français disparu, faisaient une sorte de labyrinthe, dont ils ne trouvaient jamais le bout. Et le filet d'eau de la fontaine, l'éternelle et pure vibration de cristal, leur paraissait chanter dans leur cœur. Ils restaient assis près du bassin moussu, ils laissaient tomber là le crépuscule, peu à peu noyés sous les ténèbres des arbres, les mains unies, les lèvres rejointes, tandis que l'eau, qu'on ne voyait plus, filait sans fin sa note de flûte.

Jusqu'au milieu de mai, Pascal et Clotilde s'enfermèrent ainsi, sans même franchir le seuil de leur retraite. Un matin, comme elle s'attardait au lit, il disparut, rentra une heure plus tard; et, l'ayant retrouvée couchée, dans son joli désordre, les bras nus, les épaules nues, il lui mit aux oreilles deux brillants, qu'il venait de courir acheter, en se rappelant que l'anniversaire de sa naissance tombait ce jour-là. Elle adorait les bijoux, elle fut surprise et ravie, elle ne voulut plus se lever, tellement elle se trouvait belle, ainsi dévêtue, avec ces étoiles au bord des joues. A partir de ce moment, il ne se passa pas de semaine, sans qu'il s'évadât de la sorte une ou deux fois, le matin, pour rapporter quelque cadeau. Les moindres prétextes lui étaient bons, une fête, un désir, une simple joie. Il profitait de ses jours de paresse, s'arrangeait de façon à être de retour, avant qu'elle se levât, et il la parait lui-même, au lit. Ce furent, successivement, des bagues, des bracelets, un collier, un diadème mince. Il sortait les autres bijoux, il se faisait un jeu de les lui mettre tous, au milieu de leurs rires. Elle était comme une idole, le dos contre l'oreiller, assise sur son séant, chargée d'or, avec un bandeau d'or dans ses cheveux, de l'or à ses bras nus, de l'or à sa gorge nue, toute nue et divine, ruisselante d'or et de pierreries. Sa coquetterie de femme en était délicieusement satisfaite, elle se laissait aimer à genoux, en sentant bien qu'il y avait seulement là une forme exaltée de l'amour. Pourtant, elle commençait à gronder un peu, à lui faire de sages remontrances, car ça devenait absurde, en somme, ces cadeaux, qu'elle devait serrer ensuite au fond d'un tiroir, sans jamais s'en servir, n'allant nulle part. Ils tombaient à l'oubli, après l'heure de contentement et de gratitude qu'ils leur procuraient, dans leur nouveauté. Mais lui ne l'écoutait pas, emporté par cette véritable folie du don, incapable de résister au besoin d'acheter l'objet, dès que l'idée l'avait pris de le lui donner. C'était une largesse de cœur, un impérieux désir de lui prouver qu'il pensait toujours à elle, un orgueil à la voir la plus magnifique, la plus heureuse, la plus enviée, un sentiment du don plus profond encore, qui le poussait à se dépouiller, à ne rien garder de son argent, de sa chair, de sa vie. Et puis, quelles délices, quand il croyait lui avoir fait un vrai plaisir, qu'il la voyait se jeter à son cou, toute rouge, avec de gros baisers pour remerciements! Après les bijoux, ce furent des robes, des chiffons, des objets de toilette. La chambre s'encombrait, les tiroirs allaient déborder.

Un matin, elle se fâcha. Il avait apporté une nouvelle bague.

— Mais puisque je n'en mets jamais! Et, regarde! si je les mettais, j'en aurais jusqu'au bout des doigts... Je t'en prie, sois raisonnable.

Il restait confus.

— Alors, je ne t'ai pas fait plaisir?

Elle dut le prendre entre ses bras, lui jurer qu'elle était bienheureuse, avec des larmes dans les yeux. Il se montrait si bon, il se dépensait si absolument pour elle! Et, comme, ce matin-là, il osait parler d'arranger la chambre, de tendre les murs d'étoffe, de faire poser un tapis, elle le supplia de nouveau.

— Oh! non, oh! non, de grâce!... Ne touche pas à ma vieille chambre, toute pleine de souvenirs, où j'ai grandi, où nous nous sommes aimés. Il me semblerait que nous ne serions plus chez nous.

Dans la maison, le silence obstiné de Martine condamnait ces dépenses exagérées et inutiles. Elle avait pris une attitude moins familière, comme si, depuis la situation nouvelle, elle était retombée, de son rôle de gouvernante amie, à son ancien rang de servante. Vis-à-vis de Clotilde surtout, elle changeait, la traitait en jeune dame, en maîtresse moins aimée et plus obéie. Quand elle entrait dans la chambre à coucher, quand elle les servait au lit tous les deux, son visage gardait son air de soumission résignée, toujours en adoration devant son maître, indifférente au reste. A deux ou trois reprises pourtant, le matin, elle parut le visage ravagé, les yeux perdus de larmes, sans vouloir répondre directement aux questions, disant que ce n'était rien, qu'elle avait pris un coup d'air. Et jamais elle ne faisait une réflexion sur les cadeaux dont les tiroirs s'emplissaient, elle ne semblait même pas les voir, les essuyait, les rangeait, sans un mot d'admiration ni de blâme. Seulement, toute sa personne se révoltait contre cette folie du don, qui ne pouvait sûrement lui entrer dans la cervelle. Elle protestait à sa manière en outrant son économie, réduisant les dépenses du ménage, le conduisant d'une si stricte façon, qu'elle trouvait le moyen de rogner sur les petits frais infimes. Ainsi, elle supprima un tiers du lait, elle ne mit plus d'entremets sucré que le dimanche. Pascal et Clotilde, sans oser se plaindre, riaient entre eux de cette grosse avarice, recommençaient les plaisanteries qui les amusaient depuis dix ans, en se racontant que, lorsqu'elle beurrait des légumes, elle les faisait sauter dans la passoire, pour ravoir le beurre par-dessous.

Mais, ce trimestre-là, elle voulut rendre des comptes. D'habitude, elle allait toucher elle-même, tous les trois mois, chez le notaire, maître Grandguillot, les quinze cents francs de rente, dont elle disposait ensuite à sa guise, marquant les dépenses sur un livre, que le docteur avait cessé de vérifier, depuis des années. Elle l'apporta, elle exigea qu'il y jetât un coup d'œil. Il s'en défendait, trouvait tout très bien.

— C'est que, monsieur, dit-elle, j'ai pu mettre,

cette fois, de l'argent de côté. Oui, trois cents francs...
Les voici

Il la regardait, stupéfié. Elle joignait tout juste les deux bouts, d'ordinaire. Par quel miracle de lésinerie avait-elle pu réserver une pareille somme? Il finit par rire.

— Ah! ma pauvre Martine, c'est donc ça que nous avons mangé tant de pommes de terre! Vous êtes une perle d'économie, mais vraiment gâtez-nous un peu plus.

Ce discret reproche la blessa si profondément, qu'elle se laissa aller enfin à une allusion.

— Dame! monsieur, quand on jette tant d'argent par les fenêtres, d'un côté, on fait bien d'être prudent, de l'autre.

Il comprit, il ne se fâcha pas, amusé au contraire de la leçon.

— Ah! ah! ce sont mes comptes que vous épluchez! Mais vous savez, Martine, que, moi aussi, j'ai des économies qui dorment!

Il parlait de l'argent que ses malades lui donnaient encore parfois, et qu'il jetait dans un tiroir de son secrétaire. Depuis plus de seize ans, il y mettait ainsi, chaque année, près de quatre mille francs, ce qui aurait fini par faire un véritable petit trésor, de l'or et des billets pêle-mêle, s'il n'avait tiré de là, au jour le jour, sans compter, des sommes assez grosses, pour ses expériences et ses caprices. Tout l'argent des cadeaux sortait de ce tiroir, il le rouvrait sans cesse, maintenant. D'ailleurs, il le croyait inépuisable, il était si habitué à y prendre ce dont il avait besoin, que la crainte ne lui venait pas d'en voir jamais le fond.

— On peut bien jouir un peu de ses économies, continua-t-il gaiement. Puisque c'est vous qui allez chez le notaire, Martine, vous n'ignorez pas que j'ai mes rentes, à part.

Elle dit alors, avec la voix blanche des avares, que hante le cauchemar d'un désastre toujours menaçant :

— Et si vous ne les aviez plus ?

Ébahi, Pascal la contempla, se contenta de répondre par un grand geste vague, car la possibilité d'un malheur n'entrait même pas dans son esprit. Il pensa que l'avarice lui tournait la tête ; et il s'en amusa, le soir, avec Clotilde.

Dans Plassans, les cadeaux furent aussi la cause de commérages sans fin. Ce qui se passait à la Souleiade, cette flambée d'amour si particulière et si ardente, s'était ébruitée, avait franchi les murs, on ne savait trop comment, par cette force d'expansion qui alimente la curiosité des petites villes, toujours en éveil. La servante, certainement, ne parlait pas ; mais son air suffisait peut-être, des paroles volaient quand même, on avait sans doute guetté les deux amoureux, par-dessus les murs. Et l'achat des cadeaux était survenu alors, prouvant tout, aggravant tout. Quand le docteur, de bon matin, battait les rues, entrait chez les bijoutiers, les lingères, les modistes, des yeux se braquaient aux fenêtres, ses moindres emplettes étaient épiées, la ville entière savait, le soir, qu'il avait donné encore une capeline de foulard, des chemises garnies de dentelle, un bracelet orné de saphirs. Et cela tournait au scandale, cet oncle qui avait débauché sa nièce, qui faisait pour elle des folies de jeune homme, qui la parait comme une sainte Vierge. Les histoires les plus extraordinaires commençaient à circuler, on se montrait la Souleiade du doigt, en passant.

Mais ce fut surtout la vieille madame Rougon qui entra dans une indignation exaspérée. Elle avait cessé d'aller chez son fils, en apprenant que le mariage de Clotilde avec le docteur Ramond était rompu. On se moquait d'elle, on ne se rendait à aucun de ses désirs. Puis, après un grand mois de rupture, pendant lequel elle n'avait rien compris aux airs apitoyés, aux condoléances discrètes, aux sourires vagues qui l'accueillaient partout, elle venait brusquement de tout savoir, un coup de massue en plein crâne. Et elle qui, lors de la maladie de Pascal, cette histoire de loup-garou, vivant dans l'orgueil et la peur, avait tempêté, pour ne pas redevenir la fable de la ville! C'était pis cette fois, le comble du scandale, une aventure gaillarde dont on faisait des gorges chaudes! De nouveau, la légende des Rougon était en péril, son malheureux fils ne savait décidément qu'inventer pour détruire la gloire de la famille, si péniblement conquise. Aussi, dans l'émotion de sa colère, elle qui s'était faite la gardienne de cette gloire, résolue à épurer la légende par tous les moyens, mit-elle son chapeau et courut-elle à la Souleiade, avec la vivacité juvénile de ses quatre-vingts ans. Il était dix heures du matin.

Pascal, que la rupture avec sa mère enchantait, n'était heureusement pas là, en course depuis une heure à la recherche d'une vieille boucle d'argent, dont il avait eu l'idée pour une ceinture. Et Félicité tomba sur Clotilde, comme celle-ci achevait sa toilette, encore en camisole, les bras nus, les cheveux dénoués, d'une gaieté et d'une fraîcheur de rose.

Le premier choc fut rude. La vieille dame vida son cœur, s'indigna, parla avec emportement de la religion et de la morale. Enfin, elle conclut.

— Réponds, pourquoi avez-vous fait cette horrible chose qui est un défi à Dieu et aux hommes?

Souriante, très respectueuse d'ailleurs, la jeune fille l'avait écoutée.

— Mais parce que ça nous a plu, grand'mère. Ne

sommes-nous pas libres? Nous n'avons de devoir envers personne.

— Pas de devoir! et envers moi, donc! et envers la famille! Voilà encore qu'on va nous traîner dans la boue, si tu crois que ça me fait plaisir!

Tout d'un coup, son emportement s'apaisa. Elle la regardait, la trouvait adorable. Au fond, ce qui s'était passé ne la surprenait pas autrement, elle s'en moquait, elle avait le simple désir que cela se terminât d'une façon correcte, afin de faire taire les mauvaises langues. Et, conciliante, elle s'écria :

— Alors, mariez-vous! Pourquoi ne vous mariez-vous pas?

Clotilde demeura un instant surprise. Ni elle ni le docteur n'avaient eu cette idée du mariage. Elle se remit à sourire.

— Est-ce que nous en serons plus heureux, grand' mère?

— Il ne s'agit pas de vous, il s'agit encore une fois de moi, de tous les vôtres... Comment peux-tu, ma chère enfant, plaisanter avec ces choses sacrées? Tu as donc perdu toute vergogne?

Mais la jeune fille, sans se révolter, toujours très douce, eut un geste large, comme pour dire qu'elle ne pouvait avoir la honte de sa faute. Ah! mon Dieu! quand la vie charriait tant de corruption et tant de faiblesse, quel mal avaient-ils fait, sous le ciel éclatant, de se donner le grand bonheur d'être l'un à l'autre? Du reste, elle n'y mettait aucune obstination raisonnée.

— Sans doute, nous nous marierons, puisque tu le désires, grand'mère. Il fera ce que je voudrai... Mais plus tard, rien ne presse.

Et elle gardait sa sérénité rieuse. Puisqu'ils vivaient hors du monde, pourquoi s'inquiéter du monde?

La vieille madame Rougon dut s'en aller, en se contentant de cette promesse vague. Dès ce moment, dans la ville, elle affecta d'avoir cessé tous rapports avec la Souleiade, ce lieu de perdition et de honte. Elle n'y remettait plus les pieds, elle portait noblement le deuil de cette affliction nouvelle. Mais elle ne désarmait pourtant pas, restée aux aguets, prête à profiter de la moindre circonstance pour rentrer dans la place, avec cette ténacité qui lui avait toujours valu la victoire.

Ce fut alors que Pascal et Clotilde cessèrent de se cloîtrer. Il n'y eut pas, chez eux, de provocation, ils ne voulurent pas répondre aux vilains bruits en affichant leur bonheur. Cela se produisit comme une expansion naturelle de leur joie. Lentement, leur amour avait eu un besoin d'élargissement et d'espace, d'abord hors de la chambre, puis hors de la maison, maintenant hors du jardin, dans la ville, dans l'horizon vaste. Il emplissait tout, il leur donnait le monde. Le docteur reprit donc tranquillement ses visites, et il emmenait la jeune fille, et ils s'en allaient ensemble par les promenades, par les rues, elle à son bras, en robe claire, coiffée d'une gerbe de fleurs, lui boutonné dans sa redingote, avec son chapeau à larges bords. Lui, était tout blanc; elle, était toute blonde. Ils s'avançaient, la tête haute, droits et souriants, au milieu d'un tel rayonnement de félicité, qu'ils semblaient marcher dans une gloire. D'abord, l'émotion fut énorme, les boutiquiers se mettaient sur leurs portes, des femmes se penchaient aux fenêtres, des passants s'arrêtaient pour les suivre des yeux. On chuchotait, on riait, on se les montrait du doigt. Il semblait à craindre que cette poussée de curiosité hostile ne finît par gagner les gamins et ne leur fit jeter des pierres. Mais, ils étaient si beaux, lui superbe et triomphal, elle si jeune, si soumise et si fière, qu'une invincible indulgence vint peu à peu à tout le monde. On ne pouvait se défendre de les envier et de les aimer, dans une contagion enchantée de tendresse. Ils dégageaient un charme qui retournait les cœurs. La ville neuve, avec sa population bourgeoise de fonctionnaires et d'enrichis, fut la dernière conquise. Le quartier Saint-Marc, malgré son rigorisme, se montra tout de suite accueillant, d'une tolérance discrète, lorsqu'ils suivaient les trottoirs déserts, semés d'herbe, le long des vieux hôtels silencieux et clos, d'où s'exhalait le parfum évaporé des amours d'autrefois. Et ce fut surtout le vieux quartier qui, bientôt, leur fit fête, ce quartier dont le petit peuple, touché dans son instinct, sentit la grâce de légende, le mythe profond du couple, la belle jeune fille soutenant le maître royal et reverdissant. On y adorait le docteur pour sa bonté, sa compagne fut vite populaire, saluée par des gestes d'admiration et de louange, dès qu'elle paraissait. Eux, cependant, s'ils avaient semblé ignorer l'hostilité première, devinaient bien maintenant le pardon et l'amitié attendrie dont ils étaient entourés; et cela les rendait plus beaux, leur bonheur riait à la ville entière.

Une après-midi, comme Pascal et Clotilde tournaient l'angle de la rue de la Banne, ils aperçurent, sur l'autre trottoir, le docteur Ramond. La veille, justement, ils avaient appris qu'il se décidait à épouser mademoiselle Lévêque, la fille de l'avoué. C'était à coup sûr le parti le plus raisonnable, car l'intérêt de sa situation ne lui permettait pas d'attendre davantage, et la jeune fille, fort jolie et fort riche, l'aimait. Lui-même l'aimerait certainement. Aussi Clotilde fut-elle très heureuse de lui sourire, pour le féliciter, en cordiale amie. D'un geste affectueux, Pascal l'avait salué. Un instant, Ramond, un peu remué par la rencontre, demeura perplexe. Il avait eu un premier mouvement, sur le point de traverser la rue. Puis, une délicatesse dut lui venir, la pensée qu'il serait brutal d'interrompre leur rêve, d'entrer dans cette solitude à deux qu'ils gardaient même parmi les coudoiements des trottoirs. Et il se contenta d'un amical salut, d'un sourire où il pardonnait leur bonheur. Cela fut, pour tous les trois, très doux.

Vers ce temps, Clotilde s'amusa plusieurs jours à un grand pastel, où elle évoquait la scène tendre du vieux roi David et d'Abisaïg, la jeune Sunamite. Et c'était une évocation de rêve, une de ces compositions envolées où l'autre elle-même, la chimérique, mettait son goût du mystère. Sur un fond de fleurs jetées, des fleurs en pluie d'étoiles, d'un luxe barbare, le vieux roi se présentait de face, la main posée sur l'épaule nue d'Abisaïg; et l'enfant, très blanche, était nue jusqu'à la ceinture. Lui, vêtu somptueusement d'une robe toute droite, lourde de pierreries, portait le bandeau royal sur ses cheveux de neige. Mais elle, était plus somptueuse encore, rien qu'avec la soie liliale de sa peau, sa taille mince et allongée, sa gorge ronde et menue, ses bras souples, d'une grâce divine. Il régnait, il s'appuyait en maître puissant et aimé, sur cette sujette élue entre toutes, si orgueilleuse d'avoir été choisie, si ravie de donner à son roi le sang réparateur de sa jeunesse. Toute sa nudité limpide et triomphante exprimait la sérénité de sa soumission, le don tranquille, absolu, qu'elle faisait de sa personne, devant le peuple assemblé, à la pleine lumière du jour. Et il était très grand, et elle était très pure, et il sortait d'eux comme un rayonnement d'astre.

Jusqu'au dernier moment, Clotilde avait laissé les faces des deux personnages imprécises, dans une sorte de nuée. Pascal la plaisantait, ému derrière elle, devinant bien ce qu'elle entendait faire. Et il en fut ainsi, elle termina les visages en quelques coups de crayon : le vieux roi David, c'était lui, et c'était elle, Abisaïg, la Sunamite. Mais ils restaient enveloppés d'une clarté de songe, c'étaient eux divinisés, avec des chevelures, une toute blanche, une toute blonde, qui les couvraient d'un impérial manteau, avec des traits allongés par l'extase, haussés à la béatitude des anges, avec un regard et un sourire d'immortel amour.

— Ah! chérie, cria-t-il, tu nous fais trop beaux, te voilà encore partie pour le rêve, oui! tu te souviens, comme aux jours où je te reprochais de mettre là toutes les fleurs chimériques du mystère.

Et, de la main, il montrait les murs, le long desquels s'épanouissait le parterre fantasque des anciens pastels, cette flore incréée, poussée en plein paradis.

Mais elle protestait gaiement.

— Trop beaux? nous ne pouvons pas être trop beaux! Je t'assure, c'est ainsi que je nous sens, que je nous vois, et c'est ainsi que nous sommes... Tiens! regarde, si ce n'est pas la réalité pure.

Elle avait pris la vieille Bible du quinzième siècle, qui était près d'elle, et elle montrait la naïve gravure sur bois.

— Tu vois bien, c'est tout pareil.

Lui, doucement, se mit à rire, devant cette tranquille et extraordinaire affirmation.

— Oh! tu ris, tu t'arrêtes à des détails de dessin. C'est l'esprit qu'il faut pénétrer... Et regarde les autres gravures, comme c'est bien ça encore! Je ferai Abraham et Agar, je ferai Ruth et Booz, je les ferai tous, les prophètes, les pasteurs et les rois, à qui les humbles filles, les parentes et les servantes ont donné leur jeunesse. Tous sont beaux et heureux, tu le vois bien.

Alors, ils cessèrent de rire, penchés au-dessus de la Bible antique, dont elle tournait les pages, de ses doigts minces. Et lui, derrière, avait sa barbe blanche mêlée aux cheveux blonds de l'enfant. Il la sentait toute, il la respirait toute. Il avait posé ses lèvres sur sa nuque délicate, il baisait sa jeunesse en fleur, tandis que les naïves gravures sur bois continuaient à défiler, ce monde biblique qui s'évoquait des pages jaunies, cette poussée libre d'une race forte et vivace, dont l'œuvre devait conquérir le monde, ces hommes à la virilité jamais éteinte, ces femmes toujours fécondes, cette continuité entêtée et pullulante de la race, au travers des crimes, des incestes, des amours hors d'âge et hors de raison. Et il était envahi d'une émotion, d'une gratitude sans bornes, car son rêve à lui se réalisait, sa pèlerine d'amour, son Abisaïg venait d'entrer dans sa vie finissante, qu'elle reverdissait et qu'elle embaumait.

Puis, très bas, à l'oreille, il lui demanda, sans cesser de l'avoir toute à lui, dans une haleine :

— Oh ! ta jeunesse, ta jeunesse, dont j'ai faim et qui me nourris !... Mais, toi si jeune, n'en as-tu donc pas faim, de jeunesse, pour m'avoir pris, moi, si vieux, vieux comme le monde ?

Elle eut un sursaut d'étonnement, et elle tourna la tête, le regarda.

— Toi, vieux ?... Eh ! non, tu es jeune, plus jeune que moi !

Et elle riait, avec des dents si claires, qu'il ne put s'empêcher de rire, lui aussi. Mais il insistait, un peu tremblant :

— Tu ne me réponds pas... Cette faim de jeunesse, ne l'as-tu donc pas, toi si jeune ?

Ce fut elle qui allongea les lèvres, qui le baisa, en disant à son tour, très bas :

— Je n'ai qu'une faim et qu'une soif, être aimée, être aimée en dehors de tout, par-dessus tout, comme tu m'aimes.

Le jour où Martine aperçut le pastel, cloué au mur, elle le contempla un instant en silence, puis elle fit un signe de croix, sans qu'on pût savoir si elle avait vu Dieu ou le Diable passer. Quelques jours avant Pâques, elle avait demandé à Clotilde de l'accompagner à l'église, et celle-ci, ayant dit non, elle sortit un instant de la déférence muette où elle se tenait maintenant. De toutes les choses nouvelles qui l'étonnaient dans la maison, celle dont elle restait bouleversée était la brusque irréligion de sa jeune maîtresse. Aussi se permit-elle de reprendre son ancien ton de remontrance, de la gronder comme lorsqu'elle était petite et qu'elle ne voulait pas faire sa prière. N'avait-elle donc plus la crainte du Seigneur? Ne tremblait-elle plus, à l'idée d'aller en enfer bouillir éternellement?

Clotilde ne put réprimer un sourire.

— Oh! l'enfer, tu sais qu'il ne m'a jamais beaucoup inquiétée... Mais tu te trompes en croyant que je n'ai plus de religion. Si j'ai cessé de fréquenter l'église, c'est que je fais mes dévotions autre part, voilà tout.

Martine, béante, la regarda, sans comprendre. C'était fini, mademoiselle était bien perdue. Et jamais elle ne lui redemanda de l'accompagner à Saint-Saturnin. Seulement, sa dévotion, à elle, augmenta encore, finit par tourner à la manie. On ne la rencontrait plus, en dehors de ses heures de service, promenant l'éternel bas qu'elle tricotait, même en marchant. Dès qu'elle avait une minute libre, elle courait à l'église, elle y restait abîmée, dans des oraisons sans fin. Un jour que la vieille madame Rougon, toujours aux aguets, l'avait trouvée derrière un pilier, une heure après l'y avoir déjà vue, elle s'était mise à rougir, en s'excusant, ainsi qu'une servante surprise à ne rien faire.

— Je priais pour monsieur.

Cependant, Pascal et Clotilde élargissaient encore leur domaine, allongeaient chaque jour leurs promenades, les poussaient à présent en dehors de la ville, dans la campagne vaste. Et, une après-midi qu'ils se rendaient à la Séguiranne, ils éprouvèrent une émotion, en longeant les terres défrichées et mornes, où s'étendaient autrefois les jardins enchantés du Paradou. La vision d'Albine s'était dressée, Pascal l'avait revue fleurir comme un printemps. Jamais, autrefois, lui qui se croyait déjà très vieux et qui entrait là pour sourire à cette petite fille, il n'aurait cru qu'elle serait morte depuis des années, lorsque la vie lui ferait le cadeau d'un printemps pareil, embaumant son déclin. Clotilde, ayant senti la vision passer entre eux, haussait vers lui son visage, en un besoin renaissant de tendresse. Elle était Albine, l'éternelle amoureuse. Il la baisa sur les lèvres; et, sans qu'ils eussent échangé une parole, un grand frisson traversa les terres plates, ensemencées de blé et d'avoine, où le Paradou avait roulé sa houle de prodigieuses verdures.

Maintenant, par la plaine desséchée et nue, Pascal et Clotilde marchaient dans la poussière craquante des routes. Ils aimaient cette nature ardente, ces champs plantés d'amandiers grêles et d'oliviers nains, ces horizons de coteaux pelés, où blanchissaient les taches pâles des bastides, qu'accentuaient les barres noires des cyprès centenaires. C'étaient comme des paysages anciens, de ces paysages classiques, tels qu'on en voit dans les tableaux des vieilles écoles, aux colorations dures, aux lignes balancées et majestueuses. Tous les grands soleils amassés, qui semblaient avoir cuit cette campagne, leur coulaient dans les veines; et ils en étaient plus vivants et plus beaux, sous le ciel toujours bleu, d'où tombait la claire flamme d'une perpétuelle passion. Elle, abritée un peu par son ombrelle, s'épanouissait, heureuse de ce bain de lumière, ainsi qu'une plante de plein midi; tandis que lui, refleurissant, sentait la sève brûlante du sol lui remonter dans les membres, en un flot de virile joie.

Cette promenade à la Séguiranne était une idée du docteur, qui avait appris, par la tante Dieudonné, le prochain mariage de Sophie avec un garçon meunier des environs; et il voulait voir si l'on se portait bien, si l'on était heureux, dans ce coin-là. Tout de suite, une délicieuse fraîcheur les reposa, lorsqu'ils entrèrent sous la haute avenue de chênes verts. Aux deux bords, les sources, les mères de ces grands ombrages, coulaient sans fin. Puis, lorsqu'ils arrivèrent à la maison des mégers, ils tombèrent justement sur les amoureux, Sophie et son meunier, qui s'embrassaient à pleine bouche, près du puits; car la tante venait de partir pour le lavoir, là-bas, derrière les saules de la Viorne. Très confus, le couple restait rougissant. Mais le docteur et sa compagne riaient d'un bon rire, et les amoureux rassurés contèrent que le mariage était pour la Saint-Jean, que c'était bien loin, que ça finirait par arriver tout de même. Certainement, Sophie avait encore grandi en santé et en beauté, sauvée du mal héréditaire, poussée solidement comme un de ces arbres, les pieds dans l'herbe humide des sources, la tête nue au grand soleil. Ah! ce ciel ardent et immense, quelle vie il soufflait aux êtres et aux choses! Elle ne gardait qu'une douleur, des larmes parurent au bord de ses paupières, lorsqu'elle parla de son frère Valentin, qui ne passerait peut-être pas la semaine. Elle avait eu des nouvelles la veille, il était perdu. Et le docteur dut mentir un peu, pour la consoler, car lui-même attendait l'inévitable dénouement, d'une heure à l'autre. Quand ils quittèrent la Séguiranne, Clotilde et lui, ils revinrent à Plassans d'un pas qui se ralentissait, attendris par ce bonheur des amours bien portantes, et que traversait le petit frisson de la mort.

Dans le vieux quartier, une femme que Pascal soignait, lui annonça que Valentin venait de mourir. Deux voisines avaient dû emmener Guirande, qui se cramponnait au corps de son fils, hurlante, à demi folle. Il entra, en laissant Clotilde à la porte. Enfin, ils reprirent le chemin de la Souleiade, silencieux. Depuis qu'il avait recommencé ses visites, il ne paraissait les faire que par devoir professionnel, n'exaltant plus les miracles de sa médication. Cette mort de Valentin, d'ailleurs, il s'étonnait qu'elle eût tant tardé, il avait la conviction d'avoir prolongé d'un an la vie du malade. Malgré les résultats extraordinaires qu'il obtenait, il savait bien que la mort resterait l'inévitable, la souveraine. Pourtant, l'échec où il l'avait tenue pendant des mois, aurait dû le flatter, panser le regret, toujours saignant en lui, d'avoir tué involontairement Lafouasse, quelques mois trop tôt. Et il semblait n'en rien être, un pli grave creusait son front, lorsqu'ils rentrèrent dans leur solitude. Mais, là, une nouvelle émotion l'attendait, il reconnut dehors, sous les platanes, où Martine l'avait fait asseoir, Sarteur, l'ouvrier chapelier, le pensionnaire des Tulettes, qu'il était allé piquer si longtemps ; et l'expérience passionnante paraissait avoir réussi, les piqûres de substance nerveuse donnaient de la volonté, puisque le fou était là, sorti le matin même de l'Asile, jurant qu'il n'avait plus de crise, qu'il était tout à fait guéri de cette brusque rage homicide, qui l'aurait fait se jeter sur un passant, pour l'étrangler. Le docteur le regardait, petit, très brun, le front fuyant, la face en bec d'oiseau, avec une joue sensiblement plus grosse que l'autre, d'une raison et d'une douceur parfaites, débordant d'une gratitude qui lui faisait baiser les mains de son sauveur. Il finissait par être ému, il le renvoya affectueusement, en lui conseillant de reprendre sa vie de travail, ce qui était la meilleure hygiène physique et morale. Ensuite, il se calma, il se mit à table, en parlant gaiement d'autre chose.

Clotilde le regardait, étonnée, un peu révoltée même.

— Quoi donc, maître, tu n'es pas plus content de toi?

Il plaisanta.

— Oh! de moi, je ne le suis jamais!... Et de la médecine, tu sais, c'est selon les jours!

Ce fut cette nuit-là, au lit, qu'ils eurent leur première querelle. Ils avaient soufflé la bougie, ils étaient dans la profonde obscurité de la chambre, aux bras l'un de l'autre, elle si mince, si fine, serrée contre lui, qui la tenait toute d'une étreinte, la tête sur son cœur. Et elle se fâchait de ce qu'il n'avait plus d'orgueil, elle reprenait ses griefs de la journée, en lui reprochant de ne pas triompher avec la guérison de Sarteur, et même avec l'agonie si prolongée de Valentin. C'était elle, maintenant, qui avait la passion de sa gloire. Elle rappelait ses cures : ne s'était-il pas guéri lui-même? pouvait-il nier l'efficacité de sa méthode? Tout un frisson la prenait, à évoquer le vaste rêve qu'il faisait autrefois : combattre la débilité, la cause unique du mal, guérir l'humanité souffrante, la rendre saine et supérieure, hâter le bonheur, la cité future de perfection et de félicité, en intervenant, en donnant de la santé à tous! Et il tenait la liqueur de vie, la panacée universelle qui ouvrait cet espoir immense!

Pascal se taisait, les lèvres posées sur l'épaule nue de Clotilde. Puis, il murmura :

— C'est vrai, je me suis guéri, j'en ai guéri d'autres, et je crois toujours que mes piqûres sont efficaces, dans beaucoup de cas... Je ne nie pas la médecine, le remords d'un accident douloureux, comme celui de Lafouasse, ne me rend pas injuste... D'ailleurs, le travail a été ma passion, c'est le travail qui m'a dévoré jusqu'ici, c'est en voulant me prouver la possibilité de refaire l'humanité vieillie, vigoureuse enfin et intelligente, que j'ai failli mourir, dernièrement... Oui, un rêve, un beau rêve!

De ses deux bras souples, elle l'étreignit à son tour, mêlée à lui, entrée dans son corps.

— Non, non! une réalité, la réalité de ton génie, maître!

Alors, comme ils étaient ainsi confondus, il baissa encore la voix, ses paroles ne furent plus qu'un aveu, à peine un léger souffle.

— Écoute, je vais te dire ce que je ne dirais à personne au monde, ce que je ne me dis pas tout haut à moi-même... Corriger la nature, intervenir, la modifier et la contrarier dans son but, est-ce une besogne louable? Guérir, retarder la mort de l'être pour son agrément personnel, le prolonger pour le dommage de l'espèce sans doute, n'est-ce pas défaire ce que veut faire la nature? Et rêver une humanité plus saine, plus forte, modelée sur notre idée de la santé et de la force, en avons-nous le droit? Qu'allons-nous faire là, de quoi allons-nous nous mêler dans ce labeur de la vie, dont les moyens et le but nous sont inconnus? Peut-être tout est-il bien. Peut-être risquons-nous de tuer l'amour, le génie, la vie elle-même... Tu entends, je le confesse à toi seule, le doute m'a pris, je tremble à la pensée de mon alchimie du vingtième siècle, je finis par croire qu'il est plus grand et plus sain de laisser l'évolution s'accomplir.

Il s'interrompit, il ajouta si doucement, qu'elle l'entendait à peine.

— Tu sais que, maintenant, je les pique avec de l'eau. Toi-même en as fait la remarque, tu ne m'entends plus piler; et je te disais que j'avais de la liqueur en réserve... L'eau les soulage, il y a là sans doute un simple effet mécanique. Ah! soulager, empêcher la souffrance, cela, certes, je le veux encore ! C'est peut-être ma dernière faiblesse, mais je ne puis voir souffrir, la souffrance me jette hors de moi, comme une cruauté monstrueuse et inutile de la nature... Je ne soigne plus que pour empêcher la souffrance.

— Maître, alors, demanda-t-elle, si tu ne veux plus guérir, il ne faudra plus tout dire, car la nécessité affreuse de montrer les plaies n'avait d'autre excuse que l'espoir de les fermer.

— Si, si ! il faut savoir, savoir quand même, et ne rien cacher, et tout confesser des choses et des êtres !... Aucun bonheur n'est possible dans l'ignorance, la certitude seule fait la vie calme. Quand on saura davantage, on acceptera certainement tout... Ne comprends-tu pas que vouloir tout guérir, tout régénérer, c'est une ambition fausse de notre égoïsme, une révolte contre la vie, que nous déclarons mauvaise, parce que nous la jugeons au point de vue de notre intérêt? Je sens bien que ma sérénité est plus grande, que j'ai élargi, haussé mon cerveau, depuis que je suis respectueux de l'évolution. C'est ma passion de la vie qui triomphe, jusqu'à ne pas la chicaner sur son but, jusqu'à me confier totalement, à me perdre en elle, sans vouloir la refaire, selon ma conception du bien et du mal. Elle seule est souveraine, elle seule sait ce qu'elle fait et où elle va, je ne puis que m'efforcer de la connaître, pour la vivre comme elle demande à être vécue... Et, vois-tu, je la comprends seulement depuis que tu es à moi. Tant que je ne t'avais pas, je cherchais la vérité ailleurs, je me débattais, dans l'idée fixe de sauver le monde. Tu es venue, et la vie est pleine, le monde se sauve à chaque heure par l'amour, par le travail immense et incessant de tout ce qui vit et se reproduit, à travers l'espace... La vie impeccable, la vie toute-puissante, la vie immortelle !

Ce n'était plus, sur sa bouche, qu'un frémissement d'acte de foi, un soupir d'abandon aux forces supérieures. Elle-même ne raisonnait plus, se donnait aussi.

— Maître, je ne veux rien en dehors de ta volonté, prends-moi et fais-moi tienne, que je disparaisse et que je renaisse, mêlée à toi !

Ils s'appartinrent. Puis, il y eut des chuchotements encore, une vie d'idylle projetée, une existence de calme et de vigueur, à la campagne. C'était à cette simple prescription d'un milieu réconfortant qu'aboutissait l'expérience du médecin. Il maudissait les villes. On ne pouvait se bien porter et être heureux que par les plaines vastes, sous le grand soleil, à la condition de renoncer à l'argent, à l'ambition, même aux excès orgueilleux des travaux intellectuels. Ne rien faire que de vivre et d'aimer, de piocher sa terre et d'avoir de beaux enfants.

— Ah ! reprit-il doucement, l'enfant, l'enfant de nous qui viendrait un jour...

Et il n'acheva pas, dans l'émotion dont l'idée de cette paternité tardive le bouleversait. Il évitait d'en parler, il détournait la tête, les yeux humides, lorsque, pendant leurs promenades, quelque fillette ou quelque gamin leur souriait.

Elle, simplement, avec une certitude tranquille, dit alors :

— Mais il viendra !

C'était, pour elle, la conséquence naturelle et indispensable de l'acte. Au bout de chacun de ses baisers, se trouvait la pensée de l'enfant ; car tout amour qui n'avait pas l'enfant pour but, lui semblait inutile et vilain.

Même, il y avait là une des causes qui la désintéressaient des romans. Elle n'était pas, comme sa mère, une grande liseuse ; l'envolée de son imagination lui suffisait ; et, tout de suite, elle s'ennuyait aux histoires inventées. Mais, surtout, son continuel étonnement, sa continuelle indignation étaient de voir que, dans les romans d'amour, on ne se préoccupait jamais de l'enfant. Il n'y était pas même prévu, et quand, par hasard, il tombait au milieu des aventures du cœur, c'était une catastrophe, une stupeur et un embarras considérable. Jamais les amants, lorsqu'ils s'abandonnaient aux bras l'un de l'autre, ne semblaient se douter qu'ils faisaient œuvre de vie et qu'un enfant allait naître. Cependant, ses études d'histoire naturelle lui avaient montré que le fruit était le souci unique de la nature. Lui seul importait, lui seul devenait le but, toutes les précautions se trouvaient prises pour que la semence ne fût point perdue et que la mère enfantât. Et l'homme, au contraire, en civilisant, en épurant l'amour, en avait écarté jusqu'à la pensée du fruit. Le sexe des héros, dans les romans distingués, n'était plus qu'une machine à passion. Ils s'adoraient, se prenaient, se lâchaient, enduraient mille morts, s'embrassaient, s'assassinaient, déchaînaient une tempête de maux sociaux, le tout pour le plaisir, en dehors des lois naturelles, sans même paraître se souvenir qu'en faisant l'amour on faisait des enfants. C'était malpropre et imbécile.

Elle s'égaya, elle répéta dans son cou, avec une jolie audace d'amoureuse, un peu confuse.

— Il viendra... Puisque nous faisons tout ce qu'il faut pour ça, pourquoi ne veux-tu pas qu'il vienne ?

Il ne répondit pas tout de suite. Elle le sentait, entre ses bras, pris de froid, envahi par le regret et le doute. Puis, il murmura tristement :

— Non, non ! il est trop tard... Songe donc, chérie, à mon âge !

— Mais tu es jeune ! s'écria-t-elle de nouveau, avec un emportement de passion, en le réchauffant, en le couvrant de baisers.

Ensuite, cela les fit rire. Et ils s'endormirent dans cet embrassement, lui sur le dos, la serrant de son bras gauche, elle le tenant à pleine étreinte, de tous ses membres allongés et souples, la tête posée sur sa poitrine, ses cheveux blonds répandus, mêlés à sa barbe blanche. La Sunamite sommeillait, la joue sur le cœur de son roi. Et, au milieu du silence, dans la grande chambre toute noire, si tendre à leurs amours, il n'y eut plus que la douceur de leur respiration.

IX

Par la ville et par les campagnes environnantes, le docteur Pascal continuait donc ses visites de médecin. Et, presque toujours, il avait au bras Clotilde, qui entrait avec lui chez les pauvres gens.

Mais, comme il le lui avait avoué très bas, une nuit, ce n'étaient guère, désormais, que des tournées de soulagement et de consolation. Déjà, autrefois, s'il avait fini par ne plus exercer qu'avec répugnance, cela venait de ce qu'il sentait tout le vide de la thérapeutique. L'empirisme le désolait. Du moment que la médecine n'était pas une science expérimentale, mais un art, il demeurait inquiet devant l'infinie complication de la maladie et du remède, selon le malade. Les médications changeaient avec les hypothèses : que de gens avaient dû tuer jadis les méthodes aujourd'hui abandonnées ! Le flair du médecin devenait tout, le guérisseur n'était plus qu'un devin heureusement doué, marchant lui-même à tâtons, enlevant les cures au petit bonheur de son génie. Et cela expliquait pourquoi, après une douzaine d'années d'exercice, il avait à peu près abandonné sa clientèle pour se jeter dans l'étude pure. Puis, lorsque ses grands travaux sur l'hérédité l'avaient ramené un instant à l'espoir d'intervenir, de guérir par ses piqûres hypodermiques, il s'était de nouveau passionné, jusqu'au jour où sa foi en la vie, qui le poussait à en aider l'action, en réparant les forces vitales, s'était élargie encore, lui avait donné la certitude supérieure que la vie se suffisait, était l'unique faiseuse de santé et de force. Et il ne continuait ses visites, avec son tranquille sourire, qu'auprès des malades qui le réclamaient à grands cris et qui se trouvaient miraculeusement soulagés, même lorsqu'il les piquait avec de l'eau claire.

Clotilde, parfois, maintenant, se permettait d'en plaisanter. Elle restait, au fond, la fervente du mystère ; et elle disait gaiement que, s'il faisait ainsi des miracles, c'était qu'il en avait en lui le pouvoir, un vrai bon Dieu ! Mais, alors, il s'égayait à lui retourner la vertu efficace de leurs visites communes, racontant qu'il ne guérissait plus personne quand elle était absente, que c'était elle qui apportait le souffle de l'au delà, la force inconnue et nécessaire. Ainsi, les gens riches, les bourgeois, où elle ne se permettait pas d'entrer, continuaient à geindre, sans aucun soulagement possible. Et cette dispute tendre les amusait, ils partaient chaque fois comme pour des découvertes nouvelles, ils avaient de bons regards d'intelligence chez les malades. Ah! cette gueuse de souffrance qui les révoltait, qu'ils allaient seule combattre encore, comme ils étaient heureux, lorsqu'ils la croyaient vaincue ! Ils se sentaient récompensés divinement, quand ils voyaient les sueurs froides se sécher, les bouches hurlantes s'apaiser, les faces mortes reprendre vie. C'était leur amour, décidément, qu'ils promenaient et qui calmait ce petit coin d'humanité souffrante.

— Mourir n'est rien, c'est dans l'ordre, disait souvent Pascal. Mais souffrir, pourquoi ? c'est abominable et stupide !

Une après-midi, le docteur alla, avec la jeune fille, voir un malade au petit village de Sainte-Marthe; et, comme ils prenaient le chemin de fer, pour ménager

Bonhomme, ils firent à la gare une rencontre. Le train qu'ils attendaient venait des Tulettes. Sainte-Marthe était la première station, dans le sens opposé, vers Marseille. Et, le train arrivé, ils se précipitaient, ils ouvraient une portière, lorsqu'ils virent descendre la vieille madame Rougon du compartiment qu'ils croyaient vide. Elle ne leur parlait plus, elle descendit d'un saut léger, malgré son âge, puis s'en alla, l'air roide et très digne.

— C'est le premier juillet, dit Clotilde, quand le train fut en marche. Grand'mère revient des Tulettes faire sa visite de chaque mois à Tante Dide... As-tu vu le regard qu'elle m'a jeté ?

Pascal, au fond, était heureux de cette fâcherie avec sa mère, qui le délivrait de la continuelle inquiétude de sa présence.

— Bah ! dit-il simplement, quand on ne s'entend pas, il vaut mieux ne pas se fréquenter.

Mais la jeune fille restait chagrine et songeuse. Puis, à demi-voix :

— Je l'ai trouvée changée, le visage pâli... Et, as-tu remarqué ? elle, si correcte d'habitude, n'avait qu'une main gantée, la main droite, d'un gant vert... Je ne sais pourquoi, elle m'a retourné le cœur.

Lui, alors, troublé aussi, eut un geste vague. Sa mère finirait certainement par vieillir, comme tout le monde. Elle s'agitait trop, elle se passionnait trop encore. Il raconta qu'elle projetait de léguer sa fortune à la ville de Plassans, pour qu'on bâtît une maison de retraite qui porterait le nom des Rougon. Tous deux s'étaient remis à sourire, lorsqu'il s'écria :

— Tiens ! mais c'est demain que nous allons, nous aussi, aux Tulettes, pour nos malades. Et tu sais que j'ai promis de conduire Charles à l'oncle Macquart.

Félicité, en effet, revenait, ce jour-là, des Tulettes, où elle se rendait régulièrement, le premier de chaque mois, pour prendre des nouvelles de Tante Dide. Depuis des années, elle s'intéressait passionnément à la santé de la folle, stupéfaite de la voir durer toujours, furieuse de ce qu'elle s'entêtait à vivre, hors de la mesure commune, dans un véritable prodige de longévité. Quel soulagement, le beau matin où elle enterrerait ce témoin gênant du passé, ce spectre de l'attente et de l'expiation, qui évoquait, vivantes, les abominations de la famille! Et, lorsque tant d'autres étaient partis, elle, démente, ne gardant qu'une étincelle de vie au fond des yeux, semblait oubliée. Ce jour-là, elle l'avait encore trouvée sur son fauteuil, desséchée et droite, immuable. Comme le disait la gardienne, il n'y avait plus de raison pour qu'elle mourût jamais. Elle avait cent cinq ans.

Quand elle sortit de l'Asile, Félicité était outrée. Elle pensa à l'oncle Macquart. Encore un qui la gênait, qui s'éternisait avec une obstination exaspérante! Bien qu'il n'eût que quatre-vingt-quatre ans, trois ans de plus qu'elle, il lui semblait d'une vieillesse ridicule, dépassant les bornes permises. Et un homme qui vivait dans les excès, qui était ivre mort chaque soir, depuis soixante ans! Les sages, les sobres, s'en allaient; lui, fleurissait, s'épanouissait, éclatant de santé et de joie. Jadis, lorsqu'il était venu s'établir aux Tulettes, elle lui avait fait des cadeaux de vin, de liqueurs, d'eau-de-vie, dans l'espoir inavoué de débarrasser la famille d'un gaillard vraiment malpropre, dont on n'avait à attendre que du désagrément et de la honte. Mais elle s'était vite aperçue que tout cet alcool paraissait au contraire l'entretenir en belle allégresse, la mine ensoleillée, l'œil goguenard; et elle avait supprimé les cadeaux, puisque le poison espéré l'engraissait. Elle en gardait une terrible rancune, elle l'aurait tué, si elle l'avait osé, chaque fois qu'elle le revoyait, plus d'aplomb sur ses jambes d'ivrogne, lui ricanant à la face, sachant bien qu'elle guettait sa mort, et triomphant de ce qu'il ne lui donnait pas le plaisir d'enterrer avec lui le linge sale ancien, le sang et la boue des deux conquêtes de Plassans.

— Voyez-vous, Félicité, disait-il souvent, de son air d'atroce moquerie, je suis ici pour garder la vieille mère, et le jour où nous nous déciderons à mourir tous les deux, ce sera par gentillesse pour vous, oui ! simplement pour vous éviter la peine d'accourir nous voir, comme ça, d'un si bon cœur, chaque mois.

D'ordinaire, elle ne se donnait même plus la déception de descendre chez l'oncle, elle était renseignée sur lui, à l'Asile. Mais, cette fois, comme elle venait d'y apprendre qu'il traversait une crise d'ivrognerie extraordinaire, ne dessoûlant pas depuis quinze jours, sans doute ivre à un tel point qu'il ne sortait plus, elle fut prise de la curiosité de voir par elle-même l'état où il pouvait bien s'être mis. Et, en retournant à la gare, elle fit un détour, pour passer par la bastide de l'oncle.

La journée était superbe, une chaude et rayonnante journée d'été. A droite et à gauche de l'étroit chemin qu'elle avait dû prendre, elle regardait les champs qu'il s'était fait donner autrefois, toute cette grasse terre, prix de sa discrétion et de sa bonne tenue. Au grand soleil, la maison, avec ses tuiles roses, ses murs violemment badigeonnés de jaune, lui apparut toute riante de gaieté. Sous les antiques mûriers de la terrasse, elle goûta la fraîcheur délicieuse, elle jouit de l'admirable vue. Quelle digne et sage retraite, quel coin de bonheur pour un vieil homme, qui achèverait, dans cette paix, une longue vie de bonté et de devoir !

Mais elle ne le voyait pas, elle ne l'entendait pas. Le

silence était profond. Seules, des abeilles bourdonnaient, autour de grandes mauves. Et il n'y avait, sur la terrasse, qu'un petit chien jaune, un loubet, comme on les nomme en Provence, étendu de tout son long sur la terre nue, à l'ombre. Il connaissait la visiteuse, il avait levé la tête en grognant, sur le point d'aboyer ; puis, il s'était recouché, et il ne bougeait plus.

Alors, dans cette solitude, dans cette joie du soleil, elle fut saisie d'un singulier petit frisson, elle appela :

— Macquart !… Macquart !…

La porte de la bastide, sous les mûriers, était grande ouverte. Mais elle n'osait entrer, cette maison vide, béante ainsi, l'inquiétait. Et elle appela de nouveau :

— Macquart !… Macquart !…

Pas un bruit, pas un souffle. Le silence lourd retombait, les abeilles seules bourdonnaient plus haut, autour des grandes mauves.

Une honte de sa peur finit par prendre Félicité, qui entra bravement. A gauche, dans le vestibule, la porte de la cuisine, où l'oncle se tenait d'habitude, était fermée. Elle la poussa, elle ne distingua rien d'abord, car il avait dû clore les volets, pour se protéger contre la chaleur. Sa première impression fut seulement de se sentir serrée à la gorge par la violente odeur d'alcool qui emplissait la pièce : il semblait que chaque meuble suât cette odeur, la maison entière en était imprégnée. Puis, comme ses yeux s'accoutumaient à la demi-obscurité, elle finit par apercevoir l'oncle. Il se trouvait assis près de la table, sur laquelle étaient un verre et une bouteille de trois-six complètement vide. Tassé au fond de sa chaise, il dormait profondément, ivre mort. Cette vue la rendit à sa colère et à son mépris.

— Voyons, Macquart, est-ce déraisonnable et ignoble

de se mettre dans un état pareil !... Réveillez-vous donc, c'est honteux !

Son sommeil était si profond, qu'on n'entendait même pas son souffle. Vainement, elle haussa la voix, tapa violemment des mains.

— Macquart ! Macquart ! Macquart !... Ah ! ouiche !... Vous êtes dégoûtant, mon cher !

Et elle l'abandonna, elle ne se gêna plus, marcha librement, bouscula les objets. Au sortir de l'Asile, par la route poussiéreuse, une soif ardente l'avait prise. Ses gants la gênaient, elle les retira, les mit sur un coin de la table. Puis, elle eut la chance de trouver la cruche, elle lava un verre, qu'elle emplit ensuite jusqu'au bord, et qu'elle s'apprêtait à vider, lorsqu'un extraordinaire spectacle la remua à un tel point, qu'elle le posa près de ses gants, sans boire.

Elle voyait de plus en plus clair dans la pièce, que de minces filets de soleil éclairaient, à travers les fentes des vieux volets disjoints. Nettement, elle apercevait l'oncle, toujours proprement vêtu de drap bleu, coiffé de l'éternelle casquette de fourrure qu'il portait d'un bout e l'année à l'autre. Il avait engraissé depuis cinq ou six ans, il faisait un véritable tas, débordant de plis de graisse. Et elle venait de remarquer qu'il avait dû s'endormir en fumant, car sa pipe, une courte pipe noire, était tombée sur ses genoux. Puis, elle resta immobile de stupeur : le tabac enflammé s'était répandu, le drap du pantalon avait pris feu ; et, par le trou de l'étoffe, large déjà comme une pièce de cent sous, on voyait la cuisse nue, une cuisse rouge, d'où sortait une petite flamme bleue.

D'abord, Félicité crut que c'était du linge, le caleçon, la chemise, qui brûlait. Mais le doute n'était pas permis, elle voyait bien la chair à nu, et la petite flamme bleue s'en échappait, légère, dansante, telle qu'une flamme errante, à la surface d'un vase d'alcool enflammé. Elle n'était encore guère plus haute qu'une flamme de veilleuse, d'une douceur muette, si instable, que le moindre frisson de l'air la déplaçait. Mais elle grandissait, s'élargissait rapidement, et la peau se fendait, et la graisse commençait à se fondre.

Un cri involontaire jaillit de la gorge de Félicité.

— Macquart !... Macquart !

Il ne bougeait toujours pas. Son insensibilité devait être complète, l'ivresse l'avait jeté dans une sorte de coma, dans une paralysie absolue de la sensation; car il vivait, on voyait un souffle lent et égal soulever sa poitrine.

— Macquart !... Macquart !

Maintenant, la graisse suintait par les gerçures de la peau, activant la flamme qui gagnait le ventre. Et Félicité comprit que l'oncle s'allumait là, comme une éponge, imbibée d'eau-de-vie. Lui-même en était saturé depuis des ans, de la plus forte, de la plus inflammable. Il flamberait sans doute tout à l'heure, des pieds à la tête.

Alors, elle cessa de vouloir le réveiller, puisqu'il dormait si bien. Pendant une grande minute, elle osa encore le contempler, effarée, peu à peu résolue. Ses mains, pourtant, s'étaient mises à trembler, d'un petit grelottement qu'elle ne pouvait contenir. Elle étouffait, elle reprit à deux mains le verre d'eau, que, d'un trait, elle vida. Et elle partait sur la pointe des pieds, lorsqu'elle se rappela ses gants. Elle revint, crut les ramasser tous les deux sur la table, d'un geste inquiet, à tâtons. Enfin, elle sortit, elle referma la porte soigneusement, avec douceur, comme si elle avait craint de déranger quelqu'un.

Quand elle se retrouva sur la terrasse, au gai soleil, dans l'air pur, en face de l'immense horizon baigné de ciel, elle eut un soupir de soulagement. La campagne était déserte, personne ne l'avait certainement vue ni entrer ni sortir. Il n'y avait toujours là que le loubet jaune, étalé, qui ne daigna même pas lever la tête. Et elle s'en alla, de son petit pas pressé, avec le léger balancement de sa taille de jeune fille. Cent pas plus loin, bien qu'elle s'en défendît, une irrésistible force la fit se retourner et regarder une dernière fois la maison, si calme et si gaie, à mi-côte, sous cette fin d'un beau jour. Dans le train seulement, lorsqu'elle voulut se ganter, elle s'aperçut qu'un de ses gants manquait. Mais elle avait la certitude qu'il était tombé sur le quai du chemin de fer, comme elle montait en wagon. Elle se croyait très calme, et elle resta pourtant une main gantée et une main nue, ce qui ne pouvait être, chez elle, que l'effet d'une forte perturbation.

Le lendemain, Pascal et Clotilde prirent le train de trois heures, pour se rendre aux Tulettes. La mère de Charles, la bourrelière, leur avait amené le petit, puisqu'ils voulaient bien se charger de le conduire à l'oncle, chez lequel il devait rester toute la semaine. De nouvelles disputes avaient troublé le ménage : le mari refusait, décidément, de tolérer davantage chez lui cet enfant d'un autre, ce fils de prince, fainéant et imbécile. Comme c'était la grand'mère Rougon qui l'habillait, il était en effet, ce jour-là, tout vêtu encore de velours noir, soutaché d'une ganse d'or, tel qu'un jeune seigneur, un page d'autrefois, allant à la cour. Et, pendant le quart d'heure que dura le voyage, dans le compartiment où ils étaient seuls, Clotilde s'amusa à lui enlever sa toque, pour lustrer ses admirables cheveux blonds, sa royale chevelure dont les boucles lui tombaient sur les épaules. Mais elle portait une bague, et lui ayant passé la main sur la nuque, elle resta saisie de voir que sa caresse laissait une trace sanglante. On ne pouvait le toucher, sans que la rosée rouge perlât à sa peau : c'était un relâchement des tissus, si aggravé par la dégénérescence, que le moindre froissement déterminait une hémorragie. Tout de suite, le docteur s'inquiéta, lui demanda s'il saignait toujours aussi souvent du nez. Et Charles sut à peine répondre, dit non d'abord, puis se rappela, dit qu'il avait beaucoup saigné, l'autre jour. Il semblait en effet plus faible, il retournait à l'enfance, à mesure qu'il avançait en âge, d'une intelligence qui ne s'était jamais éveillée et qui s'obscurcissait. Ce grand garçon de quinze ans ne paraissait pas en avoir dix, si beau, si petite fille, avec son teint de fleur née à l'ombre. Très attendrie, le cœur chagrin, Clotilde, qui l'avait gardé sur ses genoux, le remit sur la banquette, lorsqu'elle s'aperçut qu'il essayait de glisser la main par l'échancrure de son corsage, dans une poussée précoce et instinctive de petit animal vicieux.

Aux Tulettes, Pascal décida qu'ils conduiraient d'abord l'enfant chez l'oncle. Et ils gravirent la pente assez rude du chemin. De loin, la petite maison riait comme la veille au grand soleil, avec ses tuiles roses, ses murs jaunes, ses mûriers verts, allongeant leurs branches tordues, couvrant la terrasse d'un épais toit de feuilles. Une paix délicieuse baignait ce coin de solitude, cette retraite de sage, où l'on n'entendait que le bourdonnement des abeilles, autour des grandes mauves.

— Ah! ce gredin d'oncle, murmura Pascal en souriant, je l'envie !

Mais il était surpris de ne pas l'apercevoir déjà, debout au bord de la terrasse. Et, comme Charles s'était mis à galoper, entraînant Clotilde, pour aller voir les lapins, le docteur continua de monter seul, s'étonna, en haut, de ne trouver personne. Les volets étaient clos, la porte du vestibule bâillait, grande ouverte. Il n'y avait là que le Toubet jaune, sur le seuil, les quatre pattes raidies, le poil hérissé, hurlant d'un gémissement doux et continu. Quand il vit arriver ce visiteur, qu'il reconnut sans doute, il se tut un instant, alla se poser plus loin, puis recommença doucement à gémir.

Pascal, envahi d'une crainte, ne put retenir l'appel inquiet qui lui montait aux lèvres.

— Macquart!... Macquart!

Personne ne répondit, la maison gardait un silence de mort, avec sa seule porte grande ouverte, qui creusait un trou noir. Le chien hurlait toujours.

Et il s'impatienta, il cria plus haut :

— Macquart!... Macquart!

Rien ne bougea, les abeilles bourdonnaient, la sérénité immense du ciel enveloppait ce coin de solitude. Et il se décida. Peut-être l'oncle dormait-il. Mais, dès qu'il eut poussé, à gauche, la porte de la cuisine, une odeur affreuse s'en échappa, une insupportable odeur d'os et de chair tombés sur un brasier. Dans la pièce, il put à peine respirer, étouffé, aveuglé par une sorte d'épaisse vapeur, une nuée stagnante et nauséabonde. Les minces filets de lumière qui filtraient à travers les fentes, ne lui permettaient pas de bien voir. Pourtant, il s'était précipité vers la cheminée, il abandonnait sa première pensée d'un incendie, car il n'y avait pas eu de feu, tous les meubles autour de lui avaient l'air intact. Et, ne comprenant pas, se sentant défaillir dans cet air empoisonné, il courut ouvrir les volets, violemment. Un flot de lumière entra.

Alors, ce que le docteur put enfin constater, l'emplit d'étonnement. Chaque objet se trouvait à sa place ; le verre et la bouteille de trois-six vide étaient sur la table ; seule, la chaise où l'oncle avait dû s'asseoir, portait des traces d'incendie, les pieds de devant noircis, la paille à demi brûlée. Qu'était devenu l'oncle ? Où donc pouvait-il être passé? Et, devant la chaise, il n'y avait, sur le carreau, taché d'une mare de graisse, qu'un petit tas de cendre, à côté duquel gisait la pipe, une pipe noire, qui ne s'était pas même cassée en tombant. Tout l'oncle était là, dans cette poignée de cendre fine, et il était aussi dans la nuée rousse qui s'en allait par la fenêtre ouverte, dans la couche de suie qui avait tapissé la cuisine entière, un horrible suint de chair envolée, enveloppant tout, gras et infect sous le doigt.

C'était le plus beau cas de combustion spontanée qu'un médecin eût jamais observé. Le docteur en avait bien lu de surprenants, dans certains mémoires, entre autres celui de la femme d'un cordonnier, une ivrognesse qui s'était endormie sur sa chaufferette et dont on n'avait retrouvé qu'un pied et une main. Lui-même, jusque-là, s'était méfié, n'avait pu admettre, comme les anciens, qu'un corps, imprégné d'alcool, dégageât un gaz inconnu, capable de s'enflammer spontanément et de dévorer la chair et les os. Mais il ne niait plus, il expliquait tout d'ailleurs, en rétablissant les faits : le coma de l'ivresse, l'insensibilité absolue, la pipe tombée sur les vêtements qui prenaient feu, la chair saturée de boisson qui brûlait et se crevassait, la graisse qui se fondait, dont une partie coulait par terre, dont l'autre activait la combustion, et tout enfin, les muscles, les organes, les os qui se consumaient, dans la flambée du corps entier. Tout l'oncle tenait là, avec ses vêtements de drap bleu, avec la casquette de fourrure qu'il portait d'un bout de l'année à l'autre. Sans doute, dès qu'il s'était mis à brûler ainsi qu'un feu de joie, il avait dû culbuter en avant, ce qui expliquait comment la chaise se trouvait noircie à peine ; et rien ne restait de lui, pas un os, pas une dent, pas un ongle, rien que ce petit tas de poussière grise, que le courant d'air de la porte menaçait de balayer.

Clotilde, cependant, entra; tandis que Charles restait dehors, intéressé par le hurlement continu du chien.

— Ah! mon Dieu, quelle odeur! dit-elle. Qu'y a-t-il?

Et, lorsque Pascal lui eut expliqué l'extraordinaire catastrophe, elle frémit. Déjà, elle avait pris la bouteille pour l'examiner; mais elle la reposa avec horreur, en la sentant humide et poissée de la chair de l'oncle. On ne pouvait rien toucher, les moindre choses étaient comme enduites de ce suint jaunâtre, qui collait aux mains.

Un frisson de dégoût épouvanté la souleva, elle pleura, en bégayant :

— La triste mort! l'affreuse mort!

Pascal s'était remis de son premier saisissement, et il souriait presque.

— Affreuse, pourquoi?... Il avait quatre-vingt-quatre ans, et il n'a pas souffert... Moi, je la trouve superbe, cette mort, pour ce vieux bandit d'oncle, qui a mené, mon Dieu! on peut bien le dire à cette heure, une existence peu catholique... Tu te rappelles son dossier, il avait sur la conscience des choses vraiment terribles et malpropres, ce qui ne l'a pas empêché de se ranger plus tard, de vieillir au milieu de toutes les joies, en brave homme goguenard, récompensé des grandes vertus qu'il n'avait pas eues... Et le voilà qui meurt royalement, comme le prince des ivrognes, flambant de lui-même, se consumant dans le bûcher embrasé de son propre corps!

Émerveillé, le docteur élargissait la scène de son geste vaste.

— Vois-tu cela?... Être ivre au point de ne pas sentir qu'on brûle, s'allumer soi-même comme un feu de la Saint-Jean, se perdre en fumée, jusqu'au dernier os!... Hein? vois-tu l'oncle parti pour l'espace, d'abord répandu aux quatre coins de cette pièce, dissous dans l'air et flottant, baignant tous les objets qui lui ont appartenu, puis s'échappant en une poussière de nuée, par cette fenêtre, lorsque je l'ai ouverte, s'envolant en plein ciel, emplissant l'horizon... Mais c'est une mort admirable! disparaître, ne rien laisser de soi, un petit tas de cendre et une pipe, à côté!

Et il ramassa la pipe, pour garder, ajouta-t-il, une relique de l'oncle ; tandis que Clotilde, qui avait cru sentir une pointe d'amère moquerie sous son accès d'admiration lyrique, disait encore, d'un frisson, son effroi et sa nausée.

Mais, sous la table, elle venait d'apercevoir quelque chose, un débris peut-être..

— Vois donc là, ce lambeau!.

Il se baissa, il eut la surprise de ramasser un gant de femme, un gant vert.

— Eh! cria-t-elle, c'est le gant de grand'mère, tu te souviens, le gant qui lui manquait hier soir.

Tous les deux s'étaient regardés, la même explication leur montait aux lèvres : Félicité, la veille, était certainement venue ; et une brusque conviction se faisait dans l'esprit du docteur, la certitude que sa mère avait vu l'oncle s'allumer, et qu'elle ne l'avait pas éteint. Cela résultait pour lui de plusieurs indices, l'état de refroidissement complet où il trouvait la pièce, le calcul qu'il faisait des heures nécessaires à la combustion. Il vit bien que la même pensée naissait au fond des yeux terrifiés de sa compagne. Mais, comme il semblait impossible de jamais savoir la vérité, il imagina tout haut l'histoire la plus simple.

— Sans doute, ta grand'mère sera entrée dire bonjour à l'oncle, en revenant de l'Asile, avant qu'il se mette à boire.

— Allons-nous-en! allons-nous-en! cria Clotilde. J'étouffe, je ne puis plus rester ici!

D'ailleurs, Pascal voulait aller déclarer le décès. Il sortit derrière elle, ferma la maison, mit la clef dans sa poche. Et, dehors, ils entendirent de nouveau le loubet; le petit chien jaune, qui n'avait pas cessé de hurler. Il s'était réfugié dans les jambes de Charles, et l'enfant, amusé, le poussait du pied, l'écoutait gémir, sans comprendre.

Le docteur se rendit directement chez M. Maurin, le notaire des Tulettes, qui se trouvait être en même temps maire de la commune. Veuf depuis une dizaine d'années, vivant en compagnie de sa fille, également veuve et sans enfant, il entretenait de bons rapports de voisinage avec le vieux Macquart, il avait parfois gardé chez lui le petit Charles des journées entières, sa fille s'étant intéressée à cet enfant si beau et si à plaindre. M. Maurin s'effara, voulut remonter avec le docteur constater l'accident, promit de dresser un acte de décès en règle. Quant à une cérémonie religieuse, à des obsèques, elles paraissaient bien difficiles. Lorsqu'on était rentré dans la cuisine, le vent de la porte avait fait envoler les cendres; et, lorsqu'on s'était efforcé de les recueillir pieusement, on n'avait guère réussi qu'à ramasser les raclures du carreau, toute une saleté ancienne, où il ne devait rester que bien peu de l'oncle. Alors, enterrer quoi? Il valait mieux y renoncer. On y renonça. D'ailleurs, l'oncle ne pratiquait guère, et la famille se contenta de faire dire plus tard des messes, pour le repos de son âme.

Le notaire, cependant, s'était écrié tout de suite qu'il existait un testament, déposé chez lui. Il convoqua sans tarder le docteur, pour le surlendemain, dans le but de lui en faire la communication officielle; car il crut pouvoir lui dire que l'oncle l'avait choisi comme exécuteur testamentaire. Et, il finit par lui offrir, en brave homme, de garder Charles jusque-là, comprenant combien le petit, si bousculé chez sa mère, devenait gênant, au milieu de toutes ces histoires. Charles parut enchanté, et il resta aux Tulettes.

Ce ne fut que très tard, par le train de sept heures, que Clotilde et Pascal purent rentrer à Plassans, après que ce dernier eut visité enfin les deux malades qu'il avait à voir. Mais, le surlendemain, comme ils revenaient ensemble au rendez-vous de M. Maurin, ils eurent la surprise désagréable de trouver la vieille madame Rougon installée chez lui. Elle avait naturellement appris la mort de Macquart, elle était accourue, frétillante, débordante d'une douleur expansive. La lecture du testament fut, du reste, très simple, sans incident : Macquart avait disposé de tout ce qu'il pouvait distraire de sa petite fortune, pour se faire élever un tombeau superbe, en marbre, avec deux anges monumentaux, les ailes repliées, et qui pleuraient. C'était une idée à lui, le souvenir d'un tombeau pareil, qu'il avait vu à l'étranger, en Allemagne peut-être, quand il était soldat. Et il chargeait son neveu Pascal de veiller à l'exécution du monument, parce que lui seul, ajoutait-il, avait du goût, dans la famille.

Pendant cette lecture, Clotilde était demeurée dans le jardin du notaire, assise sur un banc, à l'ombre d'un antique marronnier. Lorsque Pascal et Félicité reparurent, il y eut un moment de grande gêne, car ils ne s'étaient pas reparlé depuis des mois. D'ailleurs, la vieille dame affectait une aisance parfaite, sans allusion aucune à la situation nouvelle, donnant à entendre qu'on pouvait bien se rencontrer et paraître unis devant le monde, sans s'expliquer ni se réconcilier pour cela. Mais elle eut le tort de trop insister sur le gros chagrin que lui avait causé la mort de Macquart. Pascal, qui se doutait de son sursaut de joie, de son infinie jouissance, à la pensée que cette plaie de la famille, cette abomination de l'oncle allait se cicatriser enfin, céda à une impatience, à une révolte qui le soulevait. Ses yeux s'étaient involontairement fixés sur les gants de sa mère, qui étaient noirs.

Justement, elle se désolait, d'une voix adoucie.

— Aussi était-ce prudent, à son âge, de s'obstiner à vivre tout seul, comme un loup! S'il avait eu seulement chez lui une servante!

Et le docteur alors parla, sans en avoir la nette conscience, dans un tel besoin irrésistible, qu'il fut tout effaré de s'entendre dire :

— Mais vous, ma mère, puisque vous y étiez, pourquoi ne l'avez-vous pas éteint?

La vieille madame Rougon blêmit affreusement. Comment son fils pouvait-il savoir? Elle le regarda un instant, béante; tandis que Clotilde pâlissait comme elle, dans la certitude du crime, éclatante maintenant. C'était un aveu, ce silence terrifié qui était tombé entre la mère, le fils, la petite-fille, ce frissonnant silence où les familles enterrent leurs tragédies domestiques. Les deux femmes ne trouvaient rien. Le docteur, désespéré d'avoir parlé, lui qui évitait avec tant de soin les explications fâcheuses et inutiles, cherchait éperdument à rattraper sa phrase, lorsqu'une nouvelle catastrophe les tira de cette gêne terrible.

Félicité s'était décidée à reprendre Charles, ne voulant pas abuser de la bonne hospitalité de M. Maurin; et, comme celui-ci, après le déjeuner, avait fait conduire le petit à l'Asile, pour qu'il passât une heure près de Tante Dide, il venait d'y envoyer sa servante, avec l'ordre de le ramener tout de suite. Ce fut donc à ce moment que cette servante, qu'ils attendaient dans le jardin, reparut, en sueur, essoufflée, bouleversée, criant de loin :

— Mon Dieu! mon Dieu! venez vite... Monsieur Charles est dans le sang...

Ils s'épouvantèrent, ils partirent tous les trois pour l'Asile.

Ce jour-là, Tante Dide était dans un de ses bons jours, bien calme, bien douce, droite au fond du fauteuil où elle passait les heures, les longues heures, depuis vingt-deux ans, à regarder fixement le vide. Elle semblait avoir encore maigri, tout muscle avait disparu, ses bras, ses jambes n'étaient plus que des os recouverts du parchemin de la peau; et il fallait que sa gardienne, la robuste fille blonde, la portât, la fît manger, disposât d'elle comme d'une chose, qu'on déplace et qu'on reprend. L'ancêtre, l'oubliée, grande, noueuse, effrayante, restait immobile, avec ses yeux qui vivaient seuls, ses clairs yeux d'eau de source, dans son mince visage desséché. Mais, le matin, un brusque flot de larmes avait ruisselé sur ses joues, puis elle s'était mise à bégayer des paroles sans suite; ce qui semblait prouver qu'au milieu de son épuisement sénile et de l'engourdissement irréparable de la démence, la lente induration du cerveau ne devait pas être complète encore : des souvenirs restaient emmagasinés, des lueurs d'intelligence étaient possibles. Et elle avait repris sa face muette, indifférente aux êtres et aux choses, riant parfois d'un malheur, d'une chute, le plus souvent ne voyant, n'entendant rien, dans sa contemplation sans fin du vide.

Lorsque Charles lui fut amené, la gardienne l'installa tout de suite, devant la petite table, en face de sa trisaïeule. Elle gardait pour lui un paquet d'images, des soldats, des capitaines, des rois, vêtus de pourpre et d'or, et elle les lui donna, avec sa paire de ciseaux.

— Là, amusez-vous tranquillement, soyez bien sage. Vous voyez qu'aujourd'hui grand'mère est très gentille. Il faut être gentil aussi.

L'enfant avait levé le regard sur la folle, et tous deux se contemplèrent. A ce moment, leur extraordinaire ressemblance éclata. Leurs yeux surtout, leurs yeux vides et limpides, semblaient se perdre les uns dans les autres, identiques. Puis, c'était la physionomie, les traits usés de la centenaire qui, par-dessus trois générations, sautaient à cette délicate figure d'enfant, comme effacée déjà elle aussi, très vieille et finie par l'usure de la race. Ils ne s'étaient pas souri, ils se regardaient profondément, d'un air d'imbécillité grave.

— Ah bien! continua la gardienne, qui avait pris l'habitude de se parler tout haut, pour s'égayer avec sa folle, ils ne peuvent pas se renier. Qui a fait l'un a fait l'autre. C'est tout craché... Voyons, riez un peu, amusez-vous, puisque ça vous plaît d'être ensemble.

Mais la moindre attention prolongée fatiguait Charles, et il baissa le premier la tête, il parut s'intéresser à ses images; pendant que Tante Dide, qui avait une puissance étonnante de fixité, continuait à le regarder indéfiniment, sans un battement de paupières.

Un instant, la gardienne s'occupa, dans la petite chambre, pleine de soleil, tout égayée par son papier clair, à fleurs bleues. Elle refit le lit qui prenait l'air, elle rangea du linge sur les planches de l'armoire. D'habitude, elle profitait de la présence du petit, pour se donner un peu de bon temps. Jamais elle ne devait quitter sa pensionnaire; et, quand il était là, elle avait fini par oser la lui confier.

— Écoutez bien, reprit-elle, il faut que je sorte, et si elle remuait, si elle avait besoin de moi, vous sonneriez, vous m'appelleriez tout de suite, n'est-ce pas?... Vous comprenez, vous êtes assez grand garçon pour savoir appeler quelqu'un.

Il avait relevé la tête, il fit signe qu'il avait compris et qu'il appellerait. Et, quand il se trouva seul avec Tante Dide, il se remit à ses images, sagement. Cela dura un quart d'heure, dans le profond silence de l'Asile, où l'on n'entendait que des bruits perdus de prison, un pas furtif, un trousseau de clefs qui tintait, puis, parfois, de grands cris, aussitôt éteints. Mais, par cette brûlante journée, l'enfant devait être las; et le sommeil le prenait, bientôt sa tête, d'une blancheur de lis, sembla se pencher sous le casque trop lourd de sa royale chevelure : il la laissa tomber doucement parmi les images, il s'endormit, une joue contre les rois d'or et de pourpre. Les cils de ses paupières closes jetaient une ombre, la vie battait faiblement dans les petites veines bleues de sa peau délicate. Il était d'une beauté d'ange, avec l'indéfinissable corruption de toute une race, épandue sur la douceur de son visage. Et Tante Dide le regardait de son regard vide, où il n'y avait ni plaisir ni peine, le regard de l'éternité ouvert sur les choses.

Pourtant, au bout de quelques minutes, un intérêt parut s'éveiller dans ses yeux clairs. Un événement venait de se produire, une goutte rouge s'allongeait, au bord de la narine gauche de l'enfant. Cette goutte tomba, puis une autre se forma et la suivit. C'était le sang, la rosée de sang qui perlait, sans froissement, sans contusion cette fois, qui sortait toute seule, s'en allait, dans l'usure lâche de la dégénérescence. Les gouttes devinrent un filet mince qui coula sur l'or des images. Une petite mare les noya, se fit un chemin vers un angle de la table; puis, les gouttes recommencèrent, s'écrasèrent une à une, lourdes, épaisses, sur le carreau de la chambre. Et il dormait toujours, de son air divinement calme de chérubin, sans avoir même conscience de sa vie qui s'échappait; et la folle continuait à le regarder, l'air de plus en plus intéressé, mais sans effroi, amusée plutôt, l'œil occupé par cela comme par le vol des grosses mouches, qu'elle suivait souvent pendant des heures.

Des minutes encore se passèrent, le petit filet rouge

s'était élargi, les gouttes se suivaient plus rapides, avec le léger clapotement monotone et entêté de leur chute. Et Charles, à un moment, s'agita, ouvrit les yeux, s'aperçut qu'il était plein de sang. Mais il ne s'épouvanta pas, il était accoutumé à cette source sanglante qui sortait de lui, au moindre heurt. Il eut une plainte d'ennui. L'instinct pourtant dut l'avertir, il s'effara ensuite, se lamenta plus haut, balbutia un appel confus.

— Maman! maman!

Sa faiblesse, déjà, devait être trop grande, car un engourdissement invincible le reprit, il laissa retomber sa tête. Ses yeux se refermèrent, il parut se rendormir, comme s'il eût continué en rêve sa plainte, le doux gémissement, de plus en plus grêle et perdu.

— Maman! maman!

Les images étaient inondées, le velours noir de la veste et de la culotte, soutachées d'or, se souillait de longues rayures; et le petit filet rouge, entêté, s'était remis à couler de la narine gauche, sans arrêt, traversant la mare vermeille de la table, s'écrasant à terre, où finissait par se former une flaque. Un grand cri de la folle, un appel de terreur aurait suffi. Mais elle ne criait pas, elle n'appelait pas, immobile, avec ses yeux fixes d'ancêtre qui regardait s'accomplir le destin, comme desséchée là, nouée, les membres et la langue liés par ses cent ans, le cerveau ossifié par la démence, dans l'incapacité de vouloir et d'agir. Et, cependant, la vue du petit ruisseau rouge commençait à la remuer d'une émotion. Un tressaillement avait passé sur sa face morte, une chaleur montait à ses joues. Enfin, une dernière plainte la ranima toute.

— Maman! maman!

Alors, il y eut, chez Tante Dide, un visible et affreux combat. Elle porta ses mains de squelette à ses tempes, comme si elle avait senti son crâne éclater. Sa bouche s'était ouverte toute grande, et il n'en sortit aucun son : l'effrayant tumulte qui montait en elle, lui paralysait la langue. Elle s'efforça de se lever, de courir ; mais elle n'avait plus de muscles, elle resta clouée. Tout son pauvre corps tremblait, dans l'effort surhumain qu'elle faisait ainsi pour crier à l'aide, sans pouvoir rompre sa prison de sénilité et de démence. La face bouleversée, la mémoire éveillée, elle dut tout voir.

Et ce fut une agonie lente et très douce, dont le spectacle dura encore de longues minutes. Charles, comme rendormi, silencieux à présent, achevait de perdre le sang de ses veines, qui se vidaient sans fin, à petit bruit. Sa blancheur de lis augmentait, devenait une pâleur de mort. Les lèvres se décoloraient, passaient à un rose blême ; puis, les lèvres furent blanches. Et, près d'expirer, il ouvrit ses grands yeux, il les fixa sur la trisaïeule, qui put y suivre la lueur dernière. Toute la face de cire était morte déjà, lorsque les yeux vivaient encore. Ils gardaient une limpidité, une clarté. Brusquement, ils se vidèrent, ils s'éteignirent. C'était la fin, la mort des yeux ; et Charles était mort sans une secousse, épuisé comme une source dont toute l'eau s'est écoulée. La vie ne battait plus dans les veines de sa peau délicate, il n'y avait plus que l'ombre des cils, sur sa face blanche. Mais il restait divinement beau, la tête couchée dans le sang, au milieu de sa royale chevelure blonde épandue, pareil à un de ces petits dauphins exsangues, qui n'ont pu porter l'exécrable héritage de leur race, et qui s'endorment de vieillesse et d'imbécillité, dès leurs quinze ans.

L'enfant venait d'exhaler son dernier petit souffle, lorsque le docteur Pascal entra, suivi de Félicité et de Clotilde. Et, dès qu'il eut vu la quantité de sang, dont le carreau était inondé :

— Ah! mon Dieu! s'écria-t-il, c'est ce que je craignais. Le pauvre mignon! personne n'était là, c'est fini!

Mais tous les trois restèrent terrifiés, devant l'extraordinaire spectacle qu'ils eurent alors. Tante Dide, grandie, avait presque réussi à se soulever; et ses yeux, fixés sur le petit mort, très blanc et très doux, sur le sang rouge répandu, la mare de sang qui se caillait, s'allumaient d'une pensée, après un long sommeil de vingt-deux ans. Cette lésion terminale de la démence, cette nuit dans le cerveau, sans réparation possible, n'était pas assez complète, sans doute, pour qu'un lointain souvenir emmagasiné ne pût s'éveiller brusquement, sous le coup terrible qui la frappait. Et, de nouveau, l'oubliée vivait, sortait de son néant, droite et dévastée, comme un spectre de l'épouvante et de la douleur.

Un instant, elle demeura haletante. Puis, dans un frisson, elle ne put bégayer qu'un mot :

— Le gendarme! le gendarme!

Pascal, et Félicité, et Clotilde, avaient compris. Ils se regardèrent involontairement, ils frémirent. C'était toute l'histoire violente de la vieille mère, de leur mère à tous, qui s'évoquait, la passion exaspérée de sa jeunesse, la longue souffrance de son âge mûr. Déjà deux chocs moraux l'avaient terriblement ébranlée : le premier, en pleine vie ardente, lorsqu'un gendarme avait abattu d'un coup de feu, comme un chien, son amant, le contrebandier Macquart; le second, à bien des années de distance, lorsqu'un gendarme encore, d'un coup de pistolet, avait cassé la tête de son petit-fils Silvère, l'insurgé, la victime des haines et des luttes sanglantes de la famille. Du sang, toujours, l'avait éclaboussée. Et un troisième choc moral l'achevait, du sang l'éclaboussait, ce sang appauvri de sa race qu'elle venait de voir couler si longuement, et qui était par terre, tandis que le royal enfant blanc, les veines et le cœur vides, dormait.

A trois reprises, revoyant toute sa vie, sa vie rouge de passion et de torture, que dominait l'image de la loi expiatrice, elle bégaya :

— Le gendarme ! le gendarme ! le gendarme !

Et elle s'abattit dans son fauteuil. Ils la crurent morte, foudroyée.

Mais la gardienne, enfin, rentrait, cherchant des excuses, certaine de son renvoi. Quand le docteur Pascal l'eut aidée à remettre Tante Dide sur son lit, il constata qu'elle vivait encore. Elle ne devait mourir que le lendemain, à l'âge de cent cinq ans trois mois et sept jours, d'une congestion cérébrale, déterminée par le dernier choc qu'elle avait reçu.

Pascal, tout de suite, le dit à sa mère.

— Elle n'ira pas vingt-quatre heures, demain elle sera morte... Ah ! l'oncle, puis elle, et ce pauvre enfant, coup sur coup, que de misère et de deuil !

Il s'interrompit, pour ajouter, à voix plus basse :

— La famille s'éclaircit, les vieux arbres tombent et les jeunes meurent sur pied.

Félicité dut croire à une nouvelle allusion. Elle était sincèrement bouleversée par la mort tragique du petit Charles. Mais, quand même, au-dessus de son frisson, un soulagement immense se faisait en elle. La semaine prochaine, lorsqu'on aurait cessé de pleurer, quelle quiétude à se dire que toute cette abomination des Tulettes n'était plus, que la gloire de la famille pouvait enfin monter et rayonner dans la légende !

Alors, elle se souvint qu'elle n'avait point répondu, chez le notaire, à l'involontaire accusation de son fils ; et elle reparla de Macquart, par bravoure.

— Tu vois bien que les servantes, ça ne sert à rien.

Il y en avait une ici, qui n'a rien empêché; et l'oncle aurait eu beau se faire garder, il serait tout de même en cendre, à cette heure.

Pascal s'inclina, de son air de déférence habituelle.

— Vous avez raison, ma mère.

Clotilde était tombée à genoux. Ses croyances de catholique fervente venaient de se réveiller, dans cette chambre de sang, de folie et de mort. Ses yeux ruisselaient de larmes, ses mains s'étaient jointes, et elle priait ardemment, en faveur des êtres chers qui n'étaient plus. Mon Dieu ! que leurs souffrances fussent bien finies, qu'on leur pardonnât leurs fautes, qu'on ne les ressuscitât que pour une autre vie d'éternelle félicité! Et elle intercédait de toute sa ferveur, dans l'épouvante d'un enfer, qui, après la vie misérable, aurait éternisé la souffrance.

A partir de ce triste jour, Pascal et Clotilde s'en allèrent plus attendris, serrés l'un contre l'autre, visiter leurs malades. Peut-être, chez lui, la pensée de son impuissance devant la maladie nécessaire avait-elle grandi encore. L'unique sagesse était de laisser la nature évoluer, éliminer les éléments dangereux, ne travailler qu'à son labeur final de santé et de force. Mais les parents qu'on perd, les parents qui souffrent et qui meurent, laissent au cœur une rancune contre le mal, un irrésistible besoin de le combattre et de le vaincre. Et jamais le docteur n'avait goûté une joie si grande, lorsqu'il réussissait, d'une piqûre, à calmer une crise, à voir le malade hurlant s'apaiser et s'endormir. Elle, au retour, l'adorait, très fière, comme si leur amour était le soulagement qu'ils portaient en viatique au pauvre monde.

X.

Martine, un matin, comme tous les trimestres, se fit donner par le docteur Pascal un reçu de quinze cents francs, pour aller toucher ce qu'elle appelait « leurs rentes », chez le notaire Grandguillot. Il parut surpris que l'échéance fût si tôt revenue : jamais il ne s'était désintéressé à ce point des questions d'argent, se déchargeant sur elle du souci de tout régler. Et il était avec Clotilde, sous les platanes, dans leur unique joie de vivre, rafraîchis délicieusement par l'éternelle chanson de la source, lorsque la servante revint, effarée, en proie à une émotion extraordinaire.

Elle ne put parler tout de suite, tellement le souffle lui manquait.

— Ah! mon Dieu! ah! mon Dieu!... Monsieur Grandguillot est parti!

Pascal ne comprit pas d'abord.

— Eh bien! ma fille, rien ne presse, vous y retournerez un autre jour.

— Mais non! mais non! il est parti, entendez-vous, parti tout à fait...

Et, comme dans la rupture d'une écluse, les mots jaillirent, sa violente émotion se vida.

— J'arrive dans la rue, je vois de loin du monde devant la porte... Le petit froid me prend, je sens qu'il est arrivé un malheur. Et la porte fermée, pas une persienne ouverte, une maison de mort... Tout de suite, le monde m'a dit qu'il avait filé, qu'il ne laissait pas un sou, que c'était la ruine pour les familles...

Elle posa le reçu sur la table de pierre.

— Tenez! le voilà, votre papier! C'est fini, nous n'avons plus un sou, nous allons mourir de faim!

Les larmes la gagnaient, elle pleura à gros sanglots, dans la détresse de son cœur d'avare, éperdue de cette perte d'une fortune et tremblante devant la misère menaçante.

Clotilde était restée saisie, ne parlant pas, les yeux sur Pascal, qui semblait surtout incrédule, au premier moment. Il tâcha de calmer Martine. Voyons! voyons! il ne fallait pas se frapper ainsi. Si elle ne savait l'affaire que par les gens de la rue, elle ne rapportait peut-être bien que des commérages, exagérant tout. M. Grandguillot en fuite, M. Grandguillot voleur, cela éclatait comme une chose monstrueuse, impossible. Un homme d'une si grande honnêteté! une maison aimée et respectée de tout Plassans, depuis plus d'un siècle! L'argent était là, disait-on, plus solide qu'à la Banque de France.

— Réfléchissez, Martine, une catastrophe pareille ne se produirait pas en coup de foudre, il y aurait eu de mauvais bruits avant-coureurs... Que diable! toute une vieille probité ne croule pas en une nuit.

Alors, elle eut un geste désespéré.

— Eh! monsieur, c'est ce qui fait mon chagrin, parce que, voyez-vous, ça me rend un peu responsable... Moi, voilà des semaines que j'entends circuler des histoires... Vous autres, naturellement, vous n'entendez rien; vous ne savez pas si vous vivez...

Pascal et Clotilde eurent un sourire, car c'était bien vrai qu'ils s'aimaient hors du monde, si loin, si haut, que pas un des bruits ordinaires de l'existence ne leur parvenait.

— Seulement, comme elles étaient très vilaines, ces histoires, je n'ai pas voulu vous en tourmenter, j'ai cru qu'on mentait.

Elle finit par raconter que, si les uns accusaient simplement M. Grandguillot d'avoir joué à la Bourse, d'autres affirmaient qu'il avait des femmes, à Marseille. Enfin, des orgies, des passions abominables. Et elle se remit à sangloter.

— Mon Dieu! mon Dieu! qu'est-ce que nous allons devenir? Nous allons donc mourir de faim!

Ébranlé alors, ému de voir des larmes emplir aussi les yeux de Clotilde, Pascal tâcha de se rappeler, de faire un peu de lumière dans son esprit. Jadis, au temps où il exerçait à Plassans, c'était en plusieurs fois qu'il avait déposé chez M. Grandguillot les cent vingt mille francs dont la rente lui suffisait, depuis seize ans déjà; et, chaque fois, le notaire lui avait donné un reçu de la somme déposée. Cela, sans doute, lui permettrait d'établir sa situation de créancier personnel. Puis, un souvenir vague se réveilla au fond de sa mémoire : sans qu'il pût préciser la date, sur la demande et à la suite de certaines explications du notaire, il lui avait remis une procuration à l'effet d'employer tout ou partie de son argent en placements hypothécaires; et il était même certain que, sur cette procuration, le nom du mandataire était resté en blanc. Mais il ignorait si l'on avait fait usage de cette pièce, il ne s'était jamais préoccupé de savoir comment ses fonds pouvaient être placés.

De nouveau, son angoisse d'avare fit jeter ce cri à Martine :

— Ah! monsieur, vous êtes bien puni par où vous avez péché! Est-ce qu'on abandonne son argent comme ça!

Moi, entendez-vous! je sais mon compte à un centime près, tous les trois mois, et je vous dirais sur le bout du doigt les chiffres et les titres.

Dans sa désolation, un sourire inconscient était monté à sa face. C'était sa lointaine et entêtée passion satisfaite, ses quatre cents francs de gages à peine écornés, économisés, placés pendant trente ans, aboutissant enfin, par l'accumulation des intérêts, à l'énorme somme d'une vingtaine de mille francs. Et ce trésor était intact, solide, déposé à l'écart, dans un endroit sûr, que personne ne connaissait. Elle en rayonnait d'aise, elle évita d'ailleurs d'insister davantage.

Pascal se récriait.

— Eh! qui vous dit que tout notre argent est perdu! Monsieur Grandguillot avait une fortune personnelle, il n'a pas emporté, je pense, sa maison et ses propriétés. On verra, on tirera les affaires au clair, je ne puis m'habituer à le croire un simple voleur... Le seul ennui est qu'il va falloir attendre.

Il disait ces choses pour rassurer Clotilde, dont il voyait croître l'inquiétude. Elle le regardait, elle regardait la Souleiade, autour d'eux, seulement préoccupée de son bonheur, à lui, dans l'ardent désir de toujours vivre là, comme par le passé, de l'aimer toujours, au fond de cette solitude amie. Et lui-même, à vouloir la calmer, était repris de sa belle insouciance, n'ayant jamais vécu pour l'argent, ne s'imaginant pas qu'on pouvait en manquer et en souffrir.

— Mais j'en ai de l'argent! finit-il par crier. Qu'est-ce qu'elle raconte donc, Martine, que nous n'avons plus un sou et que nous allons mourir de faim!

Et, gaiement, il se leva, il les força toutes les deux à le suivre.

— Venez, venez donc! Je vais vous en montrer, de

l'argent ! Et j'en donnerai à Martine, pour qu'elle nous fasse un bon dîner, ce soir.

En haut, dans sa chambre, devant elles, il abattit triomphalement le tablier du secrétaire. C'était là, au fond d'un tiroir, qu'il avait, pendant près de seize ans, jeté les billets et l'or que ses derniers clients lui apportaient d'eux-mêmes, sans qu'il leur réclamât jamais rien. Et jamais non plus il n'avait su exactement le chiffre de son petit trésor, prenant à son gré, pour son argent de poche, ses expériences, ses aumônes, ses cadeaux. Depuis quelques mois, il faisait au secrétaire de fréquentes et sérieuses visites. Mais il était tellement habitué à y trouver les sommes dont il avait besoin, après des années de naturelle sagesse, presque nulles comme dépenses, qu'il avait fini par croire ses économies inépuisables.

Aussi riait-il d'aise.

— Vous allez voir ! vous allez voir !

Et il resta confondu, lorsque, à la suite de fouilles fiévreuses parmi un amas de notes et de factures, il ne put réunir qu'une somme de six cent quinze francs, deux billets de cent francs, quatre cents francs en or, et quinze francs en petite monnaie. Il secouait les autres papiers, il passait les doigts dans les coins du tiroir, en se récriant.

— Mais ce n'est pas possible ! mais il y en a toujours eu, il y en avait encore des tas, ces jours-ci !... Il faut que ce soient toutes ces vieilles factures qui m'aient trompé. Je vous jure que, l'autre semaine, j'en ai vu, j'en ai touché beaucoup.

Il était d'une bonne foi si amusante, il s'étonnait avec une telle sincérité de grand enfant, que Clotilde ne put s'empêcher de rire. Ah ! ce pauvre maître, quel homme d'affaires pitoyable ! Puis, comme elle remarqua l'air fâché de Martine, son absolu désespoir devant ce peu d'argent qui représentait maintenant leur vie à tous les trois, elle fut prise d'un attendrissement désolé, ses yeux se mouillèrent, tandis qu'elle murmurait :

— Mon Dieu ! c'est pour moi que tu as tout dépensé, c'est moi la ruine, la cause unique, si nous n'avons plus rien !

En effet, il avait oublié l'argent pris pour les cadeaux. La fuite était là, évidemment. Cela le rasséréna de comprendre. Et, comme, dans sa douleur, elle parlait de tout rendre aux marchands, il s'irrita.

— Ce que je t'ai donné, le rendre ! Mais ce serait un peu de mon cœur que tu rendrais avec ! Non, non, je mourrais de faim à côté, je te veux telle que je t'ai voulue !

Puis, confiant, voyant s'ouvrir un avenir illimité :

— D'ailleurs, ce n'est pas encore ce soir que nous mourrons de faim, n'est-ce pas, Martine ?... Avec ça, nous irons loin.

Martine hocha la tête. Elle s'engageait bien à aller deux mois avec ça, peut-être trois, si l'on était très raisonnable, mais pas davantage. Autrefois, le tiroir était alimenté, de l'argent arrivait toujours un peu ; tandis que, maintenant, les rentrées étaient complètement nulles, depuis que monsieur abandonnait ses malades. Il ne fallait donc pas compter sur une aide, venue du dehors. Et elle conclut, en disant :

— Donnez-moi les deux billets de cent francs. Je vais tâcher de les faire durer tout un mois. Ensuite, nous verrons... Mais soyez bien prudent, ne touchez pas aux quatre cents francs d'or, fermez le tiroir et ne le rouvrez plus.

— Oh ! ça, cria le docteur, tu peux être tranquille ! Je me couperais plutôt la main.

Tout fut ainsi réglé. Martine gardait la libre disposition de ces ressources dernières; et l'on pouvait se fier à son économie, on était sûr qu'elle rognerait sur les centimes. Quant à Clotilde, qui n'avait jamais eu de bourse personnelle, elle ne devait même pas s'apercevoir du manque d'argent. Seul, Pascal souffrirait de n'avoir plus son trésor ouvert, inépuisable; mais il s'était formellement engagé à tout faire payer par la servante.

— Ouf! voilà de la bonne besogne! dit-il, soulagé, heureux, comme s'il venait d'arranger une affaire considérable, qui assurait pour toujours leur existence.

Une semaine s'écoula, rien ne semblait changé à la Souleiade. Dans le ravissement de leur tendresse, ni Pascal ni Clotilde ne paraissaient plus se douter de la misère menaçante. Et, un matin que celle-ci était sortie avec Martine, pour l'accompagner au marché, le docteur, resté seul, reçut une visite, qui le remplit d'abord d'une sorte de terreur. C'était la revendeuse qui lui avait vendu le corsage en vieux point d'Alençon, cette merveille, son premier cadeau. Il se sentait si faible contre une tentation possible, qu'il en tremblait. Avant même que la marchande eût prononcé une parole, il se défendit : non! non! il ne pouvait, il ne voulait rien acheter; et, les mains en avant, il l'empêchait de rien sortir de son petit sac de cuir. Elle pourtant, très grasse et affable, souriait, certaine de la victoire. D'une voix continue, enveloppante, elle se mit à parler, à lui conter une histoire : oui! une dame qu'elle ne pouvait pas nommer, une des dames les plus distinguées de Plassans, frappée d'un malheur, réduite à se défaire d'un bijou; puis, elle s'étendit sur la superbe occasion, un bijou qui avait coûté plus de douze cents francs, qu'on se résignait à laisser pour cinq cents. Sans hâte, elle avait ouvert son sac, malgré l'effarement, l'anxiété croissante du docteur; elle en tira une mince chaîne de cou, garnie par devant de sept perles, simplement; mais les perles avaient une rondeur, un éclat, une limpidité admirables. Cela était très fin, très pur, d'une fraîcheur exquise. Tout de suite, il l'avait vu, ce collier, au cou délicat de Clotilde, comme la parure naturelle de cette chair de soie, dont il gardait, à ses lèvres, le goût de fleur. Un autre bijou l'aurait inutilement chargé, ces perles ne diraient que sa jeunesse. Et, déjà, il l'avait pris entre ses doigts frémissants, il éprouvait une mortelle peine à l'idée de le rendre. Pourtant, il se défendait toujours, jurait qu'il n'avait pas cinq cents francs, tandis que la marchande continuait, de sa voix égale, à faire valoir le bon marché, qui était réel. Après un quart d'heure encore, quand elle crut le tenir, elle voulut bien, tout d'un coup, laisser le collier à trois cents francs; et il céda, sa folie du don fut la plus forte, son besoin de faire plaisir, de parer son idole. Lorsqu'il alla prendre les quinze pièces d'or, dans le tiroir, pour les compter à la marchande, il était convaincu que les affaires s'arrangeraient, chez le notaire, et qu'on aurait bientôt beaucoup d'argent.

Alors, dès que Pascal se retrouva seul, avec le bijou dans sa poche, il fut pris d'une joie d'enfant, il prépara sa petite surprise, en attendant le retour de Clotilde, bouleversé d'impatience. Et, quand il l'aperçut, son cœur battit à se rompre. Elle avait très chaud, l'ardent soleil d'août embrasait le ciel. Aussi voulut-elle changer de robe, heureuse cependant de sa promenade, racontant avec des rires le bon marché que Martine venait de faire, deux pigeons pour dix-huit sous. Lui, suffoqué par l'émotion, l'avait suivie dans sa chambre; et, comme elle n'était plus qu'en jupon, les bras nus, les épaules nues, il affecta de remarquer quelque chose à son cou.

— Tiens! qu'est-ce que tu as donc là? Fais voir.

Il cachait le collier dans sa main, il parvint à le lui

mettre, en feignant de promener ses doigts, pour s'assurer qu'elle n'avait rien. Mais elle se débattait, gaiement.

— Finis donc! Je sais bien qu'il n'y a rien... Voyons, qu'est-ce que tu trafiques, qu'est-ce que tu as qui me chatouille?

D'une étreinte, il la saisit, il la mena devant la grande psyché, où elle se vit toute. A son cou, la mince chaîne n'était qu'un fil d'or, et elle aperçut les sept perles comme des étoiles laiteuses, nées là et doucement luisantes sur la soie de sa peau. C'était enfantin et délicieux. Tout de suite, elle eut un rire charmé, un roucoulement de colombe coquette qui se rengorge.

— Oh! maître, maître! que tu es bon!... Tu ne penses donc qu'à moi?... Comme tu me rends heureuse!

Et la joie qu'elle avait dans les yeux, cette joie de femme et d'amante, ravie d'être belle, d'être adorée, le récompensait divinement de sa folie.

Elle avait renversé la tête, rayonnante, et elle tendait les lèvres. Il se pencha, ils se baisèrent.

— Tu es contente?

— Oh! oui, maître, contente, contente!... C'est si doux, si pur, les perles! Et celles-ci me vont si bien!

Un instant encore, elle s'admira dans la glace, innocemment vaniteuse de la fleur blonde de sa peau, sous les gouttes nacrées des perles. Puis, cédant à un besoin de se montrer, entendant remuer la servante dans la salle voisine, elle s'échappa, courut à elle, en jupon, la gorge nue.

— Martine! Martine! Vois donc ce que maître vient de me donner!... Hein, suis-je belle!

Mais, à la mine sévère, subitement terreuse de la vieille fille, sa joie fut gâtée. Peut-être eut-elle conscience du déchirement jaloux que son éclatante jeunesse produisait chez cette pauvre créature, usée dans la résignation muette de sa domesticité, en adoration devant son maître. Ce ne fut là, d'ailleurs, que le premier mouvement d'une seconde, inconscient pour l'une, à peine soupçonné par l'autre ; et ce qui restait, c'était la désapprobation visible de la servante économe, le cadeau coûteux regardé de travers et condamné.

Clotilde fut saisie d'un petit froid.

— Seulement, murmura-t-elle, maître a encore fouillé dans son secrétaire... C'est très cher, les perles, n'est-ce pas ?

Pascal, gêné à son tour, se récria, expliqua l'occasion superbe, conta la visite de la revendeuse, en un flot de paroles. Une bonne affaire incroyable : on ne pouvait pas ne pas acheter.

— Combien ? interrogea la jeune fille, avec une véritable anxiété.

— Trois cents francs.

Et Martine, qui n'avait pas encore ouvert la bouche, terrible dans son silence, ne put retenir ce cri :

— Bon Dieu ! de quoi vivre six semaines, et nous n'avons pas de pain !

De grosses larmes jaillirent des yeux de Clotilde. Elle aurait arraché le collier de son cou, si Pascal ne l'en avait empêchée. Elle parlait de le rendre sur-le-champ, elle bégayait, éperdue :

— C'est vrai, Martine a raison... Maître est fou, et je suis folle moi-même, à garder ça une minute, dans la situation où nous sommes... Il me brûlerait la peau. Je t'en supplie, laisse-le-moi reporter.

Jamais il ne voulut y consentir. Il se désolait avec elles deux, reconnaissait sa faute, criait qu'il était incorrigible, qu'on aurait dû lui enlever tout l'argent. Et il courut au secrétaire, apporta les cent francs qui lui restaient, força Martine à les prendre.

— Je vous dis que je ne veux plus avoir un sou ! Je le dépenserais encore... Tenez ! Martine, vous êtes la seule raisonnable. Vous ferez durer l'argent, j'en suis bien convaincu, jusqu'à ce que nos affaires soient arrangées... Et toi, chérie, garde ça, ne me fais point de peine. Embrasse-moi, va t'habiller.

Il ne fut plus question de cette catastrophe. Mais Clotilde avait gardé le collier au cou, sous sa robe ; et cela était d'une discrétion charmante, ce petit bijou si fin, si joli, ignoré de tous, qu'elle seule sentait sur elle. Parfois, dans leur intimité, elle souriait à Pascal, elle sortait vivement les perles de son corsage, pour les lui montrer, sans une parole ; et, du même geste prompt, elle les remettait sur sa gorge tiède, délicieusement émue. C'était leur folie qu'elle lui rappelait, avec une gratitude confuse, un rayonnement de joie toujours aussi vive. Jamais plus elle ne les quitta.

Une vie de gêne, douce malgré tout, commença dès lors. Martine avait fait un inventaire exact des ressources de la maison, et c'était désastreux. Seule, la provision de pommes de terre promettait d'être sérieuse. Par une malechance, la jarre d'huile tirait à sa fin, de même que le dernier tonneau de vin s'épuisait. La Souleiade, n'ayant plus ni vignes ni oliviers, ne produisait guère que quelques légumes et un peu de fruits, des poires qui n'étaient pas mûres, du raisin de treille qui allait être l'unique régal. Enfin, il fallait quotidiennement acheter le pain et la viande. Aussi, dès le premier jour, la servante rationna-t-elle Pascal et Clotilde, supprimant les anciennes douceurs, les crèmes, les pâtisseries, réduisant les plats à la portion congrue. Elle avait repris toute son autorité d'autrefois, elle les traitait en enfants, qu'elle ne consultait même plus sur leurs désirs ni sur leurs goûts. C'était elle qui réglait les menus, qui savait mieux qu'eux ce dont ils avaient besoin, maternelle d'ailleurs, les entourant de soins infinis, faisant ce miracle de leur donner encore de l'aisance pour leur pauvre argent, ne les bousculant parfois que dans leur intérêt, comme on bouscule les gamins qui ne veulent pas manger leur soupe. Et il semblait que cette singulière maternité, cette immolation dernière, cette paix de l'illusion dont elle entourait leurs amours, la contentait un peu elle aussi, la tirait du sourd désespoir où elle était tombée. Depuis qu'elle veillait ainsi sur eux, elle avait retrouvé sa petite figure blanche de nonne vouée au célibat, ses calmes yeux couleur de cendre. Lorsque, après les éternelles pommes de terre, la petite côtelette de quatre sous, perdue au milieu des légumes, elle arrivait, certains jours, sans compromettre son budget, à leur servir des crêpes, elle triomphait, elle riait de leurs rires.

Pascal et Clotilde trouvaient tout très bien, ce qui ne les empêchait pas de la plaisanter, quand elle n'était pas là. Les anciennes moqueries sur son avarice recommençaient, ils prétendaient qu'elle comptait les grains de poivre, tant de grains par chaque plat, histoire de les économiser. Quand les pommes de terre manquaient par trop d'huile, quand les côtelettes se réduisaient à une bouchée, ils échangeaient un vif coup d'œil, ils attendaient qu'elle fût sortie, pour étouffer leur gaieté dans leur serviette. Ils s'amusaient de tout, ils riaient de leur misère.

A la fin du premier mois, Pascal songea aux gages de Martine. D'habitude, elle prélevait elle-même ses quarante francs sur la bourse commune qu'elle tenait.

— Ma pauvre fille, lui dit-il un soir, comment allez-vous faire pour vos gages, puisqu'il n'y a plus d'argent?

Elle resta un instant, les yeux à terre, l'air consterné.

— Dame! monsieur, il faudra bien que j'attende.

Mais il voyait qu'elle ne disait pas tout, qu'elle avait eu l'idée d'un arrangement, dont elle ne savait de quelle façon lui faire l'offre. Et il l'encouragea.

— Alors, du moment que monsieur y consentirait, j'aimerais mieux que monsieur me signât un papier.

— Comment, un papier?

— Oui, un papier où monsieur, chaque mois, dirait qu'il me doit quarante francs.

Tout de suite, Pascal lui fit le papier, et elle en fut très heureuse, elle le serra avec soin, comme du bel et bon argent. Cela, évidemment, la tranquillisait. Mais ce papier devint, pour le docteur et sa compagne, un nouveau sujet d'étonnement et de plaisanterie. Quel était donc l'extraordinaire pouvoir de l'argent sur certaines âmes? Cette vieille fille qui les servait à genoux, qui l'adorait surtout, lui, au point de lui avoir donné sa vie, et qui prenait cette garantie imbécile, ce chiffon de papier sans valeur, s'il ne pouvait la payer!

Du reste, ni Pascal ni Clotilde n'avaient eu, jusque-là, un grand mérite à garder leur sérénité dans l'infortune, car ils ne sentaient pas celle-ci. Ils vivaient au-dessus, plus loin, plus haut, dans l'heureuse et riche contrée de leur passion. A table, ils ignoraient ce qu'ils mangeaient, ils pouvaient faire le rêve de mets princiers, servis sur des plats d'argent. Autour d'eux, ils n'avaient pas conscience du dénuement qui croissait, de la servante affamée, nourrie de leurs miettes; et ils marchaient par la maison vide comme à travers un palais tendu de soie, regorgeant de richesses. Ce fut certainement l'époque la plus heureuse de leurs amours. La chambre était un monde, la chambre tapissée de vieille indienne, couleur d'aurore, où ils ne savaient comment épuiser l'infini, le bonheur sans fin d'être aux bras l'un de l'autre. Ensuite, la salle de travail gardait les bons souvenirs du passé, à ce point qu'ils y vivaient les journées, comme drapés luxueusement dans la joie d'y avoir déjà vécu si longtemps ensemble. Puis, dehors, au fond des moindres coins de la Souleiade, c'était le royal été qui dressait sa tente bleue, éblouissante d'or. Le matin, le long des allées embaumées de la pinède, à midi, sous l'ombre noire des platanes, rafraîchie par la chanson de la source, le soir, sur la terrasse qui se refroidissait ou sur l'aire encore tiède, baignée du petit jour bleu des premières étoiles, ils promenaient avec ravissement leur existence de pauvres, dont la seule ambition était de vivre toujours ensemble, dans l'absolu dédain de tout le reste. La terre était à eux, et les trésors, et les fêtes, et les souverainetés, du moment qu'ils se possédaient.

Vers la fin d'août, cependant, les choses se gâtèrent encore. Ils avaient parfois des réveils inquiets, au milieu de cette vie sans liens ni devoirs, sans travail, qu'ils sentaient si douce, mais impossible, mauvaise à toujours vivre. Un soir, Martine leur déclara qu'elle n'avait plus que cinquante francs, et qu'on aurait du mal à vivre deux semaines, en cessant de boire du vin. D'autre part, les nouvelles devenaient graves, le notaire Grandguillot était décidément insolvable, les créanciers personnels eux-mêmes ne toucheraient pas un sou. D'abord, on avait pu compter sur la maison et deux fermes que le notaire en fuite laissait forcément derrière lui; mais il était certain, maintenant, que ces propriétés se trouvaient mises au nom de sa femme; et, pendant que lui, en Suisse, disait-on, jouissait de la beauté des montagnes, celle-ci occupait une des fermes, qu'elle faisait valoir, très calme, loin des ennuis de leur déconfiture. Plassans bouleversé racontait que la femme tolérait les débordements du mari, jusqu'à lui permettre les deux maîtresses qu'il avait emmenées au bord des grands lacs. Et Pascal, avec son insouciance habituelle, négligeait même d'aller voir le procureur de la république, pour causer de son cas, suffisamment renseigné par tout ce qu'on lui racontait, demandant à quoi bon remuer cette vilaine histoire, puisqu'il n'y avait plus rien de propre ni d'utile à en tirer.

Alors, à la Souleiade, l'avenir apparut menaçant. C'était la misère noire, à bref délai. Et Clotilde, très raisonnable au fond, fut la première à trembler. Elle gardait sa gaieté vive, tant que Pascal était là; mais, plus prévoyante que lui, dans sa tendresse de femme, elle tombait à une véritable terreur, dès qu'il la quittait un instant, se demandant ce qu'il deviendrait, à son âge, chargé d'une maison si lourde. Tout un plan l'occupa en secret pendant plusieurs jours, celui de travailler, de gagner de l'argent, beaucoup d'argent, avec ses pastels. On s'était récrié tant de fois devant son talent singulier et si personnel, qu'elle mit Martine dans sa confidence et la chargea, un beau matin, d'aller offrir plusieurs de ses bouquets chimériques au marchand de couleurs du cours Sauvaire, qui était, affirmait-on, en relation de parenté avec un peintre de Paris. La condition formelle était de ne rien exposer à Plassans, de tout expédier au loin. Mais le résultat fut désastreux, le marchand resta effrayé devant l'étrangeté de l'invention, la fougue débridée de la facture, et il déclara que jamais ça ne se vendrait. Elle en fut désespérée, de grosses larmes lui vinrent aux yeux. A quoi servait-elle ? c'était un chagrin et une honte, de n'être bonne à rien ! Et il fallut que la servante la consolât, lui expliquât que toutes les femmes sans doute ne naissent pas pour travailler, que les unes poussent comme les fleurs dans les jardins, pour sentir bon, tandis que les autres sont le blé de la terre, qu'on écrase et qui nourrit.

Cependant, Martine ruminait un autre projet qui

était de décider le docteur à reprendre sa clientèle. Elle finit par en parler à Clotilde, qui, tout de suite, lui montra les difficultés, l'impossibilité presque matérielle d'une pareille tentative. Justement, elle en avait causé avec Pascal, la veille encore. Lui aussi se préoccupait, songeait au travail, comme à l'unique chance de salut. L'idée de rouvrir un cabinet de consultation devait lui venir la première. Mais il était depuis si longtemps le médecin des pauvres! Comment oser se faire payer, lorsqu'il y avait tant d'années déjà qu'il ne réclamait plus d'argent? Puis, n'était-ce pas trop tard, à son âge, pour recommencer une carrière? sans compter les histoires absurdes qui couraient sur lui, toute cette légende de génie à demi fêlé qu'on lui avait faite. Il ne retrouverait pas un client, ce serait une cruauté inutile que de le forcer à un essai, dont il reviendrait sûrement le cœur meurtri et les mains vides. Clotilde, au contraire, s'employait toute, pour l'en détourner; et Martine comprit ces bonnes raisons, s'écria, elle aussi, qu'il fallait l'empêcher de courir le risque d'un si gros chagrin. D'ailleurs, en causant, une idée nouvelle lui était poussée, au souvenir d'un ancien registre découvert par elle dans une armoire, et sur lequel, autrefois, elle avait inscrit les visites du docteur. Beaucoup de gens n'avaient jamais payé, de sorte qu'une liste de ceux-ci occupait deux grandes pages du registre. Pourquoi donc, maintenant qu'on était malheureux, n'aurait-on pas exigé de ces gens les sommes qu'ils devaient? On pouvait bien agir sans en parler à monsieur, qui avait toujours refusé de s'adresser à la justice. Et, cette fois, Clotilde lui donna raison. Ce fut tout un complot: elle-même releva les créances, prépara les notes, que la servante alla porter. Mais nulle part elle ne toucha un sou, on lui répondit de porte en porte qu'on examinerait, qu'on passerait chez le docteur. Dix jours s'écoulèrent, personne ne vint, il n'y avait plus à la maison que six francs, de quoi vivre deux ou trois jours encore.

Martine, le lendemain, comme elle rentrait les mains vides, d'une nouvelle démarche chez un ancien client, prit Clotilde à part, pour lui raconter qu'elle venait de causer avec madame Félicité, au coin de la rue de la Banne. Celle-ci, sans doute, la guettait. Elle ne remettait toujours pas les pieds à la Souleiade. Même le malheur qui frappait son fils, cette perte brusque d'argent dont parlait toute la ville, ne l'avait pas rapprochée de lui. Mais elle attendait dans un frémissement passionné, elle ne gardait son attitude de mère rigoriste, ne pactisant pas avec certaines fautes, que certaine de tenir enfin Pascal à sa merci, comptant bien qu'il allait être forcé de l'appeler à son aide, un jour ou l'autre. Quand il n'aurait plus un sou, qu'il frapperait à sa porte, elle dicterait ses conditions, le déciderait au mariage avec Clotilde, ou mieux encore exigerait le départ de celle-ci. Pourtant, les journées passaient, elle ne le voyait pas venir. Et c'était pourquoi elle avait arrêté Martine, prenant une mine apitoyée, demandant des nouvelles, paraissant s'étonner qu'on n'eût point recours à sa bourse, tout en donnant à comprendre que sa dignité l'empêchait de faire le premier pas.

— Vous devriez en parler à monsieur et le décider, conclut la servante. En effet, pourquoi ne s'adresserait-il pas à sa mère ? Ce serait tout naturel.

Clotilde se révolta.

— Oh ! jamais ! je ne me charge pas d'une commission pareille. Maître se fâcherait, et il aurait raison. Je crois bien qu'il se laisserait mourir de faim plutôt que de manger le pain de grand'mère.

Alors, le surlendemain soir, au dîner, comme Martine leur servait un reste de bouilli, elle les prévint.

— Je n'ai plus d'argent, monsieur, et demain il n'y aura que des pommes de terre, sans huile ni beurre... Voici trois semaines que vous buvez de l'eau. Maintenant, il faudra se passer de viande.

Ils s'égayèrent, ils plaisantèrent encore.

— Vous avez du sel, ma brave fille?

— Oh! ça, oui, monsieur, encore un peu.

— Eh bien! des pommes de terre avec du sel, c'est très bon quand on a faim.

Elle retourna dans sa cuisine, et tout bas ils reprirent leurs moqueries sur son extraordinaire avarice. Jamais elle n'aurait offert de leur avancer dix francs, elle qui avait son petit trésor caché quelque part, dans un endroit solide que personne ne connaissait. D'ailleurs, ils en riaient, sans lui en vouloir, car elle ne devait pas plus songer à cela qu'à décrocher les étoiles, pour les leur servir.

La nuit, pourtant, dès qu'ils se furent couchés, Pascal sentit Clotilde fiévreuse, tourmentée d'insomnie. C'était d'habitude ainsi, aux bras l'un de l'autre, dans les tièdes ténèbres, qu'il la confessait; et elle osa lui dire son inquiétude pour lui, pour elle, pour la maison entière. Qu'allaient-ils devenir, sans ressources aucunes? Un instant, elle fut sur le point de lui parler de sa mère. Puis, elle n'osa pas, elle se contenta de lui avouer les démarches qu'elles avaient faites, Martine et elle : l'ancien registre retrouvé, les notes relevées et envoyées, l'argent réclamé partout, inutilement. Dans d'autres circonstances, il aurait eu, à cet aveu, un grand chagrin et une grande colère, blessé de ce qu'on avait agi sans lui, en allant contre l'attitude de toute sa vie professionnelle. Il resta silencieux d'abord, très ému, et cela suffisait à prouver quelle était par moments son angoisse secrète, sous cette insouciance de la misère qu'il montrait. Puis, il pardonna à Clotilde en la serrant éperdument contre sa poitrine, il finit par dire qu'elle avait bien fait, qu'on ne pouvait pas vivre plus longtemps de la sorte. Ils cessèrent de parler, mais elle le sentait qui ne dormait pas, qui cherchait comme elle un moyen de trouver l'argent nécessaire aux besoins quotidiens. Telle fut leur première nuit malheureuse, une nuit de souffrance commune, où elle, se désespérait du tourment qu'il se faisait, où lui, ne pouvait tolérer l'idée de la savoir sans pain.

Au déjeuner, le lendemain, ils ne mangèrent que des fruits. Le docteur était resté muet toute la matinée, en proie à un visible combat. Et ce fut seulement vers trois heures qu'il prit une résolution.

— Allons, il faut se remuer, dit-il à sa compagne. Je ne veux pas que tu jeûnes, ce soir encore... Va mettre un chapeau, nous sortons ensemble.

Elle le regardait, attendant de comprendre.

— Oui, puisqu'on nous doit de l'argent et qu'on n'a pas voulu vous le donner, je vais aller voir si on me le refuse, à moi aussi.

Ses mains tremblaient, cette idée de se faire payer de la sorte, après tant d'années, devait lui coûter affreusement ; mais il s'efforçait de sourire, il affectait toute une bravoure. Et elle, qui sentait, au bégaiement de sa voix, la profondeur de son sacrifice, en éprouva une violente émotion.

— Non ! non ! maître, n'y va pas, si cela te fait trop de peine... Martine pourrait y retourner.

Mais la servante, qui était là, approuvait beaucoup monsieur, au contraire.

— Tiens ! pourquoi donc monsieur n'irait-il pas ? Il n'y a jamais de honte à réclamer ce qu'on vous doit... N'est-ce pas ? chacun le sien... Je trouve ça très bien, moi, que monsieur montre enfin qu'il est un homme.

Alors, de même que jadis, aux heures de félicité, le vieux roi David, ainsi que Pascal se nommait parfois en plaisantant, sortit au bras d'Abisaïg. Ni l'un ni l'autre n'étaient encore en haillons, lui avait toujours sa redingote correctement boutonnée, tandis qu'elle portait sa jolie robe de toile, à pois rouges ; mais le sentiment de leur misère sans doute les diminuait, leur faisait croire qu'ils n'étaient plus que deux pauvres, tenant peu de place, filant modestement le long des maisons. Les rues ensoleillées étaient presque vides. Quelques regards les gênèrent ; et ils ne hâtaient pas leur marche, tellement leur cœur se serrait.

Pascal voulut commencer par un ancien magistrat, qu'il avait soigné pour une affection des reins. Il entra, après avoir laissé Clotilde sur un banc du cours Sauvaire. Mais il fut très soulagé, lorsque le magistrat, prévenant sa demande, lui expliqua qu'il touchait ses rentes en octobre et qu'il le payerait alors. Chez une vieille dame, une septuagénaire, paralytique, ce fut autre chose : elle s'offensa qu'on lui eût envoyé sa note par une domestique qui n'avait pas été polie ; si bien qu'il s'empressa de lui présenter ses excuses, en lui donnant tout le temps qu'elle désirerait. Puis, il monta les trois étages d'un employé aux contributions, qu'il trouva souffrant encore, aussi pauvre que lui, à ce point qu'il n'osa même pas formuler sa demande. De là, défilèrent à la suite une mercière, la femme d'un avocat, un marchand d'huile, un boulanger, tous des gens à leur aise ; et tous l'évincèrent, les uns sous des prétextes, les autres en ne le recevant pas ; il y en eut même un qui affecta de ne pas comprendre. Restait la marquise de Valqueyras, l'unique représentante d'une très ancienne famille, fort riche et d'une avarice célèbre, veuve, avec une fillette de dix ans. Il l'avait gardée pour la dernière, car elle l'effrayait beaucoup. Il finit par sonner à son antique hôtel, au bas du cours Sauvaire, une construction monumentale, du temps de Mazarin. Et il y demeura si longtemps, que Clotilde, qui se promenait sous les arbres, fut prise d'inquiétude.

Enfin, quand il reparut, au bout d'une grande demi-heure, elle plaisanta, soulagée.

— Quoi donc ? elle n'avait pas de monnaie ?

Mais, chez celle-là encore, il n'avait rien touché. Elle s'était plainte de ses fermiers, qui ne la payaient plus.

— Imagine-toi, continua-t-il pour expliquer sa longue absence, la fillette est malade. Je crains que ce ne soit un commencement de fièvre muqueuse... Alors, elle a voulu me la montrer, et j'ai examiné cette pauvre petite...

Un invincible sourire montait aux lèvres de Clotilde.

— Et tu as laissé une consultation ?

— Sans doute, pouvais-je faire autrement ?

Elle lui avait repris le bras, très émue, et il la sentit qui le serrait fortement sur son cœur. Un instant, ils marchèrent au hasard. C'était fini, il ne leur restait qu'à rentrer chez eux, les mains vides. Mais lui refusait, s'obstinait à vouloir pour elle autre chose que les pommes de terre et l'eau qui les attendaient. Quand ils eurent remonté le cours Sauvaire, ils tournèrent à gauche, dans la ville neuve ; et il semblait que le malheur s'acharnait, les emportant à la dérive.

— Écoute, dit-il enfin, j'ai une idée... Si je m'adressais à Ramond, il nous prêterait volontiers mille francs, qu'on lui rendrait, lorsque nos affaires seront arrangées.

Elle ne répondit pas tout de suite. Ramond, qu'elle avait repoussé, qui était marié maintenant, installé dans une maison de la ville neuve, en passe d'être le beau médecin à la mode et de gagner une fortune ! Elle le savait heureusement d'esprit droit, de cœur solide. S'il n'était pas revenu les voir, c'était à coup sûr par discrétion. Lorsqu'il les rencontrait, il les saluait d'un air si émerveillé, si content de leur bonheur!

— Est-ce que ça te gêne? demanda ingénument Pascal, qui aurait ouvert au jeune médecin sa maison, sa bourse, son cœur.

Alors, elle se hâta de répondre.

— Non, non!... Il n'y a jamais eu entre nous que de l'affection et de la franchise. Je crois que je lui ai fait beaucoup de peine, mais il m'a pardonné... Tu as raison, nous n'avons pas d'autre ami, c'est à Ramond qu'il faut nous adresser.

La malechance les poursuivait, Ramond était absent, en consultation à Marseille, d'où il ne devait revenir que le lendemain soir; et ce fut la jeune madame Ramond qui les reçut, une ancienne amie de Clotilde, dont elle était la cadette, de trois ans. Elle parut un peu gênée, se montra pourtant fort aimable. Mais le docteur, naturellement, ne fit pas sa demande, et se contenta d'expliquer sa visite, en disant que Ramond lui manquait.

Dans la rue, de nouveau, Pascal et Clotilde se sentirent seuls et perdus. Où se rendre, maintenant? quelle tentative faire? Et ils durent se remettre à marcher, au petit bonheur.

— Maître, je ne t'ai pas dit, osa murmurer Clotilde, il paraît que Martine a rencontré grand'mère... Oui, grand'mère s'est inquiétée de nous, lui a demandé pourquoi nous n'allions pas chez elle, si nous étions dans le besoin... Et, tiens! voilà sa porte là-bas...

En effet, ils étaient rue de la Banne, on apercevait l'angle de la place de la Sous-Préfecture. Mais il venait de comprendre, il la faisait taire.

— Jamais, entends-tu!... Et toi-même, tu n'irais pas. Tu me dis cela, parce que tu as du chagrin; à me voir ainsi sur le pavé. Moi aussi, j'ai le cœur gros, en songeant que tu es là et que tu souffres. Seulement, il vaut mieux souffrir que de faire une chose dont on garderait le continuel remords... Je ne veux pas, je ne peux pas.

Ils quittèrent la rue de la Banne, ils s'engagèrent dans le vieux quartier.

— J'aime mieux mille fois m'adresser aux étrangers... Peut-être avons-nous des amis encore, mais ils ne sont que parmi les pauvres.

Et, résigné à l'aumône, David continua sa marche au bras d'Abisaïg, le vieux roi mendiant s'en alla de porte en porte, appuyé à l'épaule de la sujette amoureuse, dont la jeunesse restait son unique soutien. Il était près de six heures, la forte chaleur tombait, les rues étroites s'emplissaient de monde ; et, dans ce quartier populeux, où ils étaient aimés, on les saluait, on leur souriait. Un peu de pitié se mêlait à l'admiration, car personne n'ignorait leur ruine. Pourtant, ils semblaient d'une beauté plus haute, lui tout blanc, elle toute blonde, ainsi foudroyés. On les sentait unis et confondus davantage, la tête toujours droite et fiers de leur éclatant amour, mais frappés par le malheur, lui ébranlé, tandis qu'elle, d'un cœur vaillant, le redressait. Des ouvriers en bourgeron passèrent, qui avaient plus d'argent dans leur poche. Personne n'osa leur offrir le sou qu'on ne refuse pas à ceux qui ont faim. Rue Canquoin, ils voulurent s'arrêter chez Guiraude : elle était morte à son tour, la semaine d'auparavant. Deux autres tentatives qu'ils firent, échouèrent. Désormais, ils en étaient à rêver quelque part un emprunt de dix francs. Ils battaient la ville depuis trois heures.

Ah ! ce Plassans, avec le cours Sauvaire, la rue de Rome et la rue de la Banne qui le partageaient en trois quartiers, ce Plassans aux fenêtres closes, cette ville mangée de soleil, d'apparence morte, et qui cachait sous cette immobilité toute une vie nocturne de cercle et de jeu, trois fois encore ils la traversèrent, d'un pas ralenti, par cette fin limpide d'une ardente journée d'août ! Sur le cours, d'anciennes pataches, qui conduisaient aux villages de la montagne, attendaient, dételées ; et, à l'ombre noire des platanes, aux portes des cafés, les consommateurs, qu'on voyait là dès sept heures du matin, les regardèrent avec des sourires. Dans la ville neuve également, où des domestiques se plantèrent sur le seuil des maisons cossues, ils sentirent moins de sympathie que dans les rues désertes du quartier Saint-Marc, dont les vieux hôtels gardaient un silence ami. Ils retournèrent au fond du vieux quartier, ils allèrent jusqu'à Saint-Saturnin, la cathédrale, dont le jardin du chapitre ombrageait l'abside, un coin de délicieuse paix, d'où un pauvre les chassa en leur demandant lui-même l'aumône. On bâtissait beaucoup du côté de la gare, un nouveau faubourg poussait là, ils s'y rendirent. Puis, ils revinrent une dernière fois jusqu'à la place de la Sous-Préfecture, avec un brusque réveil d'espoir, l'idée qu'ils finiraient par rencontrer quelqu'un, que de l'argent leur serait offert. Mais ils n'étaient toujours accompagnés que du pardon souriant de la ville, à les voir si unis et si beaux. Les cailloux de la Viorne, le petit pavage pointu, leur blessait les pieds. Et ils durent enfin rentrer sans rien à la Souleiade, tous les deux, le vieux roi mendiant et sa sujette soumise, Abisaïg dans sa fleur de jeunesse, qui ramenait David vieillissant, dépouillé de ses biens, las d'avoir inutilement battu les routes.

Il était huit heures. Martine qui les attendait, comprit qu'elle n'aurait pas de cuisine à faire, ce soir-là. Elle prétendit avoir dîné ; et, comme elle paraissait souffrante, Pascal l'envoya se coucher tout de suite.

— Nous nous passerons bien de toi, répétait Clotilde. Puisque les pommes de terre sont sur le feu, nous les prendrons nous-mêmes.

La servante, de méchante humeur, céda. Elle mâchait de sourdes paroles : quand on a tout mangé, à quoi bon se mettre à table? Puis, avant de s'enfermer dans sa chambre :

— Monsieur, il n'y a plus d'avoine pour Bonhomme. Je lui ai trouvé l'air drôle, et monsieur devrait aller le voir.

Tout de suite, Pascal et Clotilde, pris d'inquiétude, se rendirent à l'écurie. Le vieux cheval, en effet, était couché sur sa litière, somnolent. Depuis six mois, on ne l'avait plus sorti, à cause de ses jambes, envahies de rhumatismes; et il était devenu complètement aveugle. Personne ne comprenait pourquoi le docteur conservait cette vieille bête, Martine elle-même en arrivait à dire qu'on devait l'abattre, par simple pitié. Mais Pascal et Clotilde se récriaient, s'émotionnaient, comme si on leur eût parlé d'achever un vieux parent, qui ne s'en irait pas assez vite. Non, non! il les avait servis pendant plus d'un quart de siècle, il mourrait chez eux, de sa belle mort, en brave homme qu'il avait toujours été! Et, ce soir-là, le docteur ne dédaigna pas de l'examiner soigneusement. Il lui souleva les pieds, lui regarda les gencives, écouta les battements du cœur.

— Non, il n'a rien, finit-il par dire. C'est la vieillesse, simplement... Ah! mon pauvre vieux, nous ne courrons plus les chemins ensemble!

L'idée qu'il manquait d'avoine tourmentait Clotilde. Mais Pascal la rassura : il fallait si peu de chose, à une bête de cet âge, qui ne travaillait plus! Elle prit alors une poignée d'herbe, au tas que la servante avait laissé là; et ce fut une joie pour tous les deux, lorsque Bonhomme voulut bien, par simple et bonne amitié, manger cette herbe dans sa main.

— Eh! mais, dit-elle en riant, tu as encore de l'appétit, il ne faut pas chercher à nous attendrir... Bonsoir! et dors tranquille!

Et ils le laissèrent sommeiller, après lui avoir l'un et l'autre, comme d'habitude, mis un gros baiser à gauche et à droite des naseaux.

La nuit tombait, ils eurent une idée, pour ne pas rester en bas, dans la maison vide : ce fut de tout barricader et d'emporter leur dîner, en haut, dans la chambre. Vivement, elle monta le plat de pommes de terre, avec du sel et une belle carafe d'eau pure ; tandis que lui se chargeait d'un panier de raisin, le premier qu'on eût cueilli à une treille précoce, en dessous de la terrasse. Ils s'enfermèrent, ils mirent le couvert sur une petite table, les pommes de terre au milieu, entre la salière et la carafe, et le panier de raisin sur une chaise, à côté. Et ce fut un gala merveilleux, qui leur rappela l'exquis déjeuner qu'ils avaient fait, au lendemain des noces, lorsque Martine s'était obstinée à ne pas leur répondre. Ils éprouvaient le même ravissement d'être seuls, de se servir eux-mêmes, de manger l'un contre l'autre, dans la même assiette.

Cette soirée de misère noire qu'ils avaient tout fait au monde pour éviter, leur gardait les heures les plus délicieuses de leur existence. Depuis qu'ils étaient rentrés, qu'ils se trouvaient au fond de la grande chambre amie, comme à cent lieues de cette ville indifférente qu'ils venaient de battre, la tristesse et la crainte s'effaçaient, jusqu'au souvenir de la mauvaise après-midi, perdue en courses inutiles. L'insouciance les avait repris de ce qui n'était pas leur tendresse, ils ne savaient plus s'ils étaient pauvres, s'ils auraient le lendemain à chercher un ami pour dîner le soir. A quoi bon redouter la misère et se donner tant de peine, puisqu'il suffisait, pour goûter tout le bonheur possible, d'être ensemble?

Lui, pourtant, s'effraya.

— Mon Dieu! nous avions si peur de cette soirée! Est-ce raisonnable d'être heureux ainsi? Qui sait ce que demain nous garde?

Mais elle lui mit sa petite main sur la bouche.

— Non, non! demain, nous nous aimerons, comme nous nous aimons aujourd'hui... Aime-moi de toute ta force, comme je t'aime.

Et jamais ils n'avaient mangé de si bon cœur. Elle montrait son appétit de belle fille à l'estomac solide, elle mordait à pleine bouche dans les pommes de terre, avec des rires, les disant admirables, meilleures que les mets les plus vantés. Lui aussi avait retrouvé son appétit de trente ans. De grands coups d'eau pure leur semblaient divins. Puis, le raisin, comme dessert, les ravissait, ces grappes si fraîches, ce sang de la terre que le soleil avait doré. Ils mangeaient trop, ils étaient gris d'eau et de fruit, de gaieté surtout. Ils ne se souvenaient pas d'avoir fait un gala pareil. Leur premier déjeuner lui-même, avec tout un luxe de côtelettes, de pain et de vin, n'avait pas eu cette ivresse, ce bonheur de vivre, où la joie d'être ensemble suffisait, changeait la faïence en vaisselle d'or, la nourriture misérable en une céleste cuisine, comme les dieux n'en goûtent point.

La nuit s'était complètement faite, et ils n'avaient pas allumé de lampe, heureux de se mettre au lit tout de suite. Mais les fenêtres restaient grandes ouvertes sur le vaste ciel d'été, le vent du soir entrait, brûlant encore, chargé d'une lointaine odeur de lavande. A l'horizon, la lune venait de se lever, si pleine et si large, que toute la chambre était baignée d'une lumière d'argent, et qu'ils se voyaient, comme à une clarté de rêve, infiniment éclatante et douce.

Alors, les bras nus, le cou nu, la gorge nue, elle acheva magnifiquement le festin qu'elle lui donnait, elle lui fit le royal cadeau de son corps. La nuit précédente, ils avaient eu leur premier frisson d'inquiétude, une épouvante d'instinct, à l'approche du malheur menaçant. Et, maintenant, le reste du monde semblait une fois encore oublié, c'était comme une nuit suprême de béatitude, que leur accordait la bonne nature, dans l'aveuglement de ce qui n'était pas leur passion.

Elle avait ouvert les bras, elle se livrait, se donnait toute.

— Maître, maître ! j'ai voulu travailler pour toi, et j'ai appris que je suis une bonne à rien, incapable de gagner une bouchée du pain que tu manges. Je ne peux que t'aimer, me donner, être ton plaisir d'un moment... Et il me suffit d'être ton plaisir, maître ! Si tu savais comme je suis contente que tu me trouves belle, puisque cette beauté, je puis t'en faire le cadeau. Je n'ai qu'elle, et je suis si heureuse de te rendre heureux.

Il la tenait d'une étreinte ravie, il murmura :

— Oh ! oui, belle ! la plus belle et la plus désirée !... Tous ces pauvres bijoux dont je t'ai parée, l'or, les pierreries, ne valent pas le plus petit coin du satin de ta peau. Un de tes ongles, un de tes cheveux, sont des richesses inestimables. Je baiserai dévotement, un à un, les cils de tes paupières.

— Et, maître, écoute bien : ma joie est que tu sois âgé et que je sois jeune, parce que le cadeau de mon corps te ravit davantage. Tu serais jeune comme moi, le cadeau de mon corps te ferait moins de plaisir, et j'en aurais moins de bonheur... Ma jeunesse et ma beauté, je n'en suis fière que pour toi, je n'en triomphe que pour te les offrir.

Il était pris d'un grand tremblement, ses yeux se mouillaient, à la sentir sienne à ce point, et si adorable, et si précieuse.

— Tu fais de moi le maître le plus riche, le plus puissant, tu me combles de tous les biens, tu me verses la plus divine volupté qui puisse emplir le cœur d'un homme.

Et elle se donnait davantage, elle se donnait jusqu'au sang de ses veines.

— Prends-moi donc, maître, pour que je disparaisse et que je m'anéantisse en toi... Prends ma jeunesse, prends-la toute en un coup, dans un seul baiser, et bois-la toute d'un trait, épuise-la, qu'il en reste seulement un peu de miel à tes lèvres. Tu me rendras si heureuse, c'est moi encore qui te serai reconnaissante... Maître, prends mes lèvres puisqu'elles sont fraîches, prends mon haleine puisqu'elle est pure, prends mon cou puisqu'il est doux à la bouche qui le baise, prends mes mains, prends mes pieds, prends tout mon corps, puisqu'il est un bouton à peine ouvert, un satin délicat, un parfum dont tu te grises... Tu entends! maître, que je sois un bouquet vivant, et que tu me respires! que je sois un jeune fruit délicieux, et que tu me goûtes! que je sois une caresse sans fin, et que tu te baignes en moi!... Je suis ta chose, la fleur qui a poussé à tes pieds pour te plaire, l'eau qui coule pour te rafraîchir, la sève qui bouillonne pour te rendre une jeunesse. Et je ne suis rien, maître, si je ne suis pas tienne!

Elle se donna, et il la prit. A ce moment, un reflet de lune l'éclairait, dans sa nudité souveraine. Elle apparut comme la beauté même de la femme, à son immortel printemps. Jamais il ne l'avait vue si jeune, si blanche, si divine. Et il la remerciait du cadeau de son corps, comme si elle lui eût donné tous les trésors de la terre.

Aucun don ne peut égaler celui de la femme jeune qui se donne, et qui donne le flot de vie, l'enfant peut-être. Ils songèrent à l'enfant, leur bonheur en fut accru, dans ce royal festin de jeunesse qu'elle lui servait et que des rois auraient envié.

XI

Mais, dès la nuit suivante, l'insomnie inquiète revint. Ni Pascal ni Clotilde ne se disaient leur peine; et, dans les ténèbres de la chambre attristée, ils restaient des heures côte à côte, feignant de dormir, songeant tous les deux à la situation qui s'aggravait. Chacun oubliait sa propre détresse, tremblait pour l'autre. Il avait fallu recourir à la dette, Martine prenait à crédit le pain, le vin, un peu de viande, d'ailleurs pleine de honte, forcée de mentir et d'y mettre une grande prudence, car personne n'ignorait la ruine de la maison. L'idée était bien venue au docteur d'hypothéquer la Souleiade; seulement, c'était la ressource suprême, il n'avait plus que cette propriété, évaluée à une vingtaine de mille francs, et dont il ne tirerait peut-être pas quinze mille, s'il la vendait; après, commençait la misère noire, le pavé de la rue, pas même une pierre à soi pour appuyer sa tête. Aussi Clotilde le suppliait-elle d'attendre, de ne s'engager dans aucune affaire irrévocable, tant que les choses ne seraient pas désespérées.

Trois ou quatre jours se passèrent. On entrait en septembre, et le temps, malheureusement, se gâtait: il y eut des orages terribles qui ravagèrent la contrée, un mur de la Souleiade fut renversé, qu'on ne put remettre debout, tout un écroulement dont la brèche resta béante. Déjà, on devenait impoli chez le boulanger. Puis, un matin que la vieille servante rapportait un pot-au-feu, elle pleura, elle dit que le boucher lui passait les bas morceaux. Encore quelques jours, et le crédit allait être impossible. Il fallait absolument aviser, trouver des ressources, pour les petites dépenses quotidiennes.

Un lundi, comme une semaine de tourments recommençait, Clotilde s'agita toute la matinée. Elle semblait en proie à un combat intérieur, elle ne parut prendre une décision qu'à la suite du déjeuner, en voyant Pascal refuser sa part d'un peu de bœuf qui restait. Et, très calme, l'air résolu, elle sortit ensuite avec Martine, après avoir mis tranquillement dans le panier de celle-ci un petit paquet, des chiffons qu'elle voulait donner, disait-elle.

Quand elle revint, deux heures plus tard, elle était pâle. Mais ses grands yeux, si purs et si francs, rayonnaient. Tout de suite, elle s'approcha du docteur, le regarda en face, se confessa.

— J'ai un pardon à te demander, maître, car je viens de te désobéir, et je vais sûrement te faire beaucoup de peine.

Il ne comprenait pas, il s'inquiéta.

— Qu'as-tu donc fait?

Lentement, sans le quitter des yeux, elle prit dans sa poche une enveloppe, d'où elle tira des billets de banque. Une brusque divination l'éclaira, il eut un cri :

— Oh! mon Dieu! les bijoux, tous les cadeaux!

Et lui, si bon, si doux d'habitude, était soulevé d'une douloureuse colère. Il lui avait saisi les deux mains, il la brutalisait presque, lui écrasait les doigts qui tenaient les billets.

— Mon Dieu! qu'as-tu fait là, malheureuse!... C'est tout mon cœur que tu as vendu! c'est tout notre cœur qui était entré dans ces bijoux et que tu es allée rendre avec eux, pour de l'argent !... Des bijoux que je t'avais donnés, des souvenirs de nos heures les plus divines, ton bien à toi, à toi seule, comment veux-tu donc que je le reprenne et que j'en profite ? Est-ce possible, as-tu songé à l'affreux chagrin que cela me causerait ?

Doucement, elle répondit :

— Et toi, maître, penses-tu donc que je pouvais nous laisser dans la triste situation où nous sommes, manquant de pain, lorsque j'avais là ces bagues, ces colliers, ces boucles d'oreille, qui dormaient au fond d'un tiroir ? Mais tout mon être s'indignait, je me serais crue une avare, une égoïste, si je les avais gardés davantage... Et, si j'ai eu de la peine à m'en séparer, oh ! oui ! je l'avoue, une peine si grosse, que j'ai failli n'en pas trouver le courage, je suis bien certaine de n'avoir fait que ce que je devais faire, en femme qui t'obéis toujours et qui t'adore.

Puis, comme il ne lui avait pas lâché les mains, des larmes parurent dans ses yeux, elle ajouta de la même voix douce, avec un faible sourire :

— Serre un peu moins fort, tu me fais très mal.

Alors, lui aussi pleura, retourné, jeté à un attendrissement profond.

— Je suis une brute, de me fâcher ainsi... Tu as bien agi, tu ne pouvais agir autrement. Mais pardonne-moi, cela m'a été si dur, de te voir dépouillée... Donne-moi tes mains, tes pauvres mains, que je les guérisse.

Il lui reprit les mains avec délicatesse ; et il les couvrait de baisers, il les trouvait inestimables, nues et si fines, ainsi dégarnies de bagues. Maintenant, soulagée, joyeuse, elle lui contait son escapade, comment elle avait mis Martine dans la confidence et comment toutes deux étaient allées chez la revendeuse, celle qui avait vendu le corsage en vieux point d'Alençon. Enfin, après un examen et un marchandage interminables, cette femme avait donné six mille francs de tous les bijoux. De nouveau, il réprima un geste de désespoir : six mille francs ! lorsque ces bijoux lui en avaient coûté plus du triple, une vingtaine de mille francs au moins.

— Écoute, finit-il par dire, je prends cet argent, puisque c'est ton bon cœur qui l'apporte. Mais il est bien convenu qu'il est à toi. Je te jure d'être à mon tour plus avare que Martine, je ne lui donnerai que les quelques sous indispensables à notre entretien, et tu retrouveras dans le secrétaire tout ce qui restera de la somme, en admettant que je ne puisse même jamais la recompléter et te la rendre entière.

Il s'était assis, il la gardait sur ses genoux, dans une étreinte encore frémissante d'émotion. Puis, baissant la voix, à l'oreille :

— Et tu as tout vendu, absolument tout ?

Sans parler, elle se dégagea un peu, elle fouilla du bout des doigts dans sa gorge, de son geste joli. Rougissante, elle souriait. Enfin, elle tira la chaîne mince où luisaient les sept perles, comme des étoiles laiteuses ; et il sembla qu'elle sortait un peu de sa nudité intime, que tout le bouquet vivant de son corps s'exhalait de cet unique bijou, gardé sur sa peau, dans le mystère le plus caché de sa personne. Tout de suite, elle le rentra, le fit disparaître.

Lui, rougissant comme elle, avait eu au cœur un grand coup de joie. Et il l'embrassa éperdument.

— Ah ! que tu es gentille, et que je t'aime !

Mais, dès le soir, le souvenir des bijoux vendus resta comme un poids sur son cœur ; et il ne pouvait voir l'argent, dans son secrétaire, sans souffrance. C'était la pauvreté prochaine, la pauvreté inévitable qui l'oppressait ; c'était une détresse plus angoissante encore, la pensée de son âge, ses soixante ans qui le rendaient inutile, incapable de gagner la vie heureuse d'une femme, tout un réveil à l'inquiétante réalité, au milieu de son rêve menteur d'éternel amour. Brusquement, il tombait à la misère, et il se sentait très vieux : cela le glaçait, l'emplissait d'une sorte de remords, d'une colère désespérée contre lui-même, comme si, désormais, il y avait eu une mauvaise action dans sa vie.

Puis, il se fit en lui une clarté affreuse. Un matin, étant seul, il reçut une lettre, timbrée de Plassans même, dont il examina l'enveloppe, surpris de ne pas reconnaître l'écriture. Cette lettre n'était pas signée ; et, dès les premières lignes, il eut un geste d'irritation, prêt à la déchirer ; mais il s'était assis, tremblant, il dut la lire jusqu'au bout. D'ailleurs, le style gardait une convenance parfaite, les longues phrases se déroulaient, pleines de mesure et de ménagement, ainsi que des phrases de diplomate dont l'unique but est de convaincre. On lui démontrait, avec un luxe de bonnes raisons, que le scandale de la Souleiade avait trop duré. Si la passion, jusqu'à un certain point, expliquait la faute, un homme de son âge, et dans sa situation, était en train de se rendre absolument méprisable, en s'obstinant à consommer le malheur de la jeune parente, dont il abusait. Personne n'ignorait l'empire qu'il avait pris sur elle, on admettait qu'elle mît sa gloire à se sacrifier pour lui ; mais n'était-ce pas à lui de comprendre qu'elle ne pouvait aimer un vieillard, qu'elle éprouvait seulement de la pitié et de la gratitude, et qu'il était grand temps de la délivrer de ces amours séniles, d'où elle sortirait déshonorée, déclassée, ni épouse ni mère ? Puisqu'il ne devait même plus lui léguer une petite fortune, on espérait qu'il allait faire acte d'honnête homme, en trouvant la force de se séparer d'elle, afin d'assurer son bonheur, s'il en était temps encore. Et la lettre se terminait sur cette pensée que la mauvaise conduite finissait toujours par être punie.

Dès les premières phrases, Pascal comprit que cette lettre anonyme venait de sa mère. La vieille madame Rougon avait dû la dicter, il y entendait jusqu'aux inflexions de sa voix. Mais, après en avoir commencé la lecture dans un soulèvement de colère, il l'acheva pâle et grelottant, saisi de ce frisson qui, désormais, le traversait à chaque heure. La lettre avait raison, elle l'éclairait sur son malaise, lui faisait voir que son remords était d'être vieux, d'être pauvre, et de garder Clotilde. Il se leva, se planta devant une glace, y resta longtemps, les yeux peu à peu obscurcis de pleurs, désespéré de ses rides et de sa barbe blanche. Ce froid mortel qui le glaçait, c'était l'idée que, maintenant, la séparation allait devenir nécessaire, fatale, inévitable. Il la repoussait, il ne pouvait s'imaginer qu'il finirait par l'accepter; mais elle reviendrait quand même, il ne vivrait plus une minute sans en être assailli, sans être déchiré par ce combat entre son amour et sa raison, jusqu'au soir terrible où il se résignerait, à bout de sang et de larmes. Dans sa lâcheté présente, il frissonnait, rien qu'à la pensée d'avoir un jour ce courage. Et c'était bien la fin, l'irréparable commençait, il prenait peur pour Clotilde, si jeune, et il n'avait plus que le devoir de la sauver de lui.

Alors, hanté par les mots, par les phrases de la lettre, il se tortura d'abord à vouloir se persuader qu'elle ne l'aimait pas, qu'elle avait seulement pour lui de la pitié et de la gratitude. Cela, croyait-il, lui aurait facilité la rupture, s'il s'était convaincu qu'elle se sacrifiait, et qu'en la gardant davantage, il satisfaisait simplement son monstrueux égoïsme. Mais il eut beau l'étudier, la soumettre à des épreuves, il la trouva toujours aussi tendre, aussi passionnée entre ses bras. Il restait éperdu de ce résultat qui tournait contre le dénouement redouté, en la lui rendant plus chère. Et il s'efforça de se prouver la nécessité de leur séparation, il en examina les motifs. La vie qu'ils menaient depuis des mois, cette vie sans liens ni devoirs, sans travail d'aucune sorte, était mauvaise. Lui, ne se croyait bon qu'à aller dormir sous la terre, dans un coin ; seulement, pour elle, n'était-ce pas une existence fâcheuse, d'où elle sortirait indolente et gâtée, incapable de vouloir ? Il la pervertissait, en faisait une idole, au milieu des huées du scandale. Ensuite, tout d'un coup, il se voyait mort, il la laissait seule, à la rue, sans rien, méprisée. Personne ne la recueillait, elle battait les routes, n'avait plus jamais ni mari ni enfants. Non ! non ! ce serait un crime, il ne pouvait, pour ses quelques jours encore de bonheur à lui, ne léguer, à elle, que cet héritage de honte et de misère.

Un matin que Clotilde était sortie seule, pour une course dans le voisinage, elle rentra bouleversée, toute pâle et frissonnante. Et, dès qu'elle fut en haut, chez eux, elle s'évanouit presque dans les bras de Pascal. Elle bégayait des mots sans suite.

— Oh ! mon Dieu !... oh ! mon Dieu !... ces femmes...

Lui, effrayé, la pressait de questions.

— Voyons ! réponds-moi ! que t'est-il arrivé ?

Alors, un flot de sang empourpra son visage. Elle l'étreignit, se cacha la face contre son épaule.

— Ce sont ces femmes... En passant à l'ombre, comme je fermais mon ombrelle, j'ai eu le malheur de faire tomber un enfant... Et elles se sont toutes mises contre moi, et elles ont crié des choses, oh ! des choses ! que je n'en aurais jamais, d'enfants ! que les enfants, ça ne poussait pas chez les créatures de mon espèce !... Et d'autres choses, mon Dieu ! d'autres choses encore, que je ne peux pas répéter, que je n'ai pas comprises !

Elle sanglotait. Il était devenu livide, il ne trouvait rien à lui dire, il la baisait éperdument en pleurant comme elle. La scène se reconstruisait, il la voyait poursuivie, salie de gros mots. Puis, il balbutia :

— C'est ma faute, c'est par moi que tu souffres... Écoute, nous nous en irons, loin, très loin, quelque part où l'on ne nous connaîtra pas, où l'on te saluera, où tu seras heureuse.

Mais, bravement, dans un effort, en le voyant pleurer, elle s'était remise debout, elle rentrait ses larmes.

— Ah ! c'est lâche, ce que je viens de faire là ! Moi qui m'étais tant promis de ne te rien dire ! Et puis, quand je me suis retrouvée chez nous, ç'a été un tel déchirement, que tout m'est sorti du cœur... Tu vois, c'est fini, ne te chagrine pas... Je t'aime...

Elle souriait, elle l'avait repris doucement dans ses bras, elle le baisait à son tour, ainsi qu'un désespéré, dont on endort la souffrance.

— Je t'aime, et je t'aime tant, que cela me consolerait de tout ! Il n'y a que toi au monde, qu'importe ce qui n'est pas toi ! Tu es si bon, tu me rends si heureuse !

Mais il pleurait toujours, et elle se remit à pleurer, et ce fut longtemps une tristesse infinie, une détresse où se mêlaient leurs baisers et leurs larmes.

Pascal, resté seul, se jugea abominable. Il ne pouvait faire davantage le malheur de cette enfant qu'il adorait. Et, le soir du même jour, un événement se produisit, qui lui apporta enfin le dénouement, cherché jusque-là, avec la terreur de le trouver. Après le dîner, Martine l'emmena à l'écart, en grand mystère.

— Madame Félicité, que j'ai vue, m'a chargée de vous communiquer cette lettre, monsieur ; et j'ai la commission de vous dire qu'elle vous l'aurait apportée elle-même, si sa bonne réputation ne l'empêchait de revenir ici... Elle vous prie de lui renvoyer la lettre de monsieur Maxime, en lui faisant connaître la réponse de mademoiselle.

C'était, en effet, une lettre de Maxime. Félicité, heureuse de l'avoir reçue, en usait comme d'un moyen actif, après avoir attendu vainement que la misère lui livrât son fils. Puisque ni Pascal ni Clotilde ne venaient lui demander aide et secours, elle changeait de plan une fois encore, elle reprenait son ancienne idée de les séparer; et, cette fois, l'occasion lui semblait décisive. La lettre de Maxime était pressante, il l'adressait à sa grand'mère, pour que celle-ci plaidât sa cause près de sa sœur. L'ataxie s'était déclarée, il ne marchait plus déjà qu'au bras d'un domestique. Mais, surtout, il déplorait une faute qu'il avait commise, une jolie fille brune qui s'était introduite chez lui, dont il n'avait pas su s'abstenir, au point de laisser entre ses bras le reste de ses moelles; et le pis était qu'il avait maintenant la certitude que cette mangeuse d'hommes était un cadeau discret de son père. Saccard la lui avait envoyée, galamment, pour hâter l'héritage. Aussi, après l'avoir jetée dehors, Maxime s'était-il barricadé dans son hôtel, consignant son père lui-même à la porte, tremblant de le voir, un matin, rentrer par les fenêtres. La solitude l'épouvantait, et il réclamait désespérément sa sœur, il la voulait comme un rempart contre ces abominables entreprises, comme une femme enfin douce et droite, qui le soignerait. La lettre donnait à entendre que, si elle se conduisait bien avec lui, elle n'aurait pas à se repentir; et il terminait, en rappelant à la jeune fille la promesse qu'elle lui avait faite, lors de son voyage à Plassans, de le rejoindre, s'il avait réellement besoin d'elle, un jour.

Pascal resta glacé. Il relut les quatre pages. C'était la séparation qui s'offrait, acceptable pour lui, heureuse pour Clotilde, si aisée et si naturelle, qu'on devait consentir tout de suite; et, malgré l'effort de sa raison, il se sentait si peu ferme, si peu résolu encore, qu'il dut s'asseoir un instant, les jambes tremblantes. Mais il voulait être héroïque, il se calma, appela sa compagne.

— Tiens ! lis cette lettre, que grand'mère me communique.

Attentivement, Clotilde lut la lettre jusqu'au bout, sans une parole, sans un geste. Puis, très simple :

— Eh bien ! tu vas répondre, n'est-ce pas ?... Je refuse.

Il dut se vaincre pour ne pas jeter un cri de joie. Déjà, comme si un autre lui-même avait pris la parole, il s'entendait dire, raisonnablement :

— Tu refuses, ce n'est pas possible... Il faut réfléchir, attendons à demain pour donner la réponse ; et causons, veux-tu ?

Mais elle s'étonnait, elle s'exaltait.

— Nous quitter ! et pourquoi ? Vraiment, tu y consentirais ?... Quelle folie ! nous nous aimons, et nous nous quitterions, et je m'en irais là-bas, où personne ne m'aime !... Voyons, y as-tu songé ? ce serait imbécile.

Il évita de s'engager sur ce terrain, il parla de promesses faites, de devoir.

— Rappelle-toi, ma chérie, comme tu étais émue, lorsque je t'ai avertie que Maxime se trouvait menacé. Aujourd'hui, le voilà abattu par le mal, infirme, sans personne, t'appelant près de lui !... Tu ne peux le laisser dans cette position. Il y a là, pour toi, un devoir à remplir.

— Un devoir ! s'écria-t-elle. Est-ce que j'ai des devoirs envers un frère qui ne s'est jamais occupé de moi ? Mon seul devoir est où est mon cœur.

— Mais tu as promis. J'ai promis pour toi, j'ai dit que tu étais raisonnable... Tu ne vas pas me faire mentir.

— Raisonnable, c'est toi qui ne l'es pas. Il est déraisonnable de se quitter, quand on en mourrait de chagrin l'un et l'autre.

Et elle coupa court d'un grand geste, elle écarta violemment toute discussion.

— D'ailleurs, à quoi bon discuter?... Rien n'est plus simple, il n'y faut qu'un mot. Est-ce que tu veux me renvoyer?

Il poussa un cri.

— Moi te renvoyer, grand Dieu!

— Alors, si tu ne me renvoies pas, je reste.

Elle riait à présent, elle courut à son pupitre, écrivit, au crayon rouge, deux mots en travers de la lettre de son frère : « Je refuse »; et elle appela Martine, elle voulut absolument qu'elle reportât tout de suite cette lettre sous enveloppe. Lui, riait aussi, inondé d'une telle félicité, qu'il la laissa faire. La joie de la garder emportait jusqu'à sa raison.

Mais, la nuit même, quand elle fut endormie, quel remords d'avoir été lâche! Une fois encore, il venait de céder à son besoin de bonheur, à cette volupté de la retrouver chaque soir, serrée contre son flanc, si fine et si douce dans sa longue chemise, l'embaumant de sa fraîche odeur de jeunesse. Après elle, jamais plus il n'aimerait; et ce dont criait son être, c'était de cet arrachement de la femme et de l'amour. Une sueur d'agonie le prenait, lorsqu'il se l'imaginait partie et qu'il se voyait seul, sans elle, sans tout ce qu'elle mettait de caressant et de subtil dans l'air qu'il respirait, son haleine, son joli esprit, sa droiture vaillante, cette chère présence physique et morale, nécessaire maintenant à sa vie comme la lumière même du jour. Elle devait le quitter, et il fallait qu'il trouvât la force d'en mourir. Sans l'éveiller, tout en la tenant assoupie sur son cœur, la gorge soulevée d'un petit souffle d'enfant, il se méprisait pour son peu de courage, il jugeait la situation avec une terrible lucidité. C'était fini : une existence respectée, une fortune l'attendaient là-bas ; il ne pouvait pousser son égoïsme sénile jusqu'à la garder davantage, dans sa misère et sous les huées. Et, défaillant, à la sentir si adorable entre ses bras, si confiante, en sujette qui s'était donnée à son vieux roi, il faisait le serment d'être fort, de ne point accepter le sacrifice de cette enfant, de la rendre au bonheur, à la vie, malgré elle.

Dès lors, la lutte d'abnégation commença. Quelques jours se passèrent, et il lui avait fait si bien comprendre la dureté de son : Je refuse, sur la lettre de Maxime, qu'elle avait écrit à sa grand'mère longuement, pour motiver son refus. Mais elle ne voulait toujours pas quitter la Souleiade. Comme il en était venu à une grande avarice, afin d'entamer le moins possible l'argent des bijoux, elle renchérissait encore, mangeait son pain sec avec de beaux rires. Un matin, il la surprit donnant des conseils d'économie à Martine. Dix fois par jour, elle le regardait fixement, se jetait à son cou, le couvrait de baisers, pour combattre cette affreuse idée de la séparation, qu'elle voyait sans cesse dans ses yeux. Puis, elle eut un autre argument. Après le dîner, un soir, il fut pris de palpitations, il faillit s'évanouir. Cela l'étonna, jamais il n'avait souffert du cœur, et il crut simplement que ses troubles nerveux revenaient. Depuis ses grandes joies, il se sentait moins solide, avec la sensation singulière de quelque chose de délicat et de profond qui se serait brisé en lui. Elle, tout de suite, s'était inquiétée, empressée. Ah bien ! maintenant, il ne lui parlerait sans doute plus de partir ? Quand on aimait les gens et qu'ils étaient malades, on restait près d'eux, on les soignait.

Le combat devint ainsi de toutes les heures. C'était un continuel assaut de tendresse, d'oubli de soi-même, dans l'unique besoin du bonheur de l'autre. Mais lui, si l'émotion de la voir bonne et aimante rendait plus atroce la nécessité du départ, comprenait que cette nécessité s'imposait davantage chaque jour. Sa volonté était désormais formelle. Il restait seulement aux abois, tremblant, hésitant, devant les moyens de la décider. La scène de désespoir et de larmes s'évoquait : qu'allait-il faire? qu'allait-il lui dire? comment en arriveraient-ils, tous les deux, à s'embrasser une dernière fois et à ne plus se voir jamais? Et les journées se passaient, il ne trouvait rien, il recommençait à se traiter de lâche, chaque soir, lorsque, la bougie éteinte, elle le reprenait entre ses bras frais, heureuse et triomphante de le vaincre ainsi.

Souvent, elle plaisantait, avec une pointe de malice tendre.

— Maître, tu es trop bon, tu me garderas.

Mais cela le fâchait, et il s'agitait, assombri.

— Non, non! ne parle pas de ma bonté!... Si j'étais vraiment bon, il y a longtemps que tu serais là-bas, dans l'aisance et le respect, avec tout un avenir de vie belle et tranquille devant toi, au lieu de t'obstiner ici, insultée, pauvre et sans espoir, à être la triste compagne d'un vieux fou de mon espèce!... Non! je ne suis qu'un lâche et qu'un malhonnête homme!

Vivement, elle le faisait taire. Et c'était en réalité sa bonté qui saignait, cette bonté immense qu'il devait à son amour de la vie, qu'il épandait sur les choses et sur les êtres, dans le continuel souci du bonheur de tous. Être bon, n'était-ce pas la vouloir, la faire heureuse, au prix de son bonheur, à lui? Il lui fallait avoir cette bonté-là, et il sentait bien qu'il l'aurait, décisive, héroïque. Mais, comme les misérables résolus au suicide, il attendait l'occasion, le moment et le moyen de vouloir.

Un matin qu'il s'était levé à sept heures, elle fut toute surprise, en entrant dans la salle, de le trouver assis devant sa table. Depuis de longues semaines, il n'avait plus ouvert un livre ni touché une plume.

— Tiens ! tu travailles ?

Il ne leva pas la tête, répondit d'un air absorbé :

— Oui, c'est cet Arbre généalogique que je n'ai pas même mis au courant.

Pendant quelques minutes, elle resta debout derrière lui, à le regarder écrire. Il complétait les notices de Tante Dide, de l'oncle Macquart et du petit Charles, inscrivait leur mort, mettait les dates. Puis, comme il ne bougeait toujours pas, ayant l'air d'ignorer qu'elle était là, à attendre les baisers et les rires des autres matins, elle marcha jusqu'à la fenêtre, en revint, désœuvrée.

— Alors, c'est sérieux, on travaille ?

— Sans doute, tu vois que j'aurais dû, depuis le mois dernier, consigner ces morts. Et j'ai là un tas de besognes qui m'attendent.

Elle le regardait fixement, de l'air de continuelle interrogation dont elle fouillait ses yeux.

— Bien ! travaillons... Si tu as des recherches que je puisse faire, des notes à copier, donne-les-moi.

Et, dès ce jour, il affecta de se rejeter tout entier dans le travail. C'était, d'ailleurs, une de ses théories, que l'absolu repos ne valait rien, qu'on ne devait jamais le prescrire, même aux surmenés. Un homme ne vit que par le milieu extérieur où il baigne ; et les sensations qu'il en reçoit, se transforment chez lui en mouvement, en pensées et en actes ; de sorte que, s'il y a repos absolu, si l'on continue à recevoir les sensations sans les rendre, digérées et transformées, il se produit un engorgement, un malaise, une perte inévitable d'équilibre. Lui, toujours, avait expérimenté que le travail était le meilleur régulateur de son existence. Même les matins de santé mauvaise, il se mettait au travail, il y retrouvait son aplomb. Jamais il ne se portait mieux que lorsqu'il accomplissait sa tâche, méthodiquement tracée à l'avance, tant de pages chaque matin, aux mêmes heures ; et il comparait cette tâche à un balancier qui le tenait debout, au milieu des misères quotidiennes, des faiblesses et des faux pas. Aussi, accusait-il la paresse, l'oisiveté où il vivait depuis des semaines, d'être l'unique cause des palpitations dont il étouffait par moments. S'il voulait se guérir, il n'avait qu'à reprendre ses grands travaux.

Ces théories, Pascal, pendant des heures, les développait, les expliquait à Clotilde, avec un enthousiasme fiévreux, exagéré. Il semblait ressaisi par cet amour de la science, qui, jusqu'à son coup de passion pour elle, avait seul dévoré sa vie. Il lui répétait qu'il ne pouvait laisser son œuvre inachevée, qu'il avait tant à faire encore, s'il voulait élever un monument durable ! Le souci des dossiers paraissait le reprendre, il ouvrait de nouveau la grande armoire vingt fois par jour, les descendait de la planche du haut, continuait à les enrichir. Ses idées sur l'hérédité se transformaient déjà, il aurait désiré tout revoir, tout refondre, tirer de l'histoire naturelle et sociale de sa famille une vaste synthèse, un résumé, à larges traits, de l'humanité entière. Puis, à côté, il revenait à son traitement par les piqûres, pour l'élargir : une confuse vision de thérapeutique nouvelle, une théorie vague et lointaine, née en lui de sa conviction et de son expérience personnelle, au sujet de la bonne influence dynamique du travail.

Maintenant, chaque fois qu'il s'asseyait à sa table, il se lamentait.

— Jamais je n'aurais assez d'années devant moi, la vie est trop courte !

On aurait cru qu'il ne pouvait plus perdre une heure.

Et, un matin, brusquement, il leva la tête, il dit à sa compagne, qui recopiait un manuscrit, à son côté :

— Écoute bien, Clotilde... Si je mourais...

Effarée, elle protesta.

— En voilà une idée !

— Si je mourais, écoute bien... Tu fermerais tout de suite les portes. Tu garderais les dossiers pour toi, pour toi seule. Et, lorsque tu aurais rassemblé mes autres manuscrits, tu les remettrais à Ramond... Entends-tu ! ce sont là mes dernières volontés.

Mais elle lui coupait la parole, refusait de l'écouter.

— Non ! non ! tu dis des bêtises !

— Clotilde, jure-moi que tu garderas les dossiers et que tu remettras mes autres papiers à Ramond.

Enfin, elle jura, devenue sérieuse et les yeux en larmes. Il l'avait saisie entre ses bras, très ému lui aussi, la couvrant de caresses, comme si son cœur, tout d'un coup, se fût rouvert. Puis, il se calma, parla de ses craintes. Depuis qu'il s'efforçait de travailler, elles paraissaient le reprendre, il faisait le guet autour de l'armoire, il prétendait avoir vu rôder Martine. Ne pouvait-on mettre en branle la dévotion aveugle de cette fille, la pousser à une mauvaise action, en lui persuadant qu'elle sauvait son maître ? Il avait tant souffert du soupçon ! Il retombait, sous la menace de la solitude prochaine, à son tourment, à cette torture du savant menacé, persécuté par les siens, chez lui, dans sa chair même, dans l'œuvre de son cerveau.

Un soir qu'il revenait sur ce sujet, avec Clotilde, il laissa échapper :

— Tu comprends, quand tu ne vas plus être là...

Elle devint toute blanche ; et, voyant qu'il s'arrêtait, frissonnant :

— Oh ! maître, maître ! tu y songes donc toujours, à

cette abomination? Je le vois bien dans tes yeux, que tu me caches quelque chose, que tu as une pensée qui n'est plus à moi... Mais, si je pars et si tu meurs, qui donc sera là pour défendre ton œuvre?

Il crut qu'elle s'habituait à cette idée du départ, il trouva la force de répondre gaiement :

— Penses-tu donc que je me laisserais mourir sans te revoir?... Je t'écrirai, que diable! Ce sera toi qui reviendras me fermer les yeux.

Maintenant, elle sanglotait, tombée sur une chaise.

— Mon Dieu! est-ce possible? tu veux que demain nous ne soyons plus ensemble, nous qui ne nous quittons pas d'une minute, qui vivons aux bras l'un de l'autre! Et, pourtant, si l'enfant était venu...

— Ah! tu me condamnes! interrompit-il violemment. Si l'enfant était venu, jamais tu ne serais partie... Ne vois-tu donc pas que je suis trop vieux et que je me méprise! Avec moi, tu resterais stérile, tu aurais cette douleur de n'être pas toute la femme, la mère! Va-t'en donc, puisque je ne suis plus un homme!

Vainement, elle s'efforçait de le calmer.

— Non! je n'ignore pas ce que tu penses, nous l'avons dit vingt fois : si l'enfant n'est pas au bout, l'amour n'est qu'une saleté inutile... Tu as jeté, l'autre soir, ce roman que tu lisais, parce que les héros, stupéfaits d'avoir fait un enfant, sans même s'être doutés qu'ils pouvaient en faire un, ne savaient comment s'en débarrasser... Ah! moi, que je l'ai attendu, que je l'aurais aimé, un enfant de toi!

Ce jour-là, Pascal parut s'enfoncer plus encore dans le travail. Il avait, à présent, des séances de quatre et cinq heures, des matinées, des après-midi entières, où il ne levait pas la tête. Il outrait son zèle, défendant qu'on le dérangeât, qu'on lui adressât un seul mot. Et parfois, lorsque Clotilde sortait sur la pointe des pieds, ayant à donner des ordres, en bas, ou à faire une course, il s'assurait d'un coup d'œil furtif qu'elle n'était plus là, puis il laissait tomber sa tête au bord de la table, d'un air d'accablement immense. C'était une détente douloureuse à l'extraordinaire effort qu'il devait s'imposer, quand il la sentait près de lui, pour rester devant sa table, et ne pas la prendre dans ses bras, et ne pas la garder ainsi pendant des heures, à la baiser doucement. Ah! le travail, quel ardent appel il lui faisait, comme au seul refuge où il espérait s'étourdir, s'anéantir! Mais, le plus souvent, il ne pouvait travailler, il devait jouer la comédie de l'attention, ses yeux sur la page, ses tristes yeux qui se voilaient de larmes, tandis que sa pensée agonisait, brouillée, fuyante, toujours emplie de la même image. Allait-il donc assister à cette faillite du travail, lui qui le croyait souverain, créateur unique, régulateur du monde? Fallait-il jeter l'outil, renoncer à l'action, ne faire plus que vivre, aimer les belles filles qui passent? Ou bien n'était-ce que la faute de sa sénilité, s'il devenait incapable d'écrire une page, comme il était incapable de faire un enfant? La peur de l'impuissance l'avait toujours tourmenté. Pendant que, la joue contre la table, il restait sans force, accablé de sa misère, il rêvait qu'il avait trente ans, qu'il puisait chaque nuit, au cou de Clotilde, la vigueur de sa besogne du lendemain. Et des pleurs coulaient sur sa barbe blanche; et, s'il l'entendait remonter, vivement il se redressait, il reprenait sa plume, pour qu'elle le retrouvât, comme elle l'avait laissé, l'air enfoncé dans une méditation profonde, où il n'y avait que de la détresse et que du vide.

On était au milieu de septembre, deux semaines interminables s'étaient écoulées dans ce malaise, sans amener aucune solution, lorsque Clotilde, un matin, eut la grande surprise de voir entrer sa grand'mère Félicité. La veille, Pascal l'avait rencontrée rue de la Banne, et, impatient de consommer le sacrifice, ne trouvant pas en lui la force de la rupture, il s'était confié à elle, malgré ses répugnances, en la priant de venir le lendemain. Justement, elle avait reçu une nouvelle lettre de Maxime, tout à fait désolée et suppliante.

D'abord, elle expliqua sa présence.

— Oui, c'est moi, mignonne, et pour que je remette les pieds ici, il faut, tu le comprends, que de bien graves raisons me déterminent... Mais, en vérité, tu deviens folle, je ne peux pas te laisser ainsi gâcher ton existence, sans t'éclairer une dernière fois.

Elle lut tout de suite la lettre de Maxime, d'une voix mouillée. Il était cloué dans un fauteuil, il semblait frappé d'une ataxie à marche rapide, très douloureuse. Aussi exigeait-il une réponse définitive de sa sœur, espérant encore qu'elle viendrait, tremblant à l'idée d'en être réduit à chercher une autre garde-malade. Ce serait pourtant ce qu'il se verrait forcé de faire, si on l'abandonnait dans sa triste situation. Et, quand elle eut terminé sa lecture, elle donna à entendre combien il serait fâcheux de laisser aller la fortune de Maxime en des mains étrangères ; mais, surtout, elle parla de devoir, du secours qu'on doit à un parent, en affectant, elle aussi, de prétendre qu'il y avait eu une promesse formelle.

— Mignonne, voyons, fais appel à ta mémoire. Tu lui as dit que, s'il avait jamais besoin de toi, tu irais le rejoindre. Je t'entends encore... N'est-ce pas, mon fils ?

Pascal, depuis que sa mère était là, se taisait, la laissait agir, pâle et la tête basse. Il ne répondit que par un léger signe affirmatif.

Ensuite, Félicité reprit toutes les raisons qu'il avait lui-même données à Clotilde : l'affreux scandale qui tournait à l'insulte, la misère menaçante, si lourde pour eux deux, l'impossibilité de continuer cette existence mauvaise, où lui, vieillissant, perdrait son reste de santé, où elle, si jeune, achèverait de compromettre sa vie entière. Quel avenir pouvaient-ils espérer, maintenant que la pauvreté était venue ? C'était imbécile et cruel, de s'entêter ainsi.

Toute droite et le visage fermé, Clotilde gardait le silence, refusant même la discussion. Mais, comme sa grand'mère la pressait, la harcelait, elle dit enfin :

— Encore une fois, je n'ai aucun devoir envers mon frère, mon devoir est ici. Il peut disposer de sa fortune, je n'en veux pas. Quand nous serons trop pauvres, maître renverra Martine, et il me gardera comme servante.

Elle acheva d'un geste. Oh ! oui, se dévouer à son prince, lui donner sa vie, mendier plutôt le long des routes, en le menant par la main ! puis, au retour, ainsi que le soir où ils étaient allés de porte en porte, lui faire le don de sa jeunesse et le réchauffer entre ses bras purs !

La vieille madame Rougon hocha le menton.

— Avant d'être sa servante, tu aurais mieux fait de commencer par être sa femme... Pourquoi ne vous êtes-vous pas mariés ? C'était plus simple et plus propre.

Elle rappela qu'un jour elle était venue pour exiger ce mariage, afin d'étouffer le scandale naissant ; et la jeune fille s'était montrée surprise, disant que ni elle ni le docteur n'avaient songé à cela, mais que, s'il le fallait, ils s'épouseraient tout de même, plus tard, puisque rien ne pressait.

— Nous marier, je le veux bien ! s'écria Clotilde. Tu as raison, grand'mère...

Et, s'adressant à Pascal :

— Cent fois, tu m'as répété que tu ferais ce que je

voudrais... Tu entends, épouse-moi. Je serai ta femme, et je resterai. Une femme ne quitte pas son mari.

Mais il ne répondit que par un geste, comme s'il eût craint que sa voix ne le trahît, et qu'il n'acceptât, dans un cri de gratitude, cet éternel lien qu'elle lui proposait. Son geste pouvait signifier une hésitation, un refus. A quoi bon ce mariage in extremis, quand tout s'effondrait?

— Sans doute, reprit Félicité, ce sont de beaux sentiments. Tu arranges ça très bien dans ta petite tête. Mais ce n'est pas le mariage qui vous donnera des rentes; et, en attendant, tu lui coûtes cher, tu es pour lui la plus lourde des charges.

L'effet de cette phrase fut extraordinaire sur Clotilde, qui revint violemment vers Pascal, les joues empourprées, les yeux envahis de larmes.

— Maître, maître! est-ce vrai, ce que grand'mère vient de dire? est-ce que tu en es à regretter l'argent que je coûte ici?

Il avait blêmi encore, il ne bougea pas, dans son attitude écrasée. Mais, d'une voix lointaine, comme s'il s'était parlé à lui-même, il murmura :

— J'ai tant de travail! je voudrais tant reprendre mes dossiers, mes manuscrits, mes notes, et terminer l'œuvre de ma vie!... Si j'étais seul, peut-être pourrais-je tout arranger. Je vendrais la Souleiade, oh! un morceau de pain, car elle ne vaut pas cher. Je me mettrais, avec tous mes papiers, dans une petite chambre. Je travaillerais du matin au soir, je tâcherais de n'être pas trop malheureux.

Mais il évitait de la regarder ; et, dans l'agitation où elle se trouvait, ce n'était pas ce balbutiement douloureux qui pouvait lui suffire. Elle s'épouvantait de seconde en seconde, car elle sentait bien que l'inévitable allait être dit.

— Regarde-moi, maître, regarde-moi en face... Et, je t'en conjure, sois brave, choisis donc entre ton œuvre et moi, puisque tu parais dire que tu me renvoies pour mieux travailler !

La minute de l'héroïque mensonge était venue. Il leva la tête, il la regarda en face, bravement ; et, avec un sourire de mourant qui veut la mort, retrouvant sa voix de divine bonté :

— Comme tu t'animes !... Ne peux-tu donc faire ton devoir simplement, ainsi que tout le monde ?... J'ai beaucoup à travailler, j'ai besoin d'être seul ; et toi, chérie, tu dois rejoindre ton frère. Va donc, tout est fini.

Il y eut un terrible silence de quelques secondes. Elle le regardait toujours fixement, dans l'espoir qu'il faiblirait. Disait-il bien la vérité, ne se sacrifiait-il pas pour qu'elle fût heureuse ? Un instant, elle en eut la sensation subtile, comme si un souffle frissonnant, émané de lui, l'avait avertie.

— Et c'est pour toujours que tu me renvoies ? tu ne permettrais pas de revenir demain ?

Il resta brave, il sembla répondre d'un nouveau sourire qu'on ne s'en allait pas pour revenir ainsi ; et tout se brouilla, elle n'eut plus qu'une perception confuse, elle put croire qu'il choisissait le travail, sincèrement, en homme de science chez qui l'œuvre l'emporte sur la femme. Elle était redevenue très pâle, elle attendit encore un peu, dans l'affreux silence ; puis, lentement, de son air de tendre et absolue soumission :

— C'est bien, maître, je partirai quand tu voudras, et je ne reviendrai que le jour où tu m'auras rappelée.

Alors, ce fut le coup de hache entre eux. L'irrévocable était accompli. Tout de suite, Félicité, surprise de n'avoir pas eu à parler davantage, voulut qu'on fixât la date du départ. Elle s'applaudissait de sa ténacité, elle croyait avoir emporté la victoire, de haute lutte. On était au vendredi, et il fut entendu que Clotilde partirait le dimanche. Une dépêche fut même envoyée à Maxime.

Depuis trois jours déjà, le mistral soufflait. Mais, le soir, il redoubla, avec une violence nouvelle; et Martine annonça qu'il durerait au moins trois jours encore, suivant la croyance populaire. Les vents de la fin septembre, au travers de la vallée de la Viorne, sont terribles. Aussi eut-elle le soin de monter dans toutes les chambres, pour s'assurer que les volets étaient solidement clos. Quand le mistral soufflait, il prenait la Souleiade en écharpe, par-dessus les toitures de Plassans, sur le petit plateau où elle était bâtie. Et c'était une rage, une trombe furieuse, continue, qui flagellait la maison, l'ébranlait des caves aux greniers, pendant des jours, pendant des nuits, sans un arrêt. Les tuiles volaient, les ferrures des fenêtres étaient arrachées; tandis que, par les fentes, à l'intérieur, le vent pénétrait, en un ronflement éperdu de plainte, et que les portes, au moindre oubli, se refermaient avec des retentissements de canon. On aurait dit tout un siège à soutenir, au milieu du vacarme et de l'angoisse.

Le lendemain, ce fut dans cette maison morne, secouée par le grand vent, que Pascal voulut s'occuper, avec Clotilde, des préparatifs du départ. La vieille madame Rougon ne devait revenir que le dimanche, au moment des adieux. Quand Martine avait appris la séparation prochaine, elle était restée saisie, muette, les yeux allumés d'une courte flamme; et, comme on l'avait renvoyée de la chambre, en disant qu'on se passerait d'elle, pour les malles, elle était retournée dans sa cuisine, elle s'y livrait à ses besognes ordinaires, en ayant l'air d'ignorer la catastrophe qui bouleversait leur ménage à trois. Mais, au moindre appel de Pascal, elle accourait si prompte, si leste, le visage si clair, si ensoleillé par son zèle à le servir, qu'elle semblait redevenir jeune fille. Lui, ne quitta donc pas Clotilde d'une minute, l'aidant, désirant se convaincre qu'elle emportait bien tout ce dont elle aurait besoin. Deux grandes malles étaient ouvertes, au milieu de la chambre en désordre; des paquets, des vêtements traînaient partout; c'était une visite, vingt fois reprise, des meubles, des tiroirs. Et, dans ce travail, cette préoccupation de ne rien oublier, il y avait comme un engourdissement de la douleur vive que l'un et l'autre éprouvaient au creux de l'estomac. Ils s'étourdissaient un instant : lui, très soigneux, veillait à ce qu'il n'y eût pas de place perdue, utilisait la case à chapeaux pour de menus chiffons, glissait des boîtes entre les chemises et les mouchoirs; tandis qu'elle, décrochant les robes, les pliait sur le lit, en attendant de les mettre les dernières, dans le casier du haut. Puis, lorsque, un peu las, ils se relevaient et qu'ils se retrouvaient face à face, ils se souriaient d'abord, ils contenaient ensuite de brusques larmes, au souvenir de l'inévitable malheur qui les reprenait tout entiers. Mais ils restaient fermes, le cœur en sang. Mon Dieu! c'était donc vrai qu'ils n'étaient déjà plus ensemble? Et ils entendaient alors le vent, le vent terrible, qui menaçait d'éventrer la maison.

Que de fois, dans cette dernière journée, ils allèrent jusqu'à la fenêtre, attirés par la tempête, souhaitant qu'elle emportât le monde! Pendant ces coups de mistral, le soleil ne cesse pas de luire, le ciel reste constamment bleu; mais c'est un ciel d'un bleu livide, trouble de poussière; et le soleil jaune est pâli d'un frisson. Ils regardaient au loin les immenses fumées blanches qui s'envolaient des routes, les arbres pliés, échevelés, ayant tous l'air de fuir dans le même sens, du même train de galop, la campagne entière desséchée, épuisée sous la violence de ce souffle toujours égal, roulant sans fin avec son grondement de foudre. Des branches cassaient, disparaissaient, des toitures étaient soulevées, charriées si loin, qu'on ne les retrouvait plus. Pourquoi le mistral ne les prenait-ils pas ensemble, les jetant là-bas, au pays inconnu, où l'on est heureux ? Les malles allaient être faites, lorsqu'il voulut rouvrir un volet, que le vent venait de rabattre ; mais, par la fenêtre entre-bâillée, ce fut un tel engouffrement, qu'elle dut accourir à son secours. Ils pesèrent de tout leur poids, ils purent enfin tourner l'espagnolette. Dans la chambre, les derniers chiffons s'étaient débandés, et ils ramassèrent, en morceaux, un petit miroir à main, tombé d'une chaise. Était-ce donc un signe de mort prochaine, comme le disaient les femmes du faubourg ?

Le soir, après un morne dîner dans la salle à manger claire, aux grands bouquets fleuris, Pascal parla de se coucher de bonne heure. Clotilde devait partir, le lendemain matin, par le train de dix heures un quart ; et il s'inquiétait pour elle de la longueur du voyage, vingt heures de chemin de fer. Puis, au moment de se mettre au lit, il l'embrassa, il s'obstina, dès cette nuit même, à coucher seul, à aller reprendre sa chambre. Il voulait absolument, disait-il, qu'elle se reposât. S'ils restaient ensemble, ni l'un ni l'autre ne fermeraient les paupières, ce serait une nuit blanche, infiniment triste. Vainement, elle le supplia de ses grands yeux tendres, elle lui tendit ses bras divins : il eut l'extraordinaire force de s'en aller, de lui mettre des baisers sur les yeux, comme à une enfant, en la bordant dans ses couvertures et en lui recommandant d'être bien raisonnable, de bien dormir. La séparation n'était-elle pas consommée déjà ? Cela l'aurait empli de remords et de honte, s'il l'avait possédée encore, lorsqu'elle n'était plus à lui. Mais quelle rentrée affreuse, dans cette chambre humide, abandonnée, où la couche froide de son célibat l'attendait ! Il lui sembla rentrer dans sa vieillesse, qui retombait à jamais sur lui, pareille à un couvercle de plomb. D'abord, il accusa le vent de son insomnie. La maison morte s'emplissait de hurlements, des voix implorantes et des voix de colère se mêlaient, au milieu de sanglots continus. Deux fois, il se releva, alla écouter chez Clotilde, n'entendit rien. En bas, il descendit fermer une porte qui tapait, avec des coups sourds, comme si le malheur eût frappé aux murs. Des souffles traversaient les pièces noires, il se recoucha glacé, frissonnant, hanté de visions lugubres. Puis, il eut conscience que cette grande voix dont il souffrait, qui lui ôtait le sommeil, ne venait pas du mistral déchaîné. C'était l'appel de Clotilde, la sensation qu'elle était encore là et qu'il s'était privé d'elle. Alors, il roula dans une crise de désir éperdu, d'abominable désespoir. Mon Dieu ! ne plus l'avoir jamais à lui, lorsqu'il pouvait, d'un mot, l'avoir encore, l'avoir toujours ! C'était un arrachement de sa propre chair, cette chair jeune qu'on lui enlevait. A trente ans, une femme se retrouve. Mais quel effort, dans la passion de sa virilité finissante, pour renoncer à ce corps frais, sentant bon la jeunesse, qui s'était royalement donné, qui lui appartenait comme son bien et sa chose ! Dix fois, il fut sur le point de sauter du lit, et de l'aller reprendre, et de la garder. L'effrayante crise dura jusqu'au jour, au milieu de l'assaut enragé du vent, dont la vieille maison tremblait toute.

Il était six heures, lorsque Martine, ayant cru que son maître l'appelait dans sa chambre, en tapant au parquet, monta. Elle arrivait, de l'air vif et exalté qu'elle avait depuis l'avant-veille ; mais elle resta immobile d'inquiétude et de saisissement, lorsqu'elle l'aperçut, à demi vêtu, jeté en travers de son lit, ravagé, mordant son oreiller pour étouffer ses sanglots. Il avait voulu se lever, s'habiller tout de suite; et un nouvel accès venait de l'abattre, pris de vertiges, étouffé par des palpitations.

Il était à peine sorti d'une courte syncope, qu'il recommença à bégayer sa torture.

— Non, non! je ne peux pas, je souffre trop... J'aime mieux mourir, mourir maintenant...

Pourtant, il reconnut Martine, et il s'abandonna, il se confessa devant elle, à bout de force, noyé et roulé dans la douleur.

— Ma pauvre fille, je souffre trop, mon cœur éclate... C'est elle qui emporte mon cœur, qui emporte tout mon être. Et je ne peux plus vivre sans elle... J'ai failli mourir cette nuit, je voudrais mourir avant son départ, pour ne pas avoir ce déchirement de la voir me quitter... Oh! mon Dieu! elle part, et je ne l'aurai plus, et je reste seul, seul, seul...

La servante, si gaie en montant, était devenue d'une pâleur de cire, le visage dur et douloureux. Un instant, elle le regarda arracher les draps de ses mains crispées, râler son désespoir, la bouche collée à la couverture. Puis, elle parut se décider, d'un brusque effort.

— Mais, monsieur, il n'y a pas de bon sens à se faire un chagrin pareil. C'est ridicule... Puisque c'est comme ça, et que vous ne pouvez pas vous passer de mademoiselle, je vais aller lui dire dans quel état vous vous êtes mis...

Violemment, cette phrase le fit se relever, chancelant encore, se retenant au dossier d'une chaise.

— Je vous le défends bien, Martine!

— Avec ça que je vous écouterais! Pour vous retrouver à demi mort, pleurant toutes vos larmes!... Non, non! c'est moi qui vais aller chercher mademoiselle, et je lui dirai la vérité, et je la forcerai bien à rester avec nous!

Mais il lui avait empoigné le bras, il ne la lâchait plus, pris de colère.

— Je vous ordonne de vous tenir tranquille, entendez-vous? ou vous partirez avec elle... Pourquoi êtes-vous entrée? J'étais malade, à cause de ce vent. Ça ne regarde personne.

Puis, envahi d'un attendrissement, cédant à sa bonté ordinaire, il finit par sourire.

— Ma pauvre fille, voilà que vous me fâchez! Laissez-moi donc agir comme je le dois, pour le bonheur de tous. Et pas un mot, vous me feriez beaucoup de peine.

Martine, à son tour, retint de grosses larmes. Il était temps que l'entente se fît, car Clotilde entra presque aussitôt, levée de bonne heure, ayant la hâte de revoir Pascal, espérant sans doute, jusqu'au dernier moment, qu'il la retiendrait. Elle avait elle-même les paupières lourdes d'insomnie, elle le regarda tout de suite, fixement, de son air d'interrogation. Mais il était si défait encore, qu'elle s'inquiéta.

— Non, ce n'est rien, je t'assure. J'aurais même bien dormi, sans le mistral... N'est-ce pas? Martine, je vous le disais.

La servante, d'un signe de tête, lui donna raison. Et Clotilde, elle aussi, se soumettait, ne lui criait pas sa nuit de lutte et de souffrance, pendant qu'il agonisait de son côté. Les deux femmes, dociles, ne faisaient plus qu'obéir et l'aider, dans son oubli de lui-même.

— Attends, reprit-il en ouvrant son secrétaire, j'ai là quelque chose pour toi... Tiens! il y a sept cents francs dans cette enveloppe...

Et, bien qu'elle se récriât, qu'elle se défendît, il lui rendit des comptes. Sur les six mille francs des bijoux, à peine deux cents étaient dépensés, et il en gardait cent, pour aller jusqu'à la fin du mois, avec la stricte économie, l'avarice noire qu'il montrait désormais. Ensuite, il vendrait la Souleiade sans doute, il travaillerait, il saurait bien se tirer d'affaire. Mais il ne voulait pas toucher aux cinq mille francs qui restaient, car ils étaient son bien, à elle, et elle les retrouverait dans le tiroir.

— Maître, maître, tu me fais beaucoup de chagrin...

Il l'interrompit.

— Je le veux, et c'est toi qui me crèverais le cœur... Voyons, il est sept heures et demie, je vais aller ficeler tes malles, puisqu'elles sont fermées.

Lorsque Clotilde et Martine furent seules, en face l'une de l'autre, elles se regardèrent un instant en silence. Depuis la situation nouvelle, elles avaient bien senti leur antagonisme sourd, le clair triomphe de la jeune maîtresse, l'obscure jalousie de la vieille servante, autour du maître adoré. Aujourd'hui, il semblait que ce fût cette dernière qui restât victorieuse. Mais, à cette minute dernière, leur émotion commune les rapprochait.

— Martine, il ne faudra pas le laisser se nourrir comme un pauvre. Tu me promets bien qu'il aura du vin et de la viande tous les jours?

— N'ayez pas peur, mademoiselle.

— Et, tu sais, les cinq mille francs qui dorment là, ils sont à lui. Vous n'allez pas, je pense, mourir de faim à côté. Je veux que tu le gâtes.

— Je vous répète que j'en fais mon affaire, mademoiselle, et que monsieur ne manquera de rien.

Il y eut un nouveau silence. Elles se regardaient toujours.

— Puis, surveille-le pour qu'il ne travaille pas trop. Je m'en vais très inquiète, sa santé est moins bonne depuis quelque temps. Soigne-le, n'est-ce pas?

— Je le soignerai, soyez tranquille, mademoiselle.

— Enfin, je te le confie. Il ne va plus avoir que toi, et

ce qui me rassure un peu, c'est que tu l'aimes bien. Aime-le de toute ta force, aime-le pour nous deux.

— Oui, mademoiselle, autant que je pourrai.

Des pleurs leur montaient aux paupières, et Clotilde dit encore :

— Veux-tu m'embrasser, Martine ?

— Oh ! mademoiselle, très volontiers !

Elles étaient dans les bras l'une de l'autre, lorsque Pascal rentra. Il affecta de ne pas les voir, pour ne pas s'attendrir sans doute. D'une voix trop haute, il parlait des derniers préparatifs du départ, en homme bousculé qui ne veut pas qu'on manque le train. Il avait ficelé les malles, le père Durieu venait de les emporter sur sa voiture, et on les trouverait à la gare. Cependant, il était à peine huit heures, on avait encore deux grandes heures devant soi. Ce furent deux heures mortelles d'angoisse à vide, de douloureux piétinement, avec l'amertume cent fois remâchée de la rupture. Le déjeuner prit à peine un quart d'heure. Puis, il fallut se lever, se rasseoir. Les yeux ne quittaient pas la pendule. Les minutes semblaient éternelles comme une agonie, au travers de la maison lugubre.

— Ah ! quel vent ! dit Clotilde, à un coup de mistral, dont toutes les portes avaient gémi.

Pascal s'approcha de la fenêtre, regarda la fuite éperdue des arbres, sous la tempête.

— Depuis ce matin, il grandit encore. Tout à l'heure, il faudra que je m'inquiète de la toiture, car des tuiles sont parties.

Déjà, ils n'étaient plus ensemble. Ils n'entendaient plus que ce vent furieux, balayant tout, emportant leur vie.

Enfin, à huit heures et demie, Pascal dit simplement :

— Il est temps, Clotilde.

Elle se leva de la chaise où elle était assise. Par

instants, elle oubliait qu'elle partait. Tout d'un coup, l'affreuse certitude lui revint. Une dernière fois, elle le regarda, sans qu'il ouvrît les bras, pour la retenir. C'était fini. Et elle n'eut plus qu'une face morte, foudroyée.

D'abord, ils échangèrent les banales paroles.

— Tu m'écriras, n'est-ce pas ?

— Certainement, et toi, donne-moi de tes nouvelles le plus souvent possible.

— Surtout, si tu étais malade, rappelle-moi tout de suite.

— Je te le promets. Mais, n'aie pas peur, je suis solide.

Puis, au moment de quitter cette maison si chère, Clotilde l'enveloppa toute d'un regard vacillant. Et elle s'abattit sur la poitrine de Pascal, elle le garda entre ses bras, balbutiante.

— Je veux t'embrasser ici, je veux te remercier... Maître, c'est toi qui m'as faite ce que je suis. Comme tu l'as répété souvent, tu as corrigé mon hérédité. Que serais-je devenue, là-bas, dans le milieu où a grandi Maxime ?... Oui, si je vaux quelque chose, je le dois à toi seul, à toi qui m'as transplantée dans cette maison de vérité et de bonté, où tu m'as fait pousser digne de ta tendresse... Aujourd'hui, après m'avoir prise et comblée de tes biens, tu me renvoies. Que ta volonté soit faite, tu es mon maître, et je t'obéis. Je t'aime quand même, je t'aimerai toujours.

Il la serra sur son cœur, il répondit :

— Je ne désire que ton bien, j'achève mon œuvre.

Et, dans le dernier baiser, le baiser déchirant qu'ils échangèrent, elle soupira, à voix très basse :

— Ah ! si l'enfant était venu !

Plus bas encore, en un sanglot, elle crut l'entendre bégayer des mots indistincts.

— Oui, l'œuvre rêvée, la seule vraie et bonne, l'œuvre que je n'ai pu faire... Pardonne-moi, tâche d'être heureuse.

La vieille madame Rougon était à la gare, très gaie, très vive, malgré ses quatre-vingts ans. Elle triomphait, elle croyait tenir son fils Pascal à sa merci. Quand elle les vit hébétés l'un et l'autre, elle se chargea de tout, prit le billet, fit enregistrer les bagages, installa la voyageuse dans un compartiment de dames seules. Puis, elle parla longuement de Maxime, donna des instructions, exigea d'être tenue au courant. Mais le train ne partait pas, et il s'écoula encore cinq atroces minutes, pendant lesquelles ils restèrent face à face, en ne se disant plus rien. Enfin, tout sombra, il y eut des embrassades, un grand bruit de roues, des mouchoirs qui s'agitaient.

Brusquement, Pascal s'aperçut qu'il était seul sur le quai, pendant que, là-bas, le train avait disparu, à un coude de la ligne. Alors, il n'écouta pas sa mère, il prit sa course, un galop furieux de jeune homme, monta la pente, enjamba les gradins de pierres sèches, se trouva en trois minutes sur la terrasse de la Souleiade. Le mistral y faisait rage, une rafale géante qui pliait les cyprès centenaires comme des pailles. Dans le ciel décoloré, le soleil paraissait las de tout ce vent dont la violence, depuis six jours, lui passait sur la face. Et, pareil aux arbres échevelés, Pascal tenait bon, avec ses vêtements qui avaient des claquements de drapeaux, avec sa barbe et ses cheveux emportés, fouettés de tempête. L'haleine coupée, les deux mains sur son cœur pour en contenir les battements, il regardait au loin fuir le train, à travers la plaine rase, un train tout petit que le mistral semblait balayer, ainsi qu'un rameau de feuilles sèches.

XII

Dès le lendemain, Pascal s'enferma au fond de la grande maison vide. Il n'en sortit plus, cessa complètement les rares visites de médecin qu'il faisait encore, vécut là, portes et fenêtres closes, dans une solitude et un silence absolus. Et l'ordre formel était donné à Martine : elle ne devait laisser entrer personne, sous aucun prétexte.

— Mais, monsieur, votre mère, madame Félicité ?

— Ma mère moins encore que les autres. J'ai mes raisons... Vous lui direz que je travaille, que j'ai besoin de me recueillir et que je la prie de m'excuser.

Coup sur coup, à trois reprises, la vieille madame Rougon se présenta. Elle tempêtait au rez-de-chaussée, il l'entendait qui élevait la voix, s'irritant, voulant forcer la consigne. Puis, le bruit s'apaisait, il n'y avait plus qu'un chuchotement de plainte et de complot, entre elle et la servante. Et pas une fois il ne céda, ne se pencha en haut de la rampe, pour lui crier de monter.

Un jour, Martine se hasarda à dire :

— C'est bien dur tout de même, monsieur, de refuser la porte à sa mère. D'autant plus que madame Félicité vient dans de bons sentiments, car elle sait la grande gêne de monsieur et elle n'insiste que pour lui offrir ses services.

Exaspéré, il cria :

— De l'argent, je n'en veux pas, entendez-vous!... Je travaillerai, je gagnerai bien ma vie, que diable!

Cependant, cette question de l'argent devenait pressante. Il s'entêtait à ne pas prendre un sou des cinq mille francs enfermés dans le secrétaire. Maintenant qu'il était seul, il avait une complète insouciance de la vie matérielle, il se serait contenté de pain et d'eau; et, chaque fois que la servante lui demandait de quoi acheter du vin, de la viande, quelque douceur, il haussait les épaules : à quoi bon? il restait une croûte de la veille, n'était-ce pas suffisant? Mais elle, dans sa tendresse pour ce maître qu'elle sentait souffrir, se désolait de cette avarice plus rude que la sienne, de ce dénuement de pauvre homme où il s'abandonnait, avec la maison entière. On vivait mieux chez les ouvriers du faubourg. Aussi, pendant toute une journée, parut-elle en proie à un terrible combat intérieur. Son amour de chien docile luttait contre sa passion de l'argent, amassé sou à sou, caché quelque part, faisant des petits, comme elle disait. Elle aurait mieux aimé donner de sa chair. Tant que son maître n'avait pas souffert seul, l'idée ne lui était pas même venue de toucher à son trésor. Et ce fut un héroïsme extraordinaire, le matin où, poussée à bout, voyant sa cuisine froide et le buffet vide, elle disparut pendant une heure, puis rentra avec des provisions et la monnaie d'un billet de cent francs.

Justement, Pascal qui descendait, s'étonna, lui demanda d'où venait cet argent, déjà hors de lui et prêt à jeter tout à la rue, en croyant qu'elle était allée chez sa mère.

— Mais non, mais non! monsieur, bégayait-elle, ce n'est pas cela du tout...

Et elle finit par dire le mensonge qu'elle avait préparé.

— Imaginez-vous que les comptes s'arrangent, chez monsieur Grandguillot, ou du moins ça m'en a tout l'air... J'ai eu l'idée, ce matin, d'aller voir, et on m'a dit qu'il vous reviendrait sûrement quelque chose, que je pouvais prendre cent francs... Oui, on s'est même contenté d'un reçu de moi. Vous régulariserez ça plus tard.

Pascal semble à peine surpris. Elle espérait bien qu'il ne sortirait pas, pour vérifier le fait. Pourtant, elle fut soulagée de voir avec quelle facilité insouciante il acceptait son histoire.

— Ah! tant mieux! s'écria-t-il. Je disais bien qu'il ne faut jamais désespérer. Cela va me donner le temps d'organiser mes affaires.

Ses affaires, c'était la vente de la Souleiade, à laquelle il avait songé confusément. Mais quelle peine affreuse, quitter cette maison, où Clotilde avait grandi, où il avait vécu près de dix-huit ans avec elle! Il s'était donné deux ou trois semaines pour y réfléchir. Quand il eut cet espoir, qu'il rattraperait un peu de son argent, il n'y pensa plus du tout. De nouveau, il s'abandonnait, mangeait ce que lui servait Martine, ne s'apercevait même pas du strict bien-être qu'elle remettait autour de lui, à genoux, en adoration, déchirée de toucher à son petit trésor, mais si heureuse de le nourrir maintenant, sans qu'il se doutât que sa vie venait d'elle.

D'ailleurs, Pascal ne la récompensait guère. Il s'attendrissait ensuite, regrettait ses violences. Mais, dans l'état de fièvre désespérée où il vivait, cela ne l'empêchait pas de recommencer, de s'emporter contre elle, au moindre sujet de mécontentement. Un soir qu'il avait encore entendu sa mère causer sans fin, au fond de la cuisine, il eut un accès de colère furieuse.

— Écoutez-moi bien, Martine, je ne veux plus qu'elle entre à la Souleiade... Si vous la recevez une seule fois, en bas, je vous chasse!

Saisie, elle restait immobile. Jamais, depuis trente-deux ans qu'elle le servait, il ne l'avait ainsi menacée de renvoi.

— Oh! monsieur, vous auriez ce courage! Mais je ne m'en irais pas, je me coucherais en travers de la porte.

Déjà, il était honteux de son emportement, et il se fit plus doux.

— C'est que je sais parfaitement ce qui se passe. Elle vient pour vous endoctriner, pour vous mettre contre moi, n'est-ce pas?... Oui, elle guette mes papiers, elle voudrait tout voler, tout détruire, là-haut, dans l'armoire. Je la connais, quand elle veut quelque chose, elle le veut jusqu'au bout... Eh bien! vous pouvez lui dire que je veille, que je ne la laisserai même pas approcher de l'armoire, tant que je serai vivant. Et puis, la clef est là, dans ma poche.

En effet, toute sa terreur de savant traqué et menacé était revenue. Depuis qu'il vivait seul, il avait la sensation d'un danger renaissant, d'un guet-apens continu, dressé dans l'ombre. Le cercle se resserrait, et s'il se montrait si rude contre les tentatives d'envahissement, s'il repoussait les assauts de sa mère, c'était qu'il ne se trompait pas sur ses projets véritables et qu'il avait peur d'être faible. Quand elle serait là, elle le posséderait peu à peu, au point de le supprimer. Aussi ses tortures recommençaient-elles, il passait les journées en surveillance, il fermait lui-même les portes, le soir, et souvent il se relevait, la nuit, pour s'assurer qu'on ne forçait pas les serrures. Son inquiétude était que la servante, gagnée, croyant assurer son salut éternel, n'ouvrît à sa mère. Il croyait voir les dossiers flamber dans la cheminée, il montait la garde autour d'eux, repris d'une passion souffrante, d'une tendresse déchirée, pour cet amas glacé de papiers, ces froides pages de manuscrits, auxquelles il avait sacrifié la femme, et qu'il s'efforçait d'aimer assez, afin d'oublier le reste.

Pascal, depuis que Clotilde n'était plus là, se jetait dans le travail, essayait de s'y noyer et de s'y perdre. S'il s'enfermait, s'il ne mettait plus les pieds dans le jardin, s'il avait eu, un jour que Martine était montée lui annoncer le docteur Ramond, la force de répondre qu'il ne pouvait le recevoir, toute cette volonté âpre de solitude n'avait d'autre but que de s'anéantir au fond d'un labeur incessant. Ce pauvre Ramond, comme il l'aurait embrassé volontiers ! car il devinait bien l'exquis sentiment qui le faisait accourir, pour consoler son vieux maître. Mais pourquoi perdre une heure ? pourquoi risquer des émotions, des larmes, d'où il sortait lâche ? Dès le jour, il était à sa table, y passait la matinée et l'après-midi, continuait souvent à la lampe, très tard. C'était son ancien projet qu'il voulait mettre à exécution : reprendre toute sa théorie de l'hérédité sur un plan nouveau, se servir des dossiers, des documents fournis par sa famille, pour établir d'après quelles lois, dans un groupe d'êtres, la vie se distribue et conduit mathématiquement d'un homme à un autre homme, en tenant compte des milieux : vaste bible, genèse des familles, des sociétés, de l'humanité entière. Il espérait que l'ampleur d'un tel plan, l'effort nécessaire à la réalisation d'une idée si colossale, le posséderait tout entier, lui rendrait sa santé, sa foi, son orgueil, dans la jouissance supérieure de l'œuvre accomplie. Et il avait beau vouloir se passionner, se donner sans réserve, avec acharnement, il n'arrivait qu'à surmener son corps et son esprit, distrait quand même, le cœur absent de sa besogne, plus malade de jour en jour, et désespéré. Était-ce donc une faillite définitive du travail ? Lui dont le travail avait dévoré l'existence, qui le regardait comme le moteur unique, le bienfaiteur et le consolateur, allait-il donc être forcé de conclure qu'aimer et être aimé passe tout au monde? Il tombait par moments à de grandes réflexions, il continuait à ébaucher sa nouvelle théorie de l'équilibre des forces, qui consistait à établir que tout ce que l'homme reçoit en sensation, il doit le rendre en mouvement. Quelle vie normale, pleine et heureuse, si l'on avait pu la vivre entière, dans un fonctionnement de machine bien réglée, rendant en force ce qu'elle brûle en combustible, s'entretenant elle-même en vigueur et en beauté par le jeu simultané et logique de tous ses organes! Il y voyait autant de labeur physique que de labeur intellectuel, autant de sentiment que de raisonnement, la part faite à la fonction génésique comme à la fonction cérébrale, sans jamais de surmenage, ni d'une part ni d'une autre, car le surmenage n'est que le déséquilibre et la maladie. Oui, oui! recommencer la vie et savoir la vivre, bêcher la terre, étudier le monde, aimer la femme, arriver à la perfection humaine, à la cité future de l'universel bonheur, par le juste emploi de l'être entier, quel beau testament laisserait là un médecin philosophe! Et ce rêve lointain, cette théorie entrevue achevait de l'emplir d'amertume, à la pensée que, désormais, il n'était plus qu'une force gaspillée et perdue.

Au fond même de son chagrin, Pascal avait cette sensation dominante qu'il était fini. Le regret de Clotilde, la souffrance de ne plus l'avoir, la certitude qu'il ne l'aurait jamais plus, l'envahissait, à chaque heure davantage, d'un flot douloureux qui emportait tout. Le travail était vaincu, il laissait parfois tomber sa tête sur la page en train, et il pleurait pendant des heures, sans trouver le courage de reprendre la plume. Son acharnement à la besogne, ses journées de volontaire anéantissement aboutissaient à des nuits terribles, des nuits d'insomnie ardente, pendant lesquelles il mordait ses draps, pour ne pas crier le nom de Clotilde. Elle était partout, dans cette maison morne, où il se cloîtrait. Il la retrouvait traversant chaque pièce, assise sur tous les sièges, debout derrière toutes les portes. En bas, dans la salle à manger, il ne pouvait plus se mettre à table, sans l'avoir en face de lui. Dans la salle de travail, en haut, elle continuait à être sa compagne de chaque seconde, elle y avait tant vécu enfermée, elle-même, que son image semblait émaner des choses : sans cesse, il la sentait évoquée près de lui, il la devinait droite et mince devant son pupitre, penchée sur un pastel, avec son fin profil. Et, s'il ne sortait pas pour fuir cette hantise du cher et torturant souvenir, c'était qu'il avait la certitude de la retrouver partout aussi dans le jardin, rêvant au bord de la terrasse, suivant à pas ralentis les allées de la pinède, assise et rafraîchie sous les platanes par l'éternel chant de la source, couchée sur l'aire, au crépuscule, les yeux perdus, attendant les étoiles. Mais il existait surtout pour lui un lieu de désir et de terreur, un sanctuaire sacré où il n'entrait qu'en tremblant : la chambre où elle s'était donnée à lui, où ils avaient dormi ensemble. Il en gardait la clef, il n'y avait pas dérangé un objet de place, depuis le triste matin du départ ; et une jupe oubliée traînait encore sur un fauteuil. Là, il respirait jusqu'à son souffle, sa fraîche odeur de jeunesse, restée parmi l'air comme un parfum. Il ouvrait ses bras éperdus, il les serrait sur son fantôme, flottant dans le tendre demi-jour des volets fermés, dans le rose éteint de la vieille indienne des murs, couleur d'aurore. Il sanglotait devant les meubles, il baisait le lit, la place marquée où se dessinait l'élancement divin de son corps. Et sa joie d'être là, son regret de ne plus y voir Clotilde, cette émotion violente l'épuisait à un tel point, qu'il n'osait pas visiter tous les jours ce lieu redoutable, couchant dans sa chambre froide, où ses insomnies ne la lui montraient pas si voisine et si vivante.

Au milieu de son travail obstiné, Pascal avait une autre grande joie douloureuse, les lettres de Clotilde. Elle lui écrivait régulièrement deux fois par semaine, de longues lettres de huit à dix pages, dans lesquelles elle lui racontait sa vie quotidienne. Il ne semblait pas qu'elle fût très heureuse, à Paris. Maxime, qui ne quittait plus son fauteuil d'infirme, devait la torturer par des exigences d'enfant gâté et de malade, car elle parlait en recluse, sans cesse de garde près de lui, ne pouvant même s'approcher des fenêtres, pour jeter un coup d'œil sur l'avenue, où roulait le flot mondain des promeneurs du Bois; et, à certaines de ses phrases, on sentait que son frère, après l'avoir si impatiemment réclamée, la soupçonnait déjà, commençait à la prendre en méfiance et en haine, ainsi que toutes les personnes qui le servaient, dans sa continuelle inquiétude d'être exploité et dévalisé. Deux fois, elle avait vu son père, lui toujours très gai, débordé d'affaires, converti à la République, en plein triomphe politique et financier. Saccard l'avait prise à part, pour lui expliquer que ce pauvre Maxime était vraiment insupportable, et qu'elle aurait du courage, si elle consentait à être sa victime. Comme elle ne pouvait tout faire, il avait même eu l'obligeance, le lendemain, d'envoyer la nièce de son coiffeur, une petite jeune fille de dix-huit ans, nommée Rose, très blonde, l'air candide, qui l'aidait à présent autour du malade. D'ailleurs, Clotilde ne se plaignait pas, affectait au contraire de montrer une âme égale, satisfaite, résignée à la vie. Ses lettres étaient pleines de vaillance, sans colère contre la séparation cruelle, sans appel désespéré à la tendresse de Pascal, pour qu'il la rappelât. Mais, entre les lignes, comme il la sentait frémissante de révolte, toute élancée vers lui, prête à la folie de revenir sur l'heure, au moindre mot!

Et c'était ce mot que Pascal ne voulait pas écrire. Les choses s'arrangeraient, Maxime s'habituerait à sa sœur, le sacrifice devait être consommé jusqu'au bout, maintenant qu'il était accompli. Une seule ligne écrite par lui, dans la faiblesse d'une minute, et le bénéfice de l'effort était perdu, la misère recommençait. Jamais il n'avait fallu à Pascal un courage plus grand que lorsqu'il répondait à Clotilde. Pendant ses nuits brûlantes, il se débattait, il la nommait furieusement, il se relevait pour écrire, pour la rappeler tout de suite, par dépêche. Puis, au jour, quand il avait beaucoup pleuré, sa fièvre tombait; et sa réponse était toujours très courte, presque froide. Il surveillait chacune de ses phrases, recommençait, quand il croyait s'être oublié. Mais quelle torture, ces affreuses lettres, si brèves, si glacées, où il allait contre son cœur, uniquement pour la détacher de lui, pour prendre tous les torts et lui faire croire qu'elle pouvait l'oublier, puisqu'il l'oubliait! Il en sortait en sueur, épuisé, comme après un acte violent d'héroïsme.

On était dans les derniers jours d'octobre, depuis un mois Clotilde était partie, lorsque Pascal, un matin, eut une brusque suffocation. A plusieurs reprises déjà, il avait éprouvé ainsi de légers étouffements, qu'il mettait sur le compte du travail. Mais, cette fois, les symptômes furent si nets, qu'il ne put s'y tromper : une douleur poignante dans la région du cœur, qui gagnait toute la poitrine et descendait le long du bras gauche, une affreuse sensation d'écrasement et d'angoisse, tandis qu'une sueur froide l'inondait. C'était une crise d'angine de poitrine. L'accès ne dura guère plus d'une minute, et il resta d'abord plus surpris qu'effrayé. Avec cet aveuglement que les médecins gardent parfois sur l'état de leur propre santé, jamais il n'avait soupçonné que son cœur pût se trouver atteint.

Comme il se remettait, Martine monta justement dire que le docteur Ramond était en bas, insistant de nouveau pour être reçu. Et Pascal, cédant peut-être à un inconscient besoin de savoir, s'écria :

— Eh bien ! qu'il monte, puisqu'il s'entête. Ça me fera plaisir.

Les deux hommes s'embrassèrent, et il n'y eut pas d'autre allusion à l'absente, à celle dont le départ avait vidé la maison, qu'une énergique et désolée poignée de main.

— Vous ne savez pas pourquoi je viens ? s'écria tout de suite Ramond. C'est pour une question d'argent... Oui, mon beau-père, monsieur Lévêque, l'avoué que vous connaissez, m'a parlé hier encore des fonds que vous aviez chez le notaire Grandguillot. Et il vous conseille fortement de vous remuer, car des personnes ont réussi, dit-on, à rattraper quelque chose.

— Mais, dit Pascal, je sais que ça s'arrange. Martine a déjà obtenu deux cents francs, je crois.

Ramond parut très étonné.

— Comment, Martine ? sans que vous soyez intervenu... Enfin, voulez-vous autoriser mon beau-père à s'occuper de votre cas ? Il tirera les choses au clair, puisque vous n'avez ni le temps ni le goût de cette besogne.

— Certainement, j'autorise monsieur Lévêque, et dites-lui que je le remercie mille fois.

Puis, cette affaire réglée, le jeune homme ayant remarqué sa pâleur et le questionnant, il répondit avec un sourire :

— Figurez-vous, mon ami, que je viens d'avoir une crise d'angine de poitrine... Oh ! ce n'est pas une imagination, tous les symptômes y étaient... Et, tenez ! puisque vous vous trouvez là, vous allez m'ausculter.

D'abord, Ramond s'y refusa, en affectant de tourner la consultation en plaisanterie. Est-ce qu'un conscrit comme lui oserait se prononcer sur son général? Mais il l'examinait pourtant, lui trouvait la face tirée, angoissée, avec un singulier effarement du regard. Il finit par l'ausculter avec beaucoup d'attention, l'oreille collée longuement contre sa poitrine. Plusieurs minutes s'écoulèrent, dans un profond silence.

— Eh bien? demanda Pascal, lorsque le jeune médecin se releva.

Celui-ci ne parla pas tout de suite. Il sentait les yeux du maître droit dans ses yeux. Aussi ne les détourna-t-il pas; et, devant la bravoure tranquille de la demande, il répondit simplement :

— Eh bien! c'est vrai, je crois qu'il y a de la sclérose.

— Ah! vous êtes gentil de ne pas mentir, reprit le docteur. J'ai eu peur un instant que vous ne mentiez, et cela m'aurait fait de la peine.

Ramond s'était remis à écouter, disant à demi-voix :

— Oui, l'impulsion est énergique, le premier bruit est sourd, tandis que le second, au contraire, est éclatant... On sent que la pointe s'abaisse et se trouve reportée vers l'aisselle... Il y a de la sclérose, c'est au moins très probable...

Puis, se relevant :

— On vit vingt ans avec cela.

— Sans doute, parfois, dit Pascal. A moins qu'on n'en meure tout de suite, foudroyé.

Ils causèrent encore, s'étonnèrent au sujet d'un cas étrange de sclérose du cœur, observé à l'hôpital de Plassans. Et, lorsque le jeune médecin partit, il annonça qu'il reviendrait, dès qu'il aurait des nouvelles de l'affaire Grandguillot.

Quand il fut seul, Pascal se sentit perdu. Tout s'éclairait, ses palpitations depuis quelques semaines, ses vertiges, ses étouffements; et il y avait surtout cette usure de l'organe, de son pauvre cœur surmené de passion et de travail, ce sentiment d'immense fatigue et de fin prochaine, auquel il ne se trompait plus à cette heure. Pourtant, ce n'était pas encore de la crainte qu'il éprouvait. Sa première pensée venait d'être que lui aussi, à son tour, payait son hérédité, que la sclérose, cette sorte de dégénérescence, était sa part de misère physiologique, le legs inévitable de sa terrible ascendance. D'autres avaient vu la névrose, la lésion originelle, se tourner en vice ou en vertu, en génie, en crime, en ivrognerie, en sainteté; d'autres étaient morts phtisiques, épileptiques, ataxiques; lui avait vécu de passion et allait mourir du cœur. Et il n'en tremblait plus, il ne s'en irritait plus, de cette hérédité manifeste, fatale et nécessaire sans doute. Au contraire, une humilité le prenait, la certitude que toute révolte contre les lois naturelles est mauvaise. Pourquoi donc, autrefois, triomphait-il, exultant d'allégresse, à l'idée de n'être pas de sa famille, de se sentir différent, sans communauté aucune? Rien n'était moins philosophique. Les monstres seuls poussaient à l'écart. Et être de sa famille, mon Dieu! cela finissait par lui paraître aussi bon, aussi beau que d'être d'une autre, car toutes ne se ressemblaient-elles pas, l'humanité n'était-elle pas identique partout, avec la même somme de bien et de mal? Il en arrivait, très modeste et très doux, sous la menace de la souffrance et de la mort, à tout accepter de la vie.

Dès lors, Pascal vécut dans cette pensée qu'il pouvait mourir d'une heure à l'autre. Et cela acheva de le grandir, de le hausser à l'oubli complet de lui-même. Il ne cessa pas de travailler, mais jamais il n'avait mieux compris combien l'effort doit trouver en soi sa récompense, l'œuvre étant toujours transitoire et restant quand même inachevée. Un soir, au dîner, Martine lui apprit que Sarteur, l'ouvrier chapelier, l'ancien pensionnaire de l'Asile des Tulettes, venait de se pendre. Toute la soirée, il songea à ce cas étrange, à cet homme qu'il croyait avoir sauvé de la folie homicide, par sa médication des piqûres hypodermiques, et qui, évidemment, repris d'un accès, avait eu assez de lucidité encore pour s'étrangler, au lieu de sauter à la gorge d'un passant. Il le revoyait, si parfaitement raisonnable, pendant qu'il lui conseillait de reprendre sa vie de bon ouvrier. Quelle était donc cette force de destruction, le besoin du meurtre se changeant en suicide, la mort faisant sa besogne malgré tout? Avec cet homme disparaissait son dernier orgueil de médecin guérisseur; et, chaque matin, quand il se remettait au travail, il ne se croyait plus qu'un écolier qui épelle, qui cherche la vérité toujours, à mesure qu'elle recule et qu'elle s'élargit.

Mais, cependant, dans cette sérénité, un souci lui restait, l'anxiété de savoir ce que deviendrait Bonhomme, son vieux cheval, s'il mourait avant lui. Maintenant, la pauvre bête, complétement aveugle, les jambes paralysées, ne quittait plus sa litière. Lorsque son maître la venait voir, elle entendait pourtant, tournait la tête, était sensible aux deux gros baisers qu'il lui posait sur les naseaux. Tout le voisinage haussait les épaules, plaisantait sur ce vieux parent que le docteur ne voulait pas faire abattre. Allait-il donc partir le premier, avec la pensée qu'on appellerait l'équarrisseur, le lendemain? Et, un matin, comme il entrait dans l'écurie, Bonhomme ne l'entendit pas, ne leva pas la tête. Il était mort, il gisait, l'air paisible, comme soulagé d'être mort là, doucement. Son maître s'était agenouillé, et il le baisa une dernière fois, il lui dit adieu, tandis que deux grosses larmes roulaient sur ses joues.

Ce fut ce jour-là que Pascal s'intéressa encore à son voisin, M. Bellombre. Il s'était approché d'une fenêtre, il l'aperçut, par-dessus le mur du jardin, au pâle soleil des premiers jours de novembre, faisant sa promenade accoutumée ; et la vue de l'ancien professeur, vivant si parfaitement heureux, le jeta d'abord dans l'étonnement. Il lui semblait n'avoir jamais songé à cette chose, qu'un homme de soixante-dix ans était là, sans une femme, sans un enfant, sans un chien, et qu'il tirait tout son égoïste bonheur de la joie de vivre en dehors de la vie. Ensuite, il se rappela ses colères contre cet homme, ses ironies contre la peur de l'existence, les catastrophes qu'il lui souhaitait, l'espoir que le châtiment viendrait, quelque servante maîtresse, quelque parente inattendue, qui serait la vengeance. Mais non ! il le retrouvait toujours aussi vert, il sentait bien que, longtemps encore, il vieillirait ainsi, dur, avare, inutile et heureux. Et, cependant, il ne l'exécrait plus, il l'aurait plaint volontiers, tellement il le jugeait ridicule et misérable, de n'être pas aimé. Lui qui agonisait, parce qu'il restait seul ! Lui dont le cœur allait éclater, parce qu'il était trop plein des autres ! Plutôt la souffrance, la souffrance seule, que cet égoïsme, cette mort à ce qu'on a de vivant et d'humain en soi !

Dans la nuit qui suivit, Pascal eut une nouvelle crise d'angine de poitrine. Elle dura près de cinq minutes, il crut qu'il étoufferait, sans avoir eu la force d'appeler sa servante. Lorsqu'il reprit haleine, il ne la dérangea pas, il préféra ne parler à personne de cette aggravation de son mal ; mais il garda la certitude qu'il était fini, qu'il ne vivrait pas un mois peut-être. Sa première pensée alla vers Clotilde. Pourquoi ne lui écrivait-il pas d'accourir ? Justement, il avait reçu une lettre d'elle, la veille, et il voulait lui répondre, ce matin-là. Puis, l'idée de ses dossiers lui apparut soudain. S'il mourait tout d'un coup, sa mère resterait la maîtresse, elle les détruirait ; et ce n'étaient pas seulement les dossiers, mais ses manuscrits, tous ses papiers, trente années de son intelligence et de son travail. Ainsi se consommerait le crime qu'il avait tant redouté, dont la seule crainte, pendant ses nuits de fièvre, le faisait se relever frissonnant, l'oreille aux aguets, écoutant si l'on ne forçait pas l'armoire. Une sueur le reprit, il se vit dépossédé, outragé, les cendres de son œuvre jetées aux quatre vents. Et, tout de suite, il revint à Clotilde, il se dit qu'il suffisait simplement de la rappeler : elle serait là, elle lui fermerait les yeux, elle défendrait sa mémoire. Déjà, il s'était assis, il se hâtait de lui écrire, pour que la lettre partît par le courrier du matin.

Mais, lorsque Pascal fut devant la page blanche, la plume aux doigts, un scrupule grandissant, un mécontentement de lui-même l'envahit. Est-ce que cette pensée des dossiers, le beau projet de leur donner une gardienne et de les sauver, n'était pas une suggestion de sa faiblesse, un prétexte qu'il imaginait pour ravoir Clotilde ? L'égoïsme était au fond. Il songeait à lui, et non à elle. Il la vit rentrer dans cette maison pauvre, condamnée à soigner un vieillard malade ; il la vit surtout, dans la douleur, dans l'épouvante de son agonie, lorsqu'il la terrifierait, un jour, en tombant foudroyé près d'elle. Non, non ! c'était l'affreux moment qu'il voulait lui éviter, c'étaient quelques journées de cruels adieux, et la misère ensuite, triste cadeau qu'il ne pouvait lui faire, sans se croire un criminel. Son calme, son bonheur à elle seule comptait, qu'importait le reste ! Il mourrait dans son trou, heureux de la croire heureuse. Quant à sauver ses manuscrits, il verrait s'il aurait la force de s'en séparer, en les remettant à Ramond. Et, même si tous ses papiers devaient périr, il y consentait, et il voulait bien que rien de lui n'existât plus, pas même sa pensée, pourvu que rien de lui désormais ne troublât l'existence de sa chère femme !

Pascal se mit donc à écrire une de ses réponses habituelles, qu'il faisait volontairement, à grand'peine, insignifiante et presque froide. Clotilde, dans sa dernière lettre, sans se plaindre de Maxime, laissait entendre que son frère se désintéressait d'elle, amusé davantage par Rose, la nièce du coiffeur de Saccard, cette petite jeune fille très blonde, à l'air candide. Et il flairait quelque manœuvre du père, une savante captation autour du fauteuil de l'infirme, que ses vices, si précoces jadis, reprenaient, aux approches de la mort. Mais, malgré son inquiétude, il n'en donnait pas moins de très bons conseils à Clotilde, en lui répétant que son devoir était de se dévouer jusqu'au bout. Quand il signa, des larmes lui obscurcissaient la vue. C'était sa mort de bête vieillie et solitaire, sa mort sans un baiser, sans une main amie, qu'il signait. Puis, des doutes lui vinrent : avait-il raison de la laisser là-bas, dans ce milieu mauvais, où il sentait toutes sortes d'abominations autour d'elle ?

A la Souleiade, chaque matin, le facteur apportait les lettres et les journaux, vers neuf heures ; et Pascal, quand il écrivait à Clotilde, avait l'habitude de guetter, pour lui remettre la lettre, de façon à être bien certain qu'on n'interceptait pas sa correspondance. Or, ce matin-là, comme il était descendu lui donner celle qu'il venait d'écrire, il fut surpris d'en recevoir une nouvelle de la jeune femme, dont ce n'était pas le jour. Pourtant, il laissa partir la sienne. Ensuite, il remonta, il reprit sa place devant sa table, déchirant l'enveloppe.

Et, dès les premières lignes, ce fut un grand saisissement, une stupeur. Clotilde lui écrivait qu'elle était enceinte de deux mois. Si elle avait tant hésité à lui annoncer cette nouvelle, c'était qu'elle voulait avoir elle-même une absolue certitude. Maintenant, elle ne pouvait se tromper, la conception remontait sûrement aux derniers jours d'août, à cette nuit heureuse où elle lui avait donné le royal festin de jeunesse, le soir de leur course de misère, de porte en porte. N'avaient-ils pas senti passer, dans une de leurs étreintes, la volupté accrue et divine de l'enfant? Après le premier mois, dès son arrivée à Paris, elle avait douté, croyant à un retard, à une indisposition, bien explicable au milieu du trouble et des chagrins de leur rupture. Mais, n'ayant encore rien vu le second mois, elle avait attendu quelques jours, et elle était aujourd'hui certaine de sa grossesse, que tous les symptômes d'ailleurs confirmaient. La lettre était courte, disant le fait simplement, pleine pourtant d'une ardente joie, d'un élan d'infinie tendresse, dans un désir de retour immédiat.

Éperdu, craignant de ne pas bien comprendre, Pascal recommença la lettre. Un enfant! cet enfant qu'il se méprisait de n'avoir pu faire, le jour du départ, dans le grand souffle désolé du mistral, et qui était là déjà, qu'elle emportait, lorsqu'il regardait au loin fuir le train, par la plaine rase! Ah! c'était l'œuvre vraie, la seule bonne, la seule vivante, celle qui le comblait de bonheur et d'orgueil. Ses travaux, ses craintes de l'hérédité avaient disparu. L'enfant allait être, qu'importait ce qu'il serait! pourvu qu'il fût la continuation, la vie léguée et perpétuée, l'autre soi-même! Il en restait remué jusqu'au fond des entrailles, dans un frisson attendri de tout son être. Il riait, il parlait tout haut, il baisait follement la lettre.

Mais un bruit de pas le fit se calmer un peu. Il tourna la tête, il vit Martine.

— Monsieur le docteur Ramond est en bas.

— Ah! qu'il monte, qu'il monte!

C'était encore du bonheur qui arrivait. Ramond, dès la porte, cria gaiement :

— Victoire ! maître, je vous rapporte votre argent, pas tout, mais une bonne somme !

Et il conta les choses, un cas d'imprévue et heureuse chance, que son beau-père, M. Lévêque, avait tiré au clair. Les reçus des cent vingt mille francs, qui constituaient Pascal créancier personnel de Grandguillot, ne servaient à rien, puisque celui-ci était insolvable. Le salut s'était rencontré dans la procuration que le docteur lui avait remise un jour, sur sa demande, à l'effet d'employer tout ou partie de son argent en placements hypothécaires. Comme le nom du mandataire y était en blanc, le notaire, ainsi que cela se pratique parfois, avait pris un de ses clercs pour prête-nom; et quatre-vingt mille francs venaient d'être retrouvés ainsi, placés en bonnes hypothèques, par l'intermédiaire d'un brave homme, tout à fait en dehors des affaires de son patron. Si Pascal avait agi, était allé au parquet, il aurait débrouillé cela depuis longtemps. Enfin, quatre mille francs de rentes solides rentraient dans sa poche.

Il avait saisi les mains du jeune homme, il les lui serrait, d'un air exalté.

— Ah ! mon ami, si vous saviez combien je suis heureux ! Cette lettre de Clotilde m'apporte un grand bonheur. Oui, j'allais la rappeler près de moi; mais la pensée de ma misère, des privations que je lui imposerais, me gâtait la joie de son retour... Et voilà que la fortune revient, au moins de quoi installer mon petit monde !

Dans l'expansion de son attendrissement, il avait tendu la lettre à Ramond, il le força à la lire. Puis, lorsque le jeune homme la lui rendit en souriant, ému de le sentir si bouleversé, il céda à un besoin débordant de tendresse, il le saisit entre ses deux grands bras, comme un camarade, comme un frère. Les deux hommes se baisèrent sur les joues, vigoureusement.

— Puisque le bonheur vous envoie, je vais encore vous demander un service. Vous savez que je me défie de tout le monde ici, même de ma vieille bonne. C'est vous qui allez porter ma dépêche au télégraphe.

Il s'était assis de nouveau devant sa table, il écrivit simplement : « Je t'attends, pars ce soir. »

— Voyons, reprit-il, nous sommes aujourd'hui le 6 novembre, n'est-ce pas?... Il est près de dix heures, elle aura ma dépêche vers midi. Cela lui donne tout le temps de faire ses malles et de prendre, ce soir, l'express de huit heures, qui la mettra demain à Marseille pour le déjeuner. Mais, comme il n'y a pas de train qui corresponde tout de suite, elle ne pourra être ici, demain 7 novembre, que par celui de cinq heures.

Après avoir plié la dépêche, il s'était levé.

— Mon Dieu ! à cinq heures, demain !... Que cela est loin encore ! que vais-je faire jusque-là ?

Puis, envahi d'une préoccupation, devenu grave :

— Ramond, mon camarade, voulez-vous me faire la grande amitié d'être très franc avec moi ?

— Comment ça, maître ?

— Oui, vous m'entendez bien... L'autre jour, vous m'avez examiné. Pensez-vous que je puisse aller un an encore ?

Et il tenait le jeune homme sous la fixité de son regard, il l'empêchait de détourner les yeux. Pourtant, celui-ci tâcha de s'échapper, en plaisantant : était-ce vraiment un médecin qui posait une question pareille ?

— Je vous en prie, Ramond, soyons sérieux.

Alors, Ramond, en toute sincérité, répondit qu'il pouvait très bien, selon lui, nourrir l'espoir de vivre encore une année. Il donnait ses raisons, l'état relativement peu avancé de la sclérose, la santé parfaite des autres organes. Sans doute, il fallait faire la part de l'inconnu, de ce qu'on ne savait pas, car l'accident brutal était toujours possible. Et tous deux en arrivèrent à discuter le cas, aussi tranquillement que s'ils s'étaient trouvés en consultation, au chevet d'un malade, pesant le pour et le contre, donnant chacun leurs arguments, fixant d'avance la terminaison fatale, selon les indices les mieux établis et les plus sages.

Pascal, comme s'il ne se fût pas agi de lui, avait repris son sang-froid, son oubli de lui-même.

— Oui, murmura-t-il enfin, vous avez raison, une année de vie est possible... Ah! voyez-vous, mon ami, ce que je voudrais, ce seraient deux années, un désir fou, sans doute, une éternité de joie...

Et, s'abandonnant à ce rêve d'avenir :

— L'enfant naîtra vers la fin de mai... Ce serait si bon de le voir grandir un peu, jusqu'à ses dix-huit mois, à ses vingt mois, tenez! pas davantage. Le temps seulement qu'il se débrouille et qu'il fasse ses premiers pas... Je n'en demande pas beaucoup, je voudrais le voir marcher, et après, mon Dieu! après...

Il compléta sa pensée d'un geste. Puis, gagné par l'illusion :

— Mais deux années, ce n'est pas impossible. J'ai eu un cas très curieux, un charron du faubourg qui a vécu quatre ans, déjouant toutes mes prévisions... Deux années, deux années, je les vivrai! il faut bien que je les vive!

Ramond, qui avait baissé la tête, ne répondait plus. Un embarras le prenait, à l'idée de s'être montré trop optimiste; et la joie du maître l'inquiétait, lui devenait douloureuse, comme si cette exaltation même, troublant un cerveau autrefois si solide, l'avait averti d'un danger sourd et imminent.

— Ne vouliez-vous pas envoyer cette dépêche tout de suite?

— Oui, oui! allez vite, mon bon Ramond, et je vous attends après-demain. Elle sera ici, je veux que vous accouriez nous embrasser.

La journée fut longue. Et, cette nuit-là, vers quatre heures, comme Pascal venait enfin de s'endormir, après une insomnie heureuse d'espoirs et de rêves, il fut réveillé brutalement par une crise effroyable. Il lui sembla qu'un poids énorme, toute la maison, s'était écroulé sur sa poitrine, à ce point que le thorax, aplati, touchait le dos; et il ne respirait plus, la douleur gagnait les épaules, le cou, paralysait le bras gauche. D'ailleurs, sa connaissance restait entière, il avait la sensation que son cœur s'arrêtait, que sa vie était sur le point de s'éteindre, dans cet affreux écrasement d'étau qui l'étouffait. Avant que la crise fût à sa période aiguë, il avait eu la force de se lever, de taper au plancher avec une canne, pour faire monter Martine. Puis, il était retombé sur son lit, ne pouvant plus ni bouger ni parler, trempé d'une sueur froide.

Martine, heureusement, dans le grand silence de la maison vide, avait entendu. Elle s'habilla, s'enveloppa d'un châle, monta vivement, avec sa bougie. La nuit était profonde encore, le petit jour allait paraître. Et, quand elle aperçut son maître dont les yeux seuls vivaient, qui la regardait, les mâchoires serrées, la langue liée, le visage ravagé par l'angoisse, elle s'épouvanta, s'effara, ne put que se jeter vers le lit, criant :

— Mon Dieu! mon Dieu! monsieur, qu'avez-vous?... Répondez-moi, monsieur, vous me faites peur!

Pendant une grande minute, Pascal étouffa davantage, ne parvenant pas à retrouver son souffle. Puis, l'étau de ses côtes se desserrant peu à peu, il murmura très bas :

— Les cinq mille francs du secrétaire sont à Clotilde... Vous lui direz que c'est arrangé chez le notaire, qu'elle retrouvera là de quoi vivre...

Alors, Martine qui l'avait écouté, béante, se désespéra, confessa son mensonge, ignorant les bonnes nouvelles apportées par Ramond.

— Monsieur, il faut me pardonner, j'ai menti. Mais ce serait mal de mentir davantage... Quand je vous ai vu seul, et si malheureux, j'ai pris sur mon argent...

— Ma pauvre fille, vous avez fait ça !

— Oh ! j'ai bien espéré un peu que monsieur me le rendrait un jour !

La crise se calmait, il put tourner la tête et la regarder. Il était stupéfait et attendri. Que s'était-il donc passé dans le cœur de cette vieille fille avare, qui pendant trente années avait durement amassé son trésor, qui n'en avait jamais sorti un sou, ni pour les autres ni pour elle ? Il ne comprenait pas encore, il voulut simplement se montrer reconnaissant et bon.

— Vous êtes une brave femme, Martine. Tout cela vous sera rendu... Je crois bien que je vais mourir...

Elle ne le laissa pas achever, se révoltant, dans un sursaut de tout son être, dans un cri de protestation.

— Mourir, vous, monsieur !... Mourir avant moi ! Je ne veux pas, je ferai tout, je l'empêcherai bien !

Et elle s'était jetée à genoux devant le lit, elle l'avait saisi de ses mains éperdues, tâtant pour savoir où il souffrait, le retenant, comme si elle avait espéré qu'on n'oserait pas le lui prendre.

— Il faut me dire ce que vous avez, je vous soignerai, je vous sauverai. S'il est nécessaire de vous donner de ma vie, à moi, je vous en donnerai, monsieur... Je puis bien passer mes jours, mes nuits. Je suis encore forte, je serai plus forte que le mal, vous verrez... Mourir, mourir,

28.

ah ! non, ce n'est pas possible ! Le bon Dieu ne peut pas vouloir une injustice pareille. Je l'ai tant prié dans mon existence, qu'il doit m'écouter un peu, et il m'exaucera, monsieur, il vous sauvera !

Pascal la regardait, l'écoutait, et une clarté brusque se faisait en lui. Mais elle l'aimait, cette misérable fille, elle l'avait toujours aimé ! Il se rappelait ses trente années de dévouement aveugle, son adoration muette d'autrefois, quand elle le servait à genoux, et qu'elle était jeune, ses jalousies sourdes contre Clotilde plus tard, tout ce qu'elle avait dû souffrir inconsciemment à cette époque. Et elle était là, à genoux encore aujourd'hui, devant son lit de mort, en cheveux grisonnants, avec ses yeux couleur de cendre, dans sa face blême de nonne abêtie par le célibat. Et il la sentait ignorante de tout, ne sachant même pas de quel amour elle l'avait aimé, n'aimant que lui pour le bonheur de l'aimer, d'être avec lui et de le servir.

Des larmes roulèrent sur les joues de Pascal. Une pitié douloureuse, une tendresse humaine, infinie, débordaient de son pauvre cœur à moitié brisé. Il la tutoya.

— Ma pauvre fille, tu es la meilleure des filles... Tiens ! embrasse-moi comme tu m'aimes, de toute ta force !

Elle sanglotait, elle aussi. Elle laissa tomber, sur la poitrine de son maître, sa tête grise, sa face usée par sa longue domesticité. Éperdument, elle le baisa, mettant dans ce baiser toute sa vie.

— Bon ! ne nous attendrissons pas, parce que, vois-tu, on aura beau faire, ce sera la fin tout de même... Si tu veux que je t'aime bien, tu vas m'obéir.

D'abord, il s'entêta à ne pas rester dans sa chambre. Elle lui semblait glacée, haute, vide, noire. Le désir lui était venu de mourir dans l'autre chambre, celle de Clotilde, celle où tous deux s'étaient aimés, où lui n'entrait plus qu'avec un frisson religieux. Et il fallut que Martine eût cette dernière abnégation, qu'elle l'aidât à se lever, qu'elle le soutînt, le conduisît, chancelant, jusqu'au lit tiède encore. Il avait pris, sous son oreiller, la clef de l'armoire, qu'il gardait là, chaque nuit; et il remit cette clef sous l'autre oreiller, pour veiller sur elle, tant qu'il serait vivant. Le petit jour naissait à peine, la servante avait posé la bougie sur la table.

— A présent que me voilà couché, et que je respire un peu mieux, tu vas me faire le plaisir de courir chez le docteur Ramond... Tu le réveilleras, tu le ramèneras avec toi.

Elle partait, lorsqu'il fut saisi d'une crainte.

— Et, surtout, je te défends d'aller avertir ma mère.

Embarrassée, suppliante, elle revint vers lui.

— Oh! monsieur, madame Félicité qui m'a tant fait lui promettre...

Mais il fut inflexible. Toute sa vie, il s'était montré déférent pour sa mère, et il croyait avoir acquis le droit de se protéger contre elle, au moment de sa mort. Il refusait de la voir. La servante dut lui jurer d'être muette. Alors, seulement, il retrouva un sourire.

— Va vite... Oh! tu me reverras, ce n'est pas pour maintenant.

Le jour se levait enfin, un petit jour triste, dans une pâle matinée de novembre. Pascal avait fait ouvrir les volets; et, quand il se trouva seul, il regarda croître cette lumière, celle de la dernière journée qu'il vivrait sans doute. La veille, il avait plu, le soleil était resté voilé, tiède encore. Des platanes voisins, il entendait venir tout un réveil d'oiseaux, tandis que, très loin, au fond de la campagne ensommeillée, une locomotive sifflait, d'une plainte continue. Et il était seul, seul dans la grande maison morne, dont il sentait autour de lui le vide, dont il écoutait le silence. Le jour grandissait lentement, il continuait à en suivre, sur les vitres, la tache élargie et blanchissante. Puis, la flamme de la bougie fut noyée, la chambre apparut tout entière. Il en attendait un soulagement, et il ne fut pas déçu, des consolations lui arrivèrent de la tenture couleur d'aurore, de chacun des meubles familiers, du vaste lit où il avait tant aimé et où il s'était couché pour mourir. Sous le haut plafond, par la pièce frissonnante, flottaient toujours une pure odeur de jeunesse, une infinie douceur d'amour, dont il était enveloppé comme d'une caresse fidèle, et réconforté.

Cependant, Pascal, bien que la crise aiguë eût cessé, souffrait affreusement. Une douleur poignante restait au creux de la poitrine, et son bras gauche, engourdi, pesait à son épaule ainsi qu'un bras de plomb. Dans l'interminable attente du secours que Martine allait ramener, il avait fini par fixer toute sa pensée sur cette souffrance dont criait sa chair. Et il se résignait, il ne retrouvait pas la révolte que soulevait en lui, autrefois, le seul spectacle de la douleur physique. Elle l'exaspérait, comme une cruauté monstrueuse et inutile. Au milieu de ses doutes de guérisseur, il ne soignait plus ses malades que pour la combattre. S'il finissait par l'accepter, aujourd'hui que lui-même en subissait la torture, était-ce donc qu'il montait d'un degré encore dans sa foi en la vie, à ce sommet de sérénité, d'où la vie apparaît totalement bonne, même avec la fatale condition de la souffrance, qui en est le ressort peut-être? Oui! vivre toute la vie, la vivre et la souffrir toute, sans rébellion, sans croire qu'on la rendrait meilleure en la rendant indolore, cela éclatait nettement, à ses yeux de moribond, comme le grand courage et la grande sagesse. Et, pour tromper son attente, pour amuser son mal, il reprenait ses théories dernières, il rêvait au moyen d'utiliser la souffrance, de la transformer en action, en travail. Si l'homme, à mesure qu'il s'élève dans la civilisation, sent la douleur davantage, il est très certain qu'il y devient aussi plus fort, plus armé, plus résistant. L'organe, le cerveau qui fonctionne, se développe, se solidifie, pourvu que l'équilibre ne soit pas rompu, entre les sensations qu'il reçoit et le travail qu'il rend. Dès lors, ne pouvait-on faire le rêve d'une humanité où la somme du travail équivaudrait si bien à la somme des sensations, que la souffrance s'y trouverait elle-même employée et comme supprimée?

Maintenant, le soleil se levait, Pascal roulait confusément ces lointains espoirs, dans le demi-sommeil de son mal, lorsqu'il sentit une nouvelle crise naître du fond de sa poitrine. Il eut un moment d'anxiété atroce : est-ce que c'était la fin ? est-ce qu'il allait mourir seul ? Mais, justement, des pas rapides montaient l'escalier, Ramond entra, suivi de Martine. Et le malade eut le temps de lui dire, avant d'étouffer :

— Piquez-moi, piquez-moi tout de suite, avec de l'eau pure ! et deux fois, au moins dix grammes !

Malheureusement, le médecin dut chercher la petite seringue, puis tout préparer. Cela dura quelques minutes, et la crise fut effrayante. Il en suivait les progrès avec anxiété, le visage qui se décomposait, les lèvres qui bleuissaient. Enfin, lorsqu'il eut fait les deux piqûres, il remarqua que les phénomènes, un instant stationnaires, diminuaient ensuite d'intensité, lentement. Cette fois encore, la catastrophe était évitée.

Mais, dès qu'il n'étouffa plus, Pascal, jetant un regard sur la pendule, dit de sa voix faible et tranquille :

— Mon ami, il est sept heures... Dans douze heures, à sept heures, ce soir, je serai mort.

Et, comme le jeune homme voulait protester, prêt à la discussion :

— Non, ne mentez pas. Vous avez assisté à la crise, vous êtes renseigné aussi bien que moi... Tout va désormais se passer d'une façon mathématique ; et, heure par heure, je pourrais vous décrire les phases du mal...

Il s'interrompit pour respirer difficilement ; puis, il ajouta :

— D'ailleurs, tout est bien, je suis content... Clotilde sera ici à cinq heures, je ne demande plus qu'à la voir et à mourir entre ses bras.

Bientôt pourtant, il éprouva un mieux sensible. L'effet de la piqûre était vraiment miraculeux ; et il put s'asseoir sur le lit, le dos appuyé contre des oreillers. La voix redevenait facile, jamais la lucidité du cerveau n'avait paru plus grande.

— Vous savez, maître, dit Ramond, que je ne vous quitte pas. J'ai prévenu ma femme, nous allons passer la journée ensemble ; et, quoi que vous en disiez, j'espère bien que ce ne sera pas la dernière... N'est-ce pas ? vous permettez que je m'installe comme chez moi.

Pascal souriait. Il donna des ordres à Martine, il voulut qu'elle s'occupât du déjeuner, pour Ramond. Si l'on avait besoin d'elle, on l'appellerait. Et les deux hommes restèrent seuls dans une bonne intimité de causerie, l'un couché, avec sa grande barbe blanche, discourant comme un sage, l'autre assis au chevet, écoutant, montrant la déférence d'un disciple.

— En vérité, murmura le maître, comme s'il se fût parlé à lui-même, c'est extraordinaire, l'effet de ces piqûres...

Puis, haussant la voix, presque gaiement :

— Mon ami Ramond, ce n'est peut-être pas un gros cadeau que je vous fais, mais je vais vous laisser mes manuscrits. Oui, Clotilde a l'ordre, quand je ne serai plus, de vous les remettre... Vous fouillerez là dedans, vous y trouverez peut-être des choses pas trop mauvaises. Si vous en tirez un jour quelque bonne idée, eh bien! ce sera tant mieux pour tout le monde.

Et il partit de là, il donna son testament scientifique. Il avait la nette conscience de n'avoir été, lui, qu'un pionnier solitaire, un précurseur, ébauchant des théories, tâtonnant dans la pratique, échouant à cause de sa méthode encore barbare. Il rappela son enthousiasme, lorsqu'il avait cru découvrir la panacée universelle, avec ses injections de substance nerveuse, puis ses déconvenues, ses désespoirs, la mort brutale de Lafouasse, la phtisie emportant quand même Valentin, la folie victorieuse reprenant Sarteur et l'étranglant. Aussi s'en allait-il plein de doute, n'ayant plus la foi nécessaire au médecin guérisseur, si amoureux de la vie, qu'il avait fini par mettre en elle son unique croyance, certain qu'elle devait tirer d'elle seule sa santé et sa force. Mais il ne voulait pas fermer l'avenir, il était heureux au contraire de léguer son hypothèse à la jeunesse. Tous les vingt ans, les théories changeaient, il ne restait d'inébranlables que les vérités acquises, sur lesquelles la science continuait à bâtir. Si même il n'avait eu le mérite que d'apporter l'hypothèse d'un moment, son travail ne serait pas perdu, car le progrès était sûrement dans l'effort, dans l'intelligence toujours en marche. Puis, qui savait? il avait beau mourir troublé et las, n'ayant point réalisé son espoir avec les piqûres : d'autres ouvriers viendraient, jeunes, ardents, convaincus, qui reprendraient l'idée, l'éclairciraient, l'élargiraient. Et peut-être tout un siècle, tout un monde nouveau partirait de là.

— Ah! mon cher Ramond, continua-t-il, si l'on revivait une autre vie !... Oui, je recommencerai, je reprendrai mon idée, car j'ai été frappé dernièrement par ce singulier résultat que les piqûres faites avec de l'eau pure étaient presque aussi efficaces... Le liquide injecté n'importe donc pas, il n'y a donc là qu'une action simplement mécanique... Tout ce mois dernier, j'ai écrit beaucoup là-dessus. Vous trouverez des notes, des observations curieuses... En somme, j'en serais arrivé à croire uniquement au travail, à mettre la santé dans le fonctionnement équilibré de tous les organes, une sorte de thérapeutique dynamique, si j'ose risquer ce mot.

Il se passionnait peu à peu, il en arrivait à oublier la mort prochaine, pour ne songer qu'à sa curiosité ardente de la vie. Et il ébauchait, d'un trait large, sa théorie dernière. L'homme baignait dans un milieu, la nature, qui irritait perpétuellement par des contacts les terminaisons sensitives des nerfs. De là, la mise en œuvre, non seulement des sens, mais de toutes les surfaces du corps, extérieures et intérieures. Or c'étaient ces sensations qui, en se répercutant dans le cerveau, dans la moelle, dans les centres nerveux, s'y transformaient en tonicité, en mouvements et en idées ; et il avait la conviction que se bien porter consistait dans le train normal de ce travail : recevoir les sensations, les rendre en idées et en mouvements, nourrir la machine humaine par le jeu régulier des organes. Le travail devenait ainsi la grande loi, le régulateur de l'univers vivant. Dès lors, il était nécessaire que, si l'équilibre se rompait, si les excitations venues du dehors cessaient d'être suffisantes, la thérapeutique en créât d'artificielles, de façon à rétablir la tonicité, qui est l'état de santé parfaite. Et il rêvait toute une médication nouvelle : la suggestion, l'autorité toute-puissante du médecin pour les sens ; l'électricité, les frictions, le massage pour la peau et les tendons; les régimes alimentaires pour l'estomac; les cures d'air, sur les hauts plateaux, pour les poumons; enfin, les transfusions, les piqûres d'eau distillée pour l'appareil circulatoire. C'était l'action indéniable et purement mécanique de ces dernières qui l'avait mis sur la voie, il ne faisait qu'étendre à présent l'hypothèse, par un besoin de son esprit généralisateur, il voyait de nouveau le monde sauvé dans cet équilibre parfait, autant de travail rendu que de sensation reçue, le branle du monde rétabli dans son labeur éternel.

Puis, il se mit à rire franchement.

— Bon! me voilà parti encore!... Et moi qui crois, au fond, que l'unique sagesse est de ne pas intervenir, de laisser faire la nature! Ah! le vieux fou incorrigible!

Mais Ramond lui avait saisi les deux mains, dans un élan de tendresse et d'admiration.

— Maître, maître! c'est avec de la passion, de la folie comme la vôtre qu'on fait du génie!... Soyez sans crainte, je vous ai écouté, je tâcherai d'être digne de votre héritage; et, je le crois comme vous, peut-être le grand demain est-il là tout entier.

Dans la chambre attendrie et calme, Pascal se remit à parler, avec la tranquillité brave d'un philosophe mourant qui donne sa dernière leçon. Maintenant, il revenait sur ses observations personnelles, il expliquait qu'il s'était souvent guéri lui-même par le travail, un travail réglé et méthodique, sans surmenage. Onze heures sonnèrent, il voulut que Ramond déjeunât, et il continua la conversation, très loin, très haut, pendant que Martine servait. Le soleil avait fini par percer les nuées grises de la matinée, un soleil à demi voilé encore et très doux, dont la nappe dorée tiédissait la vaste pièce. Puis, comme il achevait de boire quelques gorgées de lait, il se tut.

A ce moment, le jeune médecin mangeait une poire.

— Est-ce que vous souffrez davantage?

— Non, non, finissez.

Mais il ne put mentir. C'était une crise, et terrible. La

suffocation vint en coup de foudre, le renversa sur l'oreiller, le visage déjà bleu. Des deux mains, il avait saisi le drap à poignée, il s'y cramponnait, comme pour y trouver un point d'appui et soulever l'effroyable masse qui lui écrasait la poitrine. Atterré, livide, il tenait ses yeux grands ouverts, fixés sur la pendule, avec une effrayante expression de désespoir et de douleur. Et, pendant dix longues minutes, il faillit expirer.

Tout de suite, Ramond l'avait piqué. Le soulagement fut lent à se produire, l'efficacité était moindre.

De grosses larmes parurent dans les yeux de Pascal, dès que la vie lui revint. Il ne parlait pas encore, il pleurait. Puis, regardant toujours la pendule, de ses regards obscurcis :

— Mon ami, je mourrai à quatre heures, je ne la verrai pas.

Et, comme Ramond, pour distraire sa pensée, affirmait contre l'évidence que la terminaison n'était pas si prochaine, lui fut repris de sa passion de savant, voulut donner à son jeune confrère une dernière leçon, basée sur l'observation directe. Il avait soigné plusieurs cas pareils au sien, il se souvenait surtout d'avoir disséqué, à l'hôpital, le cœur d'un vieux pauvre atteint de sclérose.

— Je le vois, mon cœur... Il est couleur de feuille morte, les fibres en sont cassantes, on le dirait amaigri, bien qu'il ait augmenté un peu de volume. Le travail inflammatoire a dû le durcir, on le couperait difficilement...

Il continua à voix plus basse. Tout à l'heure, il avait bien senti son cœur qui mollissait, dont les contractions devenaient molles et lentes. Au lieu du jet de sang normal, il ne sortait plus par l'aorte qu'une bave rouge. Derrière, les veines étaient gorgées de sang noir, l'étouffement augmentait, à mesure que se ralentissait la pompe aspirante et foulante, régulatrice de toute la machine. Et, après la piqûre, il avait suivi, malgré sa souffrance, le réveil progressif de l'organe, le coup de fouet qui l'avait remis en marche, déblayant le sang noir des veines, soufflant de nouveau la force avec le sang rouge des artères. Mais la crise allait revenir, dès que l'effet mécanique de la piqûre aurait cessé. Il pouvait la prédire à quelques minutes près. Grâce aux injections, il y aurait encore trois crises. La troisième l'emporterait, il mourrait à quatre heures.

Puis, d'une voix de plus en plus faible, il eut un dernier enthousiasme, sur la vaillance du cœur, de cet ouvrier obstiné de la vie, sans cesse au travail, à toutes les secondes de l'existence, même pendant le sommeil, lorsque les autres organes, paresseux, se reposaient.

— Ah! brave cœur! comme tu luttes héroïquement!... Quelle foi, quelle générosité de muscle jamais las!... Tu as trop aimé, tu as trop battu, et c'est pourquoi tu te brises, brave cœur qui ne veux pas mourir et qui te soulèves pour battre encore!

Mais la première crise annoncée se produisit. Pascal n'en sortit, cette fois, que pour rester haletant, hagard, la parole sifflante et pénible. De sourdes plaintes lui échappaient, malgré son courage : mon Dieu! cette torture ne finirait donc pas? Et, pourtant, il n'avait plus qu'un ardent désir, prolonger son agonie, vivre assez pour embrasser une dernière fois Clotilde. S'il se trompait, comme Ramond s'obstinait à le répéter! s'il pouvait vivre jusqu'à cinq heures! Ses yeux étaient retournés à la pendule, il ne quittait plus les aiguilles, donnant aux minutes une importance d'éternité. Autrefois, ils avaient plaisanté souvent sur cette pendule empire, une borne de bronze doré, contre laquelle l'Amour souriant contemplait le Temps endormi. Elle marquait trois heures. Puis, elle marqua trois heures et demie. Deux heures de vie seulement, encore deux heures de vie, mon Dieu ! Le soleil s'abaissait à l'horizon, un grand calme tombait du pâle ciel d'hiver ; et il écoutait, par moments, les lointaines locomotives qui sifflaient, à travers la plaine rase. Ce train-là était celui qui passait aux Tulettes. L'autre, celui qui venait de Marseille, n'arriverait donc jamais !

A quatre heures moins vingt, Pascal fit signe à Ramond de s'approcher. Il ne parlait plus assez fort, il ne pouvait se faire entendre.

— Il faudrait, pour que je vécusse jusqu'à six heures, que le pouls fût moins bas. J'espérais encore, mais c'est fini...

Et, dans un murmure, il nomma Clotilde. C'était un adieu bégayé et déchirant, l'affreux chagrin qu'il éprouvait à ne pas la revoir.

Ensuite, le souci de ses manuscrits reparut.

— Ne me quittez pas... La clef est sous mon oreiller. Vous direz à Clotilde de la prendre, elle a des ordres.

A quatre heures moins dix, une nouvelle piqûre resta sans effet. Et quatre heures allaient sonner, lorsque la deuxième crise se déclara. Brusquement, après avoir étouffé, il se jeta hors de son lit, il voulut se lever, marcher, dans un réveil de ses forces. Un besoin d'espace, de clarté, de grand air, le poussait en avant, là-bas. Puis, c'était un appel irrésistible de la vie, de toute sa vie, qu'il entendait venir à lui, du fond de la salle voisine. Et il y courait, chancelant, suffoquant, courbé à gauche, se rattrapant aux meubles.

Vivement, le docteur Ramond s'était précipité pour le retenir.

— Maître, maître ! recouchez-vous, je vous en supplie !

Mais Pascal, sourdement, s'entêtait à finir debout. La passion d'être encore, l'idée héroïque du travail, persistaient en lui, l'emportaient comme une masse. Il râlait, il balbutiait.

— Non, non... là-bas, là-bas...

Il fallut que son ami le soutînt, et il s'en alla ainsi, trébuchant et hagard, jusqu'au fond de la salle, et il se laissa tomber sur sa chaise, devant sa table, où une page commencée traînait, parmi le désordre des papiers et des livres.

Là, un moment, il souffla, ses paupières se fermèrent. Bientôt, il les rouvrit, tandis que ses mains tâtonnantes cherchaient le travail. Elles rencontrèrent l'Arbre généalogique, au milieu d'autres notes éparses. L'avant-veille encore, il y avait rectifié des dates. Et il le reconnut, l'attira, l'étala.

— Maître, maître ! vous vous tuez ! répétait Ramond frémissant, bouleversé de pitié et d'admiration.

Pascal n'écoutait pas, n'entendait pas. Il avait senti un crayon rouler sous ses doigts. Il le tenait, il se penchait sur l'Arbre, comme si ses yeux à demi éteints ne voyaient plus. Et, une dernière fois, il passait en revue les membres de la famille. Le nom de Maxime l'arrêta, il écrivit : « Meurt ataxique, en 1873, » dans la certitude que son neveu ne passerait pas l'année. Ensuite, à côté, le nom de Clotilde le frappa, et il compléta aussi la note, il mit : « A, en 1874, de son oncle Pascal, un fils. » Mais il se cherchait, s'épuisant, s'égarant. Enfin, quand il se fut trouvé, sa main se raffermit, il s'acheva, d'une écriture haute et brave : « Meurt, d'une maladie de cœur, le 7 novembre 1873. » C'était l'effort suprême, son râle augmentait, il étouffait, lorsqu'il aperçut, au-dessus de Clotilde, la feuille blanche. Ses doigts ne pouvaient plus tenir le crayon. Pourtant, en lettres défaillantes, où passait la tendresse torturée, le désordre éperdu de son pauvre cœur, il ajouta encore : « L'enfant inconnu, à naître en 1874.

Quel sera-t-il ? » Et il eut une faiblesse, Martine et Ramond purent à grand'peine le reporter sur le lit.

La troisième crise eut lieu à quatre heures un quart. Dans cet accès final de suffocation, le visage de Pascal exprima une effroyable souffrance. Jusqu'au bout, il devait endurer son martyre d'homme et de savant. Ses yeux troubles semblèrent chercher encore la pendule, pour constater l'heure. Et Ramond, le voyant remuer les lèvres, se pencha, colla son oreille. En effet, il murmurait des paroles, si légères, qu'elles étaient un souffle.

— Quatre heures... Le cœur s'endort, plus de sang rouge dans l'aorte... La valvule mollit et s'arrête...

Un râle affreux le secoua, le petit souffle devenait très lointain.

— Ça marche trop vite... Ne me quittez pas, la clef est sous l'oreiller... Clotilde, Clotilde...

Au pied du lit, Martine était tombée à genoux, étranglée de sanglots. Elle voyait bien que monsieur se mourait. Elle n'avait point osé courir chercher un prêtre, malgré sa grande envie ; et elle récitait elle-même les prières des agonisants, elle priait ardemment le bon Dieu, pour qu'il pardonnât à monsieur et que monsieur allât droit en paradis.

Pascal mourut. Sa face était toute bleue. Après quelques secondes d'une immobilité complète, il voulut respirer, il avança les lèvres, ouvrit sa pauvre bouche, un bec de petit oiseau qui cherche à prendre une dernière gorgée d'air. Et ce fut la mort, très simple.

XIII

Ce fut seulement après le déjeuner, vers une heure, que Clotilde reçut la dépêche de Pascal. Elle était justement, ce jour-là, boudée par son frère Maxime, qui lui faisait sentir, avec une dureté croissante, ses caprices et ses colères de malade. En somme, elle avait peu réussi auprès de lui; il la trouvait trop simple, trop grave, pour l'égayer; et, maintenant, il s'enfermait avec la jeune Rose, cette petite blonde à l'air candide, qui l'amusait. Depuis que la maladie le tenait immobile et affaibli, il perdait de sa prudence égoïste de jouisseur, de sa longue méfiance contre la femme mangeuse d'hommes. Aussi, lorsque sa sœur voulut lui dire que leur oncle la rappelait, et qu'elle partait, eut-elle quelque peine à se faire ouvrir, car Rose était en train de le frictionner. Tout de suite, il l'approuva, et, s'il la pria de revenir le plus tôt possible, dès qu'elle aurait terminé là-bas ses affaires, il n'insista pas, uniquement désireux de se montrer aimable.

Clotilde passa l'après-midi à faire ses malles. Dans sa fièvre, dans l'étourdissement d'une décision si brusque, elle ne réfléchissait pas, elle était toute à la grande joie du retour. Mais, après la bousculade du dîner, après les adieux à son frère et l'interminable course en fiacre, de l'avenue du Bois-de-Boulogne à la gare de Lyon, lorsqu'elle se trouva dans un compartiment de dames seules, partie à huit heures, en pleine nuit pluvieuse et glacée de novembre, roulant déjà hors de Paris, elle se calma, fut peu à peu envahie de réflexions, finit par se sentir troublée de sourdes inquiétudes. Pourquoi donc cette dépêche, immédiate et si brève : « Je t'attends, pars ce soir » ? Sans doute, c'était la réponse à la lettre où elle lui annonçait sa grossesse. Seulement, elle savait combien il désirait qu'elle restât à Paris, où il la rêvait heureuse, et elle s'étonnait maintenant de sa hâte à la rappeler. Elle n'attendait pas une dépêche, mais une lettre, puis des arrangements pris, le retour à quelques semaines de là. Était-ce donc qu'il y avait autre chose, une indisposition peut-être, un désir, un besoin de la revoir sur l'heure ? Et, dès lors, cette crainte s'enfonça en elle avec la force d'un pressentiment, grandit, la posséda bientôt tout entière.

Toute la nuit, une pluie diluvienne avait fouetté les vitres du train, par les plaines de la Bourgogne. Ce déluge ne cessa qu'à Mâcon. Après Lyon, le jour parut. Clotilde avait sur elle les lettres de Pascal ; et elle attendait l'aube avec impatience, pour revoir et étudier ces lettres, dont l'écriture lui avait paru changée. En effet, elle eut un petit froid au cœur, en constatant l'hésitation, les sortes de lézardes qui s'étaient produites dans les mots. Il était malade, très malade : cela, maintenant, tournait à la certitude, s'imposait à elle par une véritable divination, où il entrait moins de raisonnement que de subtile prescience. Et le reste du voyage fut horriblement long, car elle sentait croître son angoisse à mesure qu'elle approchait. Le pis était que, débarquant à Marseille dès midi et demi, elle ne pouvait prendre un train pour Plassans qu'à trois heures vingt. Trois grandes heures d'attente. Elle déjeuna au buffet de la gare, mangea fiévreusement, comme si elle avait eu peur de manquer ce train ; puis, elle se traîna dans le jardin poussiéreux, alla d'un banc à un autre, sous le soleil pâle, tiède encore, au milieu de l'encombrement des omnibus et des fiacres. Enfin, elle roula de nouveau, arrêtée tous les quarts d'heure aux petites stations. Elle allongeait la tête à la portière, il lui semblait qu'elle était partie depuis plus de vingt ans et que les lieux devaient être changés. Le train quittait Sainte-Marthe, lorsqu'elle eut la forte émotion, en allongeant le cou, d'apercevoir, à l'horizon, très loin, la Souleiade, avec les deux cyprès centenaires de la terrasse, qu'on reconnaissait de trois lieues.

Il était cinq heures, le crépuscule tombait déjà. Les plaques tournantes retentirent, et Clotilde descendit. Mais elle avait eu un élancement, une douleur vive, en voyant que Pascal n'était pas sur le quai, à l'attendre. Elle se répétait depuis Lyon : « Si je ne le vois pas tout de suite, à l'arrivée, c'est qu'il est malade. » Peut-être, cependant, était-il resté dans la salle, ou s'occupait-il d'une voiture, dehors. Elle se précipita, et elle ne trouva que le père Durieu, le voiturier que le docteur employait d'habitude. Vivement, elle le questionna. Le vieil homme, un Provençal taciturne, ne se hâtait pas de répondre. Il avait là sa charrette, il demandait le bulletin de bagages, voulait d'abord s'occuper des malles. D'une voix tremblante, elle répéta sa question :

— Tout le monde va bien, père Durieu?

— Mais oui, mademoiselle.

Et elle dut insister, avant de savoir que c'était Martine, la veille, vers six heures, qui lui avait commandé de se trouver à la gare, avec sa voiture, pour l'arrivée du train. Il n'avait pas vu, personne n'avait vu le docteur, depuis deux mois. Peut-être bien, puisqu'il n'était pas là, qu'il avait dû prendre le lit, car le bruit courait en ville qu'il n'était guère solide.

— Attendez que j'aie les bagages, mademoiselle. Il y a une place pour vous sur la banquette.

— Non, père Durieu, ce serait trop long. Je vais à pied.

A grands pas, elle monta la rampe. Son cœur se serrait tellement, qu'elle étouffait. Le soleil avait disparu derrière les coteaux de Sainte-Marthe, une cendre fine tombait du ciel gris, avec le premier frisson de novembre ; et, comme elle prenait le chemin des Fenouillères, elle eut une nouvelle apparition de la Souleiade qui la glaça, la façade morne sous le crépuscule, tous les volets fermés, dans une tristesse d'abandon et de deuil.

Mais le coup terrible que reçut Clotilde, ce fut lorsqu'elle reconnut Ramond, debout au seuil du vestibule, et qui semblait l'attendre. Il l'avait guettée en effet, il était descendu, voulant amortir en elle l'affreuse catastrophe. Elle arrivait essoufflée, elle avait passé par le quinconce des platanes, près de la source, pour couper au plus court ; et, de voir le jeune homme là, au lieu de Pascal qu'elle espérait encore y trouver, elle eut une sensation d'écroulement, d'irréparable malheur. Ramond était très pâle, bouleversé, malgré son effort de courage. Il ne prononça pas un mot, attendant d'être questionné. Elle-même suffoquait, ne disait rien. Et ils entrèrent ainsi, il la mena jusqu'à la salle à manger, où ils restèrent de nouveau quelques secondes en face l'un de l'autre, muets, dans cette angoisse.

— Il est malade, n'est-ce pas ? balbutia-t-elle enfin.

Il répéta simplement :

— Oui, malade.

— J'ai bien compris en vous voyant, reprit-elle. Pour qu'il ne soit pas là, il faut qu'il soit malade.

Alors, elle insista.

— Il est malade, très malade, n'est-ce pas ?

Il ne répondait plus, il pâlissait davantage, et elle le regarda. A ce moment, elle vit la mort sur lui, sur ses mains frémissantes encore, qui avaient soigné le mourant, sur sa face désespérée, dans ses yeux troubles, qui gardaient le reflet de l'agonie, dans tout son désordre de médecin qui était là depuis douze heures, à lutter, impuissant.

Elle eut un grand cri.

— Mais il est mort!

Et elle chancela, foudroyée, elle s'abattit entre les bras de Ramond, qui l'étreignit fraternellement, dans un sanglot. Tous les deux, au cou l'un de l'autre, pleurèrent.

Puis, lorsqu'il l'eut assise sur une chaise et qu'il put parler:

— C'est moi, hier, vers dix heures et demie, qui ai mis au télégraphe la dépêche que vous avez reçue. Il était si heureux, si plein d'espoir! Il faisait des rêves d'avenir, un an, deux ans de vie... Et c'est ce matin, à quatre heures, qu'il a été pris de la première crise et qu'il m'a envoyé chercher. Tout de suite, il s'était vu perdu. Mais il espérait durer jusqu'à six heures, vivre assez pour vous revoir... Le mal a marché trop vite. Il m'en a dit les progrès jusqu'au dernier souffle, minute par minute, comme un professeur qui dissèque à l'amphithéâtre. Il est mort avec votre nom aux lèvres, calme et désespéré, en héros.

Clotilde aurait voulu courir, monter d'un bond dans la chambre, et elle restait clouée, sans force pour quitter la chaise. Elle avait écouté, les yeux noyés de grosses larmes qui coulaient sans fin. Chacune des phrases, le récit de cette mort stoïque retentissait dans son cœur, s'y gravait profondément. Elle reconstituait l'abominable journée. A jamais elle devait la revivre.

Mais, surtout, son désespoir déborda, lorsque Martine, entrée depuis un instant, dit d'une voix dure:

— Ah! mademoiselle a bien raison de pleurer, car si monsieur est mort, c'est bien à cause de mademoiselle.

La vieille servante se tenait là debout, à l'écart, près de la porte de sa cuisine, souffrante, exaspérée qu'on lui eût pris et tué son maître; et elle ne cherchait même pas une parole de bienvenue et de soulagement, pour cette enfant qu'elle avait élevée. Sans calculer la portée de son indiscrétion, la peine ou la joie qu'elle pouvait faire, elle se soulageait, elle disait tout ce qu'elle savait.

— Oui, si monsieur est mort, c'est bien parce que mademoiselle est partie.

Du fond de son anéantissement, Clotilde protesta.

— Mais c'est lui qui s'est fâché, qui m'a forcée à partir!

— Ah bien! il a fallu que mademoiselle y mît de la complaisance, pour ne pas voir clair... La nuit d'avant le départ, j'ai trouvé monsieur à moitié étouffé, tant il avait du chagrin; et, quand j'ai voulu prévenir mademoiselle, c'est lui qui m'en a empêchée... Puis, je l'ai bien vu, moi, depuis que mademoiselle n'est plus là. Toutes les nuits, ça recommençait, il se tenait à quatre pour ne pas écrire et la rappeler... Enfin, il en est mort, c'est la vérité pure.

Une grande clarté se faisait dans l'esprit de Clotilde, à la fois bien heureuse et torturée. Mon Dieu! c'était donc vrai, ce qu'elle avait soupçonné un instant? Ensuite, elle avait pu finir par croire, devant l'obstination violente de Pascal, qu'il ne mentait pas, qu'entre elle et le travail il choisissait sincèrement le travail, en homme de science chez qui l'amour de l'œuvre l'emporte sur l'amour de la femme. Et il mentait pourtant, il avait poussé le dévouement, l'oubli de lui-même, jusqu'à s'immoler, pour ce qu'il pensait être son bonheur, à elle. Et la tristesse des choses voulait qu'il se fût trompé, qu'il eût consommé ainsi leur malheur à tous.

De nouveau, Clotilde protestait, se désespérait.

— Mais comment aurais-je pu savoir?... J'ai obéi, j'ai mis toute ma tendresse dans mon obéissance.

— Ah! cria encore Martine, il me semble que j'aurais deviné, moi!

Ramond intervint, parla doucement. Il avait repris les mains de son amie, il lui expliqua que le chagrin avait pu hâter l'issue fatale, mais que le maître était malheureusement condamné depuis quelque temps. La maladie de cœur dont il souffrait devait dater d'assez loin déjà : beaucoup de surmenage, une part certaine d'hérédité, enfin toute sa passion dernière ; et le pauvre cœur s'était brisé.

— Montons, dit Clotilde. Je veux le voir.

En haut, dans la chambre, on avait fermé les volets, le crépuscule mélancolique n'était même pas entré. Deux cierges brûlaient sur une petite table, dans des flambeaux, au pied du lit. Et ils éclairaient d'une pâle lueur jaune Pascal étendu, les jambes serrées, les mains ramenées et à demi jointes, sur la poitrine. Pieusement, on avait clos les paupières. Le visage semblait dormir, bleuâtre encore, pourtant apaisé déjà, dans le flot épandu de la chevelure blanche et de la barbe blanche. Il était mort depuis une heure et demie à peine. L'infinie sérénité commençait, l'éternel repos.

A le revoir ainsi, à se dire qu'il ne l'entendait plus, qu'il ne la voyait plus, qu'elle était seule désormais, qu'elle le baiserait une dernière fois, puis qu'elle le perdrait pour toujours, Clotilde avait eu un grand élan de douleur, s'était jetée sur le lit, en ne pouvant balbutier que cet appel de tendresse :

— Oh! maître, maître, maître...

Ses lèvres s'étaient posées sur le front du mort; et, comme elle le trouvait refroidi à peine, encore tiède de vie, elle put avoir un instant d'illusion, croire qu'il restait sensible à cette caresse dernière, si longtemps attendue. N'avait-il pas souri dans son immobilité, heureux enfin et pouvant achever de mourir, à présent qu'il les sentait là tous deux, elle et l'enfant qu'elle portait? Puis, défaillante devant la terrible réalité, elle sanglota de nouveau, éperdument.

Martine entrait, avec une lampe, qu'elle posa à l'écart, sur un coin de la cheminée. Et elle entendit Ramond, qui surveillait Clotilde, inquiet de la voir bouleversée à ce point, dans sa situation.

— Je vais vous emmener, si vous manquez de courage. Songez que vous n'êtes pas seule, qu'il y a le cher petit être, dont il me parlait déjà avec tant de joie et de tendresse.

Dans la journée, la servante s'était étonnée de certaines phrases, surprises par hasard. Brusquement, elle comprit; et, comme elle était sur le point de quitter la chambre, elle s'arrêta, elle écouta encore.

Ramond avait baissé la voix.

— La clef de l'armoire est sous l'oreiller, il m'a répété plusieurs fois de vous en avertir... Vous savez ce que vous avez à faire?

Clotilde tâcha de se rappeler et de répondre.

— Ce que j'ai à faire? pour les papiers, n'est-ce pas?... Oui, oui! je me souviens, je dois garder les dossiers et vous donner les autres manuscrits... N'ayez pas peur, j'ai toute ma tête, je serai très raisonnable. Mais je ne veux pas le quitter, je vais passer la nuit là, bien tranquille, je vous le promets.

Elle était si douloureuse, l'air si résolu à le veiller, à rester avec lui tant qu'on ne l'emporterait pas, que le médecin la laissa faire.

— Eh bien! je vous quitte, on doit m'attendre chez moi. Puis, il y a toutes sortes de formalités, la déclaration, le convoi, dont je veux vous éviter le souci. Ne vous occupez de rien. Demain matin, tout sera réglé, quand je reviendrai.

Il l'embrassa encore, il s'en alla. Et ce fut alors seulement que Martine disparut à son tour, derrière lui, fermant à clef la porte, en bas, courant par la nuit devenue noire.

Maintenant, dans la chambre, Clotilde était seule; et, autour d'elle, sous elle, au milieu du grand silence, elle sentait la maison vide. Clotilde était seule, avec Pascal mort. Elle avait approché une chaise, contre le lit, au chevet, elle s'était assise, immobile, seule. En arrivant, elle avait simplement retiré son chapeau; puis, s'étant aperçue qu'elle avait gardé ses gants, elle venait aussi de les ôter. Mais elle demeurait là, en robe de voyage, poussiéreuse, fripée, par les vingt heures de chemin de fer. Sans doute, le père Durieu avait, depuis longtemps, déposé les malles, en bas. Et elle n'avait ni l'idée ni la force de se débarbouiller, de se changer, anéantie à présent sur cette chaise où elle était tombée. Un regret unique, un remords immense, l'emplissaient. Pourquoi avait-elle obéi? pourquoi s'était-elle résignée à partir? Si elle était restée, elle avait la conviction ardente qu'il ne serait pas mort. Elle l'aurait tant aimé, tant caressé, qu'elle l'aurait guéri. Chaque soir, elle l'aurait pris entre ses bras pour l'endormir, elle l'aurait réchauffé de toute sa jeunesse, elle lui aurait soufflé de sa vie dans ses baisers. Quand on ne voulait pas que la mort vous prît un être cher, on restait pour donner de son sang, on la mettait en fuite. C'était sa faute, si elle l'avait perdu, si elle ne pouvait plus, d'une étreinte, l'éveiller de l'éternel sommeil. Et elle se trouvait imbécile de n'avoir pas compris, lâche de ne s'être pas dévouée, coupable et punie à jamais de s'en être allée, quand le simple bon sens, à défaut du cœur, devait la clouer là, dans sa tâche de sujette soumise et tendre, veillant sur son roi.

Le silence devenait tel, si absolu, si large, que Clotilde détacha un instant les yeux du visage de Pascal, pour regarder dans la chambre. Elle n'y vit que des ombres vagues : la lampe éclairait de biais la glace de la grande psyché, pareille à une plaque d'argent mat; et les deux cierges mettaient seulement, sous le haut plafond, deux taches fauves. A ce moment, la pensée lui revint des lettres qu'il lui écrivait, si courtes, si froides; et elle comprenait sa torture à étouffer son amour. Quelle force il lui avait fallu, dans l'accomplissement du projet de bonheur, sublime et désastreux, qu'il faisait pour elle ! Il s'entêtait à disparaître, à la sauver de sa vieillesse et de sa pauvreté; il la rêvait riche, libre de jouir de ses vingt-six ans, loin de lui : c'était l'oubli total de soi, l'anéantissement dans l'amour d'une autre. Et elle en éprouvait une gratitude, une douceur profondes, mêlées à une sorte d'amertume irritée contre le destin mauvais. Puis, tout d'un coup, les années heureuses s'évoquèrent, sa jeunesse, son adolescence près de lui, si bon, si gai. Comme il l'avait conquise d'une lente passion, comme elle s'était sentie sienne, après les révoltes qui les avaient un instant séparés, et dans quel emportement de joie elle s'était donnée à lui, pour être davantage et toute à lui, puisqu'il la désirait! Cette chambre où il se refroidissait à cette heure, elle la retrouvait tiède encore et frissonnante de leurs nuits de tendresse.

Sept heures sonnèrent à la pendule, et Clotilde tressaillit à ce tintement léger, dans le grand silence. Qui donc avait parlé? Elle se rappela, elle regarda la pendule, dont le timbre avait sonné tant d'heures de joie. Cette pendule antique avait une voix chevrotante d'amie très vieille, qui les amusait, dans l'obscurité, quand ils veillaient, aux bras l'un de l'autre. Et, de tous les meubles, à présent, lui venaient des souvenirs. Leurs deux images lui semblèrent renaître, du fond argenté et pâle de la grande psyché : elles s'avançaient, indécises, presque confondues, avec un flottant sourire, comme aux jours ravis, où il l'amenait là, pour la parer de quelque bijou, un cadeau qu'il cachait depuis le matin, dans sa folie du don. C'était aussi la table où brûlaient les deux cierges, la petite table sur laquelle ils avaient fait leur dîner de misère, le soir qu'ils manquaient de pain et qu'elle lui avait servi un festin royal. Que de miettes de leur amour elle retrouverait dans la commode à marbre blanc, cerclé d'une galerie! Quels bons rires ils avaient eus, sur la chaise longue, aux pieds raidis, quand elle y mettait ses bas et qu'il la taquinait! Même de la tenture, de l'ancienne indienne rouge décolorée, devenue couleur d'aurore, un chuchotement lui arrivait, tout ce qu'ils s'étaient dit de frais et de tendre, les enfantillages infinis de leur passion, et jusqu'à l'odeur de sa chevelure, à elle, une odeur de violette, qu'il adorait. Alors, comme la vibration des sept coups de la pendule avait cessé, si longue en son cœur, elle ramena les yeux sur le visage immobile de Pascal, et de nouveau elle s'anéantit.

Ce fut dans cette prostration croissante que Clotilde, quelques minutes plus tard, entendit un bruit soudain de sanglots. On était entré en coup de vent, elle reconnut sa grand'mère Félicité. Mais elle ne bougea pas, elle ne parla pas, tellement elle était déjà engourdie de douleur. Martine, devançant l'ordre qu'on lui aurait sûrement donné, venait de courir chez la vieille madame Rougon, pour lui apprendre l'affreuse nouvelle; et celle-ci, stupéfaite d'abord d'une catastrophe si prompte, bouleversée ensuite, accourait, débordante d'un chagrin bruyant. Elle sanglota devant son fils, elle embrassa Clotilde, qui lui rendit son baiser, comme dans un rêve. Puis, à partir de cet instant, celle-ci, sans sortir de l'accablement où elle s'isolait, sentit bien qu'elle n'était plus seule, au continuel remue-ménage étouffé dont les petits bruits traversaient la chambre. C'était Félicité qui pleurait, qui entrait, qui sortait sur la pointe des pieds, qui mettait de l'ordre, furetait, chuchotait, tombait sur une chaise pour se relever aussitôt. Et, vers neuf heures, elle voulut absolument décider sa petite-fille à manger quelque chose. Deux fois déjà, elle l'avait sermonnée, tout bas. Elle revint lui dire à l'oreille :

— Clotilde, ma chérie, je t'assure que tu as tort... Il faut prendre des forces, jamais tu n'iras jusqu'au bout.

Mais, d'un signe de tête, la jeune femme s'obstinait à refuser.

— Voyons, tu as dû déjeuner à Marseille, au buffet, n'est-ce pas? et tu n'as rien pris depuis ce moment... Est-ce raisonnable? Je n'entends pas que tu tombes malade, toi aussi... Martine a du bouillon. Je lui ai dit de faire un potage léger et d'ajouter un poulet... Descends manger un morceau, rien qu'un morceau, pendant que je vais rester là.

Du même signe souffrant, Clotilde refusait toujours. Elle finit par bégayer :

— Laisse-moi, grand'mère, je t'en supplie... Je ne pourrais pas, ça m'étoufferait.

Et elle ne parla plus. Pourtant, elle ne dormait pas, elle avait les yeux grands ouverts, obstinément fixés sur le visage de Pascal. Durant des heures, elle ne fit plus un mouvement, droite, rigide, comme absente, là-bas, très loin, avec le mort. A dix heures, elle entendit un bruit : c'était Martine qui remontait la lampe. Vers onze heures,

Félicité, qui veillait dans un fauteuil, parut inquiète, sortit de la chambre, puis y rentra. Dès lors, il y eut des allées et venues, des impatiences rôdant autour de la jeune femme, toujours éveillée, avec ses grands yeux fixes. Minuit sonna, une idée têtue demeurait seule dans son crâne vide, comme un clou qui l'empêchait de s'endormir : pourquoi avait-elle obéi ? Si elle était restée, elle l'aurait réchauffé de toute sa jeunesse, il ne serait pas mort ! Et ce fut seulement un peu avant une heure, qu'elle sentit cette idée elle-même se brouiller et se perdre en un cauchemar. Elle tomba à un lourd sommeil, épuisée de douleur et de fatigue.

Quand Martine était allée annoncer à la vieille madame Rougon la mort inattendue de son fils, celle-ci, dans son saisissement, avait eu un premier cri de colère, mêlé à son chagrin. Eh quoi ! Pascal mourant n'avait pas voulu la voir, avait fait jurer à cette servante de ne pas la prévenir ! Cela la fouettait au sang, comme si la lutte qui avait duré toute l'existence, entre elle et lui, devait continuer par delà le tombeau. Puis, après s'être habillée à la hâte, lorsqu'elle était accourue à la Souleiade, la pensée des terribles dossiers, de tous les manuscrits qui emplissaient l'armoire, l'avait envahie d'une passion frémissante. Maintenant que l'oncle Macquart et Tante Dide étaient morts, elle ne redoutait plus ce qu'elle nommait l'abomination des Tulettes ; et le pauvre petit Charles lui-même, en disparaissant, avait emporté une des tares les plus humiliantes pour la famille. Il ne restait que les dossiers, les abominables dossiers, menaçant cette légende triomphale des Rougon qu'elle avait mis sa vie entière à créer, qui était l'unique préoccupation de sa vieillesse, l'œuvre au triomphe de laquelle, obstinément, elle avait voué les derniers efforts de son esprit d'activité et de ruse. Depuis de longues années, elle les guettait, jamais lasse, recommençant la lutte quand on la croyait battue, toujours embusquée et tenace. Ah! si elle pouvait s'en emparer enfin, les détruire! Ce serait l'exécrable passé anéanti, ce serait la gloire des siens, si durement conquise, délivrée de toute menace, s'épanouissant enfin librement, imposant son mensonge à l'histoire. Et elle se voyait traversant les trois quartiers de Plassans, saluée par tous, dans son attitude de reine, portant noblement le deuil du régime déchu. Aussi, comme Martine lui avait appris que Clotilde était là, hâtait-elle sa marche, en approchant de la Souleiade, talonnée par la crainte d'arriver trop tard.

D'ailleurs, dès qu'elle se fut installée dans la maison, Félicité se remit tout de suite. Rien ne pressait, on avait la nuit devant soi. Pourtant, elle voulut, sans tarder, avoir Martine avec elle; et elle savait bien ce qui agirait sur cette créature simple, enfoncée dans les croyances d'une religion étroite. Son premier soin fut donc, en bas, au milieu du désordre de la cuisine, où elle était descendue voir rôtir le poulet, d'affecter une grande désolation, à la pensée que son fils était mort, avant d'avoir fait sa paix avec l'Église. Elle questionnait la servante, exigeait des détails. Mais celle-ci hochait la tête, désespérément : non! aucun prêtre n'était venu, monsieur n'avait pas même fait un signe de croix. Elle seule s'était agenouillée, pour réciter les prières des agonisants, ce qui, bien sûr, ne devait pas suffire au salut d'une âme. Avec quelle ferveur, cependant, elle avait prié le bon Dieu, afin que monsieur allât droit au paradis!

Les yeux sur le poulet qui tournait, devant un grand feu clair, Félicité reprit à voix plus basse, d'un air absorbé :

— Ah! ma pauvre fille, ce qui l'empêche surtout d'y aller, en paradis, ce sont les abominables papiers que le malheureux laisse là-haut, dans l'armoire. Je ne puis comprendre comment la foudre du ciel n'est pas encore tombée sur ces papiers, pour les mettre en cendres. Si on les laisse sortir d'ici, c'est la peste, le déshonneur, et c'est l'enfer à jamais!

Toute pâle, Martine l'écoutait.

— Alors, madame croit que ce serait une bonne œuvre de les détruire, une œuvre qui assurerait le repos de l'âme de monsieur?

— Grand Dieu! si je le crois!... Mais, si nous les avions, ces affreuses paperasses, tenez! c'est dans ce feu que je les jetterais. Ah! vous n'auriez pas besoin d'ajouter d'autres sarments, rien qu'avec les manuscrits de là-haut, il y a de quoi faire rôtir trois poulets comme celui-ci.

La servante avait pris une longue cuiller pour arroser la bête. Elle aussi, maintenant, semblait réfléchir.

— Seulement, nous ne les avons pas... J'ai même, à ce propos, entendu une conversation que je puis bien répéter à madame... C'est quand mademoiselle Clotilde est montée dans la chambre. Le docteur Ramond lui a demandé si elle se souvenait des ordres qu'elle avait reçus, avant son départ sans doute; et elle a dit qu'elle se souvenait, qu'elle devait garder les dossiers et lui donner tous les autres manuscrits.

Félicité, frémissante, ne put retenir un geste d'inquiétude. Déjà, elle voyait les papiers lui échapper; et ce n'étaient pas les dossiers seulement qu'elle voulait, mais toutes les pages écrites, toute cette œuvre inconnue, louche et ténébreuse, dont il ne pouvait sortir que du scandale, d'après son cerveau obtus et passionné de vieille bourgeoise orgueilleuse.

— Il faut agir! cria-t-elle, agir cette nuit même! Demain peut-être serait-il trop tard.

— Je sais bien où est la clef de l'armoire, reprit Martine à demi-voix. Le médecin l'a dit à mademoiselle.

Tout de suite, Félicité avait dressé l'oreille.

— La clef, où donc est-elle?

— Sous l'oreiller, sous la tête de monsieur.

Malgré la flambée vive du feu de sarments, un petit souffle glacé passa ; et les deux vieilles femmes se turent. Il n'y eut plus que le grésillement du jus qui tombait du rôti dans la lèchefrite.

Mais, après que madame Rougon eut dîné seule, et promptement, elle remonta avec Martine. Dès lors, sans qu'elles eussent causé davantage, l'entente se trouva faite, il était décidé qu'elles s'empareraient des papiers avant le jour, par tous les moyens possibles. Le plus simple consistait encore à prendre la clef sous l'oreiller. Certainement, Clotilde finirait par s'endormir : elle paraissait trop épuisée, elle succomberait à la fatigue. Et il ne s'agissait que d'attendre. Elles se mirent donc à épier, à rôder de la salle de travail à la chambre, aux aguets pour savoir si les grands yeux élargis et fixes de la jeune femme ne se fermaient pas enfin. Toujours, il y en avait une qui allait voir, tandis que l'autre s'impatientait dans la salle, où charbonnait une lampe. Cela dura jusqu'à près de minuit, de quart d'heure en quart d'heure. Les yeux, sans rond, pleins d'ombre et d'un immense désespoir, restaient grands ouverts. Un peu avant minuit, Félicité se réinstalla dans un fauteuil, au pied du lit, résolue à ne pas quitter la place, tant que sa petite-fille ne dormirait pas. Elle ne la quittait plus du regard, s'irritant à remarquer qu'elle battait à peine des paupières, dans cette fixité inconsolable qui défiait le sommeil. Puis, ce fut elle, à ce jeu, qui se sentit envahie d'une somnolence. Exaspérée, elle ne put rester là davantage. Et elle alla trouver de nouveau Martine.

— C'est inutile, elle ne s'endormira pas! dit-elle, la voix étouffée et tremblante. Il faut imaginer autre chose.

L'idée lui était bien venue déjà de forcer l'armoire. Mais les vieux bâtis de chêne semblaient inébranlables, les vieilles ferrures tenaient solidement. Avec quoi briser la serrure? sans compter qu'on ferait un bruit terrible et que ce bruit s'entendrait certainement de la chambre voisine.

Elle s'était cependant plantée devant les portes épaisses, les tâtait des doigts, cherchait les places faibles.

— Si j'avais un outil...

Martine, moins passionnée, l'interrompit en se récriant.

— Oh! non, non, madame! on nous surprendrait!... Attendez, peut-être que mademoiselle dort.

Elle retourna dans la chambre, sur la pointe des pieds, et revint tout de suite.

— Mais oui, elle dort!... Ses yeux sont fermés, elle ne bouge plus.

Alors, toutes deux allèrent la voir, retenant leur souffle, évitant le moindre craquement du parquet, avec des soins infinis. Clotilde, en effet, venait de s'endormir, et son anéantissement paraissait tel, que les deux vieilles femmes s'enhardissaient. Mais elles craignaient pourtant de l'éveiller, si elles la frôlaient, car elle avait sa chaise placée contre le lit même. Et c'était aussi un acte sacrilège et terrible, dont l'épouvante les prenait, que de glisser la main sous l'oreiller du mort et de le voler. N'allait-il pas falloir le déranger dans son repos? ne remuerait-il pas, sous la secousse? Cela les faisait pâlir.

Félicité, déjà, s'était avancée, le bras tendu. Mais elle recula.

— Je suis trop petite, bégaya-t-elle. Essayez donc, vous, Martine.

La servante, à son tour, s'approcha du lit. Elle fut prise d'un tel tremblement, qu'elle dut, elle aussi, revenir en arrière, pour ne pas tomber.

— Non, non, je ne puis pas ! Il me semble que monsieur va ouvrir les yeux.

Et, frissonnantes, éperdues, elles restèrent encore un instant dans la chambre, pleine du grand silence et de la majesté de la mort, en face de Pascal immobile à jamais et de Clotilde anéantie, sous l'écrasement de son veuvage. La noblesse d'une haute vie de travail leur apparut peut-être sur cette tête muette, qui, de tout son poids, gardait son œuvre. La flamme des cierges brûlait très pâle. Une terreur sacrée passait, qui les chassa.

Félicité, si brave, qui n'avait, autrefois, reculé devant rien, pas même devant le sang, s'enfuyait comme poursuivie.

— Venez, venez, Martine. Nous trouverons autre chose, nous allons chercher un outil.

Dans la salle, elles respirèrent. La servante se souvint alors que la clef du secrétaire devait être sur la table de nuit de monsieur, où elle l'avait aperçue la veille, au moment de la crise. Elles y allèrent voir. La mère n'eut aucun scrupule, ouvrit le meuble. Mais elle n'y trouva que les cinq mille francs, qu'elle laissa au fond du tiroir, car l'argent ne la préoccupait guère. Vainement, elle chercha l'Arbre généalogique, qu'elle savait là d'habitude. Elle aurait si volontiers commencé par lui son œuvre de destruction ! Il était resté sur le bureau du docteur, dans la salle, et elle ne devait pas même l'y découvrir, au milieu de la fièvre de passion qui lui faisait fouiller les meubles fermés, sans lui laisser le calme lucide de procéder méthodiquement, autour d'elle.

Son désir la ramena, elle revint se planter devant l'armoire, la mesurant, l'enveloppant d'un regard ardent de conquête. Malgré sa petite taille, malgré ses quatre-vingts ans passés, elle se dressait, dans une activité, une dépense de force extraordinaire.

— Ah ! répéta-t-elle, si j'avais un outil !

Et elle cherchait de nouveau la lézarde du colosse, la fente où elle allait introduire les doigts, pour le faire éclater. Elle imaginait des plans d'assaut, elle rêvait des violences, puis elle retombait à la ruse, à quelque traîtrise qui lui ouvrirait les battants, rien qu'en soufflant dessus.

Brusquement, son regard brilla, elle avait trouvé.

— Dites donc, Martine, il y a un crochet qui retient le premier battant ?

— Oui, madame, il s'accroche dans un piton, en dessus de la planche du milieu... Tenez ! il se trouve à la hauteur de cette moulure, à peu près.

Félicité eut un geste de victoire certaine.

— Vous avez bien une vrille, une grosse vrille ?... Donnez-moi une vrille !

Vivement, Martine descendit à sa cuisine et rapporta l'outil demandé.

— Comme ça, voyez-vous, nous ne ferons pas de bruit, reprit la vieille dame en se mettant à la besogne.

Avec une singulière énergie, qu'on n'aurait pas soupçonnée à ses petites mains desséchées par l'âge, elle planta la vrille, elle fit un premier trou, à la hauteur désignée par la servante. Mais elle était trop bas, elle sentit que la pointe s'enfonçait ensuite dans la planche. Une seconde percée l'amena droit sur le fer du crochet. Cette fois, c'était trop direct. Et elle multiplia les trous, à droite et à gauche, jusqu'à ce que, se servant de la vrille elle-même, elle pût enfin pousser le crochet, le chasser du piton. Le pêne de la serrure glissa, les deux battants s'ouvrirent.

— Enfin ! cria Félicité, hors d'elle.

Puis, inquiète, elle resta immobile, l'oreille tendue vers la chambre, craignant d'avoir réveillé Clotilde. Mais toute la maison dormait, dans le grand silence noir. Il ne venait toujours de la chambre qu'une paix auguste de mort, elle n'entendit que le clair tintement de la pendule sonnant un seul coup, une heure du matin. Et l'armoire était grande ouverte, béante, montrant, sur ses trois planches, l'entassement de papiers dont elle débordait. Alors, elle se rua, l'œuvre de destruction commença, au milieu de l'ombre sacrée, de l'infini repos de cette veillée funèbre.

— Enfin! répéta-t-elle tout bas, depuis trente ans que je veux et que j'attends!... Dépêchons, dépêchons, Martine! aidez-moi!

Déjà, elle avait apporté la haute chaise du pupitre, elle y était montée d'un bond, pour prendre d'abord les papiers de la planche supérieure, car elle se souvenait que les dossiers se trouvaient là. Mais elle fut surprise de ne pas reconnaître les chemises de fort papier bleu, il n'y avait plus là que d'épais manuscrits, les œuvres terminées et non publiées encore du docteur, des travaux inestimables, toutes ses recherches, toutes ses découvertes, le monument de sa gloire future, qu'il avait légué à Ramond, pour que celui-ci en prît le soin. Sans doute, quelques jours avant sa mort, pensant que les dossiers seuls étaient menacés, et que personne au monde n'oserait détruire ses autres ouvrages, avait-il procédé à un déménagement, à un classement nouveau, pour soustraire ceux-là aux recherches premières.

— Ah! tant pis! murmura Félicité, il y en a tellement, commençons par n'importe quel bout, si nous voulons arriver... Pendant que je suis en l'air, nettoyons toujours ça... Tenez, réchappez, Martine!

Et elle vida la planche, elle jeta, un à un, les manuscrits entre les bras de la servante, qui les posait sur la table, en faisant le moins de bruit possible. Bientôt, tout le tas y fut, elle sauta de la chaise.

— Au feu! au feu!... Nous finirons bien par mettre la main sur les autres, sur ceux que je cherche... Au feu! au feu! ceux-ci d'abord! Jusqu'aux bouts de papier grands comme l'ongle, jusqu'aux notes illisibles, au feu! au feu! si nous voulons être sûres de tuer la contagion du mal!

Elle-même, fanatique, farouche dans sa haine de la vérité, dans sa passion d'anéantir le témoignage de la science, déchira la première page d'un manuscrit, l'alluma à la lampe, alla jeter ce brandon flambant dans la grande cheminée, où il n'y avait pas eu de feu depuis vingt ans peut-être; et elle alimenta la flamme, en continuant à jeter, par morceaux, le reste du manuscrit. La servante, résolue comme elle, était venue l'aider, avait pris un autre gros cahier, qu'elle effeuillait. Dès lors, le feu ne cessa plus, la haute cheminée s'emplit d'un flamboiement, d'une gerbe claire d'incendie, qui, par instants, ne se ralentissait que pour s'élever avec une intensité accrue, quand des aliments nouveaux la rallumaient. Un brasier s'élargissait peu à peu, un tas de cendre fine montait, une couche épaissie de feuilles noires où couraient des millions d'étincelles. Mais c'était une besogne longue, sans fin; car, lorsqu'on jetait trop de pages à la fois, elles ne brûlaient pas, il fallait les secouer, les retourner avec les pincettes; et le mieux était de les froisser, d'attendre qu'elles fussent bien enflammées, avant d'en ajouter d'autres. L'habileté leur venait, la besogne marchait grand train.

Dans sa hâte à aller reprendre une nouvelle brassée de papiers, Félicité se heurta contre un fauteuil.

— Oh! madame, prenez garde, dit Martine. Si l'on venait!

— Venir, qui donc? Clotilde? elle dort trop bien, la pauvre fille!... Et puis, si elle vient quand ce sera fini, je m'en moque! Allez, je ne me cacherai pas, je laisserai l'armoire vide et toute grande ouverte, je dirai bien haut que c'est moi qui ai purifié la maison... Quand il n'y aura plus une seule ligne d'écriture, ah! mon Dieu! je me moque du reste!

Pendant près de deux heures, la cheminée flamba. Elles étaient retournées à l'armoire, elles avaient vidé les deux autres planches, il ne restait que le bas, le fond, qui semblait bourré d'un pêle-mêle de notes. Grisées par la chaleur de ce feu de joie, essoufflées, en sueur, elles cédaient à une fièvre sauvage de destruction. Elles s'accroupissaient, se noircissaient les mains à repousser les débris mal consumés, si violentes dans leurs gestes, que des mèches de leurs cheveux gris pendaient sur leurs vêtements en désordre. C'était un galop de sorcières, activant un bûcher diabolique, pour quelque abomination, le martyre d'un saint, la pensée écrite brûlée en place publique, tout un monde de vérité et d'espérance détruit. Et la grande clarté, qui, par instants, pâlissait la lampe, embrasait la vaste pièce, faisait danser au plafond leurs ombres démesurées.

Mais, comme elle voulait vider le bas de l'armoire, ayant déjà brûlé, à poignées, le pêle-mêle de notes qui s'entassait là, Félicité eut un cri étranglé de triomphe.

— Ah! les voici!... Au feu! au feu!

Elle venait enfin de tomber sur les dossiers. Tout au fond, derrière le rempart des notes, le docteur avait dissimulé les chemises de papier bleu. Et ce fut alors la folie de la dévastation, une rage qui l'emporta, les dossiers ramassés à pleines mains, lancés dans les flammes, emplissant la cheminée d'un ronflement d'incendie.

— Ils brûlent, ils brûlent!... Enfin, ils brûlent donc!... Martine, encore celui-ci, encore celui-ci... Ah! quel feu, quel grand feu!

Mais la servante s'inquiétait.

— Madame, prenez garde, vous allez allumer la maison... Vous n'entendez pas ce grondement?

— Ah! qu'est-ce que ça fait? tout peut bien brûler!... Ils brûlent, ils brûlent, c'est si beau!... Encore trois, encore deux, et le dernier qui brûle!

Elle riait d'aise, hors d'elle, effrayante, lorsque des morceaux de suie enflammée tombèrent. Le ronflement devenait terrible, le feu était dans la cheminée, qu'on ne ramonait jamais. Cela parut encore l'exciter, tandis que la servante, perdant la tête, se mit à crier et à courir autour de la pièce.

Clotilde dormait à côté de Pascal mort, dans le calme souverain de la chambre. Il n'y avait pas eu d'autre bruit que la vibration légère du timbre de la pendule sonnant trois heures. Les cierges brûlaient d'une longue flamme immobile, pas un frisson ne remuait l'air. Et, du fond de son lourd sommeil sans rêve, elle entendit pourtant comme un tumulte, un galop grandissant de cauchemar. Puis, quand elle eut rouvert les yeux, elle ne comprit pas d'abord. Où était-elle? pourquoi ce poids énorme qui écrasait son cœur? La réalité lui revint dans une épouvante : elle revit Pascal, elle entendit les cris de Martine, à côté; et elle se précipita, angoissée, pour savoir.

Mais, dès le seuil, Clotilde saisit toute la scène, d'une netteté sauvage : l'armoire grande ouverte et complètement vide, Martine affolée par la peur du feu, sa grand'mère Félicité radieuse, poussant du pied dans les flammes les derniers fragments des dossiers. Une fumée, une suie volante emplissait la salle, où le grondement de l'incendie mettait comme un râle de meurtre, ce galop dévastateur qu'elle venait d'entendre du fond de son sommeil.

Et le cri qui lui jaillit des lèvres, fut celui que Pascal avait poussé lui-même, la nuit d'orage, lorsqu'il l'avait surprise en train de voler les papiers.

— Voleuses ! assassines !

Tout de suite, elle s'était précipitée vers la cheminée ; et, malgré le ronflement terrible, malgré les morceaux de suie rouge qui tombaient, au risque de s'incendier les cheveux et de se brûler les mains, elle saisit à poignée les feuilles non consumées encore, elle les éteignit vaillamment, en les serrant contre elle. Mais c'était bien peu de chose, à peine des débris, pas une page complète, pas même des miettes du travail colossal, de l'œuvre patiente et énorme de toute une vie, que le feu venait de détruire là en deux heures. Et sa colère grandissait, un élan de furieuse indignation.

— Vous êtes des voleuses, des assassines !... C'est un meurtre abominable que vous venez de commettre ! Vous avez profané la mort, vous avez tué la pensée, tué le génie !

La vieille madame Rougon ne reculait pas. Elle s'était avancée au contraire, sans remords, la tête haute, défendant l'arrêt de destruction rendu par elle et exécuté.

— C'est à moi que tu parles, à ta grand'mère ?... J'ai fait ce que j'ai dû faire, ce que tu voulais faire avec nous autrefois.

— Autrefois, vous m'aviez rendue folle. Mais j'ai vécu, j'ai aimé, j'ai compris... Puis, c'était un héritage sacré, légué à mon courage, la dernière pensée d'un mort, ce qui restait d'un grand cerveau et que je devais imposer à tous... Oui, tu es ma grand'mère ! et c'est comme si tu venais de brûler ton fils !

— Brûler Pascal, parce que j'ai brûlé ses papiers ! cria Félicité. Eh ! j'aurais brûlé la ville, pour sauver la gloire de notre famille !

Elle s'avançait toujours, combattante, victorieuse ; et Clotilde qui avait posé sur la table les fragments noircis, sauvés par elle, les défendait de son corps, dans la crainte qu'elle ne les rejetât aux flammes. Elle les dédaignait, elle ne s'inquiétait seulement pas du feu de cheminée, qui heureusement s'épuisait de lui-même ; pendant que Martine, avec la pelle, étouffait la suie et les dernières flambées des cendres brûlantes.

— Tu sais bien pourtant, continua la vieille femme dont la petite taille semblait grandir, que je n'ai eu qu'une ambition, qu'une passion, la fortune et la royauté des nôtres. J'ai combattu, j'ai veillé toute ma vie, je n'ai vécu si longtemps que pour écarter les vilaines histoires et laisser de nous une légende glorieuse... Oui, jamais je n'ai désespéré, jamais je n'ai désarmé, prête à profiter des moindres circonstances... Et tout ce que j'ai voulu, je l'ai fait, parce que j'ai su attendre.

D'un geste large, elle montra l'armoire vide, la cheminée où se mouraient des étincelles.

— Maintenant, c'est fini, notre gloire est sauve, ces abominables papiers ne nous accuseront plus, et je ne laisserai derrière moi aucune menace... Les Rougon triomphent.

Éperdue, Clotilde levait le bras, comme pour la chasser. Mais elle sortit d'elle-même, elle descendit à la cuisine laver ses mains noires et rattacher ses cheveux. La servante allait la suivre, lorsque, en se retournant, elle vit le geste de sa jeune maîtresse. Elle revint.

— Oh ! moi, mademoiselle, je partirai après-demain, lorsque monsieur sera au cimetière.

Il y eut un silence.

— Mais je ne vous renvoie pas, Martine, je sais bien que vous n'êtes pas la plus coupable... Voici trente ans que vous vivez dans cette maison. Restez, restez avec moi.

La vieille fille hocha sa tête grise, toute pâle et comme usée.

— Non, j'ai servi monsieur, je ne servirai personne après monsieur.

— Mais moi !

Elle leva les yeux, regarda la jeune femme en face, cette fillette aimée qu'elle avait vue grandir.

— Vous, non !

Alors, Clotilde eut un embarras, voulut lui parler de l'enfant qu'elle portait, de cet enfant de son maître, qu'elle consentirait à servir peut-être. Et elle fut devinée, Martine se rappela la conversation qu'elle avait surprise, regarda ce ventre de femme féconde, où la grossesse ne s'indiquait pas encore. Un instant, elle parut réfléchir. Puis, nettement :

— L'enfant, n'est-ce pas ?... Non !

Et elle acheva de donner son compte, réglant l'affaire en fille pratique, qui savait le prix de l'argent.

— Puisque j'ai de quoi, je vais aller manger tranquillement mes rentes quelque part... Vous, mademoiselle, je puis vous quitter, car vous n'êtes pas pauvre. Monsieur Ramond vous expliquera demain comment on a sauvé quatre mille francs de rente, chez le notaire. Voici, en attendant, la clef du secrétaire, où vous retrouverez les cinq mille francs que monsieur y a laissés... Oh ! je sais bien que nous n'aurons pas de difficultés ensemble. Monsieur ne me payait plus depuis trois mois, j'ai des papiers de lui qui en témoignent. En outre, dans ces temps derniers, j'ai avancé à peu près deux cents francs de ma poche, sans qu'il sût d'où l'argent venait. Tout cela est écrit, je suis tranquille, mademoiselle ne me fera pas tort d'un centime... Après-demain, quand monsieur ne sera plus là, je partirai.

A son tour, elle descendit à la cuisine, et Clotilde, malgré la dévotion aveugle de cette fille qui lui avait fait prêter les mains à un crime, se sentit affreusement triste de cet abandon. Pourtant, comme elle ramassait les débris des dossiers, avant de retourner dans la chambre, elle eut une joie, celle de reconnaître tout d'un coup, sur la table, l'Arbre généalogique, étalé tranquillement et que les deux femmes n'y avaient pas aperçu. C'était la seule épave entière, une relique sainte. Elle le prit, alla l'enfermer dans la commode de la chambre, avec les fragments à demi consumés.

Mais, quand elle se retrouva dans cette chambre auguste, une grande émotion l'envahit. Quel calme souverain, quelle paix immortelle, à côté de la sauvagerie destructive qui avait empli la salle voisine de fumée et de cendre! Une sérénité sacrée tombait de l'ombre, les deux cierges brûlaient, d'une pure flamme immobile, sans un frisson. Et elle vit alors que la face de Pascal était devenue très blanche, dans le flot épandu de la barbe blanche et des cheveux blancs. Il dormait dans de la lumière, auréolé, souverainement beau. Elle se pencha, le baisa encore, sentit à ses lèvres le froid de ce visage de marbre, aux paupières closes, rêvant son rêve d'éternité. Sa douleur fut si grande de n'avoir pu sauver l'œuvre dont il lui avait laissé la garde, qu'elle tomba à deux genoux, en sanglotant. Le génie venait d'être violé, il lui semblait que le monde allait être détruit, dans cet anéantissement farouche de toute une vie de travail.

XIV

Dans la salle de travail, Clotilde reboutonna son corsage, tenant encore, sur les genoux, son enfant, à qui elle venait de donner le sein. C'était après le déjeuner, vers trois heures, par une éclatante journée de la fin du mois d'août, au ciel de braise ; et les volets, soigneusement clos, ne laissaient pénétrer, à travers les fentes, que de minces flèches de soleil, dans l'ombre assoupie et tiède de la vaste pièce. La grande paix oisive du dimanche semblait s'épandre du dehors, avec un vol lointain de cloches, sonnant le dernier coup des vêpres. Pas un bruit ne montait de la maison vide, où la mère et le petit devaient rester seuls jusqu'au dîner, la servante ayant demandé la permission d'aller voir une cousine, dans le faubourg.

Un instant, Clotilde regarda son enfant, un gros garçon de trois mois déjà. Elle était accouchée vers les derniers jours de mai. Depuis dix mois bientôt, elle portait le deuil de Pascal, une simple et longue robe noire, dans laquelle elle était divinement belle, si fine, si élancée, avec son visage d'une jeunesse si triste, nimbé de ses admirables cheveux blonds. Et elle ne pouvait sourire, mais elle éprouvait une douceur à voir le bel enfant, gras et rose, avec sa bouche encore mouillée de lait, et dont le regard avait rencontré une des barres de soleil, où dansaient des poussières. Il semblait très surpris, il ne quittait pas des yeux cet éclat d'or, ce miracle éblouissant de clarté.

Puis, le sommeil vint, il laissa retomber, sur le bras de sa mère, sa petite tête ronde et nue, déjà semée de rares cheveux pâles.

Alors, doucement, Clotilde se leva, le posa au fond du berceau, qui se trouvait près de la table. Elle demeura penchée un instant, pour être bien sûre qu'il dormait; et elle rabattit le rideau de mousseline, dans l'ombre crépusculaire. Sans bruit, avec des gestes souples, marchant d'un pas si léger, qu'il effleurait à peine le parquet, elle s'occupa ensuite, rangea du linge qui était sur la table, traversa deux fois la pièce, à la recherche d'un petit chausson égaré. Elle était très silencieuse, très douce et très active. Et, ce jour-là, dans la solitude de la maison, elle songeait, l'année vécue se déroulait.

D'abord, après l'affreuse secousse du convoi, c'était le départ immédiat de Martine, qui s'était obstinée, ne voulant pas même faire ses huit jours, amenant, pour la remplacer, la jeune cousine d'une boulangère du voisinage, une grosse fille brune qui s'était trouvée heureusement assez propre et dévouée. Martine, elle, vivait à Sainte-Marthe, dans un trou perdu, si chichement, qu'elle devait encore faire des économies, sur les rentes de son petit trésor. On ne lui connaissait point d'héritier, à qui profiterait donc cette fureur d'avarice? En dix mois, elle n'avait, pas une seule fois, remis les pieds à la Souleiade : monsieur n'était plus là, elle ne cédait même pas au désir de voir le fils de monsieur.

Puis, dans la songerie de Clotilde, la figure de sa grand'mère Félicité s'évoquait. Celle-ci venait la visiter de temps à autre, avec une condescendance de parente puissante, qui est d'esprit assez large pour pardonner toutes les fautes, quand elles sont cruellement expiées. Elle arrivait à l'improviste, embrassait l'enfant, faisait de la morale, donnait des conseils; et la jeune mère avait pris, vis-à-vis d'elle, l'attitude simplement déférente que Pascal avait gardée toujours. D'ailleurs, Félicité était toute à son triomphe. Elle allait réaliser enfin une idée longtemps caressée, mûrement réfléchie, qui devait consacrer par un monument impérissable la pure gloire de la famille. Cette idée était d'employer sa fortune, devenue considérable, à la construction et à la dotation d'un Asile pour les vieillards, qui s'appellerait l'Asile Rougon. Déjà, elle avait acheté le terrain, une partie de l'ancien Jeu de Mail, en dehors de la ville, près de la gare; et précisément, ce dimanche-là, vers cinq heures, quand la chaleur tomberait un peu, on devait poser la première pierre, une solennité véritable, honorée par la présence des autorités, et dont elle serait la reine applaudie, au milieu d'un concours énorme de population.

Clotilde éprouvait, en outre, quelque reconnaissance pour sa grand'mère, qui venait de montrer un désintéressement parfait, lors de l'ouverture du testament de Pascal. Celui-ci avait institué la jeune femme sa légataire universelle; et la mère, qui gardait son droit à la réserve d'un quart, après s'être déclarée respectueuse des volontés dernières de son fils, avait simplement renoncé à la succession. Elle voulait bien déshériter tous les siens, ne leur léguer que de la gloire, en employant sa grosse fortune à l'érection de cet Asile qui porterait le nom respecté et béni des Rougon aux âges futurs; mais, après avoir été, pendant un demi-siècle, si âpre à la conquête de l'argent, elle le dédaignait à cette heure, épurée dans une ambition plus haute. Et Clotilde, grâce à cette libéralité, n'avait plus d'inquiétude pour l'avenir : les quatre mille francs de rente leur suffiraient, à elle et à son enfant. Elle l'élèverait, elle en ferait un homme. Même elle avait placé, sur la tête du petit, à fonds perdus, les cinq mille francs du secrétaire; et elle possédait encore la

Souleiade, que tout le monde lui conseillait de vendre. Sans doute, l'entretien n'en était pas coûteux, mais quelle vie de solitude et de tristesse, dans cette grande maison déserte, beaucoup trop vaste, où elle était comme perdue! Jusque-là, pourtant, elle n'avait pu se décider à la quitter. Peut-être ne s'y déciderait-elle jamais.

Ah! cette Souleiade, tout son amour y était, toute sa vie, tous ses souvenirs! Il lui semblait, par moments, que Pascal y vivait encore, car elle n'y avait rien dérangé de leur existence de jadis. Les meubles étaient aux mêmes places, les heures y sonnaient les mêmes habitudes. Elle n'y avait fermé que sa chambre, à lui, où elle seule entrait, ainsi que dans un sanctuaire, pour pleurer, lorsqu'elle sentait son cœur trop lourd. Dans la chambre où tous deux s'étaient aimés, dans le lit où il était mort, elle se couchait chaque nuit, comme autrefois, lorsqu'elle était jeune fille; et il n'y avait de plus, là, contre ce lit, que le berceau, qu'elle y apportait le soir. C'était toujours la même chambre douce, aux antiques meubles familiers, aux tentures attendries par l'âge, couleur d'aurore, la très vieille chambre que l'enfant rajeunissait de nouveau. Puis, en bas, si elle se trouvait bien seule, bien perdue, à chaque repas, dans la salle à manger claire, elle y entendait les échos des rires, des vigoureux appétits de sa jeunesse, lorsque tous les deux mangeaient et buvaient si gaiement, à la santé de l'existence. Et le jardin aussi, toute la propriété tenait à son être, par les fibres les plus intimes, car elle ne pouvait y faire un pas, sans y évoquer leurs deux images unies l'une à l'autre : sur la terrasse, à l'ombre mince des grands cyprès séculaires, ils avaient si souvent contemplé la vallée de la Viorne, que bornaient les barres rocheuses de la Seille et les coteaux brûlés de Sainte-Marthe! par les gradins de pierres sèches, au travers des oliviers et des amandiers maigres, ils s'étaient tant de fois défiés à grimper lestement, comme des gamins en fuite de l'école! et il y avait encore la pinède, l'ombre chaude et embaumée, où les aiguilles craquaient sous les pas, l'aire immense, tapissée d'une herbe moelleuse aux épaules, d'où l'on découvrait le ciel entier, le soir, quand se levaient les étoiles! et il y avait surtout les platanes géants, la paix délicieuse qu'ils étaient venus goûter là, chaque jour d'été, en écoutant la chanson rafraîchissante de la source, la pure note de cristal qu'elle filait depuis des siècles! Jusqu'aux vieilles pierres de la maison, jusqu'à la terre du sol, il n'était pas un atome, à la Souleiade, où elle ne sentît le battement tiède d'un peu de leur sang, d'un peu de leur vie répandue et mêlée.

Mais elle préférait passer ses journées dans la salle de travail, et c'était là qu'elle revivait ses meilleurs souvenirs. Il ne s'y trouvait aussi qu'un meuble de plus, le berceau. La table du docteur était à sa place, devant la fenêtre de gauche : il aurait pu entrer et s'asseoir, car la chaise n'avait pas même été bougée. Sur la longue table du milieu, parmi l'ancien entassement des livres et des brochures, il n'y avait de nouveau que la note claire des petits linges d'enfant, qu'elle était en train de visiter. Les corps de bibliothèque montraient les mêmes rangées de volumes, la grande armoire de chêne semblait garder dans ses flancs le même trésor, solidement close. Sous le plafond enfumé, la bonne odeur de travail flottait toujours, parmi la débandade des sièges, le désordre amical de cet atelier en commun, où ils avaient si longtemps mis les caprices de la jeune fille et les recherches du savant. Et, surtout, ce qui la touchait aujourd'hui, c'était de revoir ses anciens pastels, cloués aux murs, les copies qu'elle avait faites de fleurs vivantes, minutieusement copiées, puis les imaginations envolées en plein pays chimérique, les fleurs de rêve dont la fantaisie folle l'emportait parfois.

Clotilde achevait de ranger les petits linges sur la table, lorsque, précisément, son regard, en se levant, rencontra devant elle le pastel du vieux roi David, la main posée sur l'épaule nue d'Abisaïg, la jeune Sunamite. Et elle qui ne riait plus, sentit une joie lui monter à la face, dans l'heureux attendrissement qu'elle éprouvait. Comme ils s'aimaient, comme ils rêvaient d'éternité, le jour où elle s'était amusée à ce symbole, orgueilleux et tendre! Le vieux roi, vêtu somptueusement d'une robe toute droite, lourde de pierreries, portait le bandeau royal sur ses cheveux de neige; et elle était plus somptueuse encore, rien qu'avec la soie liliale de sa peau, sa taille mince et allongée, sa gorge ronde et menue, ses bras souples, d'une grâce divine. Maintenant, il s'en était allé, il dormait sous la terre, tandis qu'elle, habillée de noir, toute noire, ne montrant rien de sa nudité triomphante, n'avait plus que l'enfant pour exprimer le don tranquille, absolu qu'elle avait fait de sa personne, devant le peuple assemblé, à la pleine lumière du jour.

Doucement, Clotilde finit par s'asseoir près du berceau. Les flèches de soleil s'allongeaient d'un bout de la pièce à l'autre, la chaleur de l'ardente journée s'alourdissait, parmi l'ombre assoupie des volets clos; et le silence de la maison semblait s'être élargi encore. Elle avait mis à part des petites brassières, elle recousait des cordons, d'une aiguille lente, peu à peu prise d'une songerie, au milieu de cette grande paix chaude qui l'enveloppait, dans l'incendie du dehors. Sa pensée, d'abord, retourna à ses pastels, les exacts et les chimériques, et elle se disait maintenant que toute sa dualité se trouvait dans cette passion de vérité qui la tenait parfois des heures entières devant une fleur, pour la copier avec précision, puis dans son besoin d'au delà qui, d'autres fois, la jetait hors du réel, l'emportait en rêves fous, au paradis des fleurs incréées. Elle avait toujours été ainsi, elle sentait qu'au fond elle restait aujourd'hui ce qu'elle était la veille, sous le flot de vie nouveau qui la transformait sans cesse. Et sa pensée, alors, sauta à la gratitude profonde qu'elle gardait à Pascal de l'avoir faite ce qu'elle était. Jadis, lorsque, toute petite, l'enlevant à un milieu exécrable, il l'avait prise avec lui, il avait sûrement cédé à son bon cœur, mais sans doute aussi était-il désireux de tenter sur elle l'expérience de savoir comment elle pousserait dans un milieu autre, tout de vérité et de tendresse. C'était, chez lui, une préoccupation constante, une théorie ancienne, qu'il aurait voulu expérimenter en grand : la culture par le milieu, la guérison même, l'être amélioré et sauvé, au physique et au moral. Elle lui devait certainement le meilleur de son être, elle devinait la fantasque et la violente qu'elle aurait pu devenir, tandis qu'il ne lui avait donné que de la passion et du courage. Dans cette floraison, au libre soleil, la vie avait même fini par les jeter aux bras l'un de l'autre, et n'était-ce pas comme l'effort dernier de la bonté et de la joie, l'enfant qui était venu et qui les aurait réjouis ensemble, si la mort ne les avait point séparés ?

Dans ce retour en arrière, elle eut la sensation nette du long travail qui s'était opéré en elle. Pascal corrigeait son hérédité, et elle revivait la lente évolution, la lutte entre la réelle et la chimérique. Cela partait de ses colères d'enfant, d'un ferment de révolte, d'un déséquilibre qui la jetait aux pires rêveries. Puis venaient ses grands accès de dévotion, son besoin d'illusion et de mensonge, de bonheur immédiat, à la pensée que les inégalités et les injustices de cette terre mauvaise devaient être compensées par les éternelles joies d'un paradis futur. C'était l'époque de ses combats avec Pascal, des tourments dont elle l'avait torturé, en rêvant d'assassiner son génie. Et elle tournait, à ce coude de la route, elle le retrouvait son maître, la conquérant par la terrible leçon de vie qu'il lui avait donnée, pendant la nuit d'orage. Depuis, le milieu avait agi, l'évolution s'était précipitée : elle finissait par être la pondérée, la raisonnable, acceptant de vivre l'existence comme il fallait la vivre, avec l'espoir que la somme du travail humain libérerait un jour le monde du mal et de la douleur. Elle avait aimé, elle était mère, et elle comprenait.

Brusquement, elle se rappela l'autre nuit, celle qu'ils avaient passée sur l'aire. Elle entendait encore sa lamentation sous les étoiles : la nature atroce, l'humanité abominable, et la faillite de la science, et la nécessité de se perdre en Dieu, dans le mystère. En dehors de l'anéantissement, il n'y avait pas de bonheur durable. Puis, elle l'entendait, lui, reprendre son credo, le progrès de la raison par la science, l'unique bienfait possible des vérités lentement acquises, à jamais, la croyance que la somme de ces vérités, augmentées toujours, doit finir par donner à l'homme un pouvoir incalculable, et la sérénité, sinon le bonheur. Tout se résumait dans la foi ardente en la vie. Comme il le disait, il fallait marcher avec la vie qui marchait toujours. Aucune halte n'était à espérer, aucune paix dans l'immobilité de l'ignorance, aucun soulagement dans les retours en arrière. Il fallait avoir l'esprit ferme, la modestie de se dire que la seule récompense de la vie est de l'avoir vécue bravement, en accomplissant la tâche qu'elle impose. Alors, le mal n'était plus qu'un accident encore inexpliqué, l'humanité apparaissait, de très haut, comme un immense mécanisme en fonction, travaillant au perpétuel devenir. Pourquoi l'ouvrier qui disparaissait, ayant terminé sa journée, aurait-il maudit l'œuvre, parce qu'il ne pouvait en voir ni en juger la fin? Même, s'il ne devait pas y avoir de fin, pourquoi ne pas goûter la joie de l'action, l'air vif de la marche, la douceur du sommeil après une longue fatigue? Les enfants continueront la besogne des pères, ils ne naissent et on ne les aime que pour cela, pour cette tâche de la vie qu'on leur transmet, qu'ils transmettront à leur tour. Et il n'y avait plus, dès ce moment, que la résignation vaillante au grand labeur commun, sans la révolte du moi qui exige un bonheur à lui, absolu.

Elle s'interrogea, elle n'éprouva pas la détresse qui l'angoissait, jadis, lorsqu'elle songeait au lendemain de la mort. Cette préoccupation de l'au delà ne la hantait plus jusqu'à la torture. Autrefois, elle aurait voulu arracher violemment du ciel le secret de la destinée. C'était, en elle, une infinie tristesse d'être, sans savoir pourquoi elle était. Que venait-on faire sur la terre? quel était le sens de cette existence exécrable, sans égalité, sans justice, qui lui apparaissait comme le cauchemar d'une nuit de délire? Et son frisson s'était calmé, elle pouvait songer à ces choses, courageusement. Peut-être était-ce l'enfant, cette continuation d'elle-même, qui lui cachait désormais l'horreur de sa fin. Mais il y avait aussi là beaucoup de l'équilibre où elle vivait, cette pensée qu'il fallait vivre pour l'effort de vivre, et que la seule paix possible, en ce monde, était dans la joie de cet effort accompli. Elle se répétait une parole du docteur qui disait souvent, lorsqu'il voyait un paysan rentrer, l'air paisible, après sa journée faite : « En voilà un que la querelle de l'au delà n'empêchera pas de dormir. » Il voulait dire que cette querelle ne s'égare et ne se pervertit que dans le cerveau enfiévré des oisifs. Si tous faisaient leur tâche, tous dormiraient tranquillement. Elle-même avait senti cette toute-puissance bienfaitrice du travail, au milieu de ses souffrances et de ses deuils. Depuis qu'il lui avait appris l'emploi de chacune de ses heures, depuis surtout qu'elle était mère, sans cesse occupée de son enfant, elle ne sentait plus le frisson de l'inconnu lui passer sur la nuque, en un petit souffle glacé. Elle écartait sans lutte les rêveries inquiétantes ; et, si une crainte la troublait encore, si une des amertumes quotidiennes lui noyait le cœur de nausées, elle trouvait un réconfort, une force de résistance invincible, dans cette pensée que son enfant avait un jour de plus, ce jour-là, qu'il en aurait un autre de plus, le lendemain, que jour à jour, page à page, son œuvre vivante s'achevait. Cela la reposait délicieusement de toutes les misères. Elle avait une fonction, un but, et elle le sentait bien à sa sérénité heureuse, elle faisait sûrement ce qu'elle était venue faire.

Cependant, à cette minute même, elle comprit que la chimérique n'était pas morte tout entière en elle. Un léger bruit venait de voler dans le profond silence, et elle avait levé la tête : quel était le médiateur divin qui passait ? peut-être le cher mort qu'elle pleurait et qu'elle croyait deviner à son entour. Toujours, elle devait rester un peu l'enfant croyante d'autrefois, curieuse du mystère, ayant le besoin instinctif de l'inconnu. Elle avait fait la part de ce besoin, elle l'expliquait même scientifiquement. Si loin que la science recule les bornes des connaissances humaines, il est un point sans doute qu'elle ne franchira pas ; et c'était là, précisément, que Pascal plaçait l'unique intérêt à vivre, dans le désir qu'on avait de savoir sans cesse davantage. Elle, dès lors, admettait les forces ignorées où le monde baigne, un immense domaine obscur, dix fois plus large que le domaine conquis déjà, un infini inexploré à travers lequel l'humanité future monterait sans fin. Certes, c'était là un champ assez vaste, pour que l'imagination pût s'y perdre. Aux heures de songerie, elle y contentait la soif impérieuse que l'être semble avoir de l'au delà, une nécessité d'échapper au monde visible, de contenter l'illusion de l'absolue justice et du bonheur à venir. Ce qui lui restait de son tourment de jadis, ses envolées dernières s'y apaisaient, puisque l'humanité souffrante ne peut vivre sans la consolation du mensonge. Mais tout se fondait heureusement en elle. A ce tournant d'une époque surmenée de science, inquiète des ruines qu'elle avait faites, prise d'effroi devant le siècle nouveau, avec l'envie affolée de ne pas aller plus loin et de se rejeter en arrière, elle était l'heureux équilibre, la passion du vrai élargie par le souci de l'inconnu. Si les savants sectaires fermaient l'horizon pour s'en tenir strictement aux phénomènes, il lui était permis, à elle, bonne créature simple, de faire la part de ce qu'elle ne savait pas, de ce qu'elle ne saurait jamais. Et, si le credo de Pascal était la conclusion logique de toute l'œuvre, l'éternelle question de l'au delà qu'elle continuait quand même à poser au ciel, rouvrait la porte de l'infini, devant l'humanité en marche. Puisque toujours il faudra apprendre, en se résignant à ne jamais tout connaître, n'était-ce pas vouloir le mouvement, la vie elle-même, que de réserver le mystère, un éternel doute et un éternel espoir ?

Un nouveau bruit, une aile qui passa, l'effleurement d'un baiser sur ses cheveux, la fit sourire cette fois. Il était sûrement là. Et tout en elle aboutissait à une tendresse immense, venue de partout, noyant son être. Comme il était bon et gai, et quel amour des autres lui donnait sa passion de la vie ! Lui-même peut-être n'était qu'un rêveur, car il avait fait le plus beau des rêves, cette croyance finale à un monde supérieur, quand la science aurait investi l'homme d'un pouvoir incalculable : tout accepter, tout employer au bonheur, tout savoir et tout prévoir, réduire la nature à n'être qu'une servante, vivre dans la tranquillité de l'intelligence satisfaite! En attendant, le travail voulu et réglé suffisait à la bonne santé de tous. Peut-être la souffrance serait-elle utilisée un jour. Et, en face du labeur énorme, devant cette somme des vivants, des méchants et des bons, admirables quand même de courage et de besogne, elle ne voyait plus qu'une humanité fraternelle, elle n'avait plus qu'une indulgence sans bornes, une infinie pitié et une charité ardente. L'amour, comme le soleil, baigne la terre, et la bonté est le grand fleuve où boivent tous les cœurs.

Clotilde, depuis deux heures bientôt, tirait son aiguille, du même mouvement régulier, pendant que sa rêverie s'égarait. Mais les cordons des petites brassières étaient recousus, elle avait aussi marqué des couches neuves, achetées la veille. Et elle se leva, ayant fini sa couture, voulant ranger ce linge. Au dehors, le soleil baissait, les flèches d'or n'entraient plus que très minces et obliques, par les fentes. Elle voyait à peine clair, elle dut aller ouvrir un volet; puis, elle s'oublia un instant, devant le vaste horizon, brusquement déroulé. La grosse chaleur tombait, un vent léger soufflait dans l'admirable ciel, d'un bleu sans tache. A gauche, on distinguait jusqu'aux moindres touffes de pins, parmi les écroulements sanglants des rochers de la Seille; tandis que, vers la droite, après les coteaux de Sainte-Marthe, la vallée de la Viorne s'étalait à l'infini, dans le poudroiement d'or du couchant. Elle regarda un instant la tour de Saint-Saturnin, toute en or elle aussi, dominant la ville rose; et elle se retirait, lorsqu'un spectacle la ramena, la retint, accoudée, longtemps encore.

C'était, au delà de la ligne du chemin de fer, un grouillement de foule, qui se pressait dans l'ancien Jeu de Mail. Clotilde se rappela aussitôt la cérémonie, et elle comprit que sa grand'mère Félicité allait poser la première pierre de l'Asile Rougon, le monument victorieux, destiné à porter la gloire de la famille aux âges futurs. Des préparatifs énormes étaient faits depuis huit jours, on parlait d'une auge et d'une truelle en argent, dont la vieille dame devait se servir en personne, ayant tenu à figurer, à triompher, avec ses quatre-vingt-deux ans. Ce qui la gonflait d'un orgueil royal, c'était qu'elle achevait la conquête de Plassans pour la troisième fois, en cette circonstance ; car elle forçait la ville entière, les trois quartiers à se ranger autour d'elle, à lui faire escorte et à l'acclamer, comme une bienfaitrice. Il devait y avoir, en effet, des dames patronnesses, choisies parmi les plus nobles du quartier Saint-Marc, une délégation des sociétés ouvrières du vieux quartier, enfin les habitants les mieux connus de la ville neuve, des avocats, des notaires, des médecins, sans compter le petit peuple, un flot de gens endimanchés, se ruant là, ainsi qu'à une fête. Et, au milieu de ce triomphe suprême, elle était peut-être plus orgueilleuse encore, elle, une des reines du second empire, la veuve qui portait si dignement le deuil du régime déchu, d'avoir vaincu la jeune république, en l'obligeant, dans la personne du sous-préfet, à la venir saluer et remercier. Il n'avait d'abord été question que d'un discours du maire ; mais il était certain, depuis la veille, que le sous-préfet, lui aussi, parlerait. De si loin, Clotilde ne distinguait qu'un tumulte de redingotes noires et de toilettes claires, sous l'éclatant soleil. Puis, il y eut un bruit perdu de musique, la musique des amateurs de la ville, dont le vent, par instants, lui apportait les sonorités de cuivre.

Elle quitta la fenêtre, elle vint ouvrir la grande armoire de chêne, pour y serrer son travail, resté sur la table. C'était dans cette armoire, si pleine autrefois des manuscrits du docteur, et vide aujourd'hui, qu'elle avait rangé la layette de l'enfant. Elle semblait sans fond, immense, béante ; et, sur les planches nues et vastes, il n'y avait plus que les langes délicats, les petites brassières, les petits bonnets, les petits chaussons, les tas de couches, toute cette lingerie fine, cette plume légère d'oiseau encore au nid. Où tant d'idées avaient dormi en tas, où s'était accumulé pendant trente années l'obstiné labeur d'un homme, dans un débordement de paperasses, il ne restait que le lin d'un petit être, à peine des vêtements, les premiers linges qui le protégeaient pour une heure, et dont il ne pourrait bientôt plus se servir. L'immensité de l'antique armoire en paraissait égayée et toute rafraîchie.

Lorsque Clotilde eut rangé sur une planche les couches et les brassières, elle aperçut, dans une grande enveloppe, les débris des dossiers qu'elle avait remis là, après les avoir sauvés du feu. Et elle se souvint d'une prière que le docteur Ramond était venu lui adresser la veille encore : celle de regarder si, parmi ces débris, il ne restait aucun fragment de quelque importance, ayant un intérêt scientifique. Il était désespéré de la perte des manuscrits inestimables que lui avait légués le maître. Tout de suite après la mort, il s'était bien efforcé de rédiger l'entretien suprême qu'il avait eu, cet ensemble de vastes théories exposées par le moribond avec une sérénité si héroïque ; mais il ne retrouvait que des résumés sommaires, il lui aurait fallu les études complètes, les observations faites au jour le jour, les résultats acquis et les lois formulées. La perte demeurait irréparable, c'était une besogne à recommencer, et il se lamentait de n'avoir que des indications, il disait qu'il y aurait là, pour la science, un retard de vingt ans au moins, avant qu'on reprît et qu'on utilisât les idées du pionnier solitaire, dont une catastrophe sauvage et imbécile avait détruit les travaux.

L'Arbre généalogique, le seul document intact, était joint à l'enveloppe, et Clotilde apporta le tout sur la table, près du berceau. Quand elle eut sorti les débris un à un, elle constata, ce dont elle était déjà à peu près certaine, que pas une page entière de manuscrit ne restait, pas une note complète ayant un sens. Il n'existait que des fragments, des bouts de papier à demi brûlés et noircis, sans lien, sans suite. Mais, pour elle, à mesure qu'elle les examinait, un intérêt se levait de ces phrases incomplètes, de ces mots à moitié mangés par le feu, où tout autre n'aurait rien compris. Elle se souvenait de la nuit d'orage, les phrases se complétaient, un commencement de mot évoquait les personnages, les histoires. Ce fut ainsi que le nom de Maxime tomba sous ses yeux; et elle revit l'existence de ce frère qui lui était resté étranger, dont la mort, deux mois plus tôt, l'avait laissée presque indifférente. Ensuite, une ligne tronquée contenant le nom de son père, lui causa un malaise; car elle croyait savoir que celui-ci avait mis dans sa poche la fortune et l'hôtel de son fils, grâce à la nièce de son coiffeur, cette Rose si candide, payée d'un tant pour cent généreux. Puis, elle rencontra encore d'autres noms, celui de son oncle Eugène, l'ancien vice-empereur, ensommeillé à cette heure, celui de son cousin Serge, le curé de Saint-Eutrope, qu'on lui avait dit phtisique et mourant, la veille. Et chaque débris s'animait, la famille exécrable et fraternelle renaissait de ces miettes, de ces cendres noires où ne couraient plus que des syllabes incohérentes.

Alors, Clotilde eut la curiosité de déplier et d'étaler sur la table l'Arbre généalogique. Une émotion l'avait gagnée, elle était tout attendrie par ces reliques; et, lorsqu'elle relut les notes ajoutées au crayon par Pascal, quelques minutes avant d'expirer, des larmes lui vinrent aux yeux. Avec quelle bravoure il avait inscrit la date de sa mort! et comme on sentait son regret désespéré de la vie, dans les mots tremblés annonçant la naissance de l'enfant! L'Arbre montait, ramifiait ses branches, épanouissait ses feuilles, et elle s'oubliait longuement à le contempler, à se dire que toute l'œuvre du maître était là, toute cette végétation classée et documentée de leur famille. Elle entendait les paroles dont il commentait chaque cas héréditaire, elle se rappelait ses leçons. Mais les enfants surtout l'intéressaient. Le confrère auquel le docteur avait écrit à Nouméa, pour obtenir des renseignements sur l'enfant né d'un mariage d'Étienne, au bagne, s'était décidé à répondre; seulement, il ne disait que le sexe, une fille, et qui paraissait bien portante. Octave Mouret avait failli perdre la sienne, très frêle, tandis que son petit garçon continuait à être superbe. D'ailleurs, le coin de belle santé vigoureuse, de fécondité extraordinaire, était toujours à Valqueyras, dans la maison de Jean, dont la femme, en trois années, avait eu deux enfants, et était grosse d'un troisième. La nichée poussait gaillardement au grand soleil, en pleine terre grasse, pendant que le père labourait, et que la mère, au logis, faisait bravement la soupe et torchait les mioches. Il y avait là assez de sève nouvelle et de travail, pour refaire un monde. Clotilde, à ce moment, crut entendre le cri de Pascal: « Ah! notre famille, que va-t-elle devenir, à quel être aboutira-t-elle enfin? » Et elle-même retombait à une rêverie, devant l'Arbre prolongeant dans l'avenir ses derniers rameaux. Qui savait d'où naîtrait la branche saine? Peut-être le sage, le puissant attendu germerait-il là.

Un léger cri tira Clotilde de ses réflexions. La mousseline du berceau semblait s'animer d'un souffle; c'était l'enfant qui, réveillé, appelait et s'agitait. Tout de suite, elle le reprit, l'éleva gaiement en l'air, pour qu'il baignât dans la lumière dorée du couchant. Mais il n'était point sensible à cette fin d'un beau jour; ses petits yeux vagues se détournaient du vaste ciel, pendant qu'il ouvrait tout grand son bec rose d'oiseau sans cesse affamé. Et il pleurait si fort, il avait un réveil si goulu, qu'elle se décida à lui redonner le sein. Du reste, c'était son heure, il y avait trois heures qu'il n'avait tété.

Clotilde revint s'asseoir, près de la table. Elle l'avait posé sur ses genoux, où il n'était guère sage, criant plus fort, s'impatientant; et elle le regardait avec un sourire, tandis qu'elle dégrafait sa robe. La gorge apparut, la gorge menue et ronde, que le lait avait gonflée à peine. Une légère auréole de bistre avait seulement fleuri le bout du sein, dans la blancheur délicate de cette nudité de femme, divinement élancée et jeune. Déjà, l'enfant sentait, se soulevait, tâtonnait des lèvres. Quand elle lui eut posé la bouche, il eut un petit grondement de satisfaction, il se rua tout en elle, avec le bel appétit vorace d'un monsieur qui voulait vivre. Il tétait à pleines gencives, avidement. D'abord, de sa petite main libre, il avait saisi le sein à poignée, comme pour le marquer de sa possession, le défendre et le garder. Puis, dans la joie du ruissellement tiède dont il avait plein la gorge, il s'était mis à lever son petit bras en l'air, tout droit, ainsi qu'un drapeau. Et Clotilde gardait son inconscient sourire, à le voir, si vigoureux, se nourrir d'elle. Les premières semaines, elle avait beaucoup souffert d'une crevasse; maintenant encore, le sein restait sensible; mais elle souriait quand même, de cet air paisible des mères, heureuses de donner leur lait, comme elles donneraient leur sang.

Quand elle avait dégrafé son corsage, et que sa gorge, sa nudité de mère s'était montrée, un autre mystère d'elle, un de ses secrets les plus cachés et les plus délicieux, était apparu : le fin collier aux sept perles, les étoiles laiteuses, que son maître avait mises à son cou, un jour de misère, dans sa folie passionnée du don. Depuis qu'il était là, personne ne l'avait plus revu. Il faisait comme partie de sa pudeur, il était de sa chair, si simple, si enfantin. Et, tout le temps que l'enfant tétait, elle seule le revoyait, attendrie, revivant le souvenir des baisers dont il semblait avoir gardé l'odeur tiède.

Une bouffée de musique, au loin, étonna Clotilde. Elle tourna la tête, regarda vers la campagne, toute blonde et dorée par le soleil oblique. Ah! oui, cette cérémonie, cette pierre que l'on posait, là-bas! Et elle ramena les yeux sur l'enfant, elle s'absorba de nouveau dans le plaisir de lui voir un si bel appétit. Elle avait attiré un petit banc pour relever l'un de ses genoux, elle s'était appuyée d'une épaule contre la table, à côté de l'Arbre et des fragments noircis des dossiers. Sa pensée flottait, allait à une douceur divine, tandis qu'elle sentait le meilleur d'elle-même, ce lait pur, couler à petit bruit, faire de plus en plus sien le cher être sorti de son flanc. L'enfant était venu, le rédempteur peut-être. Les cloches avaient sonné, les rois mages s'étaient mis en route, suivis des populations, de toute la nature en fête, souriant au petit dans ses langes. Elle, la mère, pendant qu'il buvait sa vie, rêvait déjà d'avenir. Que serait-il, quand elle l'aurait fait grand et fort, en se donnant toute? Un savant qui enseignerait au monde un peu de la vérité éternelle, un capitaine qui apporterait de la gloire à son pays, ou mieux encore un de ces pasteurs de peuple qui apaisent les passions et font régner la justice? Elle le voyait très beau, très bon, très puissant. Et c'était le rêve de toutes les mères, la certitude d'être accouchée du messie attendu; et il y avait là, dans cet espoir, dans cette croyance obstinée de chaque mère au triomphe certain de son enfant, l'espoir même qui fait la vie, la croyance qui donne à l'humanité la force sans cesse renaissante de vivre encore.

Quel serait-il, l'enfant? Elle le regardait, elle tâchait de lui trouver des ressemblances. De son père, certes, il avait le front et les yeux, quelque chose de haut et de solide dans la carrure de la tête. Elle-même se reconnaissait en lui, avec sa bouche fine et son menton délicat. Puis, sourdement inquiète, c'étaient les autres qu'elle cherchait, les terribles ascendants, tous ceux qui étaient là, inscrits sur l'Arbre, déroulant la poussée des feuilles héréditaires. Était-ce donc à celui-ci, à celui-là, ou à cet autre encore, qu'il ressemblerait? Et elle se calmait pourtant, elle ne pouvait pas ne pas espérer, tellement son cœur était gonflé de l'éternelle espérance. La foi en la vie que le maître avait enracinée en elle, la tenait brave, debout, inébranlable. Qu'importaient les misères, les souffrances, les abominations! la santé était dans l'universel travail, dans la puissance qui féconde et qui enfante. L'œuvre était bonne, quand il y avait l'enfant, au bout de l'amour. Dès lors, l'espoir se rouvrait, malgré les plaies étalées, le noir tableau des hontes humaines. C'était la vie perpétuée, tentée encore, la vie qu'on ne se lasse pas de croire bonne, puisqu'on la vit avec tant d'acharnement, au milieu de l'injustice et de la douleur.

Clotilde avait eu un regard involontaire sur l'Arbre des ancêtres, déployé près d'elle. Ori! la menace était là, tant de crimes, tant de boue, parmi tant de larmes et tant de bonté souffrante! Un si extraordinaire mélange de l'excellent et du pire, une humanité en raccourci, avec toutes ses tares et toutes ses luttes! C'était à se demander si, d'un coup de foudre, il n'aurait pas mieux valu balayer cette fourmilière gâtée et misérable. Et, après tant de Rougon terribles, après tant de Macquart abominables, il en naissait encore un. La vie ne craignait pas d'en créer un de plus, dans le défi brave de son éternité. Elle poursuivait son œuvre, se propageait selon ses lois, indifférente aux hypothèses, en marche pour son labeur infini. Au risque de faire des monstres, il fallait bien qu'elle créât, puisque, malgré les malades et les fous qu'elle crée, elle ne se lasse pas de créer, avec l'espoir sans doute que les bien portants et les sages viendront un jour. La vie, la vie qui coule en torrent, qui continue et recommence, vers l'achèvement ignoré! la vie où nous baignons, la vie aux courants infinis et contraires, toujours mouvante et immense, comme une mer sans bornes!

Un élan de ferveur maternelle monta du cœur de Clotilde, heureuse de sentir la petite bouche vorace la boire sans fin. C'était une prière, une invocation. A l'enfant inconnu, comme au dieu inconnu! A l'enfant qui allait être demain, au génie qui naissait peut-être, au messie que le prochain siècle attendait, qui tirerait les peuples de leur doute et de leur souffrance! Puisque la nation était à refaire, celui-ci ne venait-il pas pour cette besogne? Il reprendrait l'expérience, relèverait les murs, rendrait une certitude aux hommes tâtonnants, bâtirait la cité de justice, où l'unique loi du travail assurerait le bonheur. Dans les temps troublés, on doit attendre les prophètes. A moins qu'il ne fût l'Antéchrist, le démon dévastateur, la bête annoncée qui purgerait la terre de l'impureté devenue trop vaste. Et la vie continuerait malgré tout, il faudrait seulement patienter des milliers d'années encore, avant que paraisse l'autre enfant inconnu, le bienfaiteur.

Mais l'enfant avait épuisé le sein droit; et, comme il se fâchait, Clotilde le retourna, lui donna le sein gauche. Puis, elle se remit à sourire, sous la caresse des petites gencives gloutonnes. Quand même, elle était l'espérance. Une mère qui allaite, n'est-ce pas l'image du monde continué et sauvé? Elle s'était penchée, elle avait rencontre ses yeux limpides, qui s'ouvraient ravis, désireux de la lumière. Que disait-il, le petit être, pour qu'elle sentît battre son cœur, sous le sein qu'il épuisait? Quelle bonne parole annonçait-il, avec la légère succion de sa bouche? A quelle cause donnerait-il son sang, lorsqu'il serait un homme, fort de tout ce lait qu'il aurait bu? Peut-être ne disait-il rien, peut-être mentait-il déjà, et elle était si heureuse pourtant, si pleine d'une absolue confiance en lui!

De nouveau, les cuivres lointains éclatèrent en fanfares. Ce devait être l'apothéose, la minute où la grand'mère Félicité, avec sa truelle d'argent, posait la première pierre du monument élevé à la gloire des Rougon. Le grand ciel bleu, que réjouissaient les gaietés du dimanche, était en fête. Et, dans le tiède silence, dans la paix solitaire de la salle de travail, Clotilde souriait à l'enfant, qui tétait toujours, son petit bras en l'air, tout droit, dressé comme un drapeau d'appel à la vie.

FIN

G. CHARPENTIER et E. FASQUELLE, Éditeurs
11, RUE DE GRENELLE, PARIS

PORTRAIT D'ÉMILE ZOLA

GRAVÉ A L'EAU-FORTE

PAR

Fernand DESMOULIN

PROSPECTUS

Au moment où, en pleine gloire littéraire, l'éminent écrivain, ÉMILE ZOLA, termine sa célèbre série des *Rougon-Macquart*, nous avons pensé qu'il serait intéressant pour ses nombreux lecteurs de posséder un portrait du Maître tel qu'il est à l'époque de la publication du *Docteur Pascal*, le dernier roman de cette série.

Ce Portrait, qui constitue un document des plus précieux pour tous ceux qui, de près ou de loin, se sont associés à la marche de l'Œuvre du grand Écrivain, devait être d'une haute valeur artistique; aussi en avons-nous confié l'exécution à M. Fernand

Desmoulin, l'aquafortiste bien connu et dont l'éloge, surtout comme portraitiste, n'est plus à faire.

L'expérience a pleinement justifié ce choix, car, lors de sa visite au Salon du Champ-de-Mars, M. le Président de la République a tenu à féliciter tout particulièrement M. Desmoulin pour cette superbe eau-forte, dont une épreuve était exposée.

La planche seule mesure 35 centimètres sur 45 centimètres.

Nous avons demandé à M. Émile Zola, qui y a consenti, d'apposer sa signature autographe sur les exemplaires à doubles remarques.

TIRAGE

Cinquante Épreuves SUR PARCHEMIN, avec doubles remarques, signature de M. Zola et signature de l'artiste, à .... **200 fr.**

Cent cinquante Épreuves SUR PAPIER DU JAPON, avec une remarque et signature de l'artiste, à .... **100 fr.**

Deux cent cinquante Épreuves SUR PAPIER DU JAPON, avant lettre, signature de l'artiste, à .... **50 fr.**

Tirage restreint après lettre, SUR HOLLANDE, à .... **25 fr.**

11734. — Imprimeries réunies, rue Mignon, 2, Paris.

Original en couleur

NF Z 43-120-8

www.ingramcontent.com/pod-product-compliance
Lightning Source LLC
Chambersburg PA
CBHW052038230426
43671CB00011B/1696